Mich

L'appartement oublié

Illustration de couverture (détail) et en 4e de couverture :
Madame de Florian, Giovanni Boldini.
Design du fond : freepik.com

Conception graphique de la couverture :
Maria Maddalena Marin

Titre original : *A Paris Apartment*

16, avenue des Quatre Cantons
76000 Rouen
Tél. 02 35 89 78 00
www.editionsdesfalaises.fr

Michelle Gable

L'appartement oublié

Traduit de l'américain
par Christine Bouchareine

À Dennis pour tout ce qu'il a fait

Première partie

1

Elle voulait juste changer d'air. Et quand son patron avait prononcé les mots « appartement », « neuvième arrondissement » et « tout un bric-à-brac du dix-neuvième siècle », April avait pensé « vacances ». Elle aurait beaucoup de travail, certes, mais qu'importe, elle partait à Paris. Comme tout peintre, tout poète, tout écrivain et tout expert en objets d'art le savait, c'était l'endroit idéal pour s'évader.

L'équipe parisienne se trouvait déjà sur place avec, à sa tête, Olivier. April le voyait déjà sillonnant l'appartement, son calepin à la main, griffonnant des notes de ses doigts osseux et crochus. Il avait demandé des renforts à New York, car ils avaient besoin d'un autre expert, et plus précisément d'un spécialiste en mobilier ancien pour compenser leur manque de compétence dans ce domaine. D'après le patron d'April, l'appartement de cinq pièces contenait « de quoi meubler une douzaine de lupanars de luxe ». Si Peter ne se faisait pas beaucoup d'illusions sur ce qu'ils allaient trouver, April en attendait beaucoup, quoique pour des raisons différentes.

L'avenir allait prouver qu'ils se trompaient tous les deux.

2

Pendant que son mari redressait son nœud papillon, ajustait ses manches, tirait le tissu d'un côté, le remontait de l'autre, à la recherche du tombé parfait, April préparait sa valise pour le vol de nuit sur Charles-de-Gaulle. Toute voyageuse bien rôdée et organisée qu'elle était, elle ne savait comment concilier un séjour d'un mois avec les limitations de bagage. Elle n'était jamais partie plus d'une semaine. Pour qu'il achète un billet d'avion moins de deux heures après avoir entendu parler du « bric-à-brac », Peter avait dû arriver à la conclusion que l'appartement constituait une découverte rare.

— Restez le temps qu'il faudra, lui avait-il dit. On pourra reporter la date du retour.

April le lui rappellerait plus tard.

— Qu'est-ce qui te tracasse ? demanda Troy à la vue de son front soucieux, et il ponctua sa question en tirant d'un coup sec sur les pans de sa chemise.

— Mes bagages. Je ne suis pas sûre de pouvoir emporter tout ce qu'il me faut. Au mois de juin, à Paris, la température peut varier de 20° en moins de vingt-quatre heures. April leva les yeux et son regard fut attiré par le bouton de manchette gauche de Troy qui étincela sous la lumière du lustre. Aussitôt, son instinct professionnel se réveilla et elle dut faire un effort pour s'empêcher de calculer à combien cette babiole d'onyx et de platine pourrait partir à une vente aux enchères. Non pas qu'elle souhaite le trépas rapide de son mari, bien sûr. Elle ne comptait pas non plus sur son héritage pour s'enrichir un jour. Non, c'était juste de la déformation professionnelle : on ne travaillait pas pour la plus grande maison de vente aux enchères du monde sans en garder quelques séquelles.

— Que signifie ce regard ? demanda Troy d'un ton amusé. Mes boutons de manchette ne vont pas pour cette soirée ?

— Si, si. Ils sont parfaits.

April détourna les yeux, soulagée de ne pas s'être spécialisée dans les bijoux anciens et, du coup, de ne pas posséder les éléments qui lui permettraient d'évaluer les ornements de son mari. En revanche, elle avait acquis l'équivalent d'un master en ce qui concernait Troy Vogt. Elle savait donc qu'il réservait ces boutons de manchette inestimables, du moins pour lui, à certaines réunions professionnelles bien précises. Et ce que cela révélait des personnes présentes, elle préférait ne pas y penser.

— Je ne sais plus quoi faire.

Elle secoua la tête, les yeux rivés sur sa valise. Elle ne parlait pas que de ses pulls et de ses foulards.

— Prends le minimum. Tu n'auras qu'à acheter ce qui te manque là-bas. Tu seras à Paris, n'oublie pas.

April sourit.

— C'est ta réponse à tout, non ? Acheter, toujours acheter.

— Et ça ne te plaît pas ? demanda-t-il avec un petit clin d'œil. Tu es vraiment une épouse unique, ajouta-t-il en se dirigeant vers le miroir en pied et il lui caressa le bas du dos au passage.

Une « épouse » unique. Le mot la fit tiquer, bizarrement, comme empreint d'un sens nouveau. Épouse. *Épouse.*

— Même si personne n'en semble convaincu, du moins en dehors de Wall Street, c'est bien grâce à ma philosophie du « acheter, toujours acheter » que la récession a tellement profité à ma boîte et à nos investisseurs.

— Charmant ! tenta de plaisanter April, mais l'humour n'était guère de mise entre eux ces derniers temps et sa réplique tomba à plat. Hélas, tout le monde n'a pas la chance d'avoir un petit malin de Wall Street pour lui expliquer ces nuances subtiles.

— À propos de petits malins de Wall Street, on dirait que tu réussis à leur échapper une fois de plus, enchaîna Troy avec un sourire forcé.

— Comment ça ?

April s'appuya contre la commode (*George III, concave, acajou, 1790 environ*) et soupesa du regard sa valise. Elle n'avait pas l'air trop lourde. Elle inspira. S'imaginant comme toujours une carrure et une musculature de nageuse alors qu'elle possédait une ossature fine et délicate, elle voulut descendre l'énorme valise du lit. Celle-ci atterrit à ses pieds avec un bruit sourd, manquant de peu de lui écraser les orteils.

— D'abord, tu viens d'échapper à un accident de bagage. Tu ne vois pas que ce monstre est plus gros que toi ? Et ensuite, ma chérie, comme tu as déjà un billet d'avion qui te sauve, tu n'as pas besoin de te casser un pied pour esquiver une de mes affreuses soirées professionnelles.

— Oh, elles ne sont pas si affreuses que ça.

April s'essuya le front, puis elle releva la valise sur le côté.

— Pas si affreuses que ça ! Elles sont horribles et tu le sais très bien. Les autres épouses vont t'envier.

Les autres épouses. La belle affaire. Que s'imaginaient-elles quand elles pensaient à Troy ? À elle ?

— Tu en as de la chance ! poursuivit Troy. Paris t'épargne une soirée mortelle entourée de capitalistes pourris.

April leva les yeux au ciel.

— Ne m'en parle pas ! répondit-elle en tentant sans succès de prendre un accent anglais, dans l'espoir de cacher sa tristesse sous une pointe d'humour. Que j'ai de la chance de pouvoir me soustraire à cette engeance et à son vulgaire appât du gain ! Que ces gens manquent de classe !

Certes, elle se sentait privilégiée, mais ce n'était pas parce qu'elle coupait à une soirée ennuyeuse et à des tête-à-tête avec les esprits les plus brillants (et les plus imbuvables) de Wall Street. Non, elle pouvait rivaliser avec les meilleurs d'entre eux, malgré son ignorance totale ce qui avait pu se passer le matin sur les marchés asiatiques. Elle pouvait même endurer la dernière épouse potiche qui boirait inévitablement trop de champagne et passerait la soirée à s'extasier de ses nombreux diplômes avant de hurler à la cantonade d'une voix pâteuse : « La femme de Troy est docteur en meubles ! »

Hélas, il y avait bien longtemps qu'une telle mésaventure ne lui était arrivée. Troy ne lui demandait pratiquement plus de l'accompagner. Il annonçait juste qu'il « faisait un saut » à une soirée « sans conjoints » ou « trop ennuyeuse » pour elle. C'était bien ça le problème. Il avait beau dire, April n'éprouvait aucun soulagement à échapper à une sortie à laquelle elle n'avait jamais été conviée. Ou, pire encore, une sortie à laquelle sa présence ne semblait pas souhaitée.

Troy avait cessé de l'emmener alors que tout allait encore relativement bien entre eux. Mais là, allez savoir ? Était-elle censée l'accompagner ? Quoi qu'il en soit, ce billet d'avion pour Paris était une véritable aubaine pour elle. Ainsi, elle n'aurait pas le temps de s'attarder sur la non-invitation de ce soir. Ni de se demander si c'était calculé.

— Il faut que tu travailles encore ton accent, déclara Troy en s'approchant d'elle.

— Tu sais, j'aime bien tes soirées, reprit-elle en l'écartant alors qu'il faisait mine de l'aider avec sa valise. Les gens sont intéressants, la conversation animée.

Menteuse.

Il se retourna vers le miroir et se décocha un regard de braise. April ne savait jamais s'il le faisait parce qu'il la soupçonnait de le regarder ou, au contraire, s'il pensait qu'elle ne le voyait pas.

— Qu'y a-t-il de si important qui te force à partir ce soir ? demanda-t-il d'une voix faussement décontractée qui laissait cependant percer une certaine suspicion.

— Tu sais comment ça se passe. Je dois arriver là-bas avant que nos concurrents aient vent de la vente.

— Mais tu t'absentes rarement plus d'une semaine, dix jours maximum et jamais avec si peu de préavis. C'est un peu déconcertant de recevoir un texto de sa femme qui annonce « Je pars en voyage » et d'apprendre en rentrant chez soi qu'elle s'absente pour un mois.

L'est-ce vraiment ? Cela t'ennuie-t-il réellement ? faillit-elle rétorquer.

En temps normal, elle aurait plaisanté en prétendant qu'il avait au contraire de la chance d'être débarrassé d'elle. Mais leurs blessures étaient trop fraîches, leur avenir à long terme trop incertain.

— J'ai été prise de court, moi aussi, répliqua-t-elle sans préciser qu'elle avait surtout été ravie. D'après l'équipe parisienne, c'est une découverte incroyable. Il s'agit d'un appartement à Pigalle qui était dans la même famille depuis plus d'un siècle. Il appartenait à une femme qui vivait dans le sud de la France et qui vient de décéder.

Tandis qu'elle parlait, ses épaules se relâchèrent peu à peu et sa mâchoire se décrispa. Elle se retrouvait en terrain connu.

— Il paraît qu'elle n'y était pas retournée depuis 1940. Mais qu'elle n'a jamais cessé de payer les charges. Que personne n'y a mis les pieds. J'ai du mal à le croire. Peut-être que quelqu'un a mal noté les dates et que l'appartement est resté fermé depuis seulement vingt ans à la suite de je ne sais quel divorce sordide.

Elle grimaça en laissant échapper le mot « divorce ». Trop tard. C'était lâché. Elle qui faisait toujours tant d'efforts pour ne jamais le prononcer !

— Fermé depuis soixante-dix ans ! s'écria-t-elle d'une voix qui monta jusqu'aux hauts plafonds. C'est incroyable !

Troy haussa les épaules, sans que son visage impassible ne trahisse quoi que ce soit.

— Pas tant que ça. Il doit y avoir aussi à Manhattan des logements qui restent bouclés pendant que les notaires et les liquidateurs continuent à encaisser les chèques chaque mois, sans que personne se pose la moindre question.

— Aucun comme cet appartement. Il serait rempli à craquer de meubles, de peintures et d'une quantité d'objets que l'ancienne propriétaire avait acquis bien avant la deuxième guerre mondiale.

— Et ils ont de la valeur ?

— Olivier doit en être persuadé sinon il ne m'enverrait

pas là-bas. En tout cas, c'est une sacrée découverte. L'appartement a même échappé aux Allemands, ajouta-t-elle en secouant la tête d'incrédulité. Je ne comprends pas comment aucun membre de la famille, drogué ou joueur invétéré, n'a dilapidé ce trésor depuis tout ce temps.

— À moins que ça ne vaille rien, répondit Troy qui prit son téléphone et pianota un message, le front plissé. Que vous ayez juste affaire à une Parisienne atteinte de collectionnite aiguë, ajouta-t-il l'esprit déjà ailleurs.

April soupira.

— Oh, ma chérie, je plaisantais, se reprit-il aussitôt, toujours rapide à rétracter, comme si c'était un réflexe. Ça me paraît super. Sincèrement.

Elle ne soupirait pas pour ça.

— Oui, c'est super.

Elle agita la main comme pour s'aérer et ce geste désinvolte détourna momentanément l'attention de Troy de son téléphone. Il fronça les sourcils.

— Tes bagues ? Tu les as mises au coffre ?

April hocha la tête et contempla ses doigts nus. Personne ne portait plus de bijoux en Europe, non ? Elle ne les avait pas retirés à cause de son mariage, mais pour son boulot. Elle se mordit la lèvre et chassa d'un battement de paupières le picotement qui lui montait aux yeux.

— Troy, écoute… commença-t-elle alors qu'il se remettait déjà à pianoter son téléphone.

Au même moment, son portable à elle sonna. La voiture était en bas. Elle regarda son beau mari, son superbe logis et songea à son bonheur révolu, à la vie brillante et pleine de promesses qu'elle avait connue quelque temps. *Son* appartement contenait tout ce dont elle avait rêvé. Soixante-dix ans ? Elle avait espéré rester plus longtemps. À tout jamais.

— Tu vas me manquer, murmura Troy, qui surgit près d'elle au moment où elle glissait son portable dans le fourre-tout en cuir qu'elle avait préparé pour l'avion.

Alors qu'il la serrait dans ses bras, son parfum merveilleusement viril emplit l'air autour d'eux. Elle tenta de s'en imprégner en se demandant, malgré elle, si et quand elle aurait une autre occasion de percevoir son mari avec ses cinq sens.

Troy l'embrassa avec tendresse sur le dessus de la tête et soupira.

— Je n'ai pas envie que tu partes. Tu ne peux pas reporter d'un jour ou deux ?

Il semblait tellement sincère. Elle se dégagea.

— Ne t'inquiète pas. Je reviendrai bientôt.

3

April n'oublierait jamais l'odeur de cet appartement.

Si l'on pouvait dater les odeurs, elle aurait dit que celle-ci remontait à plusieurs siècles, pas à soixante-dix ans. Elle avait beau inhaler le moins d'air possible, la puanteur de la poussière mêlée d'un parfum entêtant lui emplit la bouche, le nez, les yeux. Elle devait garder ce goût à la fois douceâtre et âcre au fond de sa gorge pendant des mois. Quant à sa première vision des lieux, elle resterait gravée dans sa mémoire encore plus longtemps.

L'appartement se trouvait dans le 9e arrondissement, sur la rive droite, non loin de l'opéra Garnier, des Folies Bergère et du quartier chaud de Pigalle. C'était le Paris haut en couleur des écrivains, des artistes et des cinéastes. April soupçonna l'appartement d'avoir connu une certaine animation, lui aussi, avant de se retrouver abandonné et couvert de poussière.

Pendant le vol au-dessus de l'Atlantique, April avait dûment consulté les documents que Sotheby avait rassemblés pour elle. L'appartement de cinq pièces comprenait une antichambre, un salon, une salle à manger, deux chambres ainsi qu'une cuisine et une salle de bains. Sur les photographies, il ne paraissait pas très grand, mais exprimait l'aisance avec ses hauts plafonds à corniches, son papier peint damassé rose et ses moulures dorées.

Cependant, les clichés glacés étaient loin de refléter la réalité. Et, debout dans l'air étouffant, April se sentait brusquement écrasée par la quantité d'objets qu'elle voyait et la succession de pièces remplies à craquer. Troy avait raison, songea-t-elle avec un sourire. Cette femme était une collectionneuse. Sans doute riche et attirée par le clinquant, mais collectionneuse dans l'âme. Pour la première fois de sa carrière, April se demanda si elle possédait la compétence nécessaire.

Elle s'avança avec prudence dans le dédale de meubles et entendit des voix dans le fond de l'appartement. Elle avait hâte de voir Olivier et de se mettre à l'œuvre, pourtant, malgré son impatience, elle se faufila sur la pointe des pieds entre l'accumulation sans fin de miroirs, de fauteuils et d'œuvres d'art, avec, de-ci, de-là, des mammifères et des oiseaux empaillés. Elle commença automatiquement à les inventorier mentalement.

Dix pas prudents et deux mètres plus tard, elle repéra un bureau plat Louis XVI à ornementation de métal doré, une paire de fauteuils en acajou George III, un tapis de la Savonnerie Charles X et un incroyable chandelier doré du milieu du XIXe siècle. Noueux et sinueux à l'envi, l'objet semblait prêt à se dérouler pour poignarder quelqu'un.

Chaque pas apportait une surprise. Parmi des meubles qui auraient déjà été considérés comme des antiquités cent ans plus tôt, April repéra une autruche naturalisée d'un mètre cinquante et derrière, affalée dans un coin, une peluche de Mickey. Sans quitter de l'œil ses collègues qu'elle apercevait par l'entrebâillement de la porte, elle fit le tour d'un magnifique cabinet-secrétaire japonisant noir et or et faillit percuter une étagère aussi terne qu'utilitaire qui disparaissait sous des piles de papiers.

— Ah, *madame*[1] Vogt ! s'exclama une voix. Bienvenue à Paris. La pluie vous manquait ?

April se faufila par l'embrasure de la porte et trouva Olivier en compagnie de deux hommes. Elle avait déjà croisé l'un des deux à New York lors d'une vente aux enchères. Il travaillait plus ou moins pour Sotheby et elle se souvenait, entre autres, qu'il se prenait pour un séducteur. À moins qu'elle ne le confonde avec quelqu'un d'autre.

— Bonjour, Olivier. Je suis ravie de vous revoir.

— Bonjour, *madame* Vogt ! la salua à son tour le Français. Comment ça se passe à New York ? Ça fait des mois que je me bats pour y retourner.

Oui, elle se souvenait à présent. Il s'appelait Marc et c'était bien lui qui avait harcelé Birdie, son assistante. April ravala son antipathie et l'embrassa poliment sur les deux joues tout en marmonnant les platitudes de rigueur, avec l'espoir que son dédain passerait pour de la bonne vieille arrogance parisienne.

Derrière Olivier et Marc se tenait un grand échalas aux cheveux noirs ondulés. April ne put s'empêcher de suivre des yeux les coutures de son élégante chemise lavande parfaitement rentrée dans la ceinture de son pantalon à fines rayures. Elle admira malgré elle ses hanches et son torse parfaits ainsi que sa posture cambrée dont émanaient une certaine assurance, un brin d'insolence et un

1. NdT : Dans les dialogues, les mots en italique sont en français dans le texte.

petit quelque chose d'indéfinissable. Elle commençait à rougir quand elle nota la cigarette pendue à ses lèvres.

— Vous ne pouvez pas fumer ici, s'écria-t-elle d'une voix perçante. (Ne voyait-il pas qu'il suffisait d'une étincelle pour que l'appartement parte en fumée ?) Éteignez-moi ça. Éteignez-moi ça tout de suite !

Avec un sourire, l'inconnu laissa tomber sa cigarette sur le plancher et l'écrasa du bout de son mocassin impeccablement ciré. Sans réfléchir, April plongea pour ramasser le mégot et l'agita en l'air afin de s'assurer qu'il était bien éteint.

L'inconnu lui adressa un petit sourire suffisant tandis qu'elle glissait le mégot dans sa poche.

— Vous êtes une anti-tabagisme féroce, remarqua-t-il dans un anglais teinté d'un fort accent français.

— Madame fait partie de la maison, dit Olivier en guise d'explication ou d'excuse. Je vous présente April Vogt, notre experte en meubles et objets d'art.

— Ah, *l'Américaine* ! s'exclama l'inconnu.

— April Vogt.

Elle tendit la main. Il sourit de nouveau d'un air prétentieux, hocha la tête et l'attira à lui pour l'embrasser sur les deux joues. Il sentait la cigarette de luxe et l'eau de toilette encore plus coûteuse. April se retrouva déstabilisée par ce geste à la fois banal et d'une intimité indéniable.

— Je vous présente Luc Thébault, poursuivit Olivier. Le notaire de Mme Quatremer.

— Mme Quatremer ?

— La défunte. La propriétaire de cet appartement.

— Pour être tout à fait exact, je ne représente pas Mme Quatremer, mais sa succession, corrigea Luc Thébault en s'appuyant au dossier d'un fauteuil et April frissonna en voyant sa valeur fondre devant tant de négligence et un tel manque de professionnalisme. Il est rare que les morts soient habilités à engager des notaires, poursuivit-il. Quoi qu'il en soit, nous sommes dans l'appartement de sa grand-mère. Mme Quatremer résidait à Sarlat et n'est jamais venue ici, comme on peut s'en douter à voir l'état des lieux.

— Et c'est M. Thébault qui nous a contactés, ce en quoi nous lui sommes très reconnaissants, conclut Olivier.

— Vous le pouvez, répondit Luc Thébault avant de se tourner vers April. Vous… pourriez presque passer pour Française, ajouta-t-il après l'avoir détaillée de la tête aux pieds. Je… je suis très surpris.

April répondit par un petit sourire crispé. Quelques années auparavant, quand elle avait décroché le poste de conservatrice d'un musée consacré aux meubles et aux objets d'art du XVIIIe siècle aujourd'hui disparu, elle avait cherché à ressembler à une Parisienne. Ou plutôt à ne plus avoir l'air d'une Américaine. Il suffisait de porter des tenues élégantes, sombres et ajustées, avait-elle lu. Ainsi, rien de plus facile pour les assortir, les combiner, voire les superposer à la va-vite et obtenir un résultat tout à fait naturel. C'était d'ailleurs un peu la façon dont elle était bâtie. Droite, sombre, des lignes épurées. Des traits sans originalité, mais qui formaient de bonnes bases. Il ne lui manquait plus qu'un foulard autour du cou et une marinière pour personnifier la Française typique.

— Vous ne me répondez pas, *madame* Vogt ? reprit Luc Thébault. Vous n'êtes pas très loquace non plus. Moi qui croyais les Américaines plutôt bavardes.

— Nous choisissons pourtant nos mots avec plus de soin que la plupart des gens, rétorqua-t-elle le menton en l'air avant de se tourner vers son collègue. Eh bien, dites-moi, Olivier, on dirait que nous avons du pain sur la planche.

Elle regarda par-dessus son épaule et aperçut une table en malachite Louis-Philippe coincée contre un splendide canapé en noyer Louis XVI. Les trésors semblaient se multiplier sous ses yeux.

— Certaines de ces pièces sont incroyables, murmura-t-elle, à la fois impressionnée et nostalgique au souvenir de son musée disparu.

Elle fronça les sourcils. Et s'il n'avait pas fermé ? Si elle était restée à Paris un mois ou deux de plus ? Elle avait rencontré Troy à Charles-de-Gaulle le jour de son départ. Il avait pris le siège en face d'elle dans le salon d'Air France, une rencontre tout à fait fortuite, car elle n'avait pas plus l'habitude de bavarder avec le premier venu que de voyager en classe affaires. Mais à cette époque, April s'était dit que quitte à partir la honte au front, autant le faire avec style. Bizarrement, Troy l'avait trouvée attirante et ne s'était pas laissé décourager par cette jeune femme éplorée forcée de dire adieu à son premier rêve d'adulte.

— Vous n'allez pas pleurer, *madame* Vogt. Ce ne sont que des meubles, rétorqua Luc Thébault.

— Je ne pleure pas, rétorqua-t-elle d'un ton sec. Et je vous en prie, ce ne sont pas n'importe quels meubles, on pourrait remplir un musée entier rien qu'avec ceux qui se trouvent dans de cette pièce.

Olivier claqua des doigts pour attirer son attention.

— Oubliez les canapés et les secrétaires, *madame* Vogt. Vous avez vu ce tableau ?

April décrivit un arc de cercle autour de Luc Thébault pour rejoindre son collègue. Devant lui, appuyé contre un mur, se dressait le portrait d'une femme. La toile était presque aussi grande qu'elle et, bien qu'on ne voie la femme que de profil, sa beauté sautait aux yeux. Assise sur une méridienne mauve, elle regardait loin derrière le peintre. Elle avait des cheveux bruns, mousseux, relevés si lâchement sur le cou qu'on ne pouvait pas à proprement parler d'un chignon. Elle portait une somptueuse robe rose et vaporeuse qui s'évasait autour de ses chevilles comme la queue d'une sirène. Comparés à tant de splendeur, les rares bijoux qu'elle arborait semblaient spartiates, mais son visage était d'une pure beauté.

— Elle est magnifique… tout simplement magnifique, murmura April, les yeux rivés sur elle alors qu'elle continuait à évaluer les meubles mentalement.

— Absolument. Mais l'avez-vous bien regardée ? Vous voyez ce que je vois ?

April s'approcha d'un pas et se retrouva inondée de soleil.

— Je vous en prie, fermez les volets, demanda-t-elle en levant d'un geste futile son sac vers la lumière. Il faut vraiment préserver tout ce qui se trouve ici.

— La jeune femme, la pressa Olivier. *Madame* Vogt. Le tableau.

April s'immobilisa et scruta le portrait avec une attention accrue. Elle nota de nouveau le peu de bijoux (un petit rang de perles, une bague à chaque main) puis le décolleté provocant. Si la peinture avait pu être agrandie comme une photo, on aurait vu à coup sûr le bout du sein.

Et, tout à coup, cela lui sauta aux yeux. La couleur. Le coup de pinceau. La virtuosité incomparable.

— Oh, mon Dieu !

Vite, elle enfonça ses deux mains sous ses aisselles pour résister à son envie presque irrépressible de caresser la toile. C'était une des premières raisons qui l'avaient attirée vers ce métier. Il lui permettait de toucher des objets inaccessibles au commun des mortels.

— Qu'en pensez-vous ? demanda Olivier.

Il ne s'agissait pas d'une question, mais d'un défi. Il voulait des précisions. Il voulait comparer leurs impressions.

— Boldini, lâcha-t-elle dans un souffle. Je pense que c'est un Boldini. Mais c'est impossible, non ?

— Ouiii ! claironna Olivier en battant des mains, fou de joie : il avait trouvé à la fois le portrait et la personne idéale pour ce travail. Vous voyez ? Qu'est-ce que je vous disais ! s'exclama-t-il en se tournant vers Luc Thébault. Vous m'avez dit : « Non, c'est impossible ! » Mais *Mme* Vogt l'a reconnu, elle aussi.

— Je croyais qu'elle était spécialisée dans les meubles, observa Marc.

Luc gloussa. April le fusilla du regard sans s'en rendre compte.

— Oui, mais cela ne m'empêche pas de m'y connaître aussi dans d'autres domaines.

On ne passait pas des années à accumuler les diplômes en histoire de l'art, surtout quand on vivait à Paris, sans acquérir les connaissances qui permettent de reconnaître un petit Giovanni Boldini. Le « peintre de la vitalité » était un des plus célèbres portraitistes du monde. À la fin du XIXe siècle et au début du XXe, on n'était rien tant qu'on n'avait pas été peint par Boldini. Cette jeune femme était une personnalité.

— Je ne me souviens pas d'elle, poursuivit April. Je revois le portrait de Lady Colin Campbell, celui de la duchesse de Marlborough, plusieurs de Donna Franca Florio. Mais aucun de cette femme.

Son cœur s'emballait. Elle aimait Boldini. Elle l'adorait. Nul ne pouvait contester sa maîtrise du portrait. Pourtant, bien qu'elle ait vu en personne de nombreuses toiles de ce maître, aucune ne lui avait fait un tel effet. Cette femme était magnifique, certes, mais elle avait quelque chose en plus. Une véritable présence.

— Je n'arrive pas à y croire, souffla-t-elle.

— Pour autant que je sache, ce tableau ne figure pas dans la liste de ses œuvres, déclara Olivier. Pourrait-il s'agir d'un faux ?

Non. Ce n'était pas un faux. April le sentait.

— Il serait sacrément bon, si tel était le cas. D'un autre côté… (Elle laissa sa phrase en suspens comme si elle étudiait cette possibilité.) … qui laisserait un Boldini enfermé pendant tant d'années ? Il n'a pas attendu sa mort pour être célèbre. Il était déjà très connu. Qui ferait une chose pareille ? Pourquoi ?

— Qui est Boldini ? demanda Luc Thébault en allumant une autre cigarette.

— Vous pouvez éteindre ça, jeta April. Je ne veux pas que tout empeste le tabac.

Luc glissa quelque chose en français à Olivier. April ouvrit la bouche pour lui rappeler qu'elle avait suffisamment pratiqué cette langue pour connaître le sens du mot « coincée ». Mais au même moment, elle aperçut, poussée contre un mur, la méridienne mauve du portrait. Le souffle coupé, elle s'imagina aussitôt la femme du tableau assise sur ce siège. Elle la vit installée devant sa coiffeuse, écrivant des lettres sur le bureau plat, se contemplant dans la myriade de miroirs. Et la pièce, encore morte dix minutes plus tôt, prit brusquement vie sous ses yeux.

4

April avait supervisé des centaines de ventes aux enchères dans sa carrière. La provenance était toujours la même. Le vieux manoir d'une grand-mère, la maison de campagne paternelle ou un appartement nouvellement mis en vente. Contrairement au marché de l'art, où les œuvres s'échangeaient comme des actions, pour le sport et pour le plaisir, April continuait à tirer ses revenus des trois D : dettes, divorce ou décès. Les objets devant elle provenaient de l'appartement d'une défunte, certes, mais plus important encore, ils provenaient du passé. Un nombre infini d'objets dignes d'un musée, intacts, qui n'avaient été gardés que par les araignées et les fantômes. April enfila ses gants et s'approcha de la méridienne.

— *Madame* Vogt ? l'interpella Olivier. *Madame* Vogt, vous m'entendez ?

— Oh, pardon. Je suis désolée, que disiez-vous ?

Elle avait presque oublié la présence de ses collègues.

— Je voulais juste vous prévenir que nous sortions quelques instants fumer une cigarette.

— *Merci.*

— Je vous proposerais bien de vous joindre à nous, mais je suppose que ça ne vous dit rien.

— Allez-y, je vous en prie. Je vais rester pour étudier

la façon dont nous pourrions classer et inventorier les articles. Il y a tellement à faire !

April avait du mal à cacher sa joie. Mais oui, *mes bons messieurs,* allez-y donc. Elle avait hâte d'être seule avec la jeune femme du tableau et ses affaires.

— Ah, je reconnais bien là la fameuse éthique américaine du travail, commenta Luc. Impressionnant.

— Je suis ici pour faire mon boulot.

Les deux hommes se mirent à rire sans qu'elle comprenne pourquoi.

— Ne commencez pas à calculer la commission sans nous ! lança Olivier avant de disparaître de l'appartement avec ses deux comparses.

April hocha la tête en se forçant à sourire. À l'instant où la porte se ferma avec un bruit sec, elle bondit vers l'étagère près de l'entrée qu'elle avait failli renverser à son arrivée. Ce n'était pas le meuble qui l'intéressait. Malgré son grand âge, on l'imaginait davantage dans un pensionnat de la fin du XIXe siècle que dans un bordel de luxe et son prix n'atteindrait pas des sommets aux enchères. Mais sur ses rayons s'entassaient des piles et des piles de papiers qu'elle avait lorgnés pendant sa laborieuse progression dans ce labyrinthe. L'habitante des lieux était soit un écrivain prolifique soit l'ennemie jurée de tous les huissiers de Paris.

Ce n'était pas de l'indiscrétion. Pas vraiment. C'était de la documentation. Ces papiers lui donneraient peut-être de précieux renseignements sur la provenance des objets. Même s'il y avait peu de chances qu'ils parlent du tableau, cette raison lui parut suffisante.

April souleva un paquet puis un second, un troisième, les arrachant à soixante-dix ans de sommeil. Ils étaient entourés de rubans aux couleurs fanées. Les feuilles jaunies semblaient usées jusqu'à la trame, presque aussi fines que les toiles d'araignées qui les recouvraient. L'écriture était passée, parfois illisible, mais dès qu'April commença à feuilleter les pages, les mots ressortirent, les phrases se détachèrent.

Les documents à la main, April s'approcha furtivement de la fenêtre et aperçut en dessous Olivier, Marc et Luc qui plaisantaient sur le bord du trottoir, leurs voix à peine étouffées par l'épaisseur des vitres anciennes. Elle avait un peu de temps. Elle savait d'expérience qu'une fois Olivier lancé, on ne pouvait plus l'arrêter.

Elle s'assit sur le fauteuil d'où elle avait chassé Luc. Elle posa le premier tas sur ses genoux et défit le ruban d'un vert céleri. Puis elle entreprit de séparer les feuillets les uns des autres et parcourut les documents. Des factures. Des lettres. Des pages de journal intime. Son cœur s'emballa.

Les dates ne collaient pas. Mme Quatremer avait fermé l'appartement en 1940. Boldini, si le tableau était bien un Boldini, était mort en 1931. Non, ces dates ne pouvaient pas être exactes.

Et si jamais elles l'étaient ? Si, par chance, elles n'avaient pas été falsifiées par Mme Quatremer ou par Luc Thébault, son insaisissable notaire, l'histoire ne datait pas que de soixante-dix ans. Elle remontait alors bien avant 1940.

La page que lisait April indiquait d'une écriture serrée et précise : 2 juillet 1898. Cela ne ramenait pas au siècle dernier mais à celui d'avant. April jeta un coup d'œil vers la bibliothèque. À quand remontaient ces documents ?

Elle parcourut les lettres en réprimant un sourire. La femme qui les avait écrites était courageuse, libre et bigrement drôle. Elle possédait une plume élégante, même quand elle parlait de « pétomane », de « membre viril » ou de « mamelons ». Si ces lettres étaient authentiques, ce dont, bien sûr, April ne doutait pas un seul instant, si ce journal était vrai, l'auteure avait un sacré cran. Elle n'avait peur de rien. Mais comment aurait-elle pu imaginer qu'une Américaine viendrait fouiller dans ses affaires plus d'un siècle plus tard ?

Gagnée par les remords, April renoua le ruban autour de la liasse. Ces documents ne faisaient pas partie du patrimoine de Mme Quatremer, du moins pas de celui qui concernait sa maison de vente aux enchères. À son grand dam, cet étalage de chairs dénudées et de problèmes gastro-intestinaux ne pouvait lui servir à établir une quelconque provenance.

Alors qu'elle terminait de nouer le ruban, une phrase attira son attention. Sa première pensée fut : « Dieu merci, je ne viole aucune intimité. »

Puis, dans la foulée, elle songea : « Incroyable ! On avait raison. Cette peinture est bien un Boldini. ».

5

Paris, 20 juillet 1898

J'ai posé pour Boldini aujourd'hui. Encore une fois.

Plus que quelques croquis et ce sera terminé, me promet-il. Encore des croquis ? Cet homme et ses griffonnages incessants me conduiront droit à l'asile d'aliénés ! À la vérité, ce serait un soulagement bienvenu. J'en aurais au moins fini avec ce maudit portrait. C'est de la folie. Et il n'a pas encore pris son pinceau ! Que cela serve d'avertissement à toutes les femmes. Faire reproduire ses traits par un peintre beau et célèbre n'a vraiment rien de romantique.

Tourne-toi de ce côté, de l'autre, me dit-il. Il fronce les sourcils, plisse le front, s'emporte vertement, froisse les feuilles et nous sommes bons pour recommencer. Ai-je précisé qu'il fait une chaleur accablante, étouffante ? Entre la canicule et ses colères, je m'attends à défaillir d'une seconde à l'autre. Je m'offusquerais si ce cirque n'était pas si typique de Giovanni. Hélas, ce n'est pas la première fois que j'y ai droit.

— Je te croyais peintre, pas caricaturiste ! lui ai-je lancé.

Il n'a pas apprécié ma pique, mais franchement il y a une marge entre le perfectionnisme et la démence, et il penche dangereusement vers cette dernière. Le peintre de la vitalité, vraiment ? J'aimerais parfois qu'il en ait un peu moins !

Marguerite m'a accompagnée la dernière fois. Elle m'a dit que je ne lui facilitais pas les choses, ce qui m'a fait rire. M'a-t-elle déjà vu rendre la vie facile à un homme ? Non, en fait, je cherche plutôt le contraire. De toute façon, M. Boldini n'a que ce qu'il mérite. Je l'asticote. Je l'exhorte à ne pas tabler sur le scandale pour établir son succès à l'instar de son prédécesseur. Que Dieu me garde si jamais une bretelle tombe de mon épaule et me transforme en une nouvelle Madame Gautreau !

Mais c'est juste pour plaisanter et il le sait. De plus, jamais il ne reproduirait les erreurs de jugement de Sargent, même si je m'amuse à prétendre mille et mille fois qu'il va le faire. À l'inverse de Sargent, Giovanni est prudent. Il a autant de respect pour le commerce que pour l'art et ne rêve pas de mener une « vie de bohême ». De ce côté-là, nous nous ressemblons.

Je pourrais cesser de le harceler, mais ce que je n'ai pas dit à Marguerite, ni à Giovanni non plus, c'est que nous avons d'autres raisons que mon impatience pour nous presser. Notre temps est limité. Si le glissement de bretelle de Madame Gautreau a failli détruire bien des réputations, je n'imagine pas ce qui se passera au prochain salon si Boldini expose le portrait d'une femme grosse jusqu'aux yeux. Et une femme sans mari de surcroît ! Mon Dieu !

C'est encore assez facile à dissimuler, mais un moment viendra où je devrai l'avouer à Giovanni, à Marguerite et à tout Paris ! J'ai bien l'intention de repousser l'inévitable le plus longtemps possible. Je n'ai pas encore décidé de ce que je dirai à Boldini. Lui dirai-je que l'enfant est de lui ? Lui dirai-je qu'il est d'un autre ? Lui mentir ne me sied guère, surtout avec tous les mensonges et les secrets qui entourent mes propres origines. Cependant, une femme ne peut pas vivre que de bonnes intentions. Parfois, le mensonge est nécessaire.

6

Paris, 1er août 1898

Boldini, le butor ! Son dernier croquis est tout bonnement inacceptable. Et il veut le conserver ! C'est un désastre !

C'était juste une esquisse, disait-il. J'aurais dû me méfier. En tout état de cause, à la seconde où il a saisi son crayon, j'ai protesté. Je n'étais pas en état d'être immortalisée. Je venais de jouer la grande horizontale avec lui sur ma méridienne mauve.

— Tu es sublime, a-t-il rétorqué.

Mais je ne l'étais pas du tout. Je venais de me rasseoir, les yeux bouffis, les cheveux en bataille. J'avais perdu mon bracelet dans les draps et je n'avais plus une once de poudre éclaircissante sur le visage.

Et ma robe ! J'ose à peine parler de son état. Doux Jésus ! Les manches écrasées, le corsage froissé, à moitié délacé. C'est une robe que je déteste. Je n'ai jamais eu l'envie de l'acheter ! Il faudra que je raconte son histoire. J'aurais dû me douter que ce fichu chiffon rose entraînerait ma perte. À présent, si Boldini arrive à ses fins, cette maudite frusque me survivra !

— Si tu ne veux pas perdre la main qui te sert à dessiner, je te conseille de reposer ce crayon tout de suite, l'ai-je menacé alors qu'il continuait à griffonner.

— Je te le répète, je ne fais que m'entraîner, m'a-t-il juré. Tu es si belle que je ne peux pas m'empêcher de te croquer.

— On croirait entendre un charmeur de serpent. Mais je ne suis pas un cobra, tu perds ton temps.

— Ne t'inquiète pas, m'a-t-il glissé, l'ombre d'un sourire sur les lèvres. C'est juste pour moi, pour mon plaisir personnel. Fais-moi confiance, ma chérie, tu n'as jamais été aussi exquise. Je veux m'en souvenir.

Comment aurais-je pu m'opposer à une telle déclaration ? Ma tension dans les épaules s'est envolée. Je n'ai plus cherché des yeux de quoi le pourfendre.

Quelle idiote j'étais !

Pendant un moment, je n'ai plus souffert de poser. J'ai même apprécié quand je l'ai vu sourire en travaillant alors que d'habitude il grimace et crie en enfant capricieux qu'il est. Il me disait belle et parfaite, et comme tous ceux qui le connaissent le savent, ce sont des mots de poids dans la bouche de cet homme.

Après avoir enfin terminé, il est resté assis devant sa table à dessin, à sourire comme un fou, les doigts crispés sur son crayon. Je me suis levée et j'ai dit la seule chose qui m'est venue à l'esprit : merde !

Il a jeté son crayon par terre en riant comme un malade, puis il a applaudi et déclaré que ce serait ce portrait qu'il peindrait ! Pas celui sur lequel nous travaillons depuis Dieu sait combien de semaines. Pas celui dont j'avais soigneusement choisi la robe, les bijoux et la pose, la tête juste un peu inclinée. Il n'aurait rien eu à envier à celui de Donna Franco Florio. Non, il voulait ce portrait griffonné à la hâte, d'une main cruelle.

— En route pour Monte-Carlo ! a-t-il alors lancé.

Monte-Carlo ! Pendant un mois ! J'aurais voulu l'étrangler, mais cela m'a semblé un traitement encore trop doux.

— Mon Dieu ! ai-je dit.

Il a ri.

— Je ne te parle plus !

Il a ri de plus belle.

Quel homme stupide, exécrable et affligeant ! Impossible de discerner le moindre sourire sous sa moustache pendant des mois et le voilà subitement qui se tord comme un bossu.

— J'aimerais t'arracher les couilles pour les écrabouiller ! ai-je hurlé.

Puis je lui ai tout déballé.

Bien entendu, je lui ai dit que j'avais toujours eu l'intention de le mettre au courant, mais son comportement révoltant avait hâté mes aveux. En fait, il s'en doutait. Il avait remarqué que mes formes s'arrondissaient. C'est facile à cacher dans la rue ou lorsque je suis en compagnie, mais on ne peut pas porter un corset tout le temps. Bon, certains hommes aiment ce genre de dessous, mais pas Monsieur Boldini.

— Je me demandais, reprit-il après mes aveux et un échange de propos que nous regrettions tous les deux, je me demandais si tu ne pourrais pas remettre cette robe ?

Quel toupet !

J'aurais voulu hurler, lui rappeler qu'un vrai gentleman aurait eu la prévenance d'engager un coiffeur et une femme de chambre afin de réparer d'éventuels désordres dans la tenue de son cinq-à-sept. Un ajustement par-ci, un peu de volume par-là, la coiffure refaite, chaque mèche remise à sa place. M. Boldini refuse de le comprendre, mais peu de femmes acceptent de rentrer chez elles en catimini, leur corset à baleines dissimulé sous leur cape.

— Ne te crois pas dispensé de m'aider, ai-je rétorqué. Cette robe ne va pas se lacer toute seule.

— Oui, sauf si elle a de grandes mains, a-t-il répliqué.

Cette robe ! Cette maudite robe ! Je l'ai détestée dès le premier regard ! Et voilà qu'elle va être immortalisée sur la toile, de la main même du virtuose du pinceau, du maître de la vitalité.

Las, il faut que je raconte son histoire.

Plus tôt dans la semaine, Doucet, mon couturier préféré, a envoyé un modèle me présenter trois robes. La jeune femme m'a paru aussitôt familière. Elle a enfilé la première robe. J'ai dit non. Elle a essayé la deuxième. J'ai encore dit non. Pendant tout ce temps, je cherchais d'où je la connaissais. Quand elle a mis la troisième, cette robe rose vaporeuse avec un profond décolleté et des manches larges comme des tentes, la mémoire m'est subitement revenue. J'ai étouffé un rire, car à notre dernière rencontre, la jeune femme se trouvait dans une position des plus scabreuses.

Cela me ramène à Marguerite, une fois de plus. C'est mon amie la plus proche et vraiment le terme « amie » n'est pas trop fort. Toute délicieuse qu'elle soit, il faut pourtant se méfier des conseils qu'on lui donne. Il y a quelques mois, j'ai décidé de partager avec elle mon grand secret de beauté. Elle n'arrêtait pas de se lamenter sur son teint (pas assez clair) et son haleine (peu agréable). Je lui ai prescrit un lavement quotidien sans préciser qu'il devait se faire en privé. Avec Marguerite, aucun détail ne doit être négligé.

Quand je suis passée la voir le lendemain, je l'ai trouvée appuyée à la cheminée, sa robe d'intérieur remontée à la taille, occupée à se faire administrer par une femme de chambre le traitement que je lui avais recommandé, sous le regard exorbité de quatre servantes arabes. Oh, Marguerite !

Et quand j'ai vu le modèle debout devant moi dans cette robe du même rose que l'arrière-train de Marguerite, cette image a brusquement jailli à ma mémoire. J'avais devant moi l'ancienne femme de chambre administratrice de lavement ! Une fille intelligente qui n'avait pas mis longtemps à chercher un autre emploi. Et franchement, elle était bien trop jolie pour se cantonner aux fesses de Marguerite.

— On peut dire que vous avez su faire votre chemin dans le monde ! me suis-je esclaffée.

— Je vous demande pardon ? a-t-elle répondu avant de tourner sur elle-même pour bien me montrer la robe.

— N'ayez pas honte. Je ne vous en veux pas d'avoir quitté le service de Marguerite. D'ailleurs, permettez-moi de vous présenter des excuses en son nom. Son enthousiasme pour les nouvelles recettes de beauté lui fait perdre tout sens des convenances. À votre place, moi aussi j'aurais supplié Doucet de me donner du travail !

— Je ne sais pas de quoi vous parlez, a répondu la jeune femme, les lèvres tremblantes.

— Vous étiez femme de chambre chez mon amie Marguerite. Je vous ai vue l'assister dans une situation délicate.

— Je vais me rhabiller. Si une des trois robes que je vous ai montrées vous intéresse, je vous prie de bien vouloir en informer M. Doucet.

Elle a quitté la pièce si vite que je n'ai pas eu le temps de lui dire que la situation était gênante pour Marguerite et non pour elle.

En fin de compte, je me suis sentie obligée d'acheter la robe rose, puis forcée de la porter au moins une fois. Si je n'avais pas si peu tenu à elle, je ne me serais sans doute pas autant laissée aller dans l'atelier de Giovanni ! Je vous le disais ! J'en reviens toujours à Marguerite.

Seigneur, Giovanni va peindre cette robe.

Seigneur, qu'est-ce que je lui ai dit ?

Giovanni. L'enfant. Il faut que je règle ce problème. Mais pas maintenant. Comme on dit, j'ai d'autres chats à fouetter. Et je ne me sens plus d'humeur à écrire. À force de parler de Marguerite, me voilà obsédée par cette vision d'elle appuyée à la cheminée, ses cuisses exposées comme deux jambons au marché, avec des mètres de tube qui sortent de son postérieur. Et un postérieur, dois-je avouer, qui n'est plus aussi pimpant et ferme qu'il l'a été.

7

— Liriez-vous du courrier qui ne vous est pas destiné, *madame* Vogt ?

April sursauta. Les feuilles lui glissèrent des mains et elle les coinça en resserrant précipitamment les genoux. Toute tremblante, elle leva les yeux vers les trois hommes dont les expressions allaient de l'amusement au dédain.

— Oh, vous voilà, je voulais juste…

Luc Thébault se pencha pour lui tapoter la cuisse.

— *Allez*, rendez-moi ça.

Elle desserra les jambes et les feuilles tombèrent dans les mains du notaire. Malgré la température plutôt fraîche, elle sentit la sueur perler à la racine de ses cheveux et sur sa nuque. Elle n'avait pas besoin d'un miroir pour savoir qu'elle était rouge comme une tomate.

— Je croyais que vous étiez experte en objets d'art, poursuivit Luc Thébault en feuilletant les pages. Olivier ne m'avait pas dit que votre domaine s'étendait aux manuscrits. Il faudra que je demande à la succession de Mme Quatremer s'ils veulent qu'on expertise aussi ces papiers. Mais en attendant, ceux-ci ne sont pas destinés au grand public.

— Ce n'est pas ce que vous croyez, protesta-t-elle, de plus en plus mal à l'aise.

Elle n'était pas à Paris depuis une heure qu'elle se

mettait déjà son client à dos. Il n'aurait aucun mal à trouver une autre maison à qui confier cette vente. Vu les commissions mirifiques à la clé, elle pourrait dire adieu à son boulot trente secondes après avoir perdu le marché.

— *Madame* Vogt… commença Olivier.

— Ces documents vont nous permettre d'établir la provenance, le coupa-t-elle avant de s'éclaircir la voix. En fait, vous ne vous êtes pas trompé, Olivier. Quel œil vous avez ! Ce portrait est bien un Boldini. Et je crois que nous avons trouvé le journal de la femme du tableau.

Olivier haussa les sourcils.

— Incroyable ! Je vous laisse seule à peine cinq minutes et vous avez déjà authentifié la toile. Monsieur Thébault, voulez-vous avoir l'amabilité de rendre le journal à April qu'elle nous montre le passage en question ?

Une fois de plus, Luc Thébault sourit de son petit air narquois et lui tendit les papiers les yeux rivés sur elle, sans que ses traits s'adoucissent un seul instant.

— *Merci beaucoup.* Voyons voir… ah, le voilà. 20 juillet 1898. « J'ai posé pour Boldini aujourd'hui. » lut-elle.

— Ouais, c'est un bon commencement, acquiesça Marc.

— L'auteure va jusqu'à l'appeler « le virtuose du pinceau ». Elle mentionne aussi la robe rose.

April tendit le doigt vers le tableau et montra la robe tant détestée par la jeune femme. Elle réprima un sourire en pensant à Marguerite et à son postérieur.

— Il y a quelque chose de drôle, madame Vogt ?

— Oui, cette femme a une façon bien à elle de s'exprimer. Elle me fascine, franchement, et je n'ai lu que quelques pages. D'après ce passage, elle était enceinte au moment où il a peint ce portrait et Boldini était peut-être le père de l'enfant.

Ce n'était pas rien une future mère représentée par l'un des plus célèbres portraitistes de son temps. Pourquoi Mme Quatremer n'avait-elle pas voulu conserver cette toile ? April avait supplié son père de lui donner ne serait-ce qu'une petite photo de sa mère enceinte. Peu importait l'enfant qu'elle attendait, que ce soit son frère ou elle, April aurait apprécié n'importe quel cliché. Elle voulait juste voir sa mère épanouie par la maternité, au début de sa vie, et non pas dans l'état désespéré de ses derniers jours.

Désolé, ma puce, mais ta mère et moi, on n'était pas très conservateurs. Ni passionnés de photographie. Nos souvenirs nous suffisaient largement.

Ça lui faisait une belle jambe.

— Un bâtard, gloussa Marc. Très intéressant.

— Je ne suis pas expert en objets d'art, reprit Luc pendant que Marc feuilletait le journal. Mais je ne vois pas en quoi les… les confidences sexuelles d'une morte peuvent servir à l'évaluation des meubles.

— Incroyable ! murmura Marc en parcourant le passage une deuxième puis une troisième fois. C'est bien un Boldini.

— Oui, mais nous aurons besoin de preuves plus tangibles pour l'authentifier, remarqua Olivier. N'empêche que c'est un bon début. Merci, April, d'avoir si bien avancé pendant notre absence.

April hocha la tête et tenta d'ignorer le regard fureteur de Luc qui s'attardait quelque part dans sa périphérie. Sous son tailleur, les gouttes de sueur continuaient à couler le long de son dos. Si seulement il pouvait arrêter de la dévisager !

— Regardez ce passage, s'écria Marc. Il est question de cocaïne.

— Notre jeune dame était opiomane ? gloussa Olivier. Cela expliquerait la pagaille qui règne chez elle.

— Attendez une minute ! s'écria Luc en lui reprenant les feuillets. Il s'agit de papiers privés et vous n'avez pas été autorisés à les consulter.

Il attrapa un carton dans un coin, un carton tellement vieux et usé qu'il avait pu servir au transport de toutes ces feuilles. Peut-être que la jeune femme se faisait livrer le papier par ramettes entières pour noter le moindre mot qui lui venait à l'esprit, le moindre sentiment qu'elle éprouvait.

— Voulez-vous que je vous prête des gants pour les manipuler ? ne put s'empêcher de proposer April.

— C'est inutile.

— Qu'avez-vous l'intention d'en faire ? demanda-t-elle avec un regard vers ses collègues. Les laisserez-vous dans un endroit accessible si nous devons faire des recherches ? J'en aurai sans doute besoin pour établir la provenance de certains objets.

— Mme Vogt a raison, l'appuya aussitôt Olivier. Vous pourriez peut-être nous les laisser afin d'étayer nos évaluations.

— Non, je vais les retourner à la bénéficiaire de la succession de Mme Quatremer, répondit Luc en empilant les liasses de documents enrubannés dans le carton. Elle verra comment elle veut s'en débarrasser.

— S'en débarrasser ? répéta April d'une voix étranglée.

— Vous n'en avez aucun besoin ici.

Outrée par la façon désinvolte dont il manipulait ces papiers, April sentit un regret incompréhensible lui serrer le cœur. Elle voulait en savoir plus. Sur la grossesse, sur la réaction de Boldini et, Dieu lui pardonne, elle mourait d'envie de découvrir d'autres détails croustillants sur cette Marguerite.

— Si je puis me permettre, qui est la bénéficiaire ? s'enquit-elle.

— Ça n'a aucune importance.

— Vous avez dit que la grand-mère de Mme Quatremer possédait cet appartement. La femme du tableau était sa grand-mère ? Elle était donc enceinte de… de la mère de Mme Quatremer ? finit-elle après un rapide calcul.

Est-ce que ça collait ?

— Vous n'avez aucun besoin de le savoir pour faire vos estimations, répondit-il en fourrant les derniers papiers dans le carton. Ce ne sont que des spéculations, rien de plus.

— En fait, reprit Olivier, plus nous avons d'informations sur le passé de ces objets, plus nous avons de chance d'en tirer un bon prix aux enchères. Les gens aiment les objets qui ont une âme, une histoire à raconter.

— Cela règle la question. Ma cliente ne cherche pas à en obtenir un maximum d'argent.

— Tout le monde ne veut-il pas gagner le plus d'argent possible ? essaya de plaisanter April. C'est ce qu'on nous apprend en Amérique.

Luc leva les yeux au ciel et ajouta d'autres documents plus quelques livres sur les liasses. April se détourna de lui et contempla la femme en rose comme si elle se trouvait physiquement dans l'appartement, elle aussi. Soudain envahie par la conviction qu'il lui incombait de transmettre sa parole et de défendre son héritage, elle articula quelques mots d'excuse dans sa direction puis se tourna vers les trois hommes.

Elle n'aurait pas dû se formaliser de voir Luc malmener les documents, mais elle se sentait plus concernée qu'elle n'aurait dû. C'était relativement facile dans sa profession de ne voir que les objets et pas les personnes qui les avaient possédés. Elle était bien décidée à ne pas commettre cette erreur à présent.

— Messieurs, si vous voulez bien me pardonner, reprit-elle d'une voix enrouée. Je vais commencer par les meubles et prendre quelques photos.

Elle se força à tousser. La poussière lui fournissait une bonne excuse.

— *Monsieur* Thébault. Ce fut un plaisir de faire votre connaissance.

Elle lui serra la main et quitta rapidement la pièce, laissant les trois hommes parler de contrats et de planning.

Tandis qu'elle suivait le couloir, April imagina la jeune femme brune et pulpeuse évoluant gracieusement dans l'appartement. Puis elle essaya de se représenter sa propre mère, qui avait été brune et jolie, elle aussi, mais qui bizarrement lui semblait moins réelle que la femme du tableau. Elle ne possédait aucun portrait, aucun meuble ni quoi que ce soit qui lui permette d'ancrer sa mère dans la réalité. Elle ferma les yeux très fort mais, comme lorsqu'on essaie de saisir le coucher du soleil, elle ne vit que de fugitifs flashs de couleur.

8

Arrivée dans l'antichambre, April s'intéressa d'abord à un fauteuil laqué bleu et or puis à un tapis de prière persan Tabriz, qui n'était pas européen par son origine mais par son usage ; en effet, c'était exactement le genre de choses tout à fait à sa place dans un appartement cossu du XIXe siècle.

Alors qu'elle examinait les objets, elle essayait de ne plus penser à Boldini ni à la femme du tableau. Elle avait déjà bien assez à faire avec tout ce qu'il y avait à répertorier. Cela ne laissait guère de place à la rêverie.

April se faufila derrière un fauteuil pour examiner un bureau en acajou. C'était un meuble simple mais d'une perfection étonnante. Elle essuya la poussière du bout des doigts et révéla deux estampilles « JH RIESENER ».

— Jean-Henri Riesener, lâcha-t-elle dans un souffle, très impressionnée.

Riesener était l'ébéniste préféré de Marie-Antoinette. La valeur de ce meuble pourtant tout simple était considérable.

— Qui étiez-vous, madame ? murmura-t-elle. Qui étiez-vous donc ?

Sur le bureau trônaient deux statuettes en ivoire de Jeanne d'Arc et, derrière, un épais vase en jade gravé d'une scène de bataille. Comme elle n'arrivait pas à l'atteindre, elle monta sur une malle, en prenant soin de poser les pieds sur les montants pour ne pas abîmer les charnières. Elle se pencha vers le vase afin de voir s'il était signé, mais l'objet était trop lourd pour ses mains tremblantes. Alors qu'elle le repoussait vers le fond de l'étagère, elle sentit ses cheveux se hérisser sur sa nuque.

— *Madame* Vogt.

— *Mon Dieu !*

Elle sauta de la malle, ses chaussures plates dérapèrent sur le sol glissant, elle bascula en arrière, manquant de peu de s'empaler la cuisse gauche sur un pique-feu pour se retrouver dans une position encore plus délicate, la joue écrasée contre la poitrine de Luc Thébault.

Il lui passa un bras autour des épaules.

— *Tout va bien.*

— *Merde !*

— *Oh, là là.* Je ne m'attendais pas à un tel langage de la part d'une Américaine aussi stylée ! remarqua-t-il sans se départir de son sourire goguenard.

— Je ne suis pas si stylée que ça…

Elle voulut s'écarter, mais elle n'avait toujours pas retrouvé son équilibre et elle dut se raccrocher à lui, préférant voir sa fierté en miettes plutôt que le papillon de verre de deux mètres cinquante qui se dressait derrière elle.

— … et je suis navrée si je vous ai choqué, mais vous êtes arrivé sur la pointe des pieds.

— *Je suis désolé*, répondit-il, bien que son sourire qui dévoilait ses dents pointues démente ses paroles. Mais si votre langage coloré m'a surpris, je reconnais là une étreinte bien américaine, ajouta-t-il en la serrant plus fort.

— Ce n'est pas une étreinte, protesta-t-elle en essayant de se dégager.

— Attention.

Luc la relâcha, mais elle resta quasiment soudée à lui. C'était sa hanche qu'elle sentait ? Oui, c'était bien elle.

— Je n'arrête pas de faire attention, marmonna-t-elle.

— Dites-moi, *madame* Vogt, vous êtes descendue dans les environs ?

— On m'a loué un appartement *rue Fontaine*, dans le 9e, répondit-elle sans réfléchir.

Elle n'avait pas l'habitude de communiquer ce genre d'informations à un inconnu dans une ville étrangère, mais elle ne pensait qu'à ne plus être en contact avec lui, ce qui n'était pas évident dans cet espace réduit.

— Connaissez-vous le *café Zéphyr* ? Il se situe aussi dans le 9e arrondissement, poursuivit-il sans la lâcher des yeux, pas du tout troublé par la panique qui montait en elle.

Sentait-il qu'elle transpirait ? se demanda-t-elle.

— Jamais entendu parler.

Elle se tortilla vers la gauche et se retrouva carrément blottie dans ses bras. Elle pouvait presque entendre la femme du tableau glousser. Ça ne valait pas un lavement en public, mais c'était presque aussi humiliant.

— Ne vous inquiétez pas, *madame* Vogt. Je ne vais pas… comment dites-vous en Amérique ?… ah oui, vous assaillir sexuellement.

L'image d'un homme armé jusqu'aux dents au regard lubrique surgit à son esprit et elle éclata de rire malgré elle et en dépit du ridicule de la situation dans laquelle elle se retrouvait avec Luc Thébault.

— On dit « harceler » pas « assaillir ». Vous ne me harcelez pas sexuellement.

— Je suis ravi que vous le reconnaissiez, répliqua-t-il.

Il réussit enfin à s'écarter d'elle et elle eut l'impression que l'air s'engouffrait littéralement entre eux.

— Ce n'est pas ce que je voulais dire. Je raconte n'importe quoi. C'est le décalage horaire. Je n'ai pas les idées claires. Alors vous voulez qu'on se retrouve ? Quand ça ? Et pourquoi ?

— J'ai l'impression que vous vous posez beaucoup de questions, *madame* Vogt. En particulier sur la dame du tableau, non ?

April hocha la tête, curieuse et méfiante à la fois.

— Je peux répondre à vos questions, *madame* Vogt. Du moins à certaines d'entre elles. Si vous acceptez de prendre un café avec un assaillant sexuel, bien sûr.

Elle hésita. Ce n'était peut-être pas prudent de parler affaires avec lui hors de la présence d'Olivier et de Marc, surtout vu le jeu séducteur et l'arrogance de l'individu. April songea à Troy, à ses déjeuners et à ses dîners d'affaires incessants. Ce n'était pas parce que l'un d'eux s'était terminé scandaleusement qu'il fallait en faire une règle générale. De toute façon, elle au moins savait se tenir.

— Pourquoi pas ? répondit-elle. À quelle heure ?

— À 15 heures. Au *café Zéphyr*. Je serai sur la terrasse. Je vous y attendrai.

9

Embrumée par le manque de sommeil et de nourriture, April s'engagea d'un pas lourd dans l'escalier de marbre glacial de son immeuble. Il ne lui restait que trente minutes avant son rendez-vous avec Luc Thébault. Pas assez de temps pour travailler mais suffisamment pour faire ce qu'elle avait à faire. Elle attendait ce moment tout autant qu'elle le redoutait.

Plus que vingt-six minutes. Vingt-trois. April hésitait. Trois mois auparavant, elle aurait composé le numéro de Troy depuis longtemps. À présent, le téléphone à la main, elle imaginait la conversation qui allait suivre.

D'abord, Troy l'interrogerait sur Paris. Une ville de rêve. Une tonne de choses à faire. Elle pouvait lui demander comment s'était passée sa soirée, même si elle avait déjà reçu un rapport partiel par texto. Il lui avait été adressé par une amie de fac qui fournissait le milieu que fréquentait Troy en œuvres d'art hors de prix.

« Ton mari s'est fait mettre le grappin dessus par une nana toute la soirée », lui avait écrit Mélanie. C'était le premier message qu'elle avait lu en descendant de l'avion à Roissy.

Quoi qu'il en soit, Troy était toujours son mari. Commérages ou pas, elle devait l'appeler. Elle dirait des choses, il en dirait d'autres. Et toutes ces choses seraient éclipsées par ce qu'ils ne diraient pas.

Il était 8 h 30 du matin à New York, l'heure à laquelle on avait le plus de chance de le joindre. Passé 9 heures, tout le monde lui sautait dessus. April tapa son numéro, les mains moites, le cœur battant. Peut-être ferait-elle mieux de l'appeler plus tard, quand il serait trop occupé pour lui répondre. Elle n'avait rien à y gagner, elle ne ferait que limiter la casse.

— Le bureau de Troy Vogt, répondit une voix allègre.

L'assistante de Troy. Charmante. Enjouée. Sans doute bien renseignée de l'intérieur.

— Bonjour, Kimberly, c'est moi.

Un silence. April se demanda ce que Troy avait pu lui dire. D'un naturel peu bavard, taciturne même, il veillait à ne montrer que ses bons côtés. Cependant, il lui fallait bien s'expliquer parfois et donner des directives. *Vous pouvez me passer tous les appels. Ne vous inquiétez pas, April n'est pas là.*

— Oh, April, bonjour ! gazouilla Kimberly et April essaya de ne pas évaluer le degré d'effort contenu dans son enthousiasme. Comment ça se passe à Paris ? Mon Dieu, quelle chance vous avez ! Paris ! Je n'ai vraiment pas choisi le bon job.

— Oh, je ne suis arrivée que depuis huit heures, alors je n'ai encore rien vu à part un appartement poussiéreux et des Français désagréables.

— L'appartement ne m'attire pas, mais je veux bien me charger des Français.

— Non, croyez-moi, seul l'appartement vaut le coup. Mais dites-moi, Troy est là ? Ou il est déjà injoignable ? ajouta-t-elle avec une petite lueur d'espoir.

— Jamais pour vous.

Elle crut percevoir du sarcasme, un ricanement. Elle secoua la tête. Allons, Vogt, reprends-toi.

— S'il n'est pas dans son bureau, je peux rappeler plus tard…

— Non, non, il est là. Ne quittez pas, je vois quelqu'un sur le seuil de…

— Ce n'est pas grave, j'essaierai plus tard.

— Non ! Je vous mets juste en attente une seconde.

Clic.

April relâcha sa respiration. Au lieu de la musique d'ambiance habituelle, une voix cristalline l'informa des dernières finasseries du marché financier. L'opposition entre leurs carrières l'intriguait toujours. La valeur du travail d'April reposait entièrement sur l'histoire et le passé. Dans le métier de Troy, on ne s'intéressait qu'à ce qui s'était déroulé moins d'un quart d'heure avant ou à ce qui, dans les trois à cinq ans à venir, pourrait avoir un rendement supérieur à vingt pour cent.

— April !

Elle sursauta.

— Je ne m'attendais pas à avoir de tes nouvelles.

— Comment ça, tu ne t'y attendais pas ? tenta-t-elle de plaisanter, mais le rire s'étrangla dans sa gorge et elle eut l'impression de parler avec une voix de canard.

— Je veux dire pas… pas si tôt.

— Je fais une pose entre deux rendez-vous. Alors, je…

Faux. Ça sonnait faux. C'était son mari, mais le cœur n'y était pas.

— … je me suis dit que… que j'allais… t'appeler.

Tout en parlant, April contemplait ses mains. Elle essaya d'imaginer son alliance en platine, un bijou ancien, bien en sécurité dans son coffre avec le solitaire de trois carats que Troy lui avait offert quand il l'avait demandée en mariage dans un club huppé de Pittsburgh. Appelée dans cette ville par son travail, elle était descendue dans un Omni, quand il s'était brusquement matérialisé, arrivé par jet privé. Il l'avait enlevée aux banalités des chaînes d'hôtels pour l'entraîner dans des quartiers secrets de la ville dont elle n'imaginait même pas l'existence.

— Eh bien, je me sens très honoré, répondit Troy. C'est une excellente façon de commencer la matinée. Alors comment est le printemps à Paris ? La vieille propriétaire était une collectionneuse comme je le disais ?

April secoua la tête et sourit.

— Si on veut. Mais dans le bon sens du terme. Pas comme ces gens qu'on voit à la télévision qui entassent des boîtes de pizzas dans leur salon pendant des dizaines d'années. Elle ne collectionnait que des objets de grande valeur. Si tout le monde faisait comme elle, mon métier serait bien plus facile.

— Des détails, Vogt. Donne-moi des détails. Qu'est-ce que tu as trouvé ?

— Ce que j'ai trouvé ?

April aurait pu lui parler du chandelier, de la corne de rhinocéros ou de la baignoire en bronze, mais elle ne pensait qu'au Boldini. Au Boldini et à la femme en rose.

— Je me retrouve plongée en pleine *Belle Époque*. Cet appartement, c'est un vrai voyage dans le temps. Je ne peux pas m'empêcher de penser à mon vieux musée. Si nous avions pu nous procurer seulement quelques uns de ces objets, il n'aurait jamais fermé.

Mais elle n'aurait jamais rencontré Troy, prit-elle conscience à peine les mots sortis de sa bouche, trop tard pour les ravaler.

— Si seulement, dit Troy et elle l'entendit faire claquer quelque chose sur son bureau. Alors, quel est ton objet préféré ?

— Mon préféré ? Je n'arrive pas à croire que tu me poses une question pareille, Troy Edward Vogt, feignit-elle de s'offusquer. Je suis amoureuse de tout ce que je vois !

Ce n'était pas vrai, bien sûr. Elle avait bien un préféré. Le Boldini, évidemment, mais il ne faisait pas partie de son champ d'opération.

— Allez ! C'est comme les enfants, s'impatienta-t-il. Tu as bien eu un petit faible pour quelque chose, là, aujourd'hui.

— Eh bien…

Le Boldini remonta de nouveau à la surface de ses pensées. Elle ouvrit la bouche pour le dire à Troy mais, alors même que les mots lui venaient aux lèvres, elle les réprima, prise d'une soudaine envie de protéger la femme en rose, de la garder égoïstement pour elle. Pour le moment, elles étaient seules toutes les deux. Elle n'avait pas envie de la partager.

— En fait, reprit-elle après s'être éclairci la gorge, la dernière chose que j'ai remarquée, c'est une pendule de cheminée Louis XV en porcelaine et bronze doré qui doit dater du milieu du XVIIIe. Elle est en parfait état et devrait atteindre facilement les cent mille dollars. Si tu la voyais ! Elle est ornée de chiens et de roses en porcelaine. Une pièce aussi rare qu'abominablement tape-à-l'œil.

— Cent mille dollars pour une pendule à chiens. Les gens m'étonneront toujours.

— J'ai aussi trouvé une surprenante paire d'œufs d'autruche peints relégués au *pipi-room*.

— Quoi ? s'esclaffa Troy. Mon français est peut-être

un peu rouillé, mais la délicieuse et élégante April Vogt ne serait-elle pas en train de me parler des chiottes ?

— Je n'emploierais jamais un tel langage, gloussa-t-elle à son tour, ravie de plaisanter avec lui, même si elle regrettait de ne pas voir son visage. Mais tu as compris en substance : les œufs se trouvaient bien dans les toilettes. De magnifiques œufs peints de *chinoiseries* au dessin d'une complexité incroyable.

— *Des chinoiseries*. Tu es sûre qu'on peut employer ce mot dans la bonne société ?

— Je t'en prie, il n'a rien de grossier. C'est juste le nom d'un style artistique d'inspiration asiatique. Les dessins représentent une femme qui porte une lanterne, un homme avec une ombrelle, des singes qui agitent un drapeau, bref la thématique typique de ce style.

— Des singes. Tu m'en diras tant.

— Les œufs sont montés sur d'incroyables socles en bronze, poursuivit-elle sans relever ses taquineries.

Elle ferma les yeux et se représenta les pieds de bronze faits de branchages entremêlés de serpents et d'ananas. Une ébauche du catalogue commença à se former dans son esprit.

— Ce sont en eux-mêmes de véritables œuvres d'art. Et les œufs sont en parfait état. Ils représentent une incroyable découverte, mais ce n'est qu'une goutte d'eau dans l'océan, une infime partie de ce que recèle cet appartement. Tiens, en passant, il y a aussi un tigre de Malaisie naturalisé couché dans le couloir.

— Ça m'a l'air complètement fou.

— C'est exactement le mot. C'est incroyable qu'aucune des personnes qui connaissaient l'existence de cet appartement n'ait touché à rien.

April songea à la fille, à la petite-fille de la femme

en rose et à tous ceux qui avaient gravité autour d'elles. Un mot s'imposa à son esprit : héritage. Comment pouvait-on maintenir sous clé un tel patrimoine ? Les cornes de rhinocéros, les papillons enchâssés et les pianos marquetés n'étaient qu'un début.

— Combien de temps penses-tu rester ? poursuivit Troy.

— On m'a envoyée ici pour un mois, lui rappela-t-elle et son estomac se noua tandis qu'elle se demandait malgré elle pourquoi il tenait tant à connaître la durée de son séjour. La question ne faisait pas seulement allusion à son retour à JFK.

— Un mois ?

— Peut-être moins, s'empressa-t-elle d'ajouter. Le bureau de Paris m'aidera sans doute pour les meubles. D'un autre côté, ça peut aussi durer plus longtemps. Beaucoup plus longtemps. Je n'ai même pas idée du nombre d'articles que nous avons.

— Combien de temps ? Deux semaines ? Six mois ? Entre les deux ?

April se força à sourire.

— Vous essayez de m'arracher une date précise, *monsieur* Vogt.

Une autre épouse aurait sans doute profité de l'occasion pour évoquer une petite amie fictive, histoire de plaisanter. Mais pas elle. Surtout pas.

— J'ai juste hâte que tu reviennes aux États-Unis. C'est tout.

Elle devina qu'à l'autre bout du fil, il fronçait les sourcils. Ou qu'il grimaçait. Bref qu'il esquissait un mouvement qui faisait frotter la barbe de son menton tel du papier de verre sur le micro du téléphone. Quoi qu'il en soit, il semblait sincère.

— Je te le dirai dès que je le saurai, promit-elle.

Qu'il attende son retour avec impatience ne fit que l'angoisser davantage. Était-ce parce qu'elle lui manquait ou parce qu'il était impatient de mettre fin à un mariage qui battait de l'aile ? Pouvait-on faire parvenir une demande de divorce à quelqu'un qui se trouvait en France ?

— Écoute, il faudrait qu'on parle de…

— Alors comment s'est passé ton dîner hier soir ? le coupa-t-elle, pas du tout prête à discuter de ce qui l'attendait à son retour. Il paraît que c'était une sacrée soirée.

— Tu en as entendu parler ? Par qui ?

— Personne. Enfin, si. Mélanie. Tu sais, la fille avec qui j'étais à la fac.

April se mordit les lèvres. Elle détestait que ses réponses sonnent comme des questions.

— Ah bon ? Et qu'est-ce que cette Melissa t'a dit ?

— Non, c'est Mélanie, pas Melissa. Elle m'a dit que c'était très clinquant. Beaucoup de diamants. Des plats extraordinaires. *Tout à fait délicieux*. Enfin, bref, comme d'habitude. Bon, il faut que je te laisse.

— April…

— Non, sérieusement, l'interrompit-elle en se levant d'un bond et en fourrant les papiers dans son sac. J'ai une réunion. Je devrais déjà être partie. *Au revoir.*

— Attends une minute ? Ça va ?

— Bien sûr que ça va. Comment pourrait-il en être autrement à Paris ?

— Eh bien, tu parles comme quelqu'un qui aurait bu un peu trop de café. Je te connais. Ça veut dire que tu es énervée. Ou contrariée. Melissa t'a dit quelque chose ?

— Mélanie. Non, elle n'a rien dit. Oublie. Bon, tu m'entends, je parle normalement là ?

La conversation se déroulait encore plus mal qu'elle le craignait.

— Je crois savoir de quoi il s'agit, soupira-t-il. Alors autant tout étaler sur la table.

— Il n'y a pas de table. Et rien à étaler.

Un mensonge. Un mensonge flagrant, criard, éclatant.

— Susannah était au gala hier soir.

April faillit éclater de rire. C'était ça, sa grande révélation ? Susannah était là-bas ? Avec lui ? April se posait bien des questions angoissantes au sujet de son mari, mais aucune en ce qui concernait ses rapports avec son ex-femme.

— Génial ! dit-elle et elle le pensait. Super ! J'espère que vous avez eu le temps d'échanger des nouvelles. Je parie qu'Armand et elle ont déjà planifié un fabuleux été pour les filles. En tout cas, sache que Mélanie ne m'a pas parlé du tout de Susannah.

— Peut-être. N'empêche que Susannah m'a joué son numéro habituel. Pourtant, après douze ans de divorce et son remariage avec un trafiquant d'armes, elle pourrait cesser de m'agresser.

— Armand n'est pas trafiquant d'armes.

— C'est vrai. Du moins c'est ce qu'ils prétendent. Enfin, toujours est-il que Susannah a été plus odieuse que jamais. Elle a peut-être perdu de sa beauté, mais rien de sa méchanceté.

— Là, c'est toi qui es méchant. Surtout que ce n'est pas vrai, du moins en ce qui concerne son allure.

— Elle m'a attaqué dès le cocktail. Elle était remontée. Elle s'est vraiment mal tenue. Je ne sais pas si ta Mélanie est tombée sur elle ou une de ses acolytes…

— Oublie Mélanie, d'accord ? Elle ne m'a pas touché un seul mot de ton ex. Surtout que tu ne vaux guère mieux, tu n'es pas le dernier à critiquer les ex-épouses.

Ce n'était pas nouveau. Tout le monde savait que Susannah harcelait Troy et que Troy ripostait avec autant de virulence. Elle ouvrait toujours les hostilités, certes, mais des deux, c'était elle qui s'éloignait le moins de la vérité.

Si April n'appréciait pas particulièrement son ex-femme, ce n'était pas à cause de ses médisances. Ni pour sa beauté. Ni parce qu'elle avait donné à Troy deux filles. April n'avait jamais eu envie de jouer les mères poules et supportait sans mal ses deux ravissantes belles-filles aussi blondes qu'élancées. Ce qu'April n'acceptait pas, c'était de se sentir idiote.

Susannah ne possédait pas de meilleurs diplômes d'une meilleure université, ni même un meilleur boulot, elle ne travaillait pas. Non, Susannah avait juste vu de quoi Troy était capable. Elle était partie. Elle avait refait sa vie. April n'était que la seconde femme aveugle et naïve comme on en voyait plein les feuilletons.

— Si j'ai mentionné le nom de Susannah, ce n'était pas pour la descendre en flammes, mais juste parce que tu m'as parlé de ton amie.

— J'ai simplement dit que Mélanie était à la soirée. C'est toi qui es parti là-dessus.

Pauvre Mélanie ! Un petit texto de rien du tout écrit quand elle était pompette et elle se retrouvait plongée en pleine tourmente conjugale. April imagina son amie de fac recevant une citation à comparaître.

— Très bien. Tu préfères qu'on évite de parler de ça. Alors n'en parlons plus. Plus jamais. J'abandonne.

— Tu abandonnes. Super. Je suis ravie de le savoir.

— Ce n'est pas ce que je voulais dire, tu le sais bien.

Bon, il faut que j'y aille. Je ne peux pas parler de ça maintenant.

— Parfait.

April sentit qu'elle était désagréable, mais elle ne voyait pas d'autre moyen de conserver un semblant de dignité. Si elle baissait un tant soit peu sa garde, elle éclaterait en sanglots. Et elle avait vu Troy avec ses filles : il ne supportait pas les larmes.

— Pour info, April, au cas où tu te poserais la question, Willow était là elle aussi. D'accord ? Elle était au dîner…

On y était. Le nom qu'elle attendait. *Willow.* Un direct à l'estomac.

— Troy, franchement, je dois y aller.

— April, écoute-moi. Il faut qu'on en parle. Willow était là.

Nouveau coup de poing, plus fort. Comme s'il faisait exprès de la frapper.

— Ça suffit.

— Et Susannah en a profité pour en tirer des conclusions sordides…

— C'est de l'histoire ancienne, marmonna-t-elle. Tout a déjà été dit.

— J'ai évité Willow de mon mieux, je te jure. S'il n'y avait pas eu de témoins, je l'aurais jetée la tête la première dans le vestiaire. Mais j'ai dû me montrer poli à cause du boulot. Et elle a saisi toutes les occasions pour me mettre mal à l'aise. Un vrai désastre. Willow peut être tellement…

— Tu peux arrêter de prononcer son nom ?

Elle détestait ce maudit prénom. Il était ridicule, cette garce ne devait même pas s'appeler comme ça. Pour April, c'était soit la Consultante soit Sors-de-mes-pensées-salope.

La Consultante était une écologiste réputée (n'importe quoi !) aux longs cheveux mal coiffés, aux grands yeux écarquillés, qui avait la manie de croiser les jambes bien haut quand on l'interviewait à la télévision. Willow Weintraub. Ou plus vraisemblablement Jennifer ou Debbie Weintraub. Jamais « Debbie » Weintraub n'aurait pu devenir une écologiste célèbre avec ses yeux de Bambi, alors que « Willow » Weintraub, ça faisait de l'effet dans les débats en matinale à la télévision et sur le papier glacé des magazines.

Depuis six mois (elle avait été engagée pour un an), au tarif de 375 $ de l'heure, Mlle Weintraub passait au crible la version de Troy de l'incontournable « financement écologique ». Elle fricotait avec Stanhope Capital et elle avait aussi fricoté, en une malheureuse occasion, avec le mari d'April.

— D'accord, je veux bien ne plus prononcer son nom mais, dans ce cas, dis-moi ce que je dois dire.

— Rien, d'accord ? J'en ai assez de parler de ça. C'est nul et il n'y a rien à ajouter. C'est terminé. J'ai tourné la page.

— Tu es sûre ? Parce que tu as beau dire que tu vas bien, parfois je me pose des questions.

Malgré sa colère, elle devait reconnaître que Troy avait raison. Elle aussi s'interrogeait. C'était en grande partie pour cette raison qu'elle avait sauté sur l'occasion d'aller à Paris. Son départ avait été brutal, mais ça faisait des mois qu'ils tournaient autour du pot tous les deux. Elle avait besoin de changer l'air, de prendre du recul pour faire le point. Elle était sûre que Troy pensait lui aussi qu'elle devait s'en aller.

À croire ses quelques amies au courant du faux pas de Troy, il aurait dû prendre ses cliques et ses claques et disparaître. Mais April savait que l'avenir de leur couple ne dépendait pas de sa décision de rester avec elle ou de quitter leur appartement. C'était elle qui éprouvait le besoin de partir. De prendre de la distance pour savoir si elle souhaitait continuer. Évidemment, le problème, c'est qu'elle laissait aussi de la distance à Troy. Il pouvait arriver à la conclusion que son faux pas n'était pas une transgression isolée, mais le symptôme d'un problème plus grave.

L'honnêteté était la meilleure ligne de conduite. Quoique, pour être honnête, elle se prenait à regretter que Troy lui ait tout avoué. S'il ne l'avait pas fait, elle aurait continué à croire à ce que l'on voyait de l'extérieur : un mari charmant et drôle, deux ravissantes petites belles-filles le mercredi et un week-end sur deux, un magnifique appartement et une profession qui ressemblait plus à un passe-temps qu'à un métier.

Il s'agissait juste d'une faute passagère, survenue dans un pays lointain. Une erreur. Troy ne s'était pas fait surprendre, il s'était livré lui-même. Il n'était pas forcé de lui dire. Il avait presque fait preuve de galanterie ! Merci du cadeau, avait-elle pensé. Au moins l'un des deux pouvait dormir sur ses deux oreilles.

— April ? Tu es toujours là ?

Yeux clos, elle retint son souffle plusieurs secondes et la pression de sa veste la réconforta, comme si quelqu'un la serrait dans ses bras.

— Je te répète que je vais bien. Mais tu as raison. Va savoir.

Deux longues secondes.

— Bon, conclut-il. N'en parlons plus.

April le voyait presque pincer les lèvres.

— Je dois vraiment y aller, reprit-elle et, là, ce n'était plus une excuse. Je suis en retard pour ma réunion.

— Oui, moi aussi. Une dernière chose. Ton père t'a appelée hier soir.

— Oh, mon Dieu, tu ne lui as rien dit.

— À ce stade, qu'y aurait-il à lui dire ? En fait, je ne l'ai pas eu au bout du fil. Il a juste laissé un message.

— Je lui en avais laissé un aussi pour le prévenir que je partais à l'étranger. Je me demande s'il comprendra un jour le fonctionnement des boîtes vocales.

April jeta un coup d'œil à sa montre. 19 h 03. Elle avait déjà officiellement plusieurs minutes de retard. Elle mit son sac en bandoulière, fourra les papiers sous son bras et se rua hors de l'appartement.

— Je t'aime, April, continua Troy. Quoi qu'il arrive. J'espère que tu le sais.

Que pouvait-elle répondre ? Rien au sens propre comme au figuré. Elle titubait sur les pavés parisiens comme dans son mariage, son téléphone coincé entre son cou et son épaule. Si elle ouvrait la bouche, le portable irait s'écraser dans la rue. Et son mariage risquait de connaître le même destin si elle disait ce qu'elle pensait.

Mais elle avait les lèvres et le cerveau paralysés. Elle se contenta de marmonner un « Mm, mm » poli en guise d'au revoir et coupa la conversation d'une pression de l'oreille, prenant conscience au même instant qu'il avait déjà raccroché.

10

Luc Thébault l'attendait comme prévu en fumant nonchalamment une cigarette à la terrasse du café Zéphyr.

Il hocha la tête quand elle apparut et se leva pour lui offrir un siège, la cigarette pendue aux lèvres. April grommela un merci et s'assit.

— Je suis content que vous ayez pu venir. J'ai pris la liberté de commander un panier de pain. Je sais que les Américains aiment grignoter.

Elle leva les yeux au ciel.

— Quelle chance que mes compatriotes soient si prévisibles. À vous entendre, nous sommes tous pareils ! C'est pratique, cela vous épargne la peine de chercher à connaître chaque individu.

Réchauffée par sa course jusqu'au café, April retira sa veste et s'installa confortablement. Près d'eux, les gens parlaient doucement sur un fond sonore de cliquetis de vaisselle et de crissements de pneus des voitures et des scooters qui passaient dans la rue sans cesser de klaxonner.

— Alors, jusqu'à présent votre séjour à Paris se déroule bien, *madame* Vogt ? poursuivit Luc Thébault avant de tirer sur sa cigarette.

— Oui, je suis ravie d'être ici. Et je vous en prie, appelez-moi April.

— Ah, Avril, comme le mois. C'est donc la saison idéale pour vous. Vos parents adoraient sans doute le printemps, *non* ?

— Je pense qu'ils aimaient surtout le prénom, répondit-elle en sortant un calepin et un crayon de son sac. Voilà, je suis prête à parler de l'appartement.

– Je suis curieux. Vous ne portez pas d'alliance, pourtant Olivier m'a dit que vous aviez un époux. Vous êtes mariée, Avril ?

April retint un soupir. Était-elle mariée ? Justement, là était la question !

— Oui, répondit-elle, car alliance ou pas, elle était légalement mariée. Donc, au sujet de votre cliente…

— Votre mari, qu'est-ce qu'il fait ?

— Il travaille dans la finance, marmonna-t-elle, une pointe d'exaspération dans la voix. Je suis désolée, monsieur Thébault, mais je n'ai pas beaucoup de temps. Je ne voudrais pas vous presser, mais je pense que vous facturez vos services à l'heure, alors nous nous devons tous deux de revenir au sujet qui nous intéresse.

— Vous avez vraiment peur de succomber à mes charmes, dites-moi, gloussa Luc.

— Pas pour le moment. Alors revenons à l'appartement, répéta-t-elle et elle se mit à griffonner sur son carnet pour s'occuper les mains. Je suis prête à entendre tout ce que vous avez à me dire sur la femme du tableau.

— Vous détestez les questions, non ?

— Au contraire, je les adore. J'en aurais un million à vous poser.

— Très bien. Alors dites-moi, madame Vogt… pardon, Avril, pourquoi vous intéressez-vous autant à cette femme ?

— Si c'est un Boldini, nous sommes en présence d'une

découverte importante. Ce portrait à lui seul pourrait partir pour un million d'euros voire plus. On va en parler dans le monde entier. Une vente d'objets d'art européens suscite rarement autant d'intérêt. Dieu sait que ce n'est pas un des secteurs qui rapportent le plus.

— Je ne vous ai pas demandé pourquoi vous vous intéressiez à cette peinture, mais pourquoi vous vous intéressez à la femme.

— Je ne m'y intéresse que parce qu'elle est liée au tableau et aux meubles de cet appartement.

— Hum ! D'où votre insistance pour lire son journal.

— Marc et Olivier vous l'ont dit eux-mêmes, répondit-elle en cherchant le serveur du regard. (Luc sirotait un expresso, mais elle sentait déjà qu'il lui faudrait quelque chose de plus fort.) Le journal nous permettra d'établir la provenance des objets ce qui accroîtra leur valeur. Les acheteurs adorent les histoires. Vous avez vu l'appartement et ce qu'il contient. C'est extraordinaire. Je veux tout simplement comprendre comment cette femme a pris possession de ces objets et comment on a pu les abandonner.

— Quel rapport entre leur abandon et leur valeur ?

— Ce sont des choses précieuses, tant sur le plan financier que sentimental. D'habitude, les familles y tiennent et se les transmettent de générations en générations.

Enfin, pas toujours, April était bien placée pour le savoir.

— Ainsi vous voulez connaître l'histoire d'un point de vue purement théorique ? demanda Luc d'une voix sceptique. *Vraiment ?*

— Oui, tout à fait.

Bon sang, où était passé ce satané serveur ?

— Eh bien, vous ne vous trompiez pas en ce qui

concerne la lignée de la famille. La femme du tableau était bien la grand-mère de Lisette Quatremer.

— C'est vrai ?

April écarquilla les yeux. Le serveur apparut au même moment. Elle souhaita aussitôt qu'il disparaisse.

— *Madame ?*

— Euh… Oui. Bonjour. *Je voudrais du vin*, répondit-elle un doigt pointé sur le menu.

— *L'Entre-Deux-Mers.*

— *Oui, s'il vous plaît.*

— Je croyais que les Américains ne consommaient pas d'alcool avant la tombée de la nuit, remarqua Luc. Vous êtes plutôt sobres, non ?

— Oh, pas vraiment.

Soudain affamée, elle prit un morceau de pain et, quitte à lui donner raison concernant la manie des Américains à grignoter, elle le tartina d'une épaisse couche de beurre. Qu'importe, ça valait la peine. Au-delà du souvenir de chaque café, de chaque dîner et des centaines de verres de vin qu'elle avait bus, elle gardait la nostalgie du goût du beurre. Il était plus crémeux et plus salé à Paris.

— Dites-m'en plus sur la *grand-mère*, reprit-elle en glissant carrément ses mains sous ses cuisses pour ne pas prendre une autre bouchée.

— Vous êtes certain que c'est la femme sur le tableau ?

— Absolument. Elle est magnifique, non ?

— Incroyable. En fait, elle me rappelle quelqu'un. Mais peu importe, vous connaissez son nom ?

Le serveur réapparut derrière l'épaule gauche de Luc. April poussa un soupir de soulagement. Dieu merci, le vin arrivait enfin !

— D'après la famille de Lisette Quatremer, elle s'appelait Marthe de Florian.

— Mme Quatremer a une famille ?

— Enfin, façon de parler. En tout cas, pas une famille au sens où vous l'entendez.

Il but une gorgée de café. La minuscule tasse semblait ridicule entre ses grandes mains.

— Marthe de Florian, articula April en prononçant le « th » à la française. Qui était-elle ? Sans doute une femme importante, si Boldini l'a peinte, sans parler de l'opulence et de la valeur de tout ce que j'ai vu jusqu'à présent dans son appartement. Que faisait sa famille ? Son mari ?

— Elle n'était pas mariée, au contraire, répondit Luc avec un clin d'œil. Marthe de Florian était une célèbre demi-mondaine.

— Une demi-mondaine ! répéta-t-elle en haussant les sourcils. Vous voulez dire que c'était une courtisane ?

Cela méritait d'être arrosé. April retira ses mains de sous ses cuisses et saisit son verre.

— Oui. Un appartement impressionnant pour une prostituée, *non* ?

— Les demi-mondaines n'étaient pas de simples prostituées, protesta-elle avant de boire une seconde gorgée de vin. Du temps de Marthe de Florian, il y avait bien sûr des filles qui faisaient le trottoir. On les appelait des « filles soumises ». Au-dessus, il y avait les grisettes, en général des femmes qui travaillaient dans la confection et qui arrondissaient ainsi leurs fins de mois. Au niveau supérieur, vous aviez les lorettes. Et pour finir, les demi-mondaines, une espèce à part.

— Mais néanmoins prostituée.

— Vous avez raison, techniquement parlant. Cependant, les demi-mondaines étaient très en vogue. Les femmes de la haute société copiaient leurs tenues et leurs coiffures, avec plus ou moins de mal à les suivre. Même les plus riches d'entre elles n'avaient qu'un mari pour régler leurs dépenses alors que les demi-mondaines disposaient de nombreux amants. Pourquoi se contenter des largesses d'un seul alors qu'elles pouvaient cumuler les faveurs d'autant d'hommes qu'elles voulaient ? Je comprends maintenant pourquoi il y a tant de trésors dans son appartement.

— C'est fascinant. Je suis ébloui par vos connaissances sur les prostituées.

— Les demi-mondaines, corrigea-t-elle en lui rendant son sourire. C'étaient des femmes fascinantes. Elles ne faisaient pas que vendre leur corps. Elles remplissaient un rôle social et avaient même des obligations professionnelles. Pour avoir droit au titre de « cocotte », il fallait avoir provoqué quatre duels, un suicide et *déniaisé* au moins un puceau.

— Ah ! *Déniaiser.* Elle devait aussi coucher avec le fils aîné de son amant.

April s'étrangla avec sa dernière gorgée de vin. Luc fit signe au serveur de leur servir deux autres verres. Cette discussion requérait des forces supplémentaires.

— Je suis désolé. Aurais-je choqué votre sensibilité ?

— Oui, affreusement. Vous savez comme nous sommes délicats, nous autres Américains.

Saisissant cette occasion, Luc l'examina froidement, sans un mot, de la tête aux pieds comme pour vérifier son américanité. Elle aurait voulu en être choquée. Il était lourd, non ? Ne venait-il pas, dans un même souffle, de vanter les mérites du ménage à trois, de commander à boire et de la déshabiller du regard sans la moindre vergogne. (Façade légèrement défraîchie, vernis usé, petite taille, peu d'attrait visuel, mais poitrine sans doute intéressante.) Cependant, malgré ses efforts, elle n'arrivait pas à s'en offenser. Elle ne l'aurait supporté de personne d'autre et elle était surprise de tolérer cette attitude de sa part.

— Arrêtez de me dévisager bêtement. Vous ne trouverez rien qui démente mes origines américaines.

— C'est curieux, remarqua-t-il alors que le serveur revenait. Malgré votre peau bronzée, je ne vous aurais pas cru originaire des États-Unis.

Il saisit les verres sur le plateau du serveur et en posa un devant elle et l'autre à côté de lui. April aurait pu le juger impatient ou arrogant d'usurper ainsi le rôle du serveur sans lui demander son avis. Au contraire, à son corps défendant, elle se sentit flattée. Comme si Luc ne voulait confier cette tâche à personne et tenait à la servir lui-même.

— J'ai la peau mate, pas bronzée, corrigea-t-elle, reprenant ses esprits.

— N'empêche que vous ne faites pas Américaine.

— Vous avez déjà fait la même réflexion concernant ma tenue.

— C'était un compliment.

— Comme j'ai laissé mon jogging et mes baskets à la maison, je comprends votre méprise. J'ai un peu honte. Je ne voudrais pas que les gens imaginent que je viens d'ailleurs que de cette bonne vieille Amérique.

Luc éclata de rire et écrasa sa cigarette dans le cendrier.

— Je sens que je ne vais pas m'ennuyer avec vous.

— Je ne suis pas là pour vous divertir mais pour travailler, précisa-t-elle aussitôt, essayant de ne pas penser à ce que ces mots sous-entendaient. Dites-moi, que savez-vous d'autre sur Marthe de Florian ? Sur le tableau ?

— Revenons à nos affaires, vous avez raison, dit-il en secouant la tête et il sourit avant d'aspirer une nouvelle gorgée de vin entre ses dents. Un rapide coup d'œil sur son journal nous a appris quelques petites choses sur Marthe de Florian. Si l'on considère, bien sûr, que ce que j'ai lu jusqu'à présent est vrai.

— Pourquoi ne le serait-ce pas ? C'est elle qui l'a écrit.

— Elle avait la réputation d'exagérer. Enfin, c'est ce qu'on m'a dit. En tout cas, si Boldini l'a vraiment peinte en 1898, elle devait avoir vingt-quatre ans à cette époque.

— Vingt-quatre ans et enceinte.

— Oui, très vraisemblablement. Comme la mère de Lisette Quatremer est née en 1899, ça se tient.

— Et qu'est devenue la mère de Lisette ?

Il haussa les épaules.

— Aucune idée. Mais j'ai cru comprendre qu'elle était morte assez jeune.

— À propos, pourquoi Lisette a-t-elle quitté Paris pour commencer ?

— *Je ne sais pas.* Vu qu'elle est partie en 1940, cela devait avoir un rapport avec la guerre.

— Mais elle n'est jamais revenue ! Comment a-t-elle pu abandonner toutes les affaires de sa famille ? Comment a-t-elle pu quitter définitivement Paris ?

— Vous aimez vraiment les questions ?

— Et comment se fait-il que les descendants de Lisette vendent tout sans prendre la peine de venir voir ce qu'il y a ?

Il haussa de nouveau les épaules.

— Il n'y a qu'une seule héritière. Et je ne connais pas la réponse.

April essaya de ne pas trahir son irritation. Luc lui avait promis des éclaircissements et tout ce qu'il lui avait donné pour le moment, c'était le nom, la profession, la date de naissance de la femme du tableau, bref des renseignements qu'elle aurait pu glaner toute seule. Elle ne savait pas s'il avait décidé de lui mettre des bâtons dans les roues ou si c'était seulement son comportement habituel. Après tout, se rappela-t-elle, il était notaire, Parisien et très particulier.

— Avez-vous d'autres informations sur le tableau ? demanda-t-elle d'un ton presque désespéré. Ou sur Marthe de Florian ? Votre cliente pourrait peut-être nous permettre de lire son journal ?

— Ce journal vous inquiète beaucoup, *non* ?

— Non, il ne m'inquiète pas, ce n'est pas le terme. Cependant, je pense que…

— Ah, l'insistance légendaire des commissaires-priseurs !

— Techniquement, je suis experte auprès d'une maison de vente aux enchères.

Elle énonça son titre sans la moindre emphase. Dans le milieu des affaires, dès qu'il était question d'un spécialiste en ressources humaines ou d'un comptable expérimenté, le mot expert venait tout naturellement aux lèvres. Mais prononcé en dehors de l'univers des enchères, le mot avait une résonance carrément hautaine.

— Ou commissaire-priseur, si vous préférez. De toute façon, j'essaie juste de faire mon boulot. Je ne pense qu'à valoriser le patrimoine de votre cliente.

— Oui, je sais, en établissant la provenance.

Sa voix exprimait une telle lassitude qu'April ne prit pas la peine de lui répondre ni de le regarder. Elle en avait assez de ses sarcasmes. Cependant, si elle avait fait l'effort de lever les yeux au lieu de les noyer tristement dans son verre de vin, elle aurait décelé dans son regard la petite lueur malicieuse signalant qu'il avait une idée derrière la tête. Et elle n'aurait pas sursauté quand il posa lourdement un paquet sur la table.

— Mais qu'est-ce… bégaya-t-elle en rattrapant son verre de justesse.

Elle contempla les quatre liasses de feuilles entourées de rubans bleus posées entre eux sur la table.

— C'est…

— … son journal ? Oui. Du moins une partie. Je l'ai un peu feuilleté en attendant notre rendez-vous.

Elle faillit s'étrangler.

— Vous l'avez… feuilleté ?

— Parcouru, disons. Je n'en ai lu que quelques bribes, mais les feuillets les plus anciens sont datés de 1891. C'est par là que vous devriez commencer. Et si vous êtes sage, je vous laisserai peut-être lire les autres.

Si elle était sage.

Son cœur chantait de joie. Elle saisit les liasses et remercia Luc, cette fois en le regardant droit dans les yeux. Peut-être l'avait-elle mal jugé. Elle l'avait pris pour un obstacle alors qu'il se révélait un allié. Certes, elle le trouvait toujours aussi discourtois et caustique, mais c'était un bon début. Peut-être lui accorderait-il tout ce qu'elle voulait. Elle se promit de le supporter même s'il se montrait très désagréable, et elle sentait qu'il pouvait vraiment être odieux !

11

Paris, le 12 février 1891

Eh bien, c'était le grand jour aujourd'hui. La magnifique Jeanne Hugo a enfin épousé Léon Daudet, fondant deux célèbres dynasties républicaines en une seule. Quelle pagaille ! La foule ! Les trompettes ! Les spéculations incessantes sur sa dot ! Toute la France n'en a que pour *Jeanne au pain sec*. Ce surnom que Victor Hugo a donné à sa petite-fille chérie en révèle un peu sur le personnage d'autant plus que l'homme était célèbre pour la justesse de ses mots. Jeanne au pain sec ! À choisir entre elle et le pain sec, je prends le pain.

Qui dans ce pays n'a pas entendu parler de Jeanne Hugo nouvelle épouse Daudet ? Mais que sait-on d'elle exactement ? Qu'elle est belle. Ce qui n'est pas un compliment car c'est son seul côté positif, et encore est-il sujet à discussion. J'ai vu une fois dans un cirque une nudiste qui lui ressemblait terriblement mais pas autant que sa monture. En toute justice, je dois préciser que ce cheval était dépourvu de la fine petite moustache noire qui orne la lèvre de Jeanne. Et en toute franchise, sa cavalière avait bien plus d'allure qu'elle.

Ayant été élevée dans un couvent, je devrais me montrer plus charitable. Les sœurs m'ont enseigné les bonnes manières. Mais Jeanne est vraiment horrible. Ne pleurez pas pour elle. Notre nouvelle Mme Daudet n'est pas à plaindre, car elle n'a ni le nez crochu ni les dents en avant. Elle est seulement affreuse de l'intérieur, noircie par tout ce qu'elle a fait. Nul ne s'en doute. La plupart des gens ne voient en elle qu'une écervelée qui sirote du Pernod et achète les robes les plus coûteuses. Moi, évidemment, elle ne me trompe pas. Je sais trop de choses sur elle.

Quoi qu'il en soit, j'éprouve quelques remords à ces pensées peu chrétiennes. J'imagine le déplaisir de sœur Marie si elle m'entendait. Certes, ce ne serait pas le seul reproche qu'elle pourrait me faire. Si je ne lui avais pas volé d'argent, je ne serais pas à Paris. Hélas, on est ce qu'on est.

Oui, on est ce qu'on est. Une constatation plutôt ironique quand on parle de Jeanne Hugo. Et ironique quand on parle de moi.

Mais mon antipathie pour la mariée ne m'a pas empêchée d'assister au plus grand mariage de ma vie. Comme des centaines de milliers de gens (le bruit court qu'il y avait près d'un million de personnes), je me suis frayée un passage rue de la Pompe pour essayer d'apercevoir le cortège nuptial. Je voulais être aux premières loges. Je voulais voir Jeanne et son nouveau mari, un homme tellement apprécié que sa flatulence pourtant célèbre ne l'a pas empêché d'accéder aux échelons les plus hauts de la société. Mais il y avait une telle presse que je n'ai pu entrevoir que Georges, le corpulent frère de Jeanne qui, fidèle à ses habitudes, tenait à peine debout. Je suis surprise qu'il ose paraître en public vu ses dettes de jeu. Il a de la chance que personne ne l'ait poignardé.

L'ambiance était à la fête, je dois rendre cette justice à Jeanne. Sur le passage de la voiture des Daudet, les gens se parlaient sans se connaître, s'embrassaient et se souriaient. Un bref instant, nous n'avons plus été qu'une grande famille parisienne unie dans la félicité.

Près de moi se tenait un couple âgé et ses enfants, ainsi qu'une jeune clocharde squelettique toute chancelante. Elle m'a dit qu'elle s'appelait Marguerite et, bien qu'elle prétende avoir quinze ans, je lui en ai donné à peine douze. Je ne sais pas exactement d'où elle sortait, mais à l'évidence elle était plus venue pour vider les goussets des badauds que pour voir la mariée. Pourtant, elle m'a plu tout de suite, sans doute à cause de la première chose qu'elle m'a dite : « Connaissez-vous quelqu'un de plus écœurant que Jeanne Hugo ? »

J'ai éclaté de rire et je lui ai dit que je partageais son avis.

Même si cette petite voleuse en herbe déteste Jeanne sans doute en raison de sa richesse, tel n'est pas mon cas. Ce n'est pas ce que Jeanne possède qui me chagrine, mais ce qu'elle est. Pas simplement aujourd'hui, mais depuis toujours. Je ne peux m'empêcher de penser qu'elle m'a volé une part de moi-même, ce qu'elle ne reconnaîtra jamais.

12

— Ça va, Avril ?

Elle secoua la tête.

— Pardon ? Oui ? Pourquoi ?

— Vous n'avez pas répondu à ma question.

Elle posa le journal sur la table et étendit ses deux mains dessus comme pour le protéger.

— Votre question ? Pardon, je n'ai pas entendu. J'étais captivée par le journal.

— Je vois ça. Il est fascinant, non ?

— Incroyable ! Vous pensez que je pourrais rencontrer votre cliente ? Entre ce journal et une rapide interview, je devrais réunir rapidement le contexte suffisant pour achever mon travail.

— Encore affamée, *la jolie fille*, alors qu'elle vient juste de manger ?

Il hocha la tête en direction du journal et glissa un regard éloquent vers le peu de pain qui restait.

— Eh bien, pour établir la provenance, cela me serait…

— Vous et votre provenance ! Vous n'avez donc que ce mot à la bouche ?

— Préférez-vous que je dise « plus d'argent ». Parce que c'est de cela dont il s'agit en fin de compte.

— Mo' money, mo' problems.

— Quoi !

Elle éclata de rire, prise au dépourvu par cette sortie inattendue. Elle ne savait pas si Luc cherchait juste à la faire rire ou s'il était drôle naturellement.

— Ce n'est pas ce qu'on dit aux États-Unis ?

— Seulement si on est rappeur, répondit-elle, hilare. Je dois ajouter que votre accent français ajoute beaucoup de sel.

— Comme toujours, *madame* Vogt, répondit-il avec une assurance qui la fit rougir. Mais vous avez beau réclamer cette entrevue avec une charmante insistance, la succession n'a aucune envie de répondre aux questions importunes de quelque commissaire-priseur que ce soit… Oh, pardon, ce n'est pas le terme exact. J'aurais dû dire « expert en objets d'art », c'est bien cela ? corrigea-t-il en agitant les sourcils.

— Les deux sont corrects. Et je comprends parfaitement. Je ne voudrais pas être indiscrète. Je me doute que l'héritière est encore sous le coup de ce deuil récent, mais si jamais elle change d'avis…

— Aucun changement d'avis n'est à espérer.

— Tant pis. Je me contenterai du journal.

Elle baissa les yeux vers le tas de documents et parcourut avec avidité la page du dessus, essayant de saisir un mot, une phrase, une allusion quelconque à la famille Hugo ou à d'autres célébrités.

— Vous ne pouvez plus en détacher les yeux, remarqua Luc avec un clin d'œil. C'est la première fois que je dois me battre contre un tas de papiers moisis pour retenir l'attention d'une femme.

April se raidit. Mo'problems ? Que laissait-il entendre ? Que toutes les représentantes du sexe faible succombaient à son charme naturel et à son physique séduisant ? À bon entendeur salut. Il ne fallait pas compter sur ce Luc Thébault pour dissiper la triste réputation de séducteurs des Français. Peut-être avait-elle surestimé ses forces. Il l'agaçait de plus en plus. Elle n'était pas sûre de pouvoir le supporter très longtemps.

— Je ne vois pas pourquoi vous tenez tant à retenir mon attention.

— Oh, que vous êtes drôle ! Je voulais juste vous char… Comment dites-vous en Amérique ? Vous charcuter ?

— Me charcuter ?s'esclaffa-t-elle. Non, on ne dit pas tout à fait ça.

Il rit de plus belle. Il donnait l'impression que tout l'amusait. Un petit rictus relevait en permanence le coin de ses lèvres, comme s'il était toujours sur le point de sourire ou finissait de le faire. Elle se sentait prise entre deux feux, entre l'envie de partager son amusement et celle de le surprendre enfin sérieux.

— Vous êtes une femme intéressante, *madame* Vogt.

— Permettez-moi d'en douter. Néanmoins, je vous remercie de me prêter le journal, ajouta-t-elle en se penchant sur la table. Mais où est le reste ? Il y avait beaucoup plus de liasses dans l'appartement.

— Un peu de patience, Avril.

Il se souleva légèrement et, d'une main sur son épaule, la força à se rasseoir. Elle serra ses mains sur ses genoux, embarrassée.

— Ma cliente voudrait les lire auparavant. Évidemment, elle ne s'attendait pas à une telle découverte. Vous recevrez les documents au fur et à mesure qu'elle en aura pris connaissance. Cela vous convient-il ? Ou cela risque-t-il de ralentir l'estimation des meubles ?

— Non, je ne pense pas. Dites merci à cette personne

de notre part. Nous apprécions infiniment sa collaboration.

Soudain, un homme et un chien s'arrêtèrent sur le trottoir devant eux. Pendant que l'homme beuglait dans son téléphone, son chien s'accroupit et, défiant April du regard, soulagea ses entrailles sur le trottoir. Son propriétaire cria quelque chose dans son portable, puis il tira sur la laisse et reprit sa marche sans ciller.

— *Merde alors !* lâcha April dans un souffle.

— Si les crottes de chien vous dérangent, madame Vogt, il ne fallait pas venir à Paris.

—À New York, si ce type était reparti sans ramasser les cochonneries de son chien, il aurait déclenché une émeute.

— Je vous avoue que, personnellement, j'aurais du mal à ramasser une crotte fumante avec juste une mince feuille de plastique pour m'isoler les doigts.

— C'est le prix à payer si on veut avoir un chien.

— À propos de prix à payer, parlez-moi de votre mari.

— Mon mari ? murmura-t-elle, non sans relever l'ironie avec laquelle la conversation sautait des crottes à son mariage. Quel rapport avec le prix à payer ?

La question était toute rhétorique ; elle connaissait déjà la réponse.

— Je vous charcute, répondit-il, pince-sans-rire. Parlez-moi de votre mari.

— Que voulez-vous que je vous réponde ?

— Comment ça ? Ma question n'a rien d'extraordinaire ? Elle est même tout à fait banale entre collègues.

April prit une grande inspiration. S'en tenir aux faits.

— Eh bien… il s'appelle Troy. Nous sommes mariés depuis sept ans. C'est un homme superbe et un père fabuleux.

— Ah bon ? Vous avez des enfants ?

Luc haussa tellement les sourcils qu'elle crut qu'ils allaient disparaître dans ses cheveux.

— Deux filles. Deux ados. En fait, ce sont les siennes. Mais aussi les miennes, bien sûr.

— Ah, la méchante marâtre. Ça me plaît. Ça me plaît beaucoup. Vous avez dit que votre mari était dans la finance. Qu'est-ce qu'il fait ?

April se pencha vers le panier et s'empara du dernier morceau de pain.

— Il gère un fonds de LBO. Il réalise de grosses opérations.

— À Wall Street ?

— Oui.

April rougit. Wall Street n'était plus ce qu'il avait été. Ce nom n'évoquait plus l'argent et le pouvoir, mais les financiers véreux et les bons à rien. Elle se sentit obligée d'expliquer que son mari n'était pas un spécialiste des combines à la Ponzi ou des délits d'initiés, ni un paria de la finance. Il se contentait d'acheter et de vendre des sociétés par effet de levier.

— Mon frère avocat travaille avec de grandes sociétés qui font de grosses opérations comme vous dites. Peut-être que j'ai déjà entendu parler de celle de votre mari.

— C'est possible. Ils ont réalisé quelques transactions en France et en Europe, éluda-t-elle, préférant ne pas se lancer dans l'histoire du Groupe Stanhope ni établir le moindre lien entre Luc et Troy. Votre frère doit les connaître au moins de nom, ils sont assez célèbres.

— Tristement célèbres ?

— Non, juste réputés, respectés.

— C'est génial, lâcha Luc en jetant une poignée d'euros sur la table. On y va ? J'ai réglé la note. La prochaine fois, ce sera votre tour.

April cligna des yeux.

— D'accord.

Il fit un geste vers les feuillets posés à côté de sa serviette.

— Le journal ? Vous voulez…

— Évidemment, je me doute que votre cliente n'a pas encore eu le temps de le lire, répondit-elle, résignée à ce qu'il reparte avec.

— En fait… Pourquoi ne le prendriez-vous pas ? Je ne dois pas redescendre à Sarlat avant quelques jours. Autant que vous le gardiez entre-temps. Je la préviendrai. Vous me semblez très consciencieuse. Je suis sûr qu'il est entre de bonnes mains.

— Oui, j'en prendrai grand soin. C'est l'essence même de mon métier. Encore merci, dit-elle en lui tendant la main.

Luc la prit par le bras et l'attira à lui, comme il l'avait fait lors de leur première rencontre.

— Merci pour ce délicieux moment, Avril. À très bientôt.

Il l'embrassa poliment sur les deux joues, mais en s'attardant un peu plus longtemps cette fois. Il sentait toujours la cigarette et le parfum, mais il s'y mêlait en plus l'odeur du vin qu'ils avaient partagé.

April le regarda s'éloigner, pétrifiée sur place. Elle devait paraître complètement subjuguée. Elle le savait et pourtant elle ne pouvait en détacher les yeux, pas plus qu'elle ne pouvait lutter contre l'euphorie qui l'envahissait, causée par le vin, sans doute, et surtout par la joie de pouvoir lire le journal. Oui, ça ne pouvait être que ça. Elle ne voyait aucune autre explication possible.

13

L'appartement d'April n'avait rien de commun avec celui de Marthe de Florian. Pourtant, les immeubles possédaient la même façade haussmannienne, si typiquement parisienne, avec ses lignes horizontales et ses balcons ouvragés en fer forgé. Les similitudes s'arrêtaient là. Alors que Marthe avait cinq pièces, April n'en avait que deux. L'appartement de Marthe était tellement encombré de meubles dignes d'un musée qu'on pouvait à peine y circuler, alors que celui d'Avril était dépouillé au point qu'elle avait du mal à trouver un endroit où elle pouvait à la fois s'asseoir confortablement et poser son ordinateur. Même si c'était pour le louer, c'était un crime d'équiper un tel appartement d'un ameublement aussi spartiate, songea-t-elle.

Malgré le manque de charme de sa décoration, April était tombée amoureuse du deux-pièces dès le premier regard. Elle adorait sa situation, son plancher ancien et le salon aux grandes fenêtres. Elle s'imaginait appuyée contre la vitre, le soir, un verre à la main, la ville brillant de tous ses feux à ses pieds. L'appartement n'était pas mis en valeur mais, au moins, il donnait sur Paris.

Après avoir lu ses mails (pas de crises à résoudre pour le moment), April laissa tomber son sac et son BlackBerry sur la prétendue table de salle à manger laquée blanc juste assez grande pour deux couverts ou, dans le cas d'April, pour assumer le double rôle de bureau et de coiffeuse. En tout cas, il n'était pas question d'y faire un repas de gala. À l'idée de manger, April sentit son estomac gargouiller. Elle avait de nouveau faim malgré les tartines de beurre qu'elle avait engouffrées pendant son rendez-vous avec Luc. Mais au lieu de chercher quelque chose à se mettre sous la dent, elle enfila ses gants blancs.

— Tais-toi ! ordonna-t-elle à son estomac qui protesta de plus belle.

Elle sortit délicatement le journal de Marthe de son attaché-case, sa curiosité encore plus forte que sa faim. Puis elle étala les pages sur le comptoir de la cuisine et commençait déjà à les lire, sans même prendre le temps de se déchausser, quand les mots lui parurent soudain flous, brumeux, indéchiffrables. Comme si elle ne comprenait plus le français. Il fallait sans doute s'en prendre au décalage horaire ou au fait que, depuis deux jours, elle ne se nourrissait que de vin, de pain et d'épaisses couches de beurre.

— Il faut que je mange, dit-elle à voix haute, sentant venir une migraine.

Sa tête se mit à tourner. Elle n'avait pas le courage de ressortir. Elle fouilla dans son sac et en extirpa un paquet de noix de cajou qui lui restait du vol. Son BlackBerry vibra sous son sac.

— *Merde !* Les affaires reprennent ! gémit-elle en prenant l'appel. April Vogt à l'appareil.

Elle se déchaussa à coups de pied et replongea la main dans son sac.

— C'est moi. Pourquoi tu ne regardes jamais qui t'appelle avant de répondre ? Fais l'effort, au moins une fois dans ta vie.

— Oh, Birdie, je suis désolée. Je suis en pleines recherches, ajouta-t-elle en détachant deux carrés de chocolat à moitié fondus plantés sur sa brosse à cheveux. Que se passe-t-il ?

— Je viens de t'envoyer deux dossiers pour que tu les relises le plus vite possible. Nous sommes censés sortir vingt-cinq lots par jour et nous en sommes loin.

— Oui, bien sûr, je te fais ça tout de suite. Je dois seulement régler quelques détails avant. Mais c'est promis, je m'y mets juste après.

Elle débarrassa un morceau de chocolat de son emballage et l'enfourna, trop affamée pour se soucier de son régime alimentaire peu équilibré depuis son arrivée à Paris.

— J'ai rédigé les descriptions, poursuivit Birdie. Elles sont bien avancées, je crois. Mais Peter a besoin de ton assentiment. Vérifie aussi les numéros trois, quarante-six et deux cent douze. On a eu du mal à déchiffrer tes notes et certaines descriptions ne correspondent pas à la période donnée. Tu as vraiment une écriture atroce, soit dit en passant.

— Oui, hélas. Je regarderai. Merci d'avoir tout préparé. Je suis sûre que tu as fait du bon boulot.

Birdie fournissait toujours un travail tellement parfait qu'April se demandait parfois si elle n'aurait pas dû être l'assistante de Birdie et non l'inverse. Sauf qu'entre ses notes à peine lisibles et sa tendance à sauter les repas, elle n'aurait jamais fait une bonne adjointe.

— Mais je peux toujours les envoyer à Peter si tu as trop de travail à l'appartement, poursuivit Birdie.

— Non, ça ira. Je serai ravie de les relire.

Et c'était vrai. Le décalage horaire, le manque de nourriture et deux verres de vin ne poussaient guère à la poésie pour décrire des commodes. Mais Birdie y excellait et April n'aurait plus qu'à corriger la grammaire, vérifier les détails factuels et, éventuellement, changer un 8 en 9.

— Tu crois que tu pourras les renvoyer avant la fin de la journée, heure de New York ?

— Pas de problème.

— Parfait. Merci.

April entendit un froissement de papier, puis un bruit sourd suivi d'un chapelet de jurons.

— Merde ! Quelle connerie ce truc !

— Ça va, Birdie ?

— Je me suis encore cogné l'orteil !

— Tu devrais faire plus attention, la gronda April en étouffant un bâillement. Tu m'as fait peur.

Birdie était un véritable danger ambulant. Elle n'arrêtait pas de se cogner les genoux, de s'écraser les orteils, de prendre ses vêtements dans l'agrafeuse. Mais il fallait reconnaître que lorsqu'on mesurait à peine un mètre cinquante et qu'on s'agitait comme un oiseau-mouche (son surnom n'était pas une coïncidence), la marge d'erreur était faible, raisonna April. On pouvait facilement se heurter aux vitres et s'accrocher dans les branches.

— Ce foutu meuble. Ça finira par un accident.

— C'est sûr.

Pas rassasiée par le chocolat, April se dirigea vers la cuisine dans l'espoir que les précédents occupants avaient laissé quelque chose à manger derrière eux. Un quignon de pain rassis, un vieux pot d'olives, n'importe quoi ferait l'affaire.

— Peut-être que si tu te déplaçais à une vitesse plus raisonnable, tu dépenserais moins en teinturier et en pansements et tu n'aurais plus peur de passer pour une femme battue quand tu te mets en débardeur.

— C'est le prix à payer pour être efficace, *madame*.

— Je ne suis pas sûre que notre assureur t'approuverait. Quoi d'autre ?

— Rien.

— Très bien. Dans ce cas, je te dis à plus…

— Attends, April ! Juste un truc. Voilà… euh… tu sais, la mère de Daniel… Elle fait partie du conseil d'administration du Columbia Cancer Center…

— J'admire beaucoup ta belle-mère, mais Birdie…

— Ce n'est pas ma belle-mère. Pas encore, en tout cas. Enfin bref, Daniel et moi, on est allés à leur gala l'autre soir.

April ferma les yeux, soudain au bord de l'évanouissement. Qui la trouverait ? Elle pourrait rester quatre jours sur le carreau avant que quelqu'un s'aperçoive de son absence.

— Et vous avez vu Troy, finit-elle à la place de Birdie. Il ne m'a pas dit qu'il vous avait croisés, mais il m'a déjà parlé de la soirée. Et il m'a tout raconté. Je sais que Susannah a encore fait un scandale. Et je sais aussi que l'autre était là. Alors, ne me dis rien de plus.

— Comme tu voudras, répondit Birdie d'un ton pincé. Je ne voulais pas te fâcher.

— Je sais et je ne suis pas fâchée du tout. Franchement, j'en ai ras le bol de parler de ça et ras le bol d'y penser. Je sais que tu veux juste m'aider et ça me touche beaucoup, ajouta-t-elle les yeux toujours clos. Tu sais quoi, je crois que, tant que je suis à Paris, à moins que quelque chose remette totalement mon mariage en question, je préfère ne pas savoir ce qui se passe. Ça ne changera rien à ce qui est arrivé. Je dois aller de l'avant.

Elle n'aurait jamais dû en parler à Birdie. Mais c'était si tentant. On se sentait tellement en confiance avec elle.

April n'avait jamais eu l'intention d'établir des liens aussi forts avec son assistante, et elle avait été la première étonnée le jour où elle avait fondu en larmes dans ses bras et lui avait raconté les infidélités de son mari dans une salle de conférence du quatrième étage.

— D'accord, j'ai compris, murmura Birdie. Je suis vraiment désolée.

— Tu n'as pas à t'excuser, je t'en prie.

— D'accord.

April rouvrit les yeux et se tourna vers le comptoir. Et elle aperçut tout à coup, posée près de la machine à café, une bouteille de vin avec une enveloppe appuyée contre.

— Oh, mon Dieu ! s'écria-t-elle en saisissant la bouteille qu'elle serra contre sa poitrine. Les propriétaires de l'appartement m'ont laissé du vin. Avec un mot. Un mot écrit sur du papier toilé !

— Du papier toilé ! Tu m'en diras tant ! Incroyable !

Chez Birdie, le goût de la dérision arrivait juste derrière sa maladresse.

April déchira l'enveloppe et reconnut les pattes de mouche de son propriétaire. Elle parcourut la carte en ne retenant que les mots-clés. *Bonjour. Opéra. Métro. Fermez la porte.* Et pour finir l'information la plus importante : *Fromage dans le frigo.*

— Je dois y aller. Une urgence !

— J'aurai ma copie du catalogue ce soir ?

— *Oui.* Au revoir, Birdie. Je te rappelle plus tard.

April coupa la communication et s'avança lentement dans la cuisine, la bouteille toujours serrée contre elle. Elle ouvrit la porte du réfrigérateur en inox. Bien qu'il fasse à peine la moitié du plus basique des appareils américains, il contenait tout ce dont elle rêvait. À la vue du fabuleux assortiment de fromages, du foie gras truffé et des autres délices, elle faillit fondre en larmes, émue par la générosité du propriétaire. Ou peut-être était-ce dû à la baisse de son taux de glycémie.

Avec la délicatesse d'un grizzli, April s'empara d'un morceau d'Ossau-Iraty, glissa la bouteille sous son bras et repartit à grands pas vers le salon. Elle remit ses gants, saisit le journal sur la table, revint à la cuisine chercher un tire-bouchon et un verre, quoique ce dernier ne soit pas indispensable, puis elle gagna sa chambre et trébucha sur sa valise. Elle aurait dû défaire ses bagages, d'autant plus qu'elle était du genre à tout ranger à peine arrivée. Mais à choisir entre, d'un côté, l'ordre et, de l'autre, le vin, le fromage et le journal, elle n'hésita pas une seconde. Ses affaires attendraient.

Toujours vêtue de son pantalon anthracite et d'un haut qui devait être en polyester et non en soie comme le prétendait l'étiquette, April se glissa dans le lit, déboucha le vin et commença sa lecture.

14

Paris, le 5 avril 1891

Plus d'un mois s'est écoulé depuis le glorieux mariage de *Jeanne au pain sec* et l'on en parle toujours autant.

Chaque matin, les piles de journaux sont déposées au coin des rues. Chaque matin, je m'arrête à côté, je sors un couteau de l'ourlet de ma robe, je vérifie que personne ne me regarde, je coupe la ficelle, j'attrape un journal sur le dessus du tas, je le cache sous mon manteau et je rentre vite à l'hôtel pour connaître les derniers trésors de Jeanne.

L'intérêt aurait dû retomber depuis le temps. Pourtant, chaque jour apporte une nouvelle énumération de cadeaux de mariage offerts à Jeanne Daudet née Hugo. Comme si chaque Français avait vidé ses économies pour acheter au couple un présent aussi inutile que hors de prix. On dit qu'elle a engagé quatre personnes pour les déballer. En fait, une vie ne suffirait pas à les passer tous en revue.

Si seulement on pouvait me faire des cadeaux à moi aussi ! Ça résoudrait mes problèmes. La somme dérisoire que j'ai subtilisée à sœur Marie est presque épuisée. Je l'ai pourtant dépensée avec parcimonie même si, pour cela, j'ai dû rester dans cet hôtel pour femmes d'où j'écris. Montmartre n'est pas un endroit pour les jeunes filles élevées au couvent. Les cabarets ! La débauche ! L'anarchie. Je n'y ai pris part qu'une fois ou deux.

Cependant, avec mes fonds de plus en plus réduits, de raisonnable cette pension minable est devenue un luxe. Heureusement, le temps se réchauffe et l'eau ne gèle plus dans la cuvette. Je n'ai plus besoin de dormir avec tous mes vêtements empilés sur moi. C'était tout ce que je pouvais m'offrir quand je suis arrivée il y a trois mois. Je n'ai plus les moyens d'y rester.

Plusieurs de mes voisines de chambre travaillent dans les ateliers de confection des environs. Elles passent leur temps à me proposer du travail. Hélas, le salaire est mince et les conséquences catastrophiques. Les filles ont les mains qui saignent, les traits tirés. À vingt ans, elles en paraissent quarante. À trente, elles sont au bout du rouleau.

Une des filles gagne sa vie en transportant les tissus des filatures aux ateliers. Bien que ce soit mieux que de se tuer à la tâche dans une usine, son métier déteint sur elle : elle a désormais tout d'une mule. Chaque fois que je suis tentée d'exercer un emploi de ce genre, je me demande ce qu'une femme possède comme capital en dehors de son physique ? Son charme, oui, mais c'est difficile d'avoir du charme après douze heures de travail.

Dans l'hôtel, nous avons aussi beaucoup de *filles soumises* qui travaillent rue Pelletier. Elles prétendent que faire commerce de leur chair rapporte. À d'autres ! Elles sont payées une misère. Les hommes dépensent davantage en boisson.

Bien que je trouve ces possibilités fort peu engageantes, je mentirais si je disais que je ne les ai pas envisagées l'une après l'autre. En fin de compte, toutes rapportent trop peu d'argent pour beaucoup de souffrances. Mais je vais au devant de gros ennuis. Si j'avais pu me résoudre à travailler dans une usine ou dans une *maison de tolérance*, je ne serais pas dans cette situation financière désastreuse.

J'ai une semaine pour trouver une solution, une semaine en mangeant peu et en faisant les yeux doux au directeur de l'hôtel. Il m'accordera peut-être quelques jours de délai pour payer mon loyer. Il se laisse amadouer quand on sait le flatter, comme beaucoup d'hommes sans doute.

Je vais refermer ce cahier et trouver d'autres moyens de survie en attendant qu'un sort heureux me tire de ce bourbier. Je suis venue à Paris pour avoir une vie meilleure et je l'aurai !

15

Paris, le 19 mars 1891

Oh, *Jeanne au pain sec, ma chérie*, tu m'as aidée finalement !

Les derniers jours ont failli me tuer, littéralement. Les nuages, le ciel, l'air, tout m'écrasait avec une telle force que je ne pouvais plus respirer. Le moment de rendre les comptes approchait, je vivais mes derniers jours de Parisienne.

Pour ne rien arranger, le directeur de l'hôtel a fui la ville pour une petite escapade crapuleuse à ce qu'on m'a dit. Il a confié la caisse à sa vieille grue de mère. À moins que ce ne soit sa femme. Dans un cas comme dans l'autre, elle n'acceptera aucun délai de paiement en échange de battements de cils et de paroles doucereuses.

— Si vous ne me remettez pas votre semaine de loyer dans huit heures, je vous jette à la rue, m'a-t-elle dit. Il y en a d'autres qui attendent votre chambre.

Ce n'est pas une menace en l'air. Malgré la crasse de l'hôtel, on se bat pour y loger. Quand Blanche est morte de tuberculose, deux filles se sont étripées pour prendre sa place avant même que le commissaire de police ait fait enlever le corps.

— Huit heures ! ai-je couiné. Mais je ne pourrai jamais…

— Huit heures ! a-t-elle répété en découvrant ses dents grises.

J'ai hoché la tête avant de descendre les marches du perron la mort dans l'âme. J'ai suivi le boulevard en ravalant mes larmes. Sœur Marie nous a toujours interdit de pleurer. C'est une preuve de faiblesse. Et il n'y a rien de pire que la faiblesse.

J'ai marché, marché sous le soleil de plus en plus ardent. Je ne possède aucune tenue appropriée au climat de cette ville. Ma garde-robe convient à l'humidité des couvents pas aux rues parisiennes au printemps.

Sous le soleil éclatant, alors que les terrasses des cafés débordaient de fumée et de joie, je sentais la sueur couler sur mon front et sur ma nuque. Je n'osais pas me regarder dans les vitrines de peur de voir mon visage rouge et luisant. Les gens me regardaient de travers. Ils descendaient du trottoir pour m'éviter. Un cycliste a failli me renverser, peut-être l'a-t-il fait exprès. Arrivée au coin de la rue, je me suis arrêtée pour reprendre mes esprits.

Parfois, c'est ce qu'il y a de mieux à faire.

Je me suis appuyée contre la balustrade d'un café, la tête sur la poitrine. La terrasse était bondée d'hommes qui buvaient et fumaient tout en échangeant les derniers potins sur les cabarets, les danseuses de cancan et les spectacles. Les cabarets, ai-je pensé. Je pourrais apprendre le cancan. Ce serait mieux que de travailler dans une usine ou d'écarter les cuisses pour des clopinettes.

Aussitôt, ma vague de panique et mon désespoir se sont dissipés. J'ai relevé la tête et c'est là que j'ai vu, collée sur la vitrine du café, une affiche de la couleur du soleil couchant. La femme dessus me souriait. Elle relevait ses jupons jaunes sur des cuisses rondes et fermes. Une plume jaillissait de son chignon. Elle était belle, grandiose, sûre d'elle.

« Folies Bergère » annonçait l'affiche. C'était le cabaret le plus réputé de Paris. J'en avais entendu parler jusque dans mon couvent. Il y avait des moyens plus durs de gagner sa vie, ai-je pensé. Bien plus durs.

J'ai arraché l'affiche de la vitre et je me suis précipitée vers le cabaret situé juste en dessous de Montmartre, dans le 9e arrondissement. Le temps d'arriver au 32 de la rue Richier, j'avais mal aux pieds, mais pas question de m'arrêter, j'avais trop peur de changer d'avis.

Dès que je suis entrée dans le hall, je me suis retrouvée entourée d'une nuée de filles qui fredonnaient tout en se préparant pour les festivités du soir. Suspendue au plafond, une femme changeait la lampe d'un lustre. Un petit homme au grand nez essayait de faire avancer un éléphant. J'ai vu aussi trois femmes habillées en hommes, deux acrobates, et sept perroquets qui zigzaguaient entre les placeuses. C'était le cirque et le spectacle n'avait pas encore commencé.

— Excusez-moi, ai-je dit au premier individu qui a remarqué ma présence. Pourrais-je parler au responsable ?

L'homme m'a indiqué le bar d'un signe de tête et s'est éclipsé.

Derrière le bar se tenait un barbu de plus d'un mètre quatre-vingts aux cheveux noirs et bouclés. Il portait des bagues à tous les doigts et un long manteau en velours rouge doublé de fourrure. Tout sauf discret, ai-je pensé. Fidèle à l'esprit des lieux, il était un spectacle en lui-même.

Je me suis approchée, en sueur et d'autant plus suffocante que la simple vue de son manteau me donnait l'impression d'être couverte de fourrure moi aussi.

— Bonjour. J'aimerais travailler comme danseuse de cancan dans votre établissement.

Je m'attendais à ce qu'il me dévisage. Ou à ce qu'il me demande de relever ma jupe et j'y étais déjà résignée. Mais il m'a répondu par un éclat de rire tonitruant. Mes joues se sont enflammées. Je n'aurais jamais imaginé qu'on puisse se sentir aussi déplacée dans un cabaret.

— Je suis désolé, mademoiselle. Mais nous sommes un établissement sérieux. Les Folies Bergère n'emploient pas de filles soumises.

— Des filles soumises ?

La voix de sœur Marie a résonné à mes oreilles : « Marthe, réfléchis avant de parler. Essaie toujours de t'exprimer le plus délicatement possible. » Hélas, je n'étais plus sous la coupe de sœur Marie et les Folies Bergère n'avaient rien d'un couvent.

— Félicitations, monsieur ! ai-je répondu avec un grand sourire. Vous êtes le premier à me traiter de grue, du moins en face.

— C'est vous qui cherchez du travail, s'est-il esclaffé.

— Si vous voulez savoir, j'ai été élevée par les religieuses et je suis donc tout sauf une poule. Mais je comprends votre confusion. Vous êtes tellement habitué à voir des prostituées que vous avez du mal à distinguer une honnête femme d'une fille publique. Tant pis pour vous.

— Mademoiselle, une telle insolence n'est guère conseillée quand on cherche un emploi, a-t-il rétorqué, les sourcils froncés, mais un petit sourire relevait le coin de sa bouche. Comment avez-vous dit que vous vous appeliez ?

— Je ne l’ai pas dit. Je m’appelle Marthe.

— Marthe. Juste Marthe ? Vous n’avez pas de nom de famille ?

Comme toutes les orphelines, j’en étais dépourvue. Il me fallait en inventer un, et un qui sonne bien. J’ai pensé aux grisettes de l’hôtel et à leurs pseudonymes. Elles ajoutaient toujours un « de » devant le nom qu’elles choisissaient, aussi fantaisiste fût-il. Ce petit mot donne de la distinction à une femme, paraît-il, il lui donne un passé. Ce « de » signifie que vous venez de quelque part, ce qui n’est pas le cas de la plupart d’entre nous.

— De Florian, ai-je répondu. Marthe de Florian.

— Ravi de faire votre connaissance, mademoiselle de Florian. Bien que j’apprécie votre requête, cet établissement prestigieux n’est pas un endroit pour les petites oies tout juste sorties de leur village.

— J’ai plus d’expérience que vous ne le pensez.

— Je n’en doute pas. Le problème, mademoiselle de Florian, c’est que mes filles sont toutes des danseuses et des actrices confirmées. Et, ajouta-t-il en tendant le doigt vers la même affiche que celle que j’avais arrachée, elles sont connues. Elles portent des noms qui nous servent de publicités, des noms qui attirent les foules. Vous, ma chère, si vous avez de la beauté à revendre, vous manquez de notoriété.

— Si vous me faites danser, la foule viendra.

Il secoua la tête.

— Je suis désolé, mais je ne peux pas me le permettre. Ce serait injuste.

— Injuste ? ai-je explosé. Vous voulez que je vous parle de ce qui est injuste ?

Soudain, j’ai aperçu une grosse horloge en cuivre

accrochée sur le mur du fond. Les minutes s'envolaient. J'allais être expulsée de l'hôtel à la tombée de la nuit.

— Aidez-moi, je vous en supplie, ai-je murmuré d'une voix tremblante. Je n'ai nulle part où aller.

Une femme est alors arrivée. Elle était grande, avec des cheveux rouges et la plus jolie robe que j'aie jamais vue, du moins de si près. Le haut, fait dans un superbe satin, était fermé par plus d'une douzaine de boutons. Elle avait glissé des pivoines dans son décolleté. Quant au bas, il consistait en une jupe grise ample sur l'arrière.

— Bonjour, Gérard. (Elle a posé sa sacoche sur le comptoir, puis elle a sorti une cigarette et l'a allumé à une des bougies.) C'était bien hier soir ?

— Oui, magnifique.

— Je viens de voir que Monsieur Éléphant refusait toujours de coopérer.

Elle a soufflé une bouffée de fumée dans ma direction. Je me suis retenue de cligner des yeux.

— Qui c'est celle-là ?

— Émilie, je te présente Marthe de Florian. Mademoiselle de Florian, voici Émilie.

— C'est la nouvelle serveuse ? Ah, tu as enfin exaucé mes prières ! On ne peut pas faire tourner un cabaret rien qu'avec des danseuses.

— Non, non, c'est juste…

— Oui, ai-je hurlé sans réfléchir. Je suis la nouvelle serveuse !

— Pardon ? s'est exclamé Gérard et j'ai cru que les yeux allaient lui sortir de la tête.

— Enchantée de faire votre connaissance ! ai-je poursuivi en tendant la main à Émilie alors que Gérard continuait à pester derrière moi.

— Le ciel soit loué. Nous avons vraiment besoin d'aide. Et tu es belle à ravir. Quand peux-tu commencer ?

— Tout de suite, bien sûr ! ai-je rétorqué en plaquant mon sac sur le comptoir à côté du sien. Mais il me faudrait une petite avance sur ma paie.

— Une avance ? s'est étranglé Gérard. Mademoiselle, si vous voulez être serveuse, il vous faut la tenue, a-t-il ajouté avec un geste vers Émilie. Et pour avoir la tenue, vous devez nous donner cinquante francs.

J'ai failli m'étouffer. Je n'avais même pas les cinq francs pour payer ma vieille sorcière d'hôtelière.

— Cinquante francs ? On ne peut pas s'arranger ?

Émilie a éclaté de rire.

— Impossible, a grommelé Gérard.

— Dans ce cas, je ne peux pas, ai-répondu, résignée.

Il ne me restait plus que les bordels ou les mines de gypse.

Au même moment, une dispute a éclaté quelques tables plus loin. Un client tapait avec sa canne sur un serveur qui voulait nettoyer. J'ai aussitôt reconnu le visage bouffi et transpirant de l'assaillant. Il était connu de tout Paris.

— Est-ce…

— Oui, c'est bien Georges Hugo, a répondu Émilie. Nous l'avons gardé toute la journée. Il ne peut plus aller nulle part. Et il est davantage en sécurité ici.

— Et c'est plus sûr aussi pour les Parisiens, a marmonné Gérard. Sa journée n'est pas remplie tant qu'il n'a pas provoqué trois personnes en duel.

M. Hugo avait sept ou huit paquets à ses pieds. Je ne pouvais en détacher les yeux à tel point qu'Émilie a fini par le remarquer.

— Des cadeaux pour sa sœur sans doute. La princesse

Hugo, a-t-elle ajouté en levant les yeux au ciel. Il ne peut pas faire un pas sans qu'on lui en apporte de tous côtés.

— Ce sont des cadeaux de mariage pour Jeanne !

Les images de la procession nuptiale de Mme Daudet me sont revenues à l'esprit et je me suis revue debout dans la rue, à côté de la clocharde, bousculée par la foule, soudain pensive à l'idée qu'un ou deux de ces cadeaux suffiraient à me tirer d'affaire si j'avais pu m'en emparer.

Je me suis retournée vers l'homme au manteau rouge.

— Gérard ? C'est bien ça ? Je suis prête à vous payer le prix exorbitant que vous demandez pour votre robe mais, je vous en prie, laissez-moi d'abord travailler. J'habite très loin d'ici et je voudrais commencer tout de suite.

Il a hésité et, je le comprends, vu que je lui avais dit que je n'avais plus un sou.

— Oh, détends-toi, Gérard, est intervenue Émilie. Je me charge de la mettre au courant. La dernière fille a laissé sa robe. Elles sont à peu près de la même taille. Marthe, viens derrière avec moi. On va se mettre au travail. Je suis tellement contente que tu sois là.

C'est ainsi, cher journal, que j'ai commencé à travailler aux Folies Bergère. Pas comme danseuse de cancan mais comme serveuse. Hélas, la journée ne s'est pas terminée quand j'ai quitté le 32 de la rue Richier. En fait, elle continue encore et me voilà assise sur mon lit, dans l'hôtel que je peux enfin me payer, avec le frère de Jeanne Hugo qui ronfle à côté de moi.

Ce n'est pas ce que tu penses !

Mais il commence à s'agiter. Alors, à suivre comme on dit.

16

Si elle n'avait pas été réveillée par le soleil qui entrait à flots par les grandes fenêtres, April aurait raté sa journée de travail. Mais quand ses rayons lui avaient inondé le visage, elle s'était assise d'un bond, sans trop savoir où elle était, la tête pleine de danseuses de cancan et d'éléphants. Elle s'attendait presque à trouver un homme gros et gras ronflant à côté d'elle. Elle mit quelques secondes à se souvenir de son nom et du pays où elle était. Elle aurait bien accusé le décalage horaire, mais la faute en revenait davantage au bon bordeaux et à une trop forte dose de Marthe de Florian.

Elle sortit les jambes du lit en gémissant et les releva au contact du plancher froid. Son estomac se mit à gargouiller, mais peut-être n'avait-il jamais cessé de protester. Un regard dans le miroir lui révéla des cheveux en bataille, des dents violettes et une tenue froissée qu'elle avait enfilée deux jours plus tôt sur un autre continent.

Je travaille chez moi ce matin, envoya-t-elle par texto à Olivier, tout en retirant son tailleur. *Je passerai à l'appartement entre 9 et 10.*

« Chez moi ». Quelle curieuse façon d'appeler cet endroit qu'elle ne connaissait que depuis quelques heures ! Mais elle s'y sentait davantage chez elle que dans son appartement de Manhattan, celui qui portait son nom sur l'acte de propriété.

April posa son portable sur la coiffeuse et entra dans la douche, si on pouvait l'appeler ainsi. Il y avait plus de place et de pression d'eau dans les cabines des vestiaires de son lycée. La pomme métallique ne laissait couler qu'un maigre filet d'eau tiède et April dut se tortiller dans tous les sens pour se mouiller complètement. Certes, on pouvait s'attendre à des sanitaires biscornus dans les immeubles anciens, mais cette salle de bains était ridicule. Jeanne Hugo devait être bien mieux installée cent ans plus tôt. Mais c'était Jeanne Hugo. Il aurait suffi que Jeanne au pain sec réclame une douche donnée par des éléphants pour que la ville amène aussitôt vingt-cinq pachydermes à sa porte.

Jeanne Hugo. À quoi ressemblait sa vie ? Ou plutôt, quel lien y avait-il entre elle et Marthe ?

C'était drôle cette obsession que le peuple a eu de tout temps pour les célébrités et leurs descendants. Hugo, Kennedy, Windsor, peu de choses avaient changé sauf le type de médias qui couvraient leurs faits et gestes. Son père les appelait « le club des spermatozoïdes chanceux ». Jeanne Hugo n'avait apparemment pas accompli grand-chose en dehors du fait de naître dans la bonne famille. Marthe avait beau pester, ce n'était pas nouveau. Même Jésus Christ devait une grande part de sa célébrité au fait qu'on le disait fils de Dieu.

April ne s'intéressait pas à la vie des célébrités. Ça lui passait au-dessus de la tête. Mais Victor Hugo ? Elle se serait frayé un chemin à côté de Marthe malgré les gamins des rues pour tenter d'apercevoir le cortège nuptial Hugo-Daudet. Bien que plutôt cinéphile, d'après Troy, elle connaissait Victor Hugo. Sans que lui-même ni ses descendants, ni aucun de ses proches le sachent, cet écrivain appartenait au passé d'April (tout modeste qu'il fût).

L'adaptation musicale de son roman *Les Misérables* avait été la première grande production de Broadway qu'elle avait vue de sa vie, même si en réalité cela c'était passé à Los Angeles. Son père l'y avait emmenée un dimanche, deux semaines après son quinzième anniversaire. Leurs deux voisines n'avaient pas arrêté de s'extasier en les voyant ensemble. Quel gentil papa ! Quelle adorable jeune fille ! En fait, lui était adorable, pas elle. Enfin, il y avait pire comme adolescente…

Mais ce qu'ignoraient Frick et Frack (ainsi que son père les avait surnommées), c'était qu'à peine quatre heures auparavant, ce père souriant et attentionné avait baissé les bras, brusquement dépassé par la maladie de son épouse. Dans la matinée, il avait fait transférer la mère d'April dans une maison de santé non loin de chez eux. À son réveil, April avait trouvé sa mère partie et, à sa place, deux billets de théâtre pour *Les Misérables*. C'était la pièce favorite de sa mère.

— Ta mère est très malade, lui avait dit son père.

Ce fut la première et la dernière fois qu'il avait fait référence à sa maladie. Plus tard, il avait employé des expressions telles que « confortable », « plus facile », « pour le mieux », mais plus jamais il n'avait prononcé le mot « malade ». April avait appris la vérité par son frère qui avait dû harceler les médecins pour la connaître.

Ce jour-là, cependant, April n'avait pas posé de questions. Elle avait juste haussé les épaules, puis elle avait extirpé une paire de chaussures blanches à petits talons du placard de sa mère et s'était longuement interrogée sur le t-shirt des *Misérables* qu'elle allait acheter. Large ou près du corps ? La chevelure vaporeuse de Cosette ne risquait-elle pas d'attirer l'attention sur sa poitrine plate ? Finalement, elle avait choisi un t-shirt gris en taille extra-large dans lequel elle disparaissait. Tout ça pour l'oublier dans son sac, par terre, au pied de son siège.

Elle ne s'attendait pas à aimer le spectacle et considérait cette sortie comme une faveur qu'elle faisait à son père et non l'inverse. Mais dès que la scène s'était illuminée, que les révolutionnaires avaient commencé à se battre et que Valjean et Fantine avaient chanté, elle avait été fascinée. Elle qui ne se laissait pas facilement attendrir, s'était retrouvée les yeux humides pendant la majeure partie du spectacle. Elle avait dû attendre l'âge adulte pour comprendre que ses larmes venaient sans doute plus de ce qui s'était passé chez elle le matin que de la pièce.

Son père était retourné le lendemain à Los Angeles chercher le t-shirt oublié. Ce fut une des dernières courses qu'il fit pour ses enfants, en dehors des allées-venues à l'hôpital et à l'église. Une fois la mère d'April disparue de la maison, il n'avait plus eu d'attentions que pour elle. Il ne s'était plus concentré que sur le triste et lent déclin de sa femme.

Avec le recul, c'était attendrissant. Cependant, sur le moment, April avait trouvé cela terriblement injuste. Pendant que son père était à l'hôpital, à l'église ou occupé à gagner leur vie, elle passait en boucle la bande originale des *Misérables*, le volume à fond. Bien que cette musique dérange son frère, elle transportait April et surtout elle noyait le silence laissé par le départ de leur mère.

Tout en finissant de se rincer les cheveux, April se mit à fredonner les paroles de « Master of the House ». Ce n'est qu'en arrivant au passage de la confection des saucisses avec « un peu de rognon de cheval, un peu de foie de porc » qu'elle s'aperçut qu'elle avait les yeux remplis de larmes. Comment se faisait-il que, si loin de chez elle, elle s'en sente soudain plus proche qu'elle ne l'avait jamais été ? Comme Marthe, April en rejeta la faute sur Jeanne Hugo.

Après s'être nettoyée des miasmes de l'avion et de l'appartement poussiéreux, elle prit son téléphone et fronça les sourcils. Pas de messages. Troy n'était pas tenu de l'appeler, mais cela lui aurait fait plaisir.

Tout en finissant de se sécher et de réfléchir à sa tenue non américaine de la journée, April vérifia encore une bonne quarantaine de fois son appareil. Son silence finissait par lui faire mal aux oreilles.

Elle enfila un jean, un pull léger et noua autour de son cou un foulard Hermès qu'elle avait acheté du temps où elle était conservatrice de musée. À cette époque, elle l'avait considéré comme un investissement. Un peu comme la robe de serveuse de Marthe. Bien sûr, elle n'avait jamais couru le risque d'être jetée à la rue, du moins pas le jour où elle avait acheté ce foulard.

Dehors, il faisait froid et brumeux. Comme il était encore tôt, les rues silencieuses n'étaient troublées que par le bruit des livreurs, des balayeurs et de quelques fêtards qui rentraient chez eux d'un pas chancelant après avoir passé la nuit dehors.

À l'évidence, ce n'était pas un quartier peuplé d'employés de bureau ambitieux, ce qui le rendait d'autant plus sympathique à ses yeux.

April entra dans la boulangerie en face de chez elle. Une sonnette retentit au-dessus de sa tête. Bien que l'odeur soit enivrante au point que le plus difficile des Parisiens ne sache plus quoi choisir, April savait exactement ce qu'elle désirait. Elle s'approcha de la vitrine sur la pointe des pieds.

— *Bonjour les chouquettes*, comme vous m'avez manqué.

Les chouquettes. Un pur délice. Soufflées, légères. De deux sortes : avec du sucre perlé ou des éclats de chocolat. April choisit le sucre. Quitte à être à Paris, autant prendre la version pailletée.

Elle en demanda une douzaine, prétextant une nombreuse famille qui l'attendait à la maison, puis elle commanda un café à emporter. Tandis qu'elle fouillait dans son sac pour payer la vendeuse, elle ne put résister à l'envie de consulter son portable. Toujours pas de message.

Décidée à se consoler par une bonne dose de caféine et de sucre, April ramena son butin chez elle où elle jugea qu'elle avait largement le temps d'engloutir une bonne demi-douzaine de chouquettes tout en entamant ses recherches.

Elle avait écrit à Olivier qu'elle avait l'intention de travailler à la maison et, en toute sincérité, l'étude du journal de Marthe pouvait être considérée comme du travail. En outre, elle n'était pas pressée de le livrer à la curiosité de ses confrères parisiens. Pas plus qu'elle n'avait envie de s'expliquer sur la façon dont elle se l'était procuré, depuis quand, ni pourquoi elle était brusquement devenue le contact privilégié du notaire tant cet arrangement lui semblait fragile, précaire, à la merci du moindre faux pas.

17

Paris, le 13 mai 1891

Eh oui, j'ai ramené Georges Hugo et ses petites affaires chez moi ! Il vient juste de repartir. Pas d'inquiétude, les seules petites affaires que j'ai touchées étaient emballées dans du papier cadeau. *Mon Dieu !*

Que de fois j'ai entendu Aimée, ma charmante voisine de chambre, se plaindre des effets de l'alcool sur les hommes. Je ne peux pas parler d'expérience, mais elle affirme qu'il les ramollit. Il est évident que certains hommes s'enivrent tellement que pour parvenir à leurs fins il leur faudrait un chausse-pied pour soutenir leur membre défaillant ! Aimée le compare à une chaussette mouillée. Quelle horreur ! Je ne pourrais plus jamais me chausser sans arrière-pensée.

Ce qu'Aimée ne m'a pas dit mais que je savais déjà, c'est que l'alcool fait perdre la mémoire. Bien que je n'aie jamais eu à batailler contre un homme ivre et flasque, mon couvent était célèbre pour la qualité du vin qu'il produisait et sœur Marie n'était pas la dernière à en abuser. Nous avons eu ainsi de nombreuses et longues conversations qu'elle oubliait dès le lendemain.

— Qu'est-ce que tu as fabriqué la nuit dernière, Marthe ? Je ne t'ai pas vue de la soirée ! me reprochait-elle souvent alors qu'elle avait passé trois heures à me raconter les folies de sa jeunesse (elle n'avait pas toujours été fille de Dieu !) et que je l'avais aidée à se déshabiller et à se coucher. Une fois ou deux, j'ai même dû l'accompagner à la toilette.

Donc quand Georges m'a suivie chez moi dans l'espoir de connaître toutes sortes de plaisirs, je savais que je ne serais pas forcée de passer aux actes. Il suffirait que je lui raconte nos ébats… Le temps d'arriver à l'hôtel, il était complètement abruti par l'alcool, sur le point de s'effondrer. Pour hâter les choses, j'ai demandé à Aimée de lui asséner un petit coup de fer à repasser sur la nuque, juste de quoi l'estourbir sans le tuer, comme elle fait parfois avec ses clients.

Georges s'est réveillé le matin un peu sonné avec un début de mal de tête. J'ai pensé qu'il valait mieux qu'Aimée prenne ma place et c'est elle qui lui a raconté en détails tout ce que nous étions censés avoir fait ensemble. Elle a évoqué des choses dont je n'avais jamais entendu parler. J'ai cru comprendre que les hommes aimaient pénétrer les femmes par tous les orifices. Et Aimée se vante de pouvoir prendre un sexe entier dans sa bouche !

Aimée lui a donc fait un compte-rendu assez osé. Même si Georges ne gardait aucun souvenir de telles prouesses, il ne l'aurait avoué pour rien au monde. Il n'a cessé de hocher la tête pendant tout son récit, fier de sa virilité. Puis il lui a donné une tape sur le derrière et a sorti son portefeuille. Après lui avoir remis une somme rondelette, il a quitté l'hôtel en sifflotant.

J'ai partagé les gains avec Aimée, ravie d'en empocher la moitié sans avoir eu à vendre mon corps. Pour ma part, ça me suffit, car ce n'est pas pour l'argent que j'ai ramené

Georges avec moi, mais pour les cadeaux, bien sûr. Les cadeaux de mariage de Mme Daudet née Hugo. Ce pauvre Georges est entré à l'hôtel plus lourdement chargé qu'il n'en est sorti. Quelle tristesse ! Quelques présents ne figureront pas sur le compte-rendu des journaux. Mais ils ne sont pas perdus pour autant et s'étaleront très prochainement à la devanture d'un des monts-de-piété de Montmartre. Grâce à quoi je pourrai m'offrir, entre autres, une nouvelle robe de serveuse.

Merci, ma chérie ! Merci !

Les choses vont peut-être s'arranger finalement.

18

Paris, le 18 juin 1891

Les Folies Bergère sont un spectacle permanent ! Même après plusieurs mois, je ne m'en lasse pas. C'est une sollicitation de tous les sens. Ce ne sont que lumières, miroirs et tissus luxueux, sans parler des femmes somptueuses ! Un vrai déferlement. Tout déborde, même les fontaines dans le jardin. Vous ne pouvez pas passer devant sans tremper le bas de votre robe.

Chaque soir nous amène une nouvelle vague de spectateurs, hommes et femmes, qui s'installent là où ils veulent. Certains se promènent sur la galerie pendant qu'humains et animaux font leur numéro sur la piste. J'ai déjà parlé de l'éléphant. Gérard n'en obtient toujours rien de bon. La bête s'est même assise sur un *habitué*.

Mais nous avons d'autres animaux. Des animaux à peine plus obéissants. Des singes, des chevaux et même un tigre. Ils ne sont pas aussi dangereux qu'on le croit. Même si Gérard assure le contraire, je suis certaine qu'il drogue le félin. Au lieu de rugir férocement, la pauvre créature titube sur scène et, neuf fois sur dix, finit par tomber dans la fosse de l'orchestre.

Certains soirs, les clients peuvent assister à un ballet,

à une opérette ou à des acrobaties accompagnées d'effets spéciaux. Il est même arrivé que des gens prennent feu. Et hier soir, ah, hier soir ! C'était l'apothéose !

Imaginez d'abord l'emblème des Folies Bergère, le magnifique lustre en cristal suspendu au-dessus de l'audience, massif, sur trois rangs, gros comme un fiacre. Maintenant, représentez-vous assise en dessous, avec la lumière qui danse sur vos gants et votre robe. Les clients ne viennent que pour cela : l'éclat et le chatoiement des lumières, le scintillement du cristal. C'est magique, sublime. Il arrive même que le lustre vole la vedette aux danseuses.

Imaginez donc que vous faisiez partie de l'assistance hier soir. Vous êtes assise et vous vous apercevez que votre robe est moins lumineuse que d'habitude. Son tissu a perdu sa brillance. Et soudain, vous comprenez. Le lustre ! On a oublié de l'allumer ! Vous levez la tête… et vous poussez un cri. Parce qu'au lieu des rangées et des rangées de lumières, vous voyez des rangées de femmes nues, leurs seins pointés vers la salle. Un lustre fait de chair et de tétons !

Les danseuses sont restées ainsi pendant trois heures, le sourire plaqué sur leur visage, la pointe foncée de leurs mamelons en érection. Se comptait parmi elles certaines de nos plus célèbres danseuses de cancan. Pour une fois, j'étais contente d'être serveuse. La vue me plaisait, mais je n'avais pas leur courage. Ni leur impudeur.

En dehors des femmes nues hissées au firmament, on rencontre beaucoup de gens intéressants dans mon métier, beaucoup plus qu'en passant la soirée suspendue à un lustre, c'est certain. Il y a déjà la passionnante famille Hugo. Dieu merci, Georges ne montre aucun signe de reconnaissance quand nous nous croisons. Je rencontre aussi des peintres, des poètes et des écrivains, ou des pseudo-romanciers comme ce cancanier de Marcel Proust. Il se prend pour un maître des mots alors qu'il n'écrit rien de plus qu'une rubrique mondaine. Il est d'un ennuyeux !

Un certain Robert de Montesquiou s'intéresse à moi. On le dit homme de lettres même si je n'ai jamais entendu parler de lui. Mais je dois reconnaître qu'il s'habille avec beaucoup de poésie. Il adore porter en particulier un costume pistache accompagné d'un gilet en velours blanc. Il arbore souvent des fleurs en guise de cravate et ne se sépare jamais d'une bague grosse comme un œuf qui contiendrait, à l'en croire, des larmes humaines. Il a une attirance certaine pour les garçons, mais un jour il a essayé d'acheter Émilie avec un pot de chambre. Celui-ci avait beau avoir appartenu à Napoléon du temps de Waterloo, ce n'était qu'un vase de nuit.

Bref, cet homme est dangereusement séduisant, mais je ne sais pas quoi en penser.

Malgré de fréquentes distractions, mon métier est parfois lassant. J'exerce quand même un travail peu raffiné et, à la fin de la journée, j'ai mal aux mains et les pieds enflés. Ne vous méprenez pas ! Je ne m'en plains pas, loin de là. La plupart du temps, je l'apprécie vraiment. J'adore voir les robes entrer, sortir et s'envoler. Car certaines s'envolent littéralement.

Finalement, mon impression du premier jour n'était pas fausse. Même si les filles des Folies Bergère ne ressemblent pas, loin de là, aux femmes maladives qui battent le pavé rue Pelletier, ce ne sont pas des parangons de vertu pour autant. Il y a des chambres particulières, des filles particulières et des hommes beaucoup moins particuliers qui vont avec ces femmes dans ces chambres et en ressortent très satisfaits.

J'ai interrogé Émilie à ce sujet. Elle a joué la sainte-nitouche et prétendu qu'elle n'était pas au courant. Mais je l'ai houspillée. Comment, avec leur salaire, ces filles peuvent-elles se payer de telles robes ? Et de tels bijoux ? Des rubis, des perles, des diamants ! Elle a fini par m'avouer que ce n'étaient pas des prostituées mais des demi-mondaines. *Les demi-mondaines*. Je ne sais pas ce que cela veut dire exactement, mais j'ai bien l'intention de le découvrir. C'est un joli nom, n'est-ce pas ? *Demi-mondaine*. Je lui trouve une consonance presque royale.

Deuxième Partie

19

Bien qu'elle se sache un peu en retard, April fut surprise de trouver Olivier déjà à l'appartement. À Paris comme à New York et partout où on l'envoyait, elle était toujours la première à l'ouvrage. Non pas qu'elle considère l'appartement de Marthe comme un simple lieu de travail, mais elle était du style première arrivée, dernière partie. Cependant, elle devait reconnaître qu'elle cumulait rarement de telles circonstances atténuantes : décalage horaire, légère gueule de bois et lecture d'un journal vieux d'un siècle.

— *Bonjour !* Comment ça va ? lança-t-elle en titubant sur ses talons aiguilles trop hauts.

Vu sa forme physique discutable et l'augmentation brutale de son taux de sucre, elle aurait dû se cantonner à ses bonnes vieilles chaussures plates.

— *Bonjour, madame* Vogt, la salua Olivier et il la regarda poser son café sur une serviette en papier sur la table qui lui semblait la moins belle. *Comment allez-vous ?*

— *Bien.* Et vous ?

— *Bien.*

April regarda autour d'elle et, bizarrement, sous ce jour différent, après une bonne nuit de sommeil, l'appartement lui parut encore plus difficile à appréhender. La veille, elle n'avait vu que des trésors inestimables. Elle les voyait toujours, mais noyés sous une tonne de travail. Apparemment, Marthe avait vite appris les ficelles du métier de demi-mondaine et tout aussi vite mis ce savoir à exécution. April ne se tenait pas dans l'appartement d'une serveuse.

— Vous avez l'air inquiète, *madame* Vogt.

— Appelez-moi April, je vous en prie. Non, je ne suis pas inquiète. Mais tout cela est un peu impressionnant, non ?

— En effet, nous avons du pain sur la planche.

— C'est le moins qu'on puisse dire. Quand pensez-vous transférer ces objets dans vos locaux ? Avez-vous un transporteur attitré ? J'en connaissais un excellent autrefois. Il était parfait. Je regarderai s'il existe toujours.

Olivier secoua la tête.

— Non, nous ne déplacerons rien jusqu'à l'exposition de la vente. Nous n'avons pas la place. Nous avons rentré ces mois derniers un nombre astronomique d'objets et nous n'avons plus assez d'espace pour entreposer les affaires de Mme Quatremer.

Les affaires de Marthe, aurait voulu corriger April. Mme Quatremer ne s'y était pas intéressée une seule fois en soixante-dix ans.

— Très bien, répondit-elle sans savoir si c'était une bonne nouvelle ou pas. Nous pouvons travailler ici.

L'appartement magnifique avait cependant un côté étrange, impressionnant, dérangeant presque. April se serait sans doute sentie mieux dans les locaux de la maison de ventes, un endroit où il n'y aurait pas eu de lustres sur lesquels son esprit pouvait projeter des mamelons. Pourtant, malgré ces inconvénients notoires, April s'aperçut qu'elle souhaitait rester dans l'appartement le plus longtemps possible.

— Nous ne vous l'avons peut-être pas encore dit, mais nous vous sommes vraiment reconnaissants d'avoir fait le voyage jusqu'ici, reprit Olivier. Votre aide nous est très précieuse. Vous vous y connaissez sans doute mieux qu'aucun de nous en objets d'arts européens.

— *Merci beaucoup.* Je suis ravie d'être ici.

Elle fronça les sourcils en dépit du compliment. Un détail la chiffonnait. Il manquait quelque chose. Mais elle avait du mal à se concentrer.

— C'est une impression ou il y a un truc…

Elle regarda par-dessus son épaule et sursauta. Le Boldini avait disparu !

— Où est le tableau ? s'écria-t-elle. Que lui est-il arrivé ?

Olivier haussa les épaules.

— Lui, nous l'avons ramené dans nos locaux pour le faire estimer par nos experts.

April plaqua les deux mains sur son ventre et vacilla. La simple idée de ne plus voir ce portrait lui soulevait l'estomac. Non, c'étaient les chouquettes, se gronda-t-elle. Ce n'était pas raisonnable de se gaver de pâtisseries, même pour la plus robuste des constitutions.

— Mais il n'a pas encore été authentifié, murmura-t-elle le souffle court, comme si ses poumons venaient d'aspirer toute la poussière de l'appartement. Nous devons d'abord établir sa provenance avant de tirer des plans sur la comète. La succession m'a prêté certains documents qui pourront nous aider à cet égard.

Rapportez ce maudit tableau. Rapportez-le tout de suite.

— Ne vous inquiétez pas. Nous nous en occupons. Il se trouve que l'épouse de Boldini a écrit une biographie qui n'a jamais été publiée. Elle y mentionne le portrait.

Apparemment, cela devrait nous suffire pour établir sa provenance.

— Ça c'est une excellente nouvelle ! Quelle chance ! s'exclama-t-elle hypocritement, prenant conscience que, certes, c'était génial mais que cela sonnait la fin de ses recherches. Adieu les Folies Bergère, adieu les demi-mondaines, adieu les lustres à mamelons !

— *Madame Vogt* ? s'inquiéta Olivier. Tout va bien ? *Vous avez l'air stressée.*

— Non, non.

Elle n'était pas stressée mais *hyper* stressée. Elle voulait le tableau. Elle voulait retrouver la pièce exactement comme elle était la veille à son arrivée.

— *Madame Vogt ?*

— Euh… je… je pensais à la vente elle-même. Avez-vous déjà prévu une date ? Il faudrait la programmer prochainement.

Les programmes, les calendriers. Voilà de quoi elle devait se préoccuper, et pas des courtisanes, des robes froufroutantes ou des turpitudes de certains membres des grandes familles républicaines. Pourtant, Marthe méritait de figurer au programme elle aussi. C'était elle le sujet central. Que son tableau soit un Boldini signifiait que des milliers de personnes verraient son visage. April voulait que tous ces gens connaissent le reste du personnage.

— Nous avons ici l'occasion d'une vente hors du commun, poursuivit-elle, les idées se bousculant dans son esprit.

Peut-être pourraient-ils construire quelque chose autour de la personnalité de Marthe, lui conférer une certaine célébrité posthume, une notoriété semblable à celle de Jeanne Hugo voire supérieure si possible.

— J'envisage une vente sur plusieurs jours. Bien que

cette femme soit une inconnue à l'heure actuelle, même pour nous, commissaires-priseurs, elle a côtoyé Proust et Montesquiou et même la famille Hugo. Sans parler, bien sûr de Boldini en personne. Pensez à tout ce que ces objets pourraient raconter.

— On peut dire que vous ne manquez pas d'idées !

Le visage d'April s'illumina.

— Malheureusement, ce ne sera pas possible, poursuivit-il. Tout a déjà été décidé.

— Comment cela ?

— La plupart des meubles seront inclus dans notre grosse vente de septembre intitulée « Importante vente de meubles français, sculptures et œuvres d'art ». Le reste sera réparti entre « Argenterie européenne, boîtes en or et objets de vertu », qui devrait avoir lieu en… en octobre, précisa-t-il après avoir consulté son téléphone.

— Quoi, ce n'est pas possible ! Vous allez vous servir de ces objets pour boucher les trous. C'est insensé !

— En toute franchise, la prochaine saison ne s'annonce pas très remplie et ces objets nous permettront de compléter nos catalogues.

Avril vit tous ses espoirs d'une vente exceptionnelle s'envoler en fumée. Marthe avait été confinée et oubliée pendant soixante-dix ans. On avait fait une découverte sensationnelle, mais dès que ses affaires seraient dispersées et mélangées à d'autres lots plus ou moins mal assortis, ce serait comme si elle n'avait jamais existé.

— Vous avez l'air patraque. Voulez-vous vous asseoir ? On étouffe ici.

Elle prit une profonde inspiration.

— Olivier, je vous supplie d'y réfléchir. Vous m'avez fait venir ici pour mes compétences et…

— En effet. Mais tout est déjà réglé et pour le mieux, à mon avis. Alors, si on se mettait au travail ?

Sans attendre sa réponse, il pivota sur ses talons et se dirigea vers la cuisine. Elle resta plantée au milieu de l'entrée, bouche bée, abasourdie, à moitié chancelante. Ils ne pouvaient pas faire une chose pareille à Marthe. Si elle montrait son journal à Olivier, peut-être changerait-il d'avis. Malheureusement, rien n'était moins sûr.

— Ce n'est pas possible, marmonna-t-elle, son sac serré contre sa poitrine et elle sentit l'épaisseur du journal à travers le cuir. Tu auras ta propre vente. Importante vente de meubles français, *c'est merdique* !

20

April se lança à la recherche d'Olivier une heure après. Il lui avait bien fallu tout ce temps pour retrouver le courage de repartir à la charge. Depuis cinquante-sept minutes qu'il avait repoussé son idée d'enchères particulières, elle n'avait pas fait grand-chose, le cerveau paralysé par la colère à la simple pensée des boîtes en or et des objets de vertu.

« Belle argenterie européenne », c'était ainsi qu'on désignait des pièces banales, d'origine quelconque, dont on ne savait pas que faire, une façon de regrouper des pièces inintéressantes sous un nom plus prestigieux. Ou comme Birdie l'avait résumé un jour en plaisantant au sujet d'une fourchette tordue qui venait d'un vieux manoir anglais décrépi : « C'est en argent et ça vient d'un château, ça te suffit pas, fillette ? »

— Olivier, je peux vous parler ? demanda-t-elle en entrant dans la cuisine.

Le dos tourné à la porte, il inspectait une caisse remplie de bouteilles de vin.

— Comment ça se passe avec les meubles ? Vous avancez ? demanda-t-il sans se retourner. Je ne suis pas sûr que ce vin soit vendable…

— Il faut qu'on parle de l'appartement.

Il pivota vers elle.

— L'appartement ? Comment ça ? Il ne fait pas partie de la vente.

— Je ne parle pas de l'appartement en lui-même mais de ce qu'il contient, répondit-elle en essayant de ne pas monter dans les aigus. Ces objets ne sont pas des bouche-trous, Olivier. Vous ne pouvez pas les caser dans d'autres ventes.

Il haussa les épaules.

— Je ne suis pas d'accord.

— Et le Boldini ? Vous ne pouvez pas…

— Il fera partie de la vente « Impressionnistes et Art Moderne ». On ne peut pas rêver mieux.

— « Impressionnistes et Art Moderne », répéta-t-elle consternée. Vous ne pouvez pas faire ça !

Marc passa la tête dans la cuisine.

— Ça ne va pas ? Y a un problème ?

— Oui, un gros problème, répondit April d'une voix tendue.

Elle se représenta brutalement les deux hommes s'activant dans les locaux de la maison de ventes aux enchères et glissant les morceaux de la vie de Marthe au hasard, là où il y avait de la place dans d'autres patrimoines éclatés. Alors que tous ensemble, jusqu'aux dorures et aux autruches, les objets de Marthe de Florian racontaient une histoire.

— Tous ces objets forment un ensemble, répéta-t-elle une fois de plus, les englobant d'un geste désespéré comme si elle les connaissait depuis des décennies. Vous ne pouvez pas faire ça.

Peut-être qu'à force de le répéter, elle finirait par les convaincre.

— Nous ne voyons aucune raison d'organiser une vente particulière, répliqua Olivier. Ça coûte les yeux de la tête. Songez aux catalogues et au cocktail. Nous ne gagnerions pas un sou si nous faisions une vente séparée chaque fois que nous découvrons un fonds intéressant, vous le savez bien, April. Vous êtes dans le milieu depuis suffisamment d'années. Si encore c'était de l'art contemporain, ajouta-t-il avec une grimace. C'est beaucoup plus économique de placer tout ça avec d'autres biens.

Des biens, des valeurs… voilà tout ce que ces objets représentaient pour eux, de simples marchandises à monétiser. Bien sûr, c'était tout bénéfice pour Sotheby, mais pas forcément du point de vue d'April, du moins pas dans le cas présent.

— Olivier, Marc, je comprends parfaitement que vous défendiez vos intérêts. Mais écoutez-moi jusqu'au bout. Je suis un peu surprise que vous ne m'ayez pas consultée, même si la vente dépend de votre bureau et si je comprends vos motifs. En revanche, comme vous l'avez dit vous-mêmes, je travaille dans ce milieu depuis assez longtemps. Et là, je pense sincèrement que nous faisons preuve de vision à court terme. Il faut savoir tenir compte des exceptions. Ensemble, toutes ces pièces ont quelque chose en plus, le genre de provenance qui a permis au Rothko de Rockefeller d'atteindre 73 millions de dollars au lieu des 30 millions escomptés. Ce je ne sais quoi qui a fait que les fausses perles en plastique de Jackie O. sont parties à plusieurs centaines de milliers de dollars.

— Elisabetta Quatremer n'était pas Jackie O, glousse Olivier. À moins qu'il n'existe une célèbre photo d'elle avec Sean-Sean qui tire sur son collier.

April secoua la tête d'un air las.

— John-John, pas Sean-Sean.

— C'est ce que j'ai dit, non ? Quoi qu'il en soit, à moins que Mme Quatremer ait des descendants parmi la « royauté américaine » comme on dit, ou qu'elle soit elle-même une cousine oubliée des Rockefeller, son nom n'attirera personne à son enchère particulière. Ça ne fera qu'une vente de plus et un gaspillage de plusieurs dizaines de milliers d'euros. Autant l'inclure dans nos ventes régulières.

— C'est le nom de Marthe de Florian qui fascinera le public, protesta April tout en se représentant ce qui serait inscrit à coup sûr sur leur catalogue : « Collection privée, Paris » au lieu du nom de Marthe en caractères gras. C'est à la femme peinte par Boldini que les gens s'intéresseront, pas à Mme Quatremer.

Bon sang, elle allait devoir leur montrer le journal le plus tôt possible. Elle se raidit à cette idée.

— Je n'en suis qu'aux recherches préliminaires, se força-t-elle à poursuivre. Mais d'après le peu que j'ai lu, je pense sincèrement qu'avec la promotion adéquate, nous récupèrerons largement notre mise. Quand les gens découvriront qui est la femme du tableau, cette peinture aura le double avantage d'être un Boldini et de représenter la maîtresse de ce célèbre peintre, une femme à l'histoire fascinante elle aussi. Cette aura s'étendra à tout ce qu'elle possédait et en augmentera la valeur finale.

— April…

Elle était trop lancée pour se laisser interrompre.

— Notre travail consiste à montrer aux enchérisseurs la valeur des pièces au-delà de leur description physique. L'histoire que nous raconterons sur Marthe fera doubler nos bénéfices, j'en suis certaine.

— C'est donc Marthe pour vous ? Vous voilà à tu et à toi avec elle ? remarqua Olivier avec un sourire en coin.

— Oui, et si nous jouons cette carte intelligemment, tout le monde de l'art la connaîtra bientôt par son prénom.

— Vous êtes très convaincante, mais c'est trop risqué. Je ne suis pas sûr de pouvoir réunir suffisamment d'enchérisseurs sur ce type de vente.

— Mais regardez ces objets ! Oubliez Marthe ! Tous ces meubles sont nouveaux sur le marché. Rien que cela suffira à attirer des foules.

— Bon, prenez-vous-en à la crise économique et à notre service si vous voulez, mais c'est ce que l'équipe a décidé. *Je suis désolé*. Oui, je suis navré qu'on ne vous ait pas fait participer à nos discussions.

— Oh, il… il n'y a pas de quoi.

Après tout, elle était juste une Américaine engagée pour regarder au dos des meubles et au revers des tapis.

April se demanda si elle ne pourrait pas passer par-dessus leur tête. Marthe méritait d'être mise en vedette, même si, comme tout en ce monde, cela se résumait à une question d'argent. Rien n'avait vraiment changé. Il y a cent ans, Marthe n'était pas assez connue pour avoir son nom à l'affiche des Folies Bergère et Gérard l'avait reléguée au bar pour seconder Émilie. Mais April l'avait déjà dit et elle le répèterait : Marthe n'avait rien d'une figurante.

— Je ne voudrais pas vous décevoir, reprit Olivier, les sourcils froncés et, un bref instant, April le crut. Mais je suis content de voir que vous comprenez. De toute façon, il est temps que j'y aille. J'ai une réunion au bureau. Vous n'avez besoin de rien avant que je parte ?

— Non, j'ai tout ce qu'il me faut. Je vais travailler dans la chambre aujourd'hui. Je vous appellerai plus tard sur votre portable pour vous tenir au courant.

— Très bien. Alors à ce soir. Au revoir, April.

— Au revoir.

Elle pivota sur elle-même et repartit vers le fond de

l'appartement, les yeux brûlant de larmes. Pauvre Marthe de Florian. Elle avait presque disparu.

Tu es là pour l'estimation des meubles, se rappela-t-elle. *Uniquement pour l'estimation.*

Olivier avait raison. Elle était là pour travailler. Elle ferait mieux de se concentrer sur les transactions à venir. Inutile de s'attacher à une femme sur un tableau. Qu'en avait-elle à faire d'une prostituée de la Belle Époque ? Quel rapport avec une bibliothèque en noyer ou une méridienne mauve ?

Malheureusement, c'était impossible d'évoluer dans le boudoir de Marthe sans penser à elle. Dans la pièce tout aussi encombrée que le reste de l'appartement trônait un imposant lit Nénuphars en acajou et bronze doré. Il était surmonté d'une impressionnante tête de lit ornée de deux cobras dorés et encadré de tables assorties aux pieds de cobras et également décorées du motif nénuphar. Des meubles extravagants, c'était le moins qu'on puisse dire. Un ensemble similaire se trouvait au musée d'Orsay.

Bien qu'elle soit venue pour les meubles (se rappela-t-elle pour la énième fois), ce qu'elle voulait vraiment c'était le journal. Toute experte et érudite qu'elle était, la commissaire-priseur April Vogt était beaucoup plus intéressée par ce qui s'était passé sur ce lit que par l'ébéniste qui l'avait réalisé et sa date de fabrication. C'était la première fois que cela lui arrivait.

Elle enfila ses gants et sortit le journal de sa chemise. Elle passa la tête dans le couloir pour voir où se trouvaient Olivier et Marc. Ils discutaient de l'endroit où ils allaient commander leurs sandwichs. Elle avait le temps de lire quelques pages. Elle devait au moins cela à celle qui avait vécu ici autrefois et dont la vie serait bientôt morcelée pour être vendue au plus offrant.

21

Paris, le 22 septembre 1891

Je découvre qu'on peut obtenir bien des choses, et des choses de valeur, de la gent masculine. Un peu de badinage et les voilà tout émoustillés, prêts à vous couvrir d'or et de compliments. *Vous êtes plus belle que les étoiles !* J'en doute, mais j'accepte vos chandeliers et vos boîtes laquées. *Merci, Georges Hugo.*

Jusqu'ici, je me suis fait offrir quatre robes, deux colliers, un tableau, sans parler du nombre incalculable de francs glissés dans mes poches et dans mes manches. Je n'ai plus de place dans mon meublé et j'ai dû caser trois paires de bougeoirs chez Aimée. Elle les vendra probablement et prétendra qu'on les lui a volés. Je m'en moque. Ça me donnera une excuse pour soutirer autre chose.

Ai-je dû accorder quelques faveurs pour réunir un tel butin ? Oui, mais sans jamais conclure, et pourtant ces soi-disant gentlemen ne se sont pas privés d'essayer. Ce qu'Aimée, Louise et les autres filles de l'hôtel n'ont pas compris, c'est que nous ne sommes pas forcées d'en arriver là. Pourquoi jeter son bonnet par-dessus les moulins pour une poignée de francs alors qu'on peut leur offrir une aventure tendre et coquine ? Je les frôle d'une certaine manière, je proteste pour la forme quand une main s'aventure dans mon corsage. C'est fou ce que des seins peuvent exciter et plaire aux hommes !

Parfois je laisse mes doigts s'égarer sur le devant de leur pantalon. Sœur Marie en ferait une syncope si elle l'apprenait. Ça n'est pas si désagréable. En tout état de cause, ce genre de caresses tient plus de l'expérience scientifique qu'autre chose. Franchement, la première fois que j'ai touché un homme, j'ai été encore plus étonnée que le jour où j'ai mis les pieds aux Folies Bergère.

Inutile de dire que sœur Marie ne m'avait pas préparée à la virulence de la réaction de leur attribut à peine on l'effleure. Seigneur, je ris rien que d'y penser. Quelle chose ridicule ! On dirait ces grosses limaces qu'on trouve au fond de la mer. Je ris tellement que je n'arrive plus à tenir ma plume. Il faut dire que mon porte-plume me rappelle quelques individus plutôt mal pourvus.

Mon Dieu ! Que je suis contente d'être une femme !

Maintenant que j'ai retrouvé mon sérieux, je dois te faire un aveu, cher journal. Je ne voudrais pas que tu me croies comme ma chère Aimée. La différence entre elle et moi, en dehors du fait que je refuse de conclure, c'est que je donne dans le romantisme. Mes batifolages durent plus d'une nuit. Quel mal y a-t-il à être amoureux ? Ou au moins à faire semblant de l'être ? Quelle que soit la taille de leur attribut, tous les hommes se ressemblent. Et tous les êtres humains, hommes et femmes, ne rêvent que d'une chose : être aimés.

Un nouveau gentleman est apparu hier soir, comme s'il savait que mon dernier soupirant avait quitté le pays, appelé par des obligations politiques à l'étranger (la politique, c'est sa femme, les obligations, la grossesse de celle-ci). Ce nouveau-venu avait une drôle d'allure.

Petit, des cheveux bruns grisonnants et bouclés qui lui recouvraient les oreilles, une certaine corpulence qui évoquait l'amour de la bonne chère plus qu'un penchant pour l'alcool et la paresse. En d'autres mots, un petit gros bon vivant. Et contrairement à la plupart des Parisiens, il ne portait pas la barbe. La vue de sa peau glabre était presque déconcertante.

— Que puis-je vous servir ce soir ? ai-je demandé.

Il a commandé un whisky et s'est étonné à voix haute de me voir derrière le bar et pas sur les planches. J'ai poussé un verre vide vers lui en le taquinant sur son manque d'originalité. J'entendais ce commentaire trois fois par jour. Et la soirée ne faisait que commencer.

L'homme a rougi ce qui m'a fait sourire à mon tour. J'ai alors compris qu'il avait juste dit la première chose qui lui passait par la tête. Je ne l'avais encore jamais vu aux Folies Bergère. Il m'a tout de suite plu.

Je me suis penchée vers lui en le laissant plonger son regard dans mon décolleté.

— Si vous voulez savoir la vérité, c'est derrière le bar la meilleure place.

Encore un beau mensonge que je sers à tout le monde et à moi la première.

— C'est bien moins dangereux, ai-je poursuivi. Et cela me permet de bavarder avec de beaux clients comme vous. Je préfère une bonne conversation que de me faire lorgner pendant des heures.

— Ah, je comprends, a-t-il répondu, toujours aussi rouge.

— Comment vous appelez-vous ? ai-je continué en faisant briller son verre.

— Pierre. Pierre Burée.

Je lui ai servi son whisky.

— Et qu'est-ce qui vous amène aux Folies Bergère, monsieur Burée ? Vous êtes Parisien ? Ou juste de passage ?

— Je suis né ici, mais je n'étais pas revenu depuis des années. Je vis en Amérique du Sud.

J'ai haussé les sourcils. L'Amérique du Sud est à la mode. Beaucoup se vantent d'y vivre, mais c'est rarement la vérité.

— Et quelle partie de l'Amérique du Sud ?

— L'Argentine, a-t-il répondu sans hésitation.

— Où en Argentine ?

— À l'extrême sud. Près de Santa Cruz. Vous connaissez cette région, mademoiselle…

— De Florian. Marthe de Florian.

— Vous êtes allée en Amérique du Sud, mademoiselle de Florian ? Vous avez le type latin avec vos cheveux et vos yeux foncés, votre teint mat.

Bien que M. Burée m'ait confié par la suite qu'il le pensait comme un compliment, ces mots m'ont hérissée. Je sais que j'ai la peau sombre. Mais si lui trouvait que je ressemblais à une femme latine, d'après Gérard et Émilie, je tiendrais plutôt de la gitane. Le teint d'albâtre étant de rigueur, Émilie me pousse à me mettre de sa crème éclaircissante. Beaucoup de danseuses lui envient sa pâleur. À l'entendre, je pourrais avoir moi aussi une peau de porcelaine si je me passais de cette crème sur le visage trois fois par jour. Alors j'ai décidé de suivre ses conseils. Ça brûle un peu, mais c'est supportable.

— Non, je suis Parisienne, ai-je répondu sans lui montrer mon agacement. Je n'ai jamais mis les pieds là-bas, mais c'est un endroit à la mode. Je croise beaucoup d'hommes qui disent y travailler, eux aussi, ai-je fini en posant le verre bruyamment devant lui.

— C'est là qu'il y a de l'argent à gagner, a-t-il répondu en toute innocence.

— Et comment gagnez-vous le vôtre ? Dans le café ? C'est toujours le café.

Il a avalé une longue gorgée de whisky et a secoué la tête.

— Dans le guano de chauve-souris.

J'ai failli m'étrangler. J'avais dû mal entendre.

— Pardon ?

— Oui, c'est un commerce assez lucratif, a-t-il poursuivi avant de boire une autre gorgée.

C'est là que j'ai compris qu'il ne mentait pas. Loin de se faire passer pour un roi du café, il était fier comme un pape d'exploiter les crottes de chauves-souris.

C'est ainsi que j'ai permis à Pierre de passer la soirée sur mon tabouret préféré. Nous sommes censées encourager les clients à ne pas s'attarder au bar. Plus les gens défilent, plus ça nous rapporte. Mais j'aimais bien sa présence, même s'il ne buvait pas beaucoup et parlait encore moins.

À la fin de la soirée, j'ai commencé à sérieusement l'envisager comme prochain protecteur. Je trouve Pierre d'une gentillesse charmante. Vous voyez ? Je l'appelle déjà par son prénom. J'ai même songé à le laisser me raccompagner chez moi avant de me résoudre à la prudence. Mais je suis sûre que je reverrai M. Burée.

Lors de mon retour tristement solitaire, j'ai remarqué que l'air se rafraîchissait nettement. J'ai du mal à imaginer que je suis à Paris depuis assez longtemps pour avoir vu le temps passer du froid au chaud puis de nouveau au froid. Je suis toujours dans le même hôtel qu'il y a un an, pourtant j'ai fait du chemin. L'argent me file toujours entre les doigts, mais j'ai des rentrées fréquentes.

Et cet argent je le gagne, je n'ai plus à le voler à un vieux couvent délabré.

J'ai donc décidé qu'il était temps de m'installer plus confortablement. Les filles vont me manquer, surtout ma chère Aimée, mais je ne supporterai pas un hiver de plus ici. C'est vrai que j'ai plus de robes à empiler sur moi la nuit, mais j'ai assez souffert. Je ne suis pas née pour ça.

Jeanne Hugo fait peut-être rêver tout Paris, mais plus pour longtemps. Un jour, elle sera bien forcée de compter avec moi. Je sens venir le vent du changement. Et quand il soufflera, Jeanne réclamera mon attention et se mettra à genoux pour être invitée chez moi. Elle comprendra enfin ce que c'est de se faire rejeter, d'être seule, désespérée. Madame Daudet cessera d'être la coqueluche de cette ville, parce qu'enfin ce sera moi qui ferai l'envie du Tout-Paris.

22

April ne l'entendit pas arriver.

— « Je découvre qu'on peut obtenir bien des choses de la gent masculine. », lut-il par-dessus son épaule. C'est vrai, ma chérie ?

Elle sursauta et rentra la tête dans les épaules comme si elle voulait éviter une balle de base-ball et non pas le regard curieux et ironique de Luc Thébault.

— *Madame* Vogt ? Avril ? Allô ? Vous avez beau vous tasser, je vous vois, vous savez. Mais vous êtes tout à fait mignonne en petit animal effarouché.

— Oh, bonjour, répondit-elle en se tortillant pour se redresser. Je suis juste surprise que vous m'ayez trouvée.

April s'était faufilée dans le coin le plus reculé de l'appartement et venait de passer les dernières heures enfoncée dans un fauteuil au velours vert céleri blanchi par le soleil. Le dos tourné à la porte et les pieds posés sur l'appui de la fenêtre, elle s'était plongée dans la lecture du journal de Marthe, cachée du monde moderne. Elle ne s'attendait pas à une visite de qui que ce soit et encore moins de Luc.

— C'est difficile de vous rater.

April se retourna et posa ses deux mains sur le bras du fauteuil.

— Il n'y a personne d'autre ici.

— Oui, j'ai vu. C'est une invitation ou une mise en garde ?

Elle se contenta de lever les yeux au ciel, ne voulant pas lui donner une réponse qu'il risquerait de mal interpréter ou de détourner de son sens. Elle soupira et plaça les feuillets sur le siège le plus proche, un canapé recouvert de jaguar, tandis que Luc continuait à la toiser de toute sa hauteur, les deux bras croisés sur sa poitrine. Il avait encore les cheveux mouillés de sa douche et il ne s'était pas rasé depuis la veille.

— Je peux faire quelque chose pour vous ? demanda-t-elle.

— Je n'ai jamais vu quelqu'un d'aussi passionné.

Il lui adressa un grand sourire presque affectueux qui offrit à April une vue imprenable sur ses incisives saillantes. Luc n'avait visiblement pas fait de folie en orthodontie, mais elle lui trouvait un petit côté attendrissant avec ses dents légèrement de travers.

— Il faut reconnaître que c'est une histoire captivante.

Elle secoua la tête pour repousser les cheveux qui lui tombaient sur le front et les joues. Ils étaient longs et raides comme des baguettes de tambour. Et complètement électriques en plus. Il lui avait suffi de rester assise cinq minutes dans ce nid à poussière pour qu'ils aient l'air d'avoir passé cinq ans sous un bonnet de laine.

— J'ai du mal à m'en détacher.

Elle secoua de nouveau la tête, mais cela eut pour seul effet de réveiller un petit nerf sur sa nuque.

— Ouille !

— Ça va, *madame* Vogt ? Qu'est-ce qui vous arrive ? Vous ne faites pas… comment dites-vous? Une capture ?

— Non, je ne fais pas une attaque, je vous rassure.

Elle enroula ses cheveux autour du stylo qu'elle tenait

à la main, un stylo récupéré dans un Hilton de Dallas quelques années auparavant, lors d'une grosse vente aux enchères. Des pièces auréolées de grandeur texane. Le vendeur avait presque fini de meubler sa réplique de Versailles de presque deux hectares quand il avait dû déposer le bilan.

C'était la société d'April qui s'était occupée de la vente, et April qui l'avait supervisée parce que l'épouse du type s'était escrimée à importer du mobilier ancien de France, non par goût, mais parce qu'il n'y avait rien de plus cher et qu'elle pourrait se vanter d'avoir dépensé des centaines de milliers de dollars en transport. Cette femme n'avait jamais su la valeur de ce qu'elle possédait, mais elle avait eu droit à une vente vraiment unique.

— Luc, j'ai une mauvaise nouvelle.

— Oh, non ! Ça a l'air grave.

— En tout cas, ça l'est pour moi. Il n'y aura pas de vente spéciale, finalement. Les biens de Marthe de Florian seront dispersés à droite et à gauche. Je dois toujours en faire l'estimation et chercher leur origine, mais leur histoire n'a plus la moindre importance. Je ne suis pas sûre d'avoir besoin de lire la suite du journal. J'aimerais beaucoup le faire, mais ce n'est plus indispensable.

— C'est intéressant ce que vous venez de dire.

— Sur la vente ? Je sais. C'est une grosse déception. Marc et Olivier ne m'ont même pas consultée avant de prendre cette décision. Mais il est vrai que rien ne les y obligeait.

— Non, je ne parle pas de la vente. Vous avez dit : « Les biens de Marthe de Florian ». Vous vouliez dire les biens de Mme Quatremer, non ?

— Oui, évidemment, acquiesça-t--elle bien qu'elle ait dit exactement ce qu'elle pensait.

— Vous êtes contrariée, poursuivit-il en s'asseyant sur le canapé en jaguar et il croisa les jambes comme seuls peuvent le faire les hommes assez minces.

— Oh, il s'agit de leur bureau, de leur mission et de leurs commissions. Ils ont décidé que c'était la façon la plus économique de procéder et mon avis n'a guère d'importance. Mais c'est vrai, je suis déçue, car je pensais sincèrement que cet appartement méritait une vente particulière.

— Et le tableau ? Celui sur lequel vous vous êtes extasiés tous les trois ? Le Bolini ?

— Boldini, corrigea-t-elle Ils vont le mettre dans la vente réservée à l'impressionnisme prévue en septembre.

Elle ponctua cette déclaration d'un énorme soupir.

— Dites-moi, est-ce que vous pensiez qu'elle méritait une vente particulière avant de lire son journal ?

April haussa les épaules.

— Quelle importance ! Je suis tombée sur le journal dès le début. C'est difficile de le séparer du mobilier. D'autant plus que mon travail consiste justement à relier les deux.

Les lèvres pincées de frustration, April se pencha vers un jeu de dominos de voyage posé sur une table voisine. Elle nota « coffret de jeu sculpté en ivoire » sur son calepin. Elle avait hâte que Luc s'en aille, même si, d'un autre côté, elle avait bien envie qu'il reste.

— Olivier et Luc ont de la chance de vous avoir dans leur équipe, remarqua-t-il en s'inclinant vers elle.

— Quels flatteurs vous êtes, les Français. Quoi qu'il en soit, ne vous sentez pas forcé de rester ici. Vous m'avez été d'une grande aide, mais la suite du journal ne me sera pas nécessaire. Les objets sont assez faciles à décrire, je n'aurai pas besoin de le consulter.

Elle se leva, remit ses chaussures et fit semblant de s'intéresser à un support de plante en fer forgé. *Fini les rêveries*, se dit-elle. *Fini les visions de danseuses de cancan, d'éléphants, de lustres hérissés de seins.* Elle était là pour le bois de violette, l'acajou et tous les meubles précieux qu'elle devait vendre sans se sentir tenue par la vie de celle qui les avait possédés.

— Avril…

— Je pourrais vous faire tout un cinéma pour justifier la poursuite de la lecture de ce journal, poursuivit-elle comme s'il n'avait rien dit. Ça me tente beaucoup. Mais vous verriez clair dans mon jeu, non ?

— Avril…

— Vous voilà libéré ! Fini le harcèlement de l'experte rongée de curiosité. Quel soulagement ! De toute façon, votre cliente devrait être satisfaite, du moins sur le plan financier. J'ai vu des centaines de collections de meubles au fil des années, mais jamais rien de tel. J'espère que vous aurez votre part de la tarte, ou du biscuit, je ne me souviens plus de l'expression que vous employez. Il n'y a pas un seul nanar dans cet appartement.

— Avril, répéta Luc pour la troisième fois mais d'une voix plus forte, plus ferme, presque sur un ton de commandement. Arrêtez de parler et écoutez-moi un instant.

Il attrapa le bas de sa robe et bien qu'il le tienne juste du bout des doigts, April eut l'impression de ne plus pouvoir bouger.

— Vous ai-je dit une seule fois que le prêt du journal dépendait de la façon dont vous aviez l'intention d'organiser la vente ?

— Je suis sûre que vous n'avez pas dû y penser.

— On ne vous a jamais dit que vous aviez tendance à parler trop vite ?

— Non jamais, répondit-elle sans oser croiser son regard.

— Vous pouvez avoir la suite du journal si ça vous fait plaisir. Vous pourrez lire le reste.

— C'est vrai ? s'écria-t-elle et elle avança vers lui, les yeux écarquillés. Mais je… je vous l'ai dit… je n'en ai plus réellement besoin.

— N'avez-vous pas dit également que vous pouviez inventer une excuse si vous le vouliez vraiment. Je suis sûr que vous y trouverez deux ou trois indices qui vous permettront d'établir la provenance de tout ce patrimoine.

— Vous avez raison. Ça ne peut qu'être utile.

— Oui.

Elle posa une main sur son épaule. C'était le plus grand témoignage de gratitude qu'elle se sentait capable de lui manifester, mais ce geste suffit à la déstabiliser et elle tituba sur ses hauts talons pour la seconde fois de la matinée.

— Je vous suis sincèrement reconnaissante. Je vous promets de ne pas gâcher une chance pareille.

Oui, il lui restait peut-être encore un espoir. Il fallait qu'elle établisse un plan d'attaque et, quand cela concernait des objets d'art, April était une conspiratrice de premier ordre.

— Vous êtes vraiment passionnée par votre métier, murmura Luc comme s'il lisait dans ses pensées.

Il se renfonça dans le canapé. April tressaillit. *Pitié. Faites attention au jaguar.*

— Vous avez l'air… comment dites-vous ? … épatée par tout ça ? Sauf maintenant. Là, vous semblez inquiète.

— C'est… c'est pour le canapé… si ça ne vous ennuie pas, bégaya-t-elle avec l'impression qu'il n'en ferait qu'à sa tête, de toute façon.

Il fit une grimace.

— Vous savez, je trouve tout ça très criard, très lourd, dit-il en englobant l'appartement d'un grand geste.

— Criard ? Lourd ? Vous plaisantez ?

— Je ne plaisante jamais, Avril.

— Certes, tous les goûts sont dans la nature. Mais Dieu du ciel, Thébault, il n'y pas une seule chose criarde dans tout cet appartement. Regardez. Là. Et là. Et là-bas. Il y a trois meubles de François Linke rien que dans cette pièce. Et encore, je ne vous montre que ce que j'aperçois d'ici.

— Linke ? Jamais entendu parler. Bien sûr, dans mon métier, on ne me demande pas de me tenir au courant de la dernière tendance en meubles.

— François Linke est bien plus qu'une tendance. Ces meubles à eux seuls suffisent à définir la Belle Époque ! Ce sont des meubles précieux, couverts de dorures, extravagants, d'un optimisme échevelé.

— Optimistes ? Des meubles ?

April s'approcha d'une armoire et plaqua la main sur son flanc.

— Regardez cette armoire. La marqueterie, le détail des roses. Ne dit-elle pas que l'argent coulera toujours à flots ? Qu'il n'y aura pas de guerre ? Que le bon temps ne finira jamais ? Elle reflète tout ce en quoi cette période croyait.

— Malheureusement, moi, elle ne me dit rien de tout ça.

— Laissez-moi vous la présenter en des termes qui vous parleront peut-être davantage. Il y a quelques années, une pièce comparable est partie à près de deux millions de dollars à une vente aux enchères. Et celle-ci est peut-être en meilleur état.

— Deux millions ? Mais qui peut dépenser deux millions dans une armoire ?

— Je suppose que lorsque vous avez assez de jets privés et de maisons, vous cherchez d'autres façons d'investir votre argent.

— On dirait qu'elle est peinte.

— Non, c'est de la marqueterie, lâcha-t-elle dans un souffle qui ressemblait à un reniflement de mépris.

— Il y a une femme nue sur le gros meuble. C'est troublant.

— Ce gros meuble est une *armoire*. Et ce n'est pas n'importe quelle femme nue mais Minerve, la déesse de la sagesse.

— La déesse de la sagesse dans une chambre. Quel dommage !

— Je parie que je vais quand même trouver ici une pièce qui pourrait séduire un incorrigible pessimiste comme vous, poursuivit-elle en déplaçant des piles de vieux journaux. Oui, voilà. Je suis sûre que même un notaire grognon doit être sensible au charme de cette horloge comtoise. Celle-ci est exquise, non ? C'est quoi cette grimace ? Vous n'aimez pas ?

April enjamba les journaux et se dirigea vers le coin opposé de la chambre. Elle brandit quatre poignards et un pistolet. À sa grande surprise, Luc resta impassible. Tous les hommes ne se passionnaient donc pas pour les armes ?

Sentant comme un défi, elle lui décocha un sourire et fonça à l'autre bout de la pièce. Elle lui montra deux miroirs assortis en bois doré et un *bureau de dame* qu'elle aurait fait acheter à Troy si elle avait été sûre de la poursuite de leur cohabitation. Le *bureau de dame* obtint une réaction de Luc, mais pas celle escomptée. Il éclata de rire, imaginant sans doute la courtisane assise nue, rédigeant son courrier.

Luc passa le reste de la journée à écouter April lui expliquer les points forts du mobilier de Marthe de Florian. Elle était ravie d'avoir quelqu'un avec qui partager la découverte de ces trésors. Certes, Luc n'arrêtait pas de surveiller les messages sur son portable et levait les yeux au ciel chaque fois qu'elle prononçait le mot « exquis », mais elle s'en moquait. Quelqu'un l'écoutait. Elle n'en demandait pas plus.

23

Ils avaient perdu toute notion du temps. Luc, tour à tour assis sur le canapé en jaguar ou vautré sur le propre lit de Marthe (au grand scandale d'April), regardait la jeune femme courir d'une pièce à l'autre et lui révéler les trésors dont elle notait soigneusement la description sur son calepin.

April donnait vie aux objets, commentant en détail coups de burin, coups de pinceau, dorures ou autres précieux embellissements. Luc captait son regard par moments. C'étaient ses yeux à elle qui pétillaient d'énergie, à présent. Il semblait sous le charme.

Quand le portable d'April sonna à 16 h 55, elle en avait presque oublié l'existence. Avec une fougue inattendue, elle traversa la pièce d'un bond pour extirper son BlackBerry des profondeurs de son sac.

« TV3 », indiquait l'écran. C'était son mari, Troy Vogt III.

— Euh… Je… je laisse le répondeur prendre le message ?

Luc se leva du canapé, laissant la fourrure marquée à l'endroit où il était resté assis la majeure partie de la journée.

— Je vous en prie, ne vous gênez pas pour moi. Vous n'avez pas touché votre téléphone depuis mon arrivée. On a certainement besoin de vous joindre.

— Trop tard, dit-elle après avoir fait semblant d'appuyer sur le bouton. Je l'ai raté. Il rappellera.

Luc sourit.

— Ah ! Je suppose que ce « il » représente votre mari.

April s'éclaircit la gorge.

— Oui. C'était lui.

— Le fameux mari. Troy Vogt.

— Attendez ? Vous avez entendu parler de lui.

— Bien sûr. *Un grand monsieur*.

— Comment ça ? Qu'est-ce que vous voulez dire ?

— C'est du moins ce qu'on lit sur Google.

— Hum, ça doit lui plaire, marmonna-t-elle.

— Je serais curieux de savoir comment la jolie experte en objets d'art a rencontré *le grand monsieur* ? Vous évoluez dans le même cercle ?

— Pas du tout. En fait, nous nous sommes rencontrés à Paris.

— À Paris ? Quelle coïncidence ! Quelle chance y avait-il pour que deux Américains se rencontrent dans cette grande ville ?

— Plus qu'on ne croit, surtout quand on prend le même vol de retour sur les États-Unis. Bon, je suppose que je vous verrai demain ? Ou plus tard dans la semaine ?

— Pas si vite ! Vous avez piqué ma curiosité. Je veux savoir quel homme a conquis le cœur de la charmante experte en objets d'art. Comment c'est arrivé ? Il vous a abordée ? Ou c'est l'inverse ? Quelle question ! Évidemment que c'est lui. Qu'est-ce qu'il vous a dit ?

— Il m'a demandé comment je trouvais le vin. Vous en avez fini avec votre interrogatoire, monsieur Thébault ? Je peux vous obtenir un entretien téléphonique avec mon mari si vous tenez à mieux le connaître.

— Oh, je vois, la dame a atteint son quota de questions. Okey-doke.

— Okey-doke ? C'est ridicule de dire un truc pareil avec votre accent !

— Non, au contraire. Tout sonne mieux avec l'accent français. Mais ne vous inquiétez pas, ajouta-t-il en lui tendant la main, j'ai fini de vous torturer pour aujourd'hui. Nous pouvons reporter la conversation sur *le grand monsieur* à plus tard. Pour le moment, je voulais juste vous remercier pour ce cours magistral. Ce fut un grand plaisir.

— Quand vous voulez, monsieur Thébault, répondit-elle en lui serrant la main, un peu déçue qu'il ne l'embrasse pas sur les deux joues comme d'habitude.

Elle huma discrètement son chemisier en se demandant si elle ne sentait pas la transpiration à force de déplacer tous ces meubles.

— Et maintenant, reprit-il sans lâcher sa main, si on allait manger ?

— Pardon ?

Elle retira sa main et laissa son bras retomber. Son visage s'empourpra.

— Vous avez quelque chose de prévu pour le dîner ? insista-t-il.

— Le dîner ?

Serait-il en train de la draguer ? De lui demander de sortir avec lui ? Non, c'était impossible. Il se montrait juste amical, décida-t-elle, même si l'affabilité n'était apparemment pas une de ses qualités premières.

— Oui, le dîner.

— Dîner *dîner* ?

— En effet, je crois que nous venons d'établir que je parle bien du dîner. Vous devez bien manger, non ?

April laissa échapper un rire.

— Oh, merci beaucoup. C'est très gentil, mais j'ai énormément de travail. Une autre fois peut-être ?

— Une autre fois ? Eh bien… pas de problème. Vous devriez rappeler votre mari, lui rappela-t-il d'un ton soudain plus froid. Il ne faudrait pas qu'il s'inquiète.

— Vous avez raison, s'esclaffa-t-elle. Mais il ne s'inquiète jamais. En revanche, il doit avoir hâte que je lui décrive la chambre de la maîtresse des lieux. À bientôt, Luc. Nous dînerons ensemble une prochaine fois.

Elle se retourna vers l'intérieur de l'appartement où l'attendaient effectivement des heures de travail. Mais avant qu'elle puisse faire un pas, elle sentit deux mains se plaquer sur ses épaules, la faire pivoter et elle se retrouva le nez face à la chemise en lin de Luc.

— Ce n'est pas une façon de dire au revoir. Si Madame le permet, dit-il en lâchant ses épaules et en effectuant une petite courbette comique, l'humble notaire qui a accaparé votre journée aimerait prendre congé moins froidement.

— Oh, mon Dieu, mais vous êtes tout sauf humble ! pouffa-t-elle et elle rougit à la même seconde. Vous êtes même la personne la moins humble que je connaisse.

— Madame me flatte.

Luc se redressa et l'embrassa sur les deux joues.

— À la prochaine, Avril, ajouta-t-il avec un clin d'œil.

Tandis qu'il quittait l'appartement d'un pas sautillant, April se surprit à sourire, un petit pincement de regret au cœur. Pourquoi n'avait-elle pas accepté son invitation ? Si elle se méfiait de lui, elle avait toute confiance en elle. Dîner avec un collègue faisait partie des usages. Alors pourquoi cette panique soudaine ? De quoi avait-elle peur exactement ?

24

D'avoir repoussé l'invitation de Luc, April se sentait paradoxalement vide et abandonnée. Pourquoi lui avait-elle dit non ? Que lui restait-il comme alternative ? Passer une nouvelle soirée au lit à se gaver de Mont d'Or et de bordeaux ?

Non pas qu'elle renie la satisfaction éprouvée la veille à les déguster ; sa gueule de bois et ses ballonnements prouvaient qu'elle ne s'en était pas privée. N'empêche qu'elle était à Paris. Et ça ne se faisait pas de dîner dans son lit quand vous aviez une chance pareille. Vous deviez sortir, explorer la ville et rentrer chez vous à une heure où vous auriez dû dormir depuis longtemps. D'habitude, cela ne se faisait pas seul et elle aurait pu connaître ce plaisir, elle aussi, si elle n'avait pas été si prompte à réagir, si pressée de museler son premier élan.

Il y avait cinq cafés en vue de son immeuble. April en choisit un avec un auvent orange, sans aucun nom écrit dessus, juste un menu à l'extérieur : elle n'aurait pu donner davantage de précisions à quelqu'un qui aurait cherché cet endroit. Elle franchit les portes peu après 19 h 30, ce qui était effroyablement tôt pour un dîner parisien. Mais sa faim et sa fatigue justifiaient à elles seules une telle transgression des usages.

Il s'agissait d'un de ces confortables petits restaurants

d'une dizaine de tables à peine, comme il y en a dans tous les arrondissements de la ville. April demanda à la jeune femme qui l'accueillit une table pour une personne. Celle-ci regarda par-dessus son épaule en poussant un gros soupir alors qu'il y avait neuf tables de libre. April marmonna qu'elle voulait manger en vitesse et son interlocutrice soupira de nouveau, attrapa un menu et partit d'un pas lourd. April la suivit sans bien savoir si c'était ce qu'elle attendait d'elle.

La jeune femme l'installa à côté des seuls clients, un couple d'un certain âge qui n'avait pas l'air de touristes, mais qu'April identifia comme Américains à leur tenue vestimentaire.

April n'eut pas à tendre l'oreille pour apprendre qu'ils venaient de l'Opéra et que ce petit restaurant leur avait été recommandé par un ami à présent décédé, venu dîner ici douze ans auparavant. Le couple n'avait même pas cherché à savoir si c'était toujours le même établissement.

Il fallut une bonne dizaine de minutes au serveur pour noter la présence d'April. Elle n'arrêtait pas de s'agiter sur son siège, affamée. Ses voisins n'avaient pas l'air de vouloir finir leur veau et elle loucha sur leur assiette.

Elle vérifia son téléphone, relut les notes prises dans la journée, puis passa en revue les appels qu'elle avait ratés. Troy en faisait partie, mais elle ne se sentait pas prête à le rappeler. À la place, elle sortit une pile de dossiers de sa sacoche et se mit au travail.

— *Bonjour, mademoiselle*, la salua le serveur en bâillant. *Que désirez-vous ?*

— *Bonjour*, répondit-elle avec un grand sourire.

— *Que désirez-vous ?*

— *Le filet de bœuf. À point, s'il vous plaît.*

Elle était ravie de son choix. Elle en sentait déjà le goût sur sa langue.

— *Et pour commencer ?*

— Ah oui. *La cassolette d'escargots.*

— *La cassolette d'escargots ?* s'esclaffa-t-il sans retenue.

Oui, elle mangeait des escargots. April n'avait aucun a priori sur le plan culinaire. Et elle avait déjà mangé du foie, des tripes, bref, tout ce que les Français lui avaient proposé.

— *Oui, une cassolette d'escargots, s'il vous plaît. Et aussi euh... de la Vittel ou de l'Évian. Et du vin,* s'empressa-t-elle d'ajouter. *Le... euh... côtes-du-rhône Georges Dubœuf 2007. Merci beaucoup.*

— Parfait. Je vous remercie.

Tandis qu'il repartait vers les cuisines. April considéra en soupirant le paquet de descriptifs devant elle. Ils lui paraissaient beaucoup moins intéressants que quelques jours auparavant, avant qu'elle ne fasse la connaissance de Marthe. Hélas, la vente aux enchères de Marthe n'était pas la seule en perspective et Birdie veillait à ce qu'elle n'oublie pas celles qui étaient prévues aux États-Unis. Paris ou pas, April avait certaines obligations et, si elle voulait respecter ses engagements professionnels, elle devait vérifier tous ces papiers avant la fin de la journée à New York. Elle appellerait Troy plus tard.

Pendant que le serveur débouchait sa bouteille de Dubœuf, elle relut ses notes. Elle ajouta des commentaires dans la marge et demanda des renseignements supplémentaires à Birdie par mail. Birdie lui renvoya les résultats ainsi que des précisions auxquelles April n'aurait jamais pensé. Quand Peter disait qu'ils devaient sortir une douzaine de catalogues par jour, tout son service était concerné. Birdie abattait beaucoup plus de travail que ne le justifiait son salaire et son titre.

« Beau boulot, écrivit April. Comme toujours. Tu mérites une promotion. »

« Je n'en veux pas. Je préfère bosser en coulisses. Surtout que si jamais on se plante, tu seras la seule à être virée. »

April sourit. Elle concoctait une réponse pleine d'esprit quand un autre texto apparut. Il ne venait pas de Birdie. Elle faillit lâcher l'appareil dans les escargots.

« Salut. Tu as une minute ? »

— Salut ? aboya-t-elle à voix haute. Salut ?

Ses voisins s'extirpaient de leurs sièges au même moment. Ils s'arrêtèrent et la toisèrent en se demandant si cette pauvre femme esseulée essayait d'engager la conversation et s'il valait mieux qu'ils s'éloignent sur la pointe des pieds ou qu'ils s'enfuient en zigzaguant comme on est censé le faire quand on est poursuivi par un alligator. Ils venaient de Floride, avait-elle appris, et devaient donc savoir comment échapper à toutes sortes de créatures potentiellement dangereuses.

— Non, ce n'est pas à vous que je parle, c'est au téléphone, s'excusa-t-elle avec un geste vers son BlackBerry.

Ils lui décochèrent un sourire hésitant et déguerpirent.

Maudit Troy !

À quoi rimait ce *Salut ?* Ce n'était pas une façon de s'adresser à son épouse, que l'on soit à moitié séparé d'elle ou non. Ni une façon de s'adresser à celle que l'on a promis d'aimer jusqu'à ce que la mort (ou une écologiste) vous sépare. *Salut !* Il pouvait se mettre son *Salut !* quelque part.

« *Salut*, toi-même ! » répondit-elle, furieuse.

« Parfait. Tu es là. » rétorqua-t-il aussitôt, sans abréviation mais sans fioriture non plus. « Tu as une minute ? »

Elle avait entre une minute et rien du tout.

« Je suis au restaurant » commença-t-elle à écrire quand elle vit le serveur s'approcher d'elle, une assiette à la main.

Bien que le morceau de bœuf soit petit, à peine plus gros qu'un paquet de trombones, son odeur flotta jusqu'à elle. Son téléphone vibra, mais elle ne baissa pas les yeux. Le serveur posa l'assiette devant elle.

— Bon appétit.

— « Peux pas parler maintenant. » écrivit-elle. « Appellerai plus tard. »

Elle jeta son portable dans son sac et s'attaqua tout de suite à la viande. Le fromage de la veille n'était pas mauvais, mais ce morceau de bœuf justifiait à lui seul un déplacement à Paris. Grillé à l'extérieur et parfaitement saisi à cœur, il nécessitait à peine l'usage d'un couteau. Il fondait littéralement sous la langue, à tel point qu'elle aurait presque pu le considérer comme un dessert. Comment se faisait-il qu'on ne classait pas le bœuf et le chocolat dans la même catégorie de nourriture ? Ils étaient presque cousins germains.

Perdue dans son petit monde gourmand, April ne voyait pas le temps passer. Des clients entraient, des gens qui connaissaient l'hôtesse, le propriétaire. À 21 h 37, le serveur jeta sa note sur la table sans lui demander si elle souhaitait un dessert. Elle avait visiblement dépassé le temps imparti.

Après avoir réglé l'addition, une fois de plus étonnée que le service soit inclus systématiquement dans ce pays, elle rassembla ses affaires et sortit dans l'air frisquet de cette soirée printanière. Elle inspira profondément et sentit aussitôt l'émotion l'envahir. C'était l'heure magique. Les réverbères scintillaient. Le ciel était violet. Les couples se promenaient bras dessus, bras dessous.

Bien qu'elle n'ait personne à son bras, April se surprit à sourire. Même si son mariage était en péril. Même si elle ne sentait pas toujours très sûre de sa situation professionnelle, à tort ou à raison. Sans parler de sa famille, en Californie, à l'avenir si précaire qu'il ne servait plus à rien de s'inquiéter. Bref, malgré tous ses problèmes, April avait envie de crier de joie devant sa chance. Elle était de retour à Paris ! Elle avait même l'impression de n'en être jamais partie.

25

Alors qu'elle remontait d'un pas lourd à son appartement situé au troisième étage, encore grisée par la ville autant que par la nourriture et le vin, son téléphone sonna. Troy, sans doute. Elle avait promis de le rappeler après le dîner, mais n'avait toujours pas décidé quand elle le ferait ni ce qu'elle pourrait répondre à son texto.

Salut ! C'était bien le pire message qu'un mari puisse envoyer à sa femme. Restait-il si peu de choses entre eux ? Ou au contraire trop de choses qui risquaient de les incommoder mutuellement ?

Ce « salut » serait-il leur nouveau *statu quo* ? Remontée par le vin et par la colère, April décrocha.

— Allô, répondit-elle, les dents serrées. Écoute, Troy, je suis désolée de ne pas t'avoir…

— Ce n'est pas Troy, chantonna la voix à l'autre bout du fil. Oublie un peu ton casse-pieds de mari ! C'est moi.

— Eh bien, bonsoir, toi.

April sourit en ouvrant la porte de son appartement. C'était Chelsea, l'aînée de ses belles-filles, tout en cheveux blonds, en yeux bleus et en taches de rousseur. Même si à présent elle avait seize ans et cachait les dites taches sous une bonne couche de fond de teint, April se l'imaginait toujours sous les traits de la gamine de sept ans de leur première rencontre. April ne voulait pas avoir d'enfants pour plusieurs raisons, entre autres parce qu'elle craignait que la deuxième fournée de rejetons de Troy n'arrive pas à la hauteur de la première. Ses enfants n'auraient que la moitié du patrimoine génétique de Chloé et Chelsea et ne pourraient être que leurs versions édulcorées.

— Je n'ai pas regardé qui appelait, répondit-elle en refermant la porte derrière elle. Comment vas-tu ? Quoi de neuf à New York ?

— Tu ne regardes jamais ton écran ? Et je t'en prie, laisse tomber New York, ne viens pas me parler de ce trou perdu alors que tu es en France. Ne remue pas le couteau dans la plaie.

— Tu étais vraiment faite pour vivre à Paris, tu sais. Traiter New York de trou perdu ! Je ne suis pas d'accord avec toi. Enfin, comme je l'ai dit à ton père, si je suis encore ici quand ton année scolaire se terminera, tu pourras quitter ton trou pour venir me rendre visite. Ça me ferait vraiment très, très plaisir.

— Tu peux me croire, je travaille le terrain depuis que papa m'a annoncé la nouvelle. Mais tu connais Susanaaah, soupira Chelsea en accentuant exagérément la dernière syllabe du prénom de sa mère. Elle ne veut pas en entendre parler. Non mam'selle, pas question que tu ailles à Paris toute seule sans chaperon !

April secoua la tête, jeta sa sacoche sur le canapé et envoya valser ses hauts talons.

— Tu peux lui dire que je veillerai sur toi, répondit-elle en se dirigeant vers l'interrupteur avant de se raviser : les lumières qui entraient par les baies vitrées suffisaient à éclairer son chemin. Malheureusement, si ça ne suffit pas à la rassurer, je ne vois pas ce que je pourrais faire d'autre.

April l'entendait déjà. « Cette femme n'a jamais eu d'enfants ! » Combien de fois Susannah l'avait-elle dit dans son dos ou devant elle ? Que ses gènes soient moins bons que les siens ou non, April se surprenait parfois à vouloir procréer rien que pour lui prouver qu'elle n'avait pas accompli un exploit. Les femmes mettaient des bébés au monde tous les jours que ce soient des saintes ou des droguées. Évidemment, on ne faisait pas des enfants pour clouer le bec des ex-épouses, mais c'était tentant.

— Tu ne pourrais pas lui parler ? Ou parler à papa ?

— J'essaierai, mais…

— Attends, tu sais pas le pire ! Non seulement elle veut me priver de Paris, mais elle a décidé de nous emmener passer l'été dans le trou perdu où Armand est né. Ces vieux vont sans doute essayer de nous coincer dans des mariages arrangés ou je ne sais quoi. Et Armand va nous forcer à porter la burqa.

— Vraiment ? Il va faire ça ?

Chelsea poussa un énorme soupir.

— Ça m'étonnerait pas. Laisse tomber. Jamais Susannah t'écoutera.

— Écoute, je vais encore essayer d'en parler à ton père une dernière fois.

— Je te souhaite bonne chance ! Il est bien la dernière personne à pouvoir la faire changer d'avis.

— On pourrait présenter les choses différemment. Ne pas parler de vacances. Trouver un bon prétexte. Avec ton A en histoire de l'art… Tu as bien obtenu un A, n'est-ce pas ?

— J'hallucine, c'est toi qui me poses cette question ?

— Avec ton A en histoire de l'art et après le stage que tu as fait dans mon bureau aux vacances de printemps, on pourrait peut-être convaincre ta mère qu'il s'agit d'un séjour d'études. Elle t'a toujours encouragée dans cette voie.

— Oh, mon Dieu ! s'exclama Chelsea. C'est une idée géniale ! Tu vas me faire pleurer ! Vas-y, appelle-la. Mais tu la connais. Susannah ne change jamais d'avis sur quoi que ce soit.

— Je sais.

April avait envie que Chelsea vienne la voir, toutefois pas assez pour affronter Susannah, pas assez pour l'entendre ensuite se plaindre pendant dix ans qu'une petite fêtarde sans enfants avait gâché ses vacances en famille au Moyen-Orient.

— Alors, quoi de neuf ? demanda-t-elle, pressée de changer de conversation.

Depuis que Chelsea et Chloé étaient entrées dans l'adolescence, April s'appliquait à construire une relation avec les deux filles qui ne soit pas basée sur leurs griefs respectifs contre Susannah. Comme tous les vœux pieux, il semblait souvent bien difficile à réaliser.

— Oh, pas grand-chose, répondit Chelsea avec un nouveau soupir, d'exaspération, cette fois.

Alors pourquoi tu m'as appelé, cocotte ? songea April.

— Mais dis-moi, tu me téléphones juste pour bavarder ou tu as une raison précise ?

April s'arrêta sur le seuil de sa chambre pour se débarrasser de ses vêtements, consciente qu'on pouvait la voir par la fenêtre car elle était éclairée par derrière. Elle tendit le cou pour avoir une idée de ce qu'on apercevait de l'extérieur et songea tout à coup qu'elle s'en moquait. On pouvait se promener nue chez soi, dans le 9e arrondissement.

— Oh, les deux, répondit Chelsea. Je t'ai surtout appelée pour un truc. En fait, pour trois trucs si ça ne t'ennuie pas que je t'en parle.

— Pas du tout ! répondit-elle gaiement. Vas-y, je t'écoute.

— Bon, avant tout, j'ai reçu les photos que tu m'as envoyées. Punaise, le portrait ! Mars de Florian était une bombe !

La voix de Chelsea avait retrouvé son entrain. Un peu lasse de ses sautes d'humeur, April se demanda si elle avait été aussi changeante à seize ans.

— Je sais, répondit-elle avec un sourire en coin. Mais son prénom se prononce « Mart » avec un t à la fin pas un th.

— Mart ? Intéressant. En tout cas, cette peinture est à tomber.

— Elle a été réalisée par un maître.

— J'ai vaguement entendu parler de Boldini et j'avais l'intention de faire un saut au Met pendant mon temps libre, mais il n'y est pas exposé. C'est trop nul !

— La plupart de ses œuvres appartiennent à des collections privées.

— C'est ce que j'ai cru comprendre. Flûte ! Faut que j'y aille, on m'appelle. Vite, la deuxième question. Je voulais savoir dans quel musée tu es allée en premier quand tu es arrivée à Paris ? Dis-moi juste le plus intéressant, style fiche de lecture, parce qu'il faut vraiment que j'y aille.

— Ça va être facile parce que je ne suis allée qu'à l'appartement, lequel, en toute honnêteté, est de loin le meilleur musée que j'aie jamais vu.

— Punaise ! Je n'arrive pas à croire que tu vis à Paris au milieu de ces splendeurs alors que moi je dois aller m'enterrer tout l'été dans la foutue bande de Gaza !

April laissa échapper un gloussement.

— Punaise ! répéta Chelsea. Bon, troisième et dernière

raison de mon appel. Je voudrais que tu ailles voir un sac pour moi.

— Nous y voilà. J'ai bien failli croire que tu t'intéressais vraiment aux musées.

— Mais je m'y intéresse, je t'assure !

— Hum hum. Alors dis-moi, de quel sac s'agit-il ?

— En fait, il y en a deux. D'abord chez Goyard.

— Quel nom tu dis ? Comment tu l'épelles ?

— Tu n'as jamais entendu parler de Goyard ? Bon sang, il faut sortir un peu ! Enfin, ne t'inquiète pas, je t'ai déjà cherché l'adresse. C'est 233, rue Saint-Honoré. Tu vois où c'est ?

— Très bien.

April se dirigea vers le bureau et prit un stylo. Goyyar. À moins que Chelsea ne l'ait prononcé correctement et que ce soit bien Goyard. April avait tenté d'améliorer la prononciation des deux filles en français mais, avec les ados, on ne savait jamais ce qu'ils enregistraient.

— Ça s'écrit G,O,Y…

— Oui, c'est ça. D'abord, je voudrais leur sac de week-end Croisière. D'une belle couleur mais pas trop flashy. Une couleur qu'on trouve pas à New York. En tout cas, pas comme ces copies qu'on voit à tous les coins de rue.

— Je ne suis pas sûre que tu t'adresses à la bonne personne. Je ne voudrais pas mettre mille dollars dans un sac que tu risques de croiser sur une autre fille ou, Dieu m'en garde, qui a déjà été copié à des milliers d'exemplaires.

— Mille dollars ! pouffa Chelsea. Tu plaisantes. C'est pas ce prix-là.

April comprit à son hilarité que le sac dépassait largement ce budget.

— Ensuite, je voudrais le vanity-case Sardaigne en cuir doré. Avec le motif Goyard, tu sais ?

— Non.

— Tu trouveras. Et je voudrais mes initiales sur les deux. Je te laisse choisir la couleur. Et si tu as le temps de passer chez Moreau, j'adore leur pochette Diligence. Il me la faudrait dans une teinte qui pète comme le turquoise. C'est vrai, quoi. Une pochette, on la porte pour aller s'amuser, non ?

Malgré ce nom innocent de pochette, April savait d'expérience que la petite chose décrite par Chelsea pouvait atteindre les trois mille dollars.

— Je ne suis pas sûre d'avoir tout enregistré, murmura-t-elle en contemplant ses notes qui s'étaient arrêtées après le sac de week-end.

— Je t'envoie le détail par texto.

— Je ne pourrais pas te trouver ce qu'il te faut chez Vuitton ?

— Vuitton ? Bonjour l'originalité !

— Tu vois, je suis la dernière personne à pouvoir te choisir le bon sac.

— C'est vrai que tu as un style plutôt classique. Mais là, tu vires à l'utilitaire.

— Je te remercie ! C'est pour ça que j'ai besoin que tu viennes me voir. On pourrait passer un week-end aux Galeries Lafayette, tu adorerais.

— Les Galeries ! Ce piège à touristes. Le premier endroit où j'irai, c'est l'Éclaireur.

— Tu connais bigrement bien les magasins de Paris pour quelqu'un qui n'y a jamais mis les pieds.

— Pour ce que ça va me servir ! Maudite Susannah ! À propos, ne lui répète pas ce que je vais te dire parce qu'elle péterait les plombs, mais Chloé est sortie avec un garçon pour la première fois.

— C'est pas vrai ?

April revit dans un flash Chloé à six ans, les genoux écorchés, les cheveux comme de la paille. Quel malade pouvait s'intéresser à cette bambine ? En fait, elle avait quinze ans et la réponse était évidente : n'importe quel adolescent. Car si Chelsea attirait davantage les regards, les deux sœurs étaient aussi belles que leurs parents.

— Je ne sais pas pourquoi ça me surprend autant, murmura-t-elle.

— Sans doute parce que, comme moi, tu la croyais lesbienne.

— Chelsea ! Je n'ai jamais pensé une chose pareille !

— Peu importe. Bref, comme je suis une grande sœur sympa, je l'ai couverte, parce que Susannah n'arrête de répéter « Pas de sortie avec un garçon avant seize ans ! » Ne t'inquiète pas. Elle ne risquait rien, évidemment. Tu penses bien que je ne la laisserais pas faire n'importe quoi. Je la surveille.

— Je n'en doute pas, répondit April en songeant à toutes les fois où Chelsea s'était servie de sa sœur comme alibi pour faire les quatre cents coups.

— J'ai rencontré son copain, poursuivit Chelsea. C'est un matheux. Il est à Poly Prep, à Brooklyn. C'est un passionné d'arts de la scène. C'est mignon, non ? Et aussi un peu nunuche. Et… oh, merde… quitte pas.

April attendit. Elle entendit des froissements, une main qui couvrit le micro sans atténuer vraiment le son.

— Sa-lut ! roucoula Chelsea. Qui t'a permis d'entrer sans prévenir dans ma chambre ? Il ne faut plus faire ça. Tu dois respecter mon intimité. Je suis une adolescente maintenant. Je suis fragile, il faut me ménager. J'ai déjà bien du mal à me frayer un chemin dans le monde. Je pourrais avoir un paquet de tampons à la main. Tu n'as pas écouté ce que Susannah a dit. Ce n'est pas bien, *padre*, pas bien du tout.

« *Padre* » ? April sentit son estomac se contracter. Elle n'avait pas imaginé une seconde que Chelsea pouvait se trouver chez son père, même si elle avait une vague notion du jour où elle était censée y aller et de ce qui se passait à New York en son absence.

Tandis que le père et la fille discutaient, April songea à couper la conversation. Ce serait peut-être mieux pour tout le monde si elle raccrochait, avant que qui que ce soit ne se retrouve blessé, mis en porte-à-faux, ou n'encourt la colère de Troy.

April ferma les yeux et approcha son doigt de la touche « raccrocher ». Ce serait un soulagement pour elle de mettre fin à cette communication. Tant pis s'il se demandait pourquoi elle ne l'avait pas rappelé.

26

— À qui parles-tu ? entendit-elle demander Troy.

Elle était restée au bout du fil, paralysée par l'angoisse et la peur. Peut-être parce qu'elle avait pensé à Susannah et qu'une infime particule de son cœur allait à cette jolie femme raffinée à la langue acérée. Elle s'était trouvée à la place d'April autrefois, pas tout à fait de la même manière, mais elle avait dû attendre comme elle en se demandant combien de temps elle mettrait à se détacher de Troy.

— Ça ne te regarde pas, répliqua Chelsea.

— Qu'est-ce que tu attends pour te mettre au travail ? Ça fait une heure que je t'entends glousser au téléphone alors que tu es censée faire tes devoirs. Dieu du ciel, Chelsea ! Comment espères-tu entrer à l'université ? Grâce à ton charme et à ton physique ? Ça ne marche pas comme ça. Et je ne te pistonnerai pas. N'y compte pas.

— Mon Dieu, papa, détends-toi. Je parlais à April.

— April ?

— En tout cas, j'apprécie ta confiance, papa.

Les bras d'April se couvrirent de chair de poule.

L'appareil siffla tandis qu'une main s'en emparait.

— April, répéta Troy d'une voix enthousiaste et elle songea une seconde qu'il allait simplement raccrocher et se maudit de ne pas l'avoir fait la première. Allez, Chelsea, poursuivit-il. Va faire ta physique.

— Ouais, c'est bon. Au revoir, April, cria Chelsea. Je t'envoie un texto pour les sacs !

— Au revoir, Chelsea, chuchota-t-elle, soudain triste.

S'ils divorçaient, quels droits aurait-elle sur les filles ? Pourrait-elle réclamer un droit de visite. Elle se demanda quand elle les reverrait. Si elle les reverrait.

— Tu étais au restaurant ? poursuivit Troy sans lui dire bonjour ni même salut. C'est pour ça que tu n'as pas décroché ?

— Euh… oui, répondit-elle en étouffant un petit renvoi qui sentait encore le steak et le bordeaux.

— Tu as mis du temps. La prochaine fois, essaie de me rappeler plus rapidement, d'accord ?

— Désolée, je ne savais pas que c'était important.

— J'ignorais que tu ne me considérais pas comme important.

— Ce n'est pas ce que je voulais dire.

— Bon, alors comment s'est passé ton dîner ? enchaîna-t-il d'une drôle de voix, un peu trop haute, trop cassante, instable. Je croyais que vous attendiez que la vente soit au point pour gueuletonner.

— Ce n'était pas un dîner, juste un repas dans un petit bistro.

— Ah ! Et avec qui ?

Elle l'entendit remonter une fermeture Éclair. Il s'apprêtait à sortir ? Une minute ! Que faisait-il à l'appartement à une heure pareille ? C'était la fin de l'après-midi à New York. Il ne rentrait avant 21 heures que lorsqu'il devait ressortir.

— Attends ! Qu'est-ce que tu fais à la maison ? Et c'est une valise que tu viens de fermer ? Tu pars quelque part ?

— Oui, c'est pour ça que je t'appelais. Je dois aller à Londres signer un accord que j'ai obtenu à l'arraché. Ils ont cru m'avoir, mais ils ne savent pas à qui ils ont affaire.

— Un accord ? À Londres ?

Elle ne s'y attendait pas, mais c'était chose courante. Dès qu'une affaire était conclue où que ce soit dans le monde, Troy partait signer les papiers et participer au dîner de rigueur. Il y avait un certain temps que Stanhope n'avait pas conclu de nouveau contrat, trois mois en fait, et c'était plutôt une bonne nouvelle… si on voulait.

April n'aurait su dire combien de contrats avaient été signés au cours de leurs sept ans de mariage ou de leurs neuf ans de vie commune. Ni combien de temps Troy avait passé dans les avions. Tout ce qu'elle savait, c'est que la dernière fois, c'était à Singapour. Et à Singapour, il avait couché avec une autre.

— Oui. Nous faisons l'acquisition de quatre-vingt-dix pour cent des parts d'une manufacture de roulements. Je croyais t'en avoir parlé.

— Peut-être. Et tu m'en reparles parce que…

— J'ai pensé qu'il était de bon ton de prévenir son conjoint avant de quitter le pays. La plupart des épouses aiment savoir ce genre de choses.

Était-ce de l'humour ou du sarcasme ? Parfois c'était bien difficile à dire.

— Tu vas juste à Londres ?

Elle abandonna le bureau avec les notes sur les sacs Goy-machin chose et se dirigea vers la fenêtre. Debout dans son ensemble short en dentelle violet, elle regarda les gens dans la rue. Des amis, des couples, des amoureux… des gens par deux. Elle pensa à Troy qui serait à Londres le lendemain, à deux heures de train. Et si on se retrouvait pour dîner ? aurait-il pu lui proposer. Un rendez-vous romantique à l'étranger. Mais il ne le dirait pas ce soir. Et elle ne le demanderait pas non plus.

— Londres n'est pas loin de Paris, glissa-t-elle sur le ton de la constatation, bannissant toute note d'espoir de sa voix.

C'était à lui de faire le premier geste. Ce n'était ni un test ni un jeu, mais April ne pouvait pas restée mariée avec lui sans un minimum de désir, de passion et d'efforts de sa part. Si c'était elle qui proposait de le retrouver, elle ne saurait jamais s'il avait accepté par pitié ou par mauvaise conscience. Il fallait que Troy lui montre ce qu'elle représentait pour lui.

En toute honnêteté, elle n'aurait su dire si le Troy d'autrefois serait venu la voir en France ou s'il aurait attendu son retour à New York pour la retrouver. Depuis quelques mois, elle avait tendance à confondre l'homme dont elle était tombée amoureuse avec l'homme qu'elle aurait voulu qu'il soit. Et Troy se trouvait bien éloigné de ces deux idéaux. Malheureusement, et c'était sans doute injuste, elle avait moins de mal à se le représenter en mari infidèle et sans cœur qu'en être humain normal et vulnérable.

— Oui, tu as raison. On ne sera plus gênés par le décalage horaire.

— Oui, l'avantage d'être dans le même méridien, murmura-t-elle en relâchant sa respiration. Bon, ben… amuse-toi bien.

— Tu ne veux pas que j'y aille ? C'est ça le problème ?

— Pourquoi je ne voudrais pas que tu y ailles ? Y a pas de problème.

— C'est… c'est juste que je ne suis pas reparti depuis…

— Je sais, le coupa-t-elle sèchement. Mais ça ne me gêne pas du tout.

En était-elle si sûre ? Oui, non, pas vraiment. Mais avait-elle le choix ? Elle ne pouvait pas lui interdire d'y aller. Il existait entre eux un accord tacite. On ne peut pas punir éternellement quelqu'un d'avoir fauté même si on lui en veut à mort. Ou elle s'accrochait ou elle laissait tomber. April ne savait pas encore quoi décider.

— Par souci de transparence, commença-t-il sur le ton d'un très bon ou d'un très mauvais négociateur selon le plan sur lequel on se plaçait, je tiens à te préciser que Willow Weintraub m'accompagne. Elle a travaillé sur la transaction, elle aussi.

Elle ne répondit pas. Troy soupira.

— Tu ne réagis pas. Tu n'as rien à dire ?

— Pas vraiment. À part, peut-être, te recommander d'éviter de coucher avec elle cette fois-ci.

— April, ce n'est pas juste.

— Tu as raison. Mais je suis contente de savoir qu'elle t'accompagne. Je suis sûre que sa présence au dîner est absolument indispensable.

— Que ça te plaise ou non, elle fait partie de l'équipe. J'aurais bien suggéré qu'elle ne vienne pas, qu'elle trouve un autre emploi, mais dans ce cas j'aurais été obligé d'annuler son contrat et je me serais vu forcé d'expliquer pourquoi à mes partenaires et aux sociétés qui ont travaillé avec elle. En plus, j'aurais risqué un procès. Je suis coincé.

— Oublie. C'est pas grave.

— Je ne te tromperai plus jamais. Je ne sais pas combien de fois je devrai encore te le répéter.

— En fait, je ne veux plus t'entendre dire « plus jamais ».

April s'écarta de la fenêtre et marcha vers la salle de bains, consciente que l'on pouvait la voir des fenêtres en face. Cela lui fit du bien, comme si elle punissait Troy. Sauf que Troy s'en fichait.

— Les actes comptent plus que les paroles.

— Quelque chose comme ça. Tout le monde a des dîners d'affaires avec des personnes du sexe opposé. Séduisantes en plus. J'ai compris.

Elle passa sa brosse à dents sous le robinet. Si elle voulait lui parler des verres qu'elle avait bus avec Luc, c'était le moment. Elle l'envisagea un bref instant, mais qu'y avait-il à dire ? Elle ne voulait pas se montrer méchante et, honnêtement, elle éprouvait un certain plaisir à garder cette information pour elle. Bien sûr, Troy avait peut-être éprouvé exactement la même chose concernant Willow.

— Oh, répondit-il d'une voix hésitante. Eh bien, c'est parfait.

— Parfait.

— Parfait.

April ne savait pas ce qu'elle voulait qu'il dise, mais « parfait » (point barre, fermer les guillemets) ne lui convenait pas.

— Je me disais, reprit-il d'une petite voix distante alors qu'elle écartait le téléphone pour se brosser les dents. Quand tu reviendras, on pourrait peut-être aller voir un conseiller.

April cracha dans le lavabo.

— Tu sais ce que j'en pense.

— Pourtant, ça ne peut pas faire de mal.

— En es-tu certain ?

— Je ne sais pas pourquoi tu es persuadée que la thérapie que suit ton père ne lui réussit pas. Il faut du temps…

— C'est le moins qu'on puisse dire !

— Mais il considère les choses sous une perspective totalement différente en ce qui concerne ta mère.

— Primo, je ne vais même pas te demander comment tu es au courant des points de vue de mon père, nouveaux ou anciens. Secundo, n'aborde pas le sujet de ma mère quand on parle d'autre chose, d'accord ? Ça risque de mal se terminer pour toi.

Il avait vraiment le don de toujours appuyer là où ça faisait mal.

— De quoi as-tu peur ? insista-t-il. Tu en as bavé dans la vie. Et particulièrement en ce qui concerne ta mère. Les gens vont voir des psys pour moins que ça. Pourquoi es-tu si réfractaire à cette idée ?

— Parce que la thérapie ne marche pas et je n'en ai pas besoin. Nous traverserons cette épreuve, d'une façon ou d'une autre.

En d'autres mots, sa vie pouvait être un désastre, elle ne mourrait pas de chagrin. C'était physiquement impossible. Sinon son père serait mort depuis longtemps.

Elle revint dans la chambre. Elle retira l'édredon et se glissa entre les draps en frissonnant. Elle regarda son réveil, la lampe, puis les petites bosses sur la couverture. Troy ne dit rien. Elle ne l'entendait même pas respirer.

— Je crois que tu es sur le point de partir, remarqua-t-elle en entendant dans le fond crépiter une imprimante puis le bruit sourd de sa sacoche en cuir qu'il posait sur le bureau.

— Oui, la voiture doit venir me chercher d'une seconde à l'autre. Je t'aime, April.

— Moi aussi, je t'aime.

— Et tu me manques déjà.

— Alors viens ! lâcha-t-elle et elle maudit le vin qu'elle avait bu. Viens à Paris. C'est si près. Ne serait-ce que pour une soirée. Ce serait romantique. Un rendez-vous en amoureux.

— Ce serait merveilleux, répondit-il aussitôt. Mais je n'aurai pas le temps. Il s'agit d'une opération éclair.

Une opération éclair. C'était exactement le genre d'opération qu'elle craignait, dans tous les sens du terme. Troy savait qu'elle était encore fragile, qu'elle ne savait pas à quoi s'en tenir sur leur relation, pourtant il n'*essayait* même pas d'envisager un aller-retour à Paris. April tenta de se projeter dans l'avenir, de visionner comment elle analyserait cet instant avec du recul. Le verrait-elle comme le moment où elle avait compris que tout était fini ?

— Oh, la voiture est en bas. Il faut que j'y aille. Je t'appellerai sur la route. Je t'aime.

— Je pourrais peut-être faire un saut à Londres… commença-t-elle, mais il avait déjà raccroché.

Avec un soupir, April se pencha pour éteindre la lampe. L'appartement était trop silencieux. Presque triste. Elle repoussa les couvertures et s'avança pieds nus vers la fenêtre où elle resta debout à moitié nue au clair de lune pour la troisième fois de la soirée. Elle ouvrit un battant pour laisser entrer l'air de la nuit et retourna se coucher.

Bercée par les bruits de Paris, elle se représenta Marthe, Jeanne, le magnat du guano… Elle essayait de ne plus entendre les paroles de Troy. « Je n'aurai pas le temps. » C'était la première fois qu'il la rejetait clairement. D'un autre côté, c'était aussi la première fois qu'elle lui en donnait l'occasion.

27

On était vendredi.

C'était aussi le cinquième jour d'April à Paris et le second jour de Troy à Londres. Il devait repartir à New York le lundi. Comme il l'avait dit, son séjour serait bref. Pourtant, cela semblait une éternité à April quand elle pensait à Willow Weintraub et à tout ce qui pouvait arriver pendant ce laps de temps.

Elle avait passé la matinée à inventorier les pièces transférées dans le dépôt de la maison de vente. En dépit des affirmations pessimistes d'Olivier, ils avaient pu faire de la place. April avait examiné les meubles, inspecté les estampilles et les signatures, passé les doigts sur les vernis à la recherche d'éventuelles restaurations, tout cela sans cesser un seul instant de sentir la présence de Troy auprès d'elle.

Leur conversation l'avait privée de sommeil deux nuits de suite. Le fait qu'il l'avait repoussée avait réveillé en elle un désir qu'elle n'avait plus ressenti depuis trois mois. Elle le voulait, bon sang ! Chaque fois qu'elle se retournait, elle s'attendait à le voir à côté d'elle, persuadée d'avoir senti son odeur, de l'avoir entendu, d'avoir reconnu son rire.

Fiche le camp, Troy. Ou plutôt, rapplique ici vite fait !

Travailler dans le dépôt aurait dû se révéler plus productif que dans l'appartement. Elle n'y sentait plus la présence de Marthe. Elle avait du mal à se la figurer dans ce sous-sol en béton avec sa moquette industrielle et son odeur de moisi. À moins que sa présence ne fût tout simplement supplantée par celle de Troy. Comme elle avait l'impression de ne pas avancer, épuisée et démoralisée par le manque de sommeil et de soleil, April jugea, au milieu de l'après-midi, qu'il était temps de rentrer chez elle.

Alors qu'elle émergeait dans le hall de l'immeuble, elle décida que faute de se débarrasser du spectre de Troy, autant le convoquer en personne. Elle lança un au revoir au gardien, sortit son téléphone et inspira une grande bouffée d'air frais.

« Retrouve-moi à Paris. Je t'en prie. Tu me manques. » écrivit-elle.

Elle appuya sur le bouton « envoyer » sans se laisser le temps de réfléchir.

Il faisait un temps incroyablement venteux et désagréable pour un mois de juin. Les cheveux balayés par les rafales, elle enfonça ses poings dans les poches de son trench. À mi-chemin de son appartement, son téléphone se mit à vibrer. Elle ne s'attendait pas à ce que Troy réponde si vite. Par un coup de fil en plus. Peut-être que tout allait s'arranger finalement. Elle s'engouffra dans une pâtisserie, tourna le dos au comptoir, abaissa le foulard plaqué sur sa bouche et répondit.

— Tu viens ? s'écria-t-elle. Tu viens à Paris. Ça va être génial. On en a bien besoin.

— Ça, c'est bien vrai ! Mais je ne savais pas que j'étais invitée. Quand dois-je partir ?

C'était Birdie. April aurait dû s'en douter. Ou, comme tout un chacun, vérifier au moins qui l'appelait. Où avait-elle la tête ? C'était stupide d'espérer une réponse de

Troy en pleine journée alors qu'il travaillait. Comment pouvait-elle se retrouver si souvent à côté de la plaque.

— Oh, bonjour, Birdie. J'ai cru que c'était Troy.

— Troy. Oh, crotte ! J'ai renversé du yaourt grec sur mon soutien-gorge.

— Hum, ça va sentir bon.

— M'en parle pas. Il fait 60° ici, avec mille pour cent d'humidité.

— Heureusement que tu n'exagères jamais.

— C'est quoi cette histoire de Troy qui doit venir à Paris ? Il vient te voir ?

— Il en est question, murmura-t-elle en se disant qu'elle ne mentait pas tout à fait. Il est de l'autre côté de la Manche, à Londres pour conclure une grosse affaire.

Elle venait juste de lui envoyer un texto. Il pourrait confirmer le rendez-vous dans moins d'une heure. Il ne pouvait pas lui dire non une deuxième fois. Ce n'était pas possible.

— Waouh ! s'exclama Birdie. Ça m'épate qu'il arrive à s'arracher à toutes ces festivités.

April recula encore, plus du tout embarrassée d'être la seule cliente à jacasser dans son téléphone.

— Ma meilleure amie est à Londres, poursuivit Birdie. Tu sais, Hailey ? Je crois que tu l'as rencontrée.

— Bien sûr, opina April bien qu'elle n'en soit pas certaine du tout.

— Hailey est assistante d'un gros bonnet de Carlyle. Ils ont conclu une grosse affaire à Londres cette semaine et comme ils se connaissent tous… c'est vrai, la moitié d'entre eux bossent pour les deux boîtes, eh bien, ils se sont retrouvés pour faire une fête d'enfer. Hailey a vu Troy ! Mais je suppose que je n'ai pas le droit d'en parler…

— Elle a vu Troy faire quoi ?

Tout à coup, April eut trop chaud. Elle arracha son foulard et s'éventa le visage avec.

— Faire la fiesta. Au club Beauchamp. Stanhope et Carlyle, la bande au grand complet.

— La bande au grand complet, répéta April.

Ce qui voulait dire y compris les avocats et les consultantes en écologie.

— Ouais. Apparemment, ils font fort. Debout toute la nuit, et en réunion toute la journée. Hailey a réussi à aller travailler avec la gueule de bois, mais elle m'a avoué que c'était trop pour elle.

C'était trop pour April aussi. Ils buvaient et alors ? C'était comme ça qu'on faisait la fête dans le milieu de la finance. À coup de bouteilles de vin à 5000 dollars et de notes de bars scandaleuses qui faisaient la une des journaux internationaux et déclenchaient la colère des Américains travailleurs et bien-pensants. Cependant, April ne s'inquiétait pas de l'excès en lui-même, mais de ce à quoi il menait.

Elle connaissait Troy quand il sortait de son personnage d'homme du monde. Willow le connaissait, elle aussi, comme l'avait souligné l'incident de Singapour, mais l'expérience d'April remontait plus loin.

Elle l'avait trouvé intimidant au premier abord, cet homme qui allait devenir son mari. Ils étaient déjà sortis quatre fois ensemble, cinq si l'on comptait leur rencontre au salon de la classe affaires, mais elle ne savait pas si cela durerait encore longtemps.

Ils s'entendaient bien. Merveilleusement même. Ce n'était pas la question. Troy était gentil et attentionné et disait exactement ce qu'on attendait de lui dans cent pour cent des cas. C'était énervant, cette perfection et cette allure toujours irréprochable : des vêtements toujours impeccablement repassés, sa mâchoire craquante, ses cheveux blonds toujours bien coiffés grisonnants sur les tempes. Elle avait vainement guetté le faux pas.

C'est alors qu'avait eu lieu à New York un dîner pour fêter la signature d'un contrat. April n'y avait pas assistécar elle le connaissait à peine. Mais il y avait participé et s'était présenté inopinément chez elle après ces agapes. Quand elle avait ouvert la porte en pleine nuit, elle l'avait trouvé appuyé contre le mur d'en face, les cheveux en bataille, un sourire nonchalant aux lèvres. *Merde !* avait-elle pensé. *Il est encore plus beau quand il est éméché.*

Troy avait fini la nuit chez elle et ce qui s'était passé entre eux avait atteint des sommets inconnus d'April malgré une expérience raisonnable dans ce domaine. Ce n'était pas seulement la manière dont ils avaient fait l'amour, et ils ne s'en étaient pas privés, mais surtout la complicité qu'ils avaient partagée jusqu'au lever du soleil, qu'ils n'avaient pas vu d'ailleurs, son ancien appartement n'étant pas particulièrement réputé pour son panorama. Quoi qu'il en soit, April avait alors compris qu'elle était fichue. Il n'était plus question qu'elle vive sans lui, du moins pas de sitôt.

Le problème pour l'incident de Singapour, c'est qu'elle ne pouvait pas en rejeter toute la faute sur Willow. Elle savait exactement comment ça s'était déroulé. Et elle avait peur que ça recommence à Londres.

— April, reprit Birdie. Tu es toujours là ?

— Oui, excuse-moi. Je suis dans un magasin et il y a du monde…

Elle fourra son foulard dans son sac mais continua à suffoquer comme si elle l'avait encore autour du cou. Les couleurs et les odeurs (ces macarons roses, orange, jaunes et blancs !) se mirent à tourbillonner autour d'elle. Les voix résonnaient comme des cornes de brume tandis que des gens qui ressemblaient à des clowns passaient devant elle en la bousculant.

— Birdie, il faut que j'y aille. Je ne peux pas parler ici. Je te rappellerai plus tard.

Elle tourna sur elle-même, désorientée et mit une minute à repérer la porte.

— Pardon… Pardon, murmura-t-elle en se frayant un passage.

Quelqu'un cria son nom quand elle émergea de la boutique. Elle entendit la sonnette tinter derrière elle alors qu'elle remontait le trottoir en trombe. Le souffle court, elle longea la vitrine, puis un vieil immeuble de pierre et s'engouffra dans la rue perpendiculaire sans avoir pu reprendre sa respiration, avec l'impression que ses poumons étaient troués comme des passoires.

28

— April, appela de nouveau la voix derrière elle.

Elle secoua la tête.

— April !

On lui tapa sur l'épaule. Sans réfléchir, elle ouvrit la bouche pour hurler et balança son sac vers son assaillant.

— Avril !

Elle s'immobilisa brusquement. Emporté par son élan, son sac revint lui heurter le crâne.

Elle s'affaissa. Un homme échevelé se précipita vers elle. Elle leva la tête et reconnut juste son sourire à travers ses cheveux qui lui tombaient dans la figure.

— Oh, Luc ! Bonjour.

— Vous êtes toute rouge ! Et vous voilà par terre. Pardonnez-moi de vous poser cette question, mais vous êtes sûre que ça va bien ?

Si elle allait bien ? Elle n'en avait aucune idée.

— Bonjour, répéta-t-elle en s'essuyant le nez du revers de la main. Je suis désolée. J'étais perdue dans mes pensées. Vous m'avez fait peur.

— Apparemment, c'est ma spécialité. Tout va bien ? Vous avez l'air bouleversée.

— Non, non, pas du tout, protesta-t-elle d'une voix chevrotante. Je vais bien, très bien !

Elle essaya de se relever aussi gracieusement que possible pour quelqu'un qui s'était étalé sur le trottoir en brandissant un sac Chanel en guise de matraque.

— Vous êtes sûre…

— Absolument ! Comment ça va ?

— Ça va, répondit-il sans pouvoir s'empêcher de sourire de son air exaspérant. Eh bien, laissez-moi vous dire que je suis ravi de tomber sur vous. Je vous apporte une foule de nouvelles incroyables. Je m'apprêtais à aller les partager avec vous quand j'ai vu une adorable jeune femme sortir en courant d'un magasin.

— Je ne courais pas. Disons juste que… que je marchais d'un bon pas.

— Vous avez une drôle de façon de voir les choses. Quoi qu'il en soit, les affaires s'arrangent pour la belle Marthe, poursuivit-il en sortant une liasse de papiers du sac qu'il portait en bandoulière. Elle a un nouvel appartement. Fini l'eau gelée dans les cuvettes ! Et ce nouveau paquet est attaché d'un ruban jaune, ce qui augure à mon avis d'une évolution positive pour notre Madame de Florian. À moins que j'accorde trop d'importance à la couleur.

— Le journal ? lâcha April avant d'éclater de rire, surtout parce que c'était plus facile que de pleurer. Vous m'avez apporté la suite ?

— Bien sûr. Je vous ai dit que vous pouviez la lire. N'aurais-je pas été assez clair ?

Il lui tendit les papiers. Elle les saisit sans un mot.

— Et c'est là que nous rencontrons Boldini, ajouta-t-il avec un sourire encore plus large.

April serra les feuillets contre elle, encore remuée par ce qui lui était arrivé au cours des sept dernières minutes et par tout ce qui risquait de se passer de l'autre côté de la Manche. Elle secoua la tête pour s'éclaircir les idées.

— Tout va bien ? lui demanda Luc pour la troisième fois. Vous avez l'air contrariée.

— Je ne sais pas, soupira-t-elle. Je ne sais vraiment pas.

Son mariage, cet homme surgi de nulle part, son désir de bien faire les choses pour Marthe et la pression qui en découlait… Pas étonnant qu'elle ait besoin de s'appuyer au mur pour tenir debout. Elle aurait voulu se fondre dedans.

— En tout cas, merci pour le journal. Je suis ravie qu'on se soit croisés. Ça vous a évité un déplacement. À bientôt.

Elle tourna les talons et partit à grandes enjambées dans la direction opposée. Consciente que Luc la suivait, elle pressa le pas, n'hésitant pas à descendre sur la chaussée dès que quelqu'un lui bloquait le passage, au risque de se retrouver face à un de ces cyclomotoristes parisiens qui roulaient à tombeau ouvert.

— Vous allez vous faire aplatir comme une crêpe, cria Luc qui n'avait que peu d'efforts à faire pour aller à sa vitesse. Attendez ! Parlez-moi !

Il l'attrapa par le haut du bras, la hissa sur le trottoir et l'entraîna entre deux grilles vertes. Elle cligna des yeux. Soudain, le vent disparut ainsi que le bruit de la circulation et des passants.

— Où sommes-nous ? demanda-t-elle, sans plus opposer de résistance.

Elle leva la tête vers les fenêtres décorées de jardinières qui débordaient de fleurs roses, rouges et orange. Les murs étaient couverts de lierre. Sous leurs pieds, il y avait une allée dallée. Au bout de celle-ci, un banc. April se dirigea vers lui d'un pas chancelant.

— Nous sommes dans une cour, répondit Luc. Un endroit pour se reposer.

— C'est magnifique, murmura-t-elle en s'asseyant.

Encore une chose qu'elle aimait à Paris. La ville recelait d'un nombre incroyable d'endroits où l'on pouvait s'isoler, de recoins où se réfugier. Paris était une destination, oui, mais la ville en elle-même offrait des milliers de voyages.

— Oui, c'est vraiment beau.

Il resta debout comme pour la dissuader de se lever et de refuser le répit qu'il lui proposait. Il devait s'y attendre, la connaissant, non ? Cependant, il lui avait parlé avec une telle gentillesse qu'elle se sentit heureuse d'accepter son invitation et de pouvoir se détendre.

Mais elle ne devait pas se laisser aller…

— Eh bien, j'espère que nous ne sommes pas sur une propriété privée, déclara-t-elle. Je ne voudrais pas empiéter…

— Pas de problème. Si on nous pose la question, nous dirons que nous avons rendez-vous chez le dentiste qui se trouve dans l'immeuble.

April songea alors à son propre dentiste avec son mobilier ringard, son aquarium et son comptoir en imitation bois, sans parler de son couloir étroit et du petit ascenseur métallique qui ne fonctionnait que le jeudi.

— Même aller chez le dentiste est plaisant dans cette ville, remarqua-t-elle.

— La journée a été dure, madame Vogt ? Vous avez l'air assiégée.

— Assiégée ? Vous êtes trop gentil. Oui, ce fut une longue journée. Une longue semaine. Un long mois. Et ce n'est pas fini.

Luc ne dit rien. Elle se gratta le bras.

— Vous n'êtes pas obligé de veiller sur moi, vous savez.

Elle s'attendait à ce qu'il s'asseye à côté d'elle, d'ailleurs, elle le souhaitait presque. Cependant, Luc resta debout sur les dalles usées par le temps, les mains sur les hanches, ses cheveux noirs éclaboussés de soleil.

— Qu'est-ce qu'elle a eu de si pénible cette journée ? murmura-t-il.

— Oh, c'est juste mon assistante qui m'a appelée. Elle est géniale. Je l'adore. Mais parfois elle est un peu... *chiante*.

— Elle doit être Française.

April laissa échapper un petit rire.

— Non, pas du tout. Je suis injuste. Elle est vraiment fabuleuse. C'est une longue histoire. Et qui n'a rien à voir avec elle, finalement. Une idiotie, n'en parlons plus.

Luc hocha la tête. Il n'insisterait pas.

— Avez-vous besoin de rester seule un instant ?

— Non, mais vous pouvez partir si vous voulez.

— Pour moi, la lecture est une bonne échappatoire quand quelque chose me tracasse, remarqua-t-il avec un geste vers le journal.

— Oh, vous êtes très sage pour un Français, répondit-elle, pince-sans-rire. Mais maintenant que j'y pense, quelle excellente suggestion !

Soudain, une bourrasque traversa la cour. Elle rabattit les cheveux de Luc sur son front et April sentit ses oreilles la lancer. Elle renoua son foulard autour de son cou.

— Eh bien, à bientôt, la salua Luc. Bonne lecture.

— Merci, Luc. Merci pour tout.

— Ce fut un plaisir. Que ne ferais-je pas pour rendre le sourire à une jolie fille ?

Il s'inclina, lui fit un clin d'œil et tourna les talons.

April le regarda quitter la cour de son pas décontracté sans se retourner une seule fois. Il s'arrêta de l'autre côté du portail pour allumer une cigarette. Le vent porta la fumée et l'odeur de son eau de Cologne jusqu'à elle. Bien que diluée par la distance et la fragrance des dernières fleurs sur les arbres au-dessus de sa tête, elle lui donna l'impression que Luc se tenait toujours près d'elle. April se tortilla sur le vieux banc de pierre fendu en attendant que le vent retombe. Pendant que des pigeons venaient picorer les graines à ses pieds, elle dénoua la première liasse. Avant d'avoir lu un seul mot, elle sourit.

29

Paris, le 15 octobre 1891

C'est fait. J'ai déménagé. J'ai un appartement ! *Je l'adore !*

Il est petit et pas si loin de mon ancien logement, finalement. Mais il est à moi, il y fait chaud et il y a (presque) assez de place pour toutes mes robes. Mieux encore, il ne me coûte rien. Je voulais le payer sur mes économies, mais Pierre n'a rien voulu entendre.

Pierre, ah, Pierre ! Nous avons passé de délicieuses semaines à flâner dans Paris, à glaner bijoux et petits cadeaux, à dîner dans les meilleurs restaurants. Mais il est reparti en Argentine s'occuper du guano de chauves-souris et de tout ce que cela implique. Nous devons nous marier à son retour, du moins l'a-t-il décrété. Rien ne peut le séparer de moi à part la mort, a-t-il juré. Je ne souhaiterai jamais malheur à ce pauvre homme, mais j'espère sincèrement qu'il va rester là-bas à s'occuper de son guano.

Ne vous méprenez pas. Pierre est un homme adorable, mais je n'ai aucune envie de me réveiller tous les matins à côté de lui. Je ne veux pas embrasser son gros nez bosselé ni effleurer ses petites oreilles velues tous les soirs avant de me coucher. C'est un compagnon agréable, mais je n'ai pas encore dix-huit ans, je ne suis pas prête à me caser et à renoncer au reste, surtout pour lui.

Hélas, je le lui ai promis et ce sera la catastrophe à son retour. J'espère seulement qu'il ne reviendra pas. Si je me base sur ce que les filles de mon ancien hôtel disaient, leurs hommes ne sont jamais revenus d'Amérique du Sud. D'autant plus que, pour commencer, contrairement au mien, ils n'y avaient jamais mis les pieds.

Les filles de *l'hôtel des femmes*... Louise, Gabrielle et Aimée. Je pensais être triste de les quitter et verser quelques larmes au souvenir des moments passés ensemble. Mais quand j'ai bouclé ma dernière malle et attaché mon chapeau, j'étais vraiment soulagée d'abandonner cet enfer. Quand elles se sont rassemblées pour me dire adieu, j'ai remarqué combien elles avaient les traits creusés par cette ville et par leur métier. Aimée en particulier que j'ai toujours trouvée très jolie. Quand elle s'est avancée sous la faible lumière du couloir pour me dire au revoir, mon cœur s'est serré. Elle m'a paru vieille tout à coup. La couche de fond de teint qui recouvrait ses rides ressemblait à de la boue craquelée sur le fond d'un ruisseau asséché.

La vieille tenancière n'avait pas menti quand elle avait prédit que ma chambre serait très demandée. Dans les jours qui ont précédé mon départ, elle a passé son temps à négocier et à ergoter avec les nombreuses postulantes. J'étais la première fille à partir de mon plein gré, à ne pas avoir été fichue dehors ou à ne pas avoir succombé à la syphilis dans d'atroces souffrances. Du coup, cette vieille sorcière est devenue plus mauvaise que jamais. Quel plaisir ce fut pour moi de passer fièrement devant elle et de lui lancer un au revoir accompagné d'un clin d'œil digne d'Émilie.

J'atteignais le bas des marches, sur le point de quitter ces lieux à tout jamais, quand une petite voix rocailleuse a lancé de dessous un réverbère :

— Jeanne Hugo ?

J'ai failli ne pas me retourner, certaine que mes oreilles me jouaient un tour.

— Jeanne Hugo Daudet ? a insisté la voix.

J'ai pivoté, prête à riposter par des injures quand j'ai reconnu Marguerite, la misérable gamine qui avait assisté avec moi au passage du cortège nuptial de Jeanne, quelques mois plus tôt. À la vue de sa valise défoncée, j'ai compris que c'était elle qui avait été choisie pour reprendre ma chambre.

— Bonjour, l'ai-je saluée. Ravie de te revoir.

À ma grande surprise, Marguerite m'a fait la révérence. Puis elle m'a adressé un large sourire et j'ai remarqué ses joues parfaitement roses, ses petites dents blanches, ses grands yeux bruns liquides. Ce petit bout de femme avait des bras minuscules, une taille minuscule, tout en elle était minuscule sauf sa poitrine qui défiait les lois de la nature. Pourtant on aurait dit une enfant. À côté d'elle, les autres filles semblaient modelées dans de la terre froide et brune ou fabriquées en usine avec des matériaux rudimentaires. Marguerite était différente. J'ai ressenti soudain le besoin de la sauver. Je ne me savais pas capable d'éprouver un tel sentiment.

— Tu viens pour prendre ma chambre ?

— Oui. Je suis tellement contente d'avoir trouvé un logis, répondit-elle d'un ton de reine, inattendu chez cette pauvre fille des rues. Il ne me reste plus qu'à dégoter du travail à présent.

Elle a contemplé la façade de l'immeuble. J'ai suivi

son regard et j'ai vu Louise penchée à sa fenêtre. Mon cœur n'a fait qu'un bond.

— Mon enfant, ai-je dit du ton d'une mère alors que je n'ai que deux ou trois ans de plus qu'elle. Tu es sûre que c'est cette vie que tu veux ? Cet hôtel ? Ces gens ? Si je m'en vais, tu sais, c'est qu'il y a une raison.

Elle a fait une grimace.

— Si je suis sûre ? Je n'ai pas vraiment le choix.

— Nous avons toujours le choix, ai-je rétorqué en plongeant la main dans mon sac et je lui ai collé de l'argent dans la main. Tiens, prends ça.

— Je ne peux pas…

— Tu peux. Je t'en prie, avant de prendre un travail ou de suivre la vocation de ces filles, songe au type de vie que tu souhaites. J'espère que ces pièces te donneront le temps de réfléchir.

— Mais qu'est-ce que vous faites pour vous permettre de donner de l'argent à une étrangère ? Oh, ne me répondez pas, j'ai compris !

— Non. Ce n'est pas ça. Tu as entendu parler des Folies Bergère ?

— Le cabaret ? demanda-t-elle, le visage de nouveau animé. J'ai vu les affiches. Il existe vraiment ? On y trouve vraiment toutes ces belles filles ?

— Oui, et bien plus encore. Tu peux me croire parce que j'y travaille.

J'ai cru que ses yeux allaient jaillir de leurs orbites.

— C'est fabuleux ! Vous êtes danseuse de cancan ?

— Non, pas du tout. Je suis serveuse ! C'est un boulot fantastique.

— Oh ? a-t-elle lâché, visiblement déçue. En tout cas, j'étais contente de parler avec vous.

— Tu sais, il ne faut pas sous-estimer le travail de

serveuse, ai-je insisté. D'abord, ma tenue est magnifique. Ensuite, je gagne bien ma vie et j'y rencontre des gens intéressants. Et surtout, cela me permet de me payer un logement bien supérieur à celui-ci.

Évidemment, mon travail seul ne me donnait pas les moyens de m'offrir un tel appartement, mais sans les Folies Bergère, il n'y aurait pas eu Pierre, donc pas de nouvel appartement, ce qui revenait au même.

— Pourquoi vous me dites ça ? a demandé Marguerite.

— Parce qu'il pourrait bien y avoir du travail pour toi.

Les mots avaient jailli de ma bouche malgré moi. Je n'étais nullement en position de lui offrir un emploi. J'avais déjà eu du mal à décrocher le mien. Si elle se présentait, Émilie me rirait au nez ou elle me botterait le derrière.

— C'est vrai ? Vous pensez que c'est possible ?

— Bien sûr.

Nouveau mensonge. Quelle ineptie ! J'étais prête à parier un mois de salaire qu'elle n'avait aucune chance. Ou que j'en ferais les frais. « *Bien sûr, mademoiselle.* Venez donc ! Nous avons une place pour vous. Une serveuse vient justement de nous quitter. »

Et il a fallu que je m'enfonce encore plus. C'était plus fort que moi.

— J'y travaille presque tous les soirs. Passe me voir. Je verrai ce que je peux faire.

Si Émilie refusait, je pouvais compter sur Gérard, me suis-je rassurée. Sous ses dehors revêches, il se laissait plus facilement apprivoiser que le chat maladif qui miaulait tous les soirs sur l'appui de ma fenêtre.

Marguerite m'a remerciée, les yeux si écarquillés et si brillants qu'ils lui mangeaient le visage.

— C'est vraiment très gentil.

— Viens me voir. Je t'attends.

C'était il y a trois jours. Chaque nuit, j'évolue entre le bar et les bouteilles, je souris et je fais du charme. Je dis ce qu'on attend de moi et je me tourne toujours de manière à ce que la lumière me mette en valeur. Pendant que je badine comme si de rien n'était, je n'arrête pas de penser à Marguerite.

Je regrette ma promesse. Cet élan de générosité pourrait me coûter cher. J'ai déjà pris la place d'Émilie comme plus jolie serveuse des Folies Bergère. Je ne suis pas danseuse de cancan, mais j'ai déjà un nom, sans parler du privilège de décider qui peut regarder sous mes jupes.

La jeune Marguerite a beau être sale et dépenaillée, elle brille sous sa crasse. Une visite chez un bon coiffeur plus une bonne dose de savon éclaircissant et elle pourrait bien me dépasser. J'ai fait du chemin, mais mes jambes sont encore chancelantes. Je monte, mais je n'aperçois toujours pas le sommet. Émilie se plaint que je focalise toute l'attention, que ses revenus ont dramatiquement baissé depuis mon arrivée. Dans quelques mois, il se pourrait que je dise la même chose de Marguerite.

Mais il fallait que je pose la question. Que j'essaie de l'entraîner avec moi vers cet endroit inconnu que j'essaie d'atteindre. Cela me rendait malade de penser que cette petite souris allait rejoindre le rang des *filles soumises*. Ce métier use les femmes jour après jour. Marguerite est si menue, si fine. Les hommes la détruiraient en un rien de temps. Franchement, dès que je l'ai vue, j'ai senti que nous étions pareilles et j'ai eu envie de la protéger comme une mère, ce qui, mon Dieu, était des plus inattendus car nous n'avons sans doute que deux ou trois ans de différence. Cependant, j'ai eu l'impression qu'elle m'était envoyée pour que je la sauve. Certes, elle pourrait bien devenir un jour une rivale, mais une femme ne peut pas vivre uniquement avec des hommes. Je la veux avec moi.

Je pense qu'elle éprouve la même chose. Pas au sujet des hommes, mais en ce qui concerne ce lien invisible entre nous. Il y a une raison si c'est elle qui a repris ma chambre, une raison si je lui ai dit ce qu'elle devait faire. Elle viendra, j'en suis sûre. Je n'ai pas encore prévenu Gérard. J'espère seulement qu'il aura assez de place sous son aile pour nous deux.

30

Paris, le 2 février 1892

Je ne me souviens plus de la dernière fois où j'ai vu le soleil. Il fait un temps glacial et mordant, même la neige paraît plus froide que la normale. Le simple fait de sortir du lit le matin demande de la détermination. Plus d'une fois, j'ai pensé à aller travailler avec des tisons dans mes poches. Marguerite en est même arrivée à lacer le devant de son corsage jusqu'en haut !

Ce trajet entre chez moi et mon travail m'épuise. La neige colle à mes semelles et j'ai les pieds trempés jusqu'aux os. J'ai l'impression qu'il y a plus de neige à l'intérieur de mes bottillons que sur le trottoir. Mon appartement est nettement plus confortable que mon précédent logis, mais nous avons beau constamment remettre du charbon dans le poêle, il est tellement humide que je n'arrive pas à me réchauffer.

Marguerite et moi, nous nous serrons l'une contre l'autre la nuit. C'est la seule façon d'avoir chaud. Cependant, je dois souvent dormir seule. Marguerite n'a pas les mêmes horaires que moi, vu qu'elle fait de la scène alors que je ne suis qu'une simple serveuse. Je souris en écrivant cela, sans la moindre jalousie, contrairement à ce que je craignais quand elle m'a annoncé qu'elle allait monter sur la scène des Folies Bergère.

Au fil des jours, je suis devenue très amie avec les danseuses de cancan et les contorsionnistes de l'établissement. Marguerite appartient à cette dernière catégorie. Elle a été engagée parce que sa poitrine fait un effet fantastique quand elle se tortille et passe un sein sous son aisselle. J'ai peur qu'elle se retrouve un jour coincée dans cette position ! Hélas, n'ayant ni un talent ni des seins particuliers, je suis vouée à rester derrière mon bar. *Je suis bien heureuse quand même !*

Pierre continue à me menacer de son proche retour d'Amérique du Sud tandis que je persiste à l'en décourager. Qui peut souhaiter passer l'hiver à Paris ? C'est une épreuve ! Sur ce sujet, je ne lui mens pas. Je lui dis également qu'un homme ne doit pas hésiter à chercher du réconfort quand il est loin de celle qu'il aime. Le bruit court que les prostituées sud-américaines feraient honte aux parisiennes. J'attends qu'elles me fassent honte ! Je l'attends fermement !

En parlant de honte (ou plutôt de manque de honte), je me suis plus ou moins liée d'amitié avec Joseph Pujol, plus connu sous le nom de Pétomane par les clients des Folies Bergère, Joseph est le plus grand péteur du monde. Comme le proclame son affiche, c'est le seul musicien qui ne paie pas de droits d'auteur pour ses interprétations ! Quand il m'a expliqué la façon dont il gagnait sa vie, je ne l'ai pas cru. Qui pourrait gober une telle fadaise ? Mais dès que je l'ai vu sur scène, il a terrassé mes doutes… et mon sens olfactif par la même occasion !

Joseph est un de nos numéros qui remportent le plus de succès. Les spectateurs viennent deux heures à l'avance de peur de rater son passage ou de ne plus avoir de place (sauf peut-être au premier rang où l'on court un certain danger…) Je n'ai jamais entendu autant de rires ou d'applaudissements que lorsqu'il est sur scène. Même quand Marguerite accompagne ses contorsions de propos salaces. Finalement, nous sommes tous de grands enfants.

Ce que j'apprécie le plus dans notre sympathique pétomane, ce sont les personnages dont il s'entoure. Je n'ai jamais vu autant d'artistes et de sommités réunies que lorsqu'il se penche pour faire chanter ses fesses : Émile Zola et Edgar Degas, et le petit ami italien d'Edgar, le peintre Giovanni Boldini. Tous l'adorent. Du coup, Joseph connaît tous les potins.

Il dit que je plais beaucoup, à Boldini en particulier, et qu'il aimerait même faire mon portrait ! Marguerite en doute, « Tu sais bien que le Pétomane pète par les deux bouts », me dit-elle. Cependant, que Boldini s'intéresse à moi ou souhaite me peindre n'est pas pour me déplaire. C'est un homme séduisant et un portraitiste assez réputé, paraît-il.

D'après Proust (le plus grand cancanier de l'univers), Boldini a été propulsé sur le devant de la scène par l'Exposition Universelle de 1889, où il a tenu le poste de commissaire de la section italienne. Je n'avais que quinze ans à l'époque, et bien que sœur Marie m'ait emmenée à l'exposition, je n'avais qu'une envie, voir la tour Eiffel tant décriée. Quelle jeune fille élevée dans un couvent n'aurait pas rêvé de voir la « tour de Babel » de ses propres yeux ? Cette maudite structure a soulevé tant de controverses que je me demande comment cet Italien a pu attirer la moindre attention.

D'après ce que j'ai compris, au moment de l'exposition, Boldini vivait déjà à Paris depuis un certain temps. Il avait repris l'atelier de Sargent quelques années auparavant. Mais il était déjà connu à Londres avant d'arriver dans notre beau pays. Je ne sais pas ce qui est vrai dans ces rumeurs, en tout cas, une chose est sûre, son association avec le sympathique pétomane lui donne un certain cachet.

M. Boldini est un drôle de petit bonhomme, nerveux et irascible. Il ne manque pourtant pas de charme avec ses pommettes hautes et son grand front, ses traits fins et ses incroyables yeux bleus. Il est beaucoup plus âgé que moi, et même que Pierre, mais il possède un je-ne-sais-quoi de juvénile. Peut-être cela vient-il de ses accès de colère ! Un rien l'exaspère. Il s'emporte dès que le vent ne souffle pas dans son sens.

Boldini vient s'accouder à mon bar au moins trois fois par semaine. D'après Émilie, quand je ne suis pas là, il repart sans laisser un sou de pourboire à la serveuse. *C'est la vie !* Au lieu de s'installer au comptoir devant Émilie, il vadrouille cinq ou dix minutes et s'en va sans avoir touché à son verre ni mangé quoi que ce soit. Tu vois, Marguerite, à mon avis, il ne pète pas tant que ça par les deux bouts, notre Joseph.

Je dois cependant me montrer prudente, car M. Guano est un client apprécié des Folies. Je me demande même s'il ne correspondrait pas avec Gérard ou d'autres employés qui demandent souvent de ses nouvelles. Et, si je suis censée faire du charme aux clients, je suis sûre que Gérard n'aimerait pas que je trompe Pierre. Je n'ai pas les moyens de perdre mon appartement, ni ma petite rente mensuelle, surtout que la situation financière de Boldini n'a rien de clair. Impossible de savoir s'il est cousu d'or ou fauché comme les blés. C'est quelqu'un de difficile à situer, ce qui le rend d'autant plus intéressant à mes yeux, évidemment.

31

April n'avait pas prévu de se remettre au travail. Mais comment résister à Boldini ? Au Pétomane ? À M. Guano ? Les boucler dans son sac jusqu'au lendemain matin était au-dessus de ses forces.

L'appartement de Marthe se trouvait à deux pâtés de maisons. Elle pouvait y faire un saut. Peut-être y dénicherait-elle quelque chose qu'elle n'avait pas remarqué. Ou découvrirait-elle sous un autre jour un objet déjà vu. Au moins, elle ne perdrait plus son temps à guetter l'appel de Troy. À trente-cinq ans, elle avait largement passé l'âge de monter la garde près du téléphone.

Le journal bien à l'abri au fond de son sac, elle repartit donc vers l'appartement. Tout en montant l'escalier, elle se préparait au capharnaüm qui la surprenait à chaque fois. Elle commencerait par la salle à manger. Il y avait un tas de sièges dépareillés qui méritaient des explications.

La porte d'entrée n'était pas verrouillée. Elle franchit le seuil en se demandant si elle ne s'était pas trompée d'étage. Les sièges dépareillés avaient disparu, comme quatre-vingt-quinze pour cent du mobilier du hall, de l'antichambre et de la salle à manger. Sa première idée fut d'appeler les *gendarmes*. L'appartement avait été cambriolé !

— Olivier ? Marc ? appela-t-elle et sa voix résonna dans les pièces vides. Où êtes-vous ?

— Par ici, répondit la voix étouffée d'Olivier. Dans la chambre !

Ses bottes résonnèrent sur le plancher. Elle le trouva, comme annoncé, dans la chambre de Marthe. Avec mille précautions, il essayait de décoller le papier peint du mur.

— Bonjour, April. Comment allez-vous cet après-midi ? Je suis désolé, il n'y a que moi. Marc est en réunion. Pourquoi faites-vous cette tête ? Vous avez remarqué ces papiers peints ? Ils sont de Dufour. Nous pourrions les vendre mille euros le panneau si nous parvenons à les détacher.

— L'appartement est vide ! s'écria-t-elle.

— Au moins, vous n'aurez plus de mal à circuler, non ? Un nouveau camion vient de partir vers notre dépôt. Nous avons dû dégager des tonnes de choses pour faire de la place à tous ces meubles. Nous serons bientôt prêts pour la séance photos. Septembre approche à grands pas, l'air de rien.

April essaya de ne pas s'affoler. Elle avait déjà dit ce qu'elle pensait de la façon dont il prévoyait d'organiser la vente. Elle n'avait pas voix au chapitre. Mais tout allait trop vite. Bien trop vite.

— Avant de finaliser le catalogue, je pense que toute l'équipe devrait lire le journal de Madame de Florian, remarqua-t-elle en tapotant son sac.

Pourtant, le fait que Luc et elle soient les seuls à en connaître le contenu avait tissé une complicité entre eux qu'elle aurait aimé préserver. Malheureusement, le temps jouait contre elle. À l'instar de Marthe, elle avait *d'autres chats à fouetter*. Les lectures clandestines n'étaient plus d'actualité.

— Ah, le journal ! Mais on ne l'a pas déjà lu ?

— À peine quelques pages et il est assez volumineux. En outre, les héritiers nous autorisent à utiliser les informations qu'il contient dans nos catalogues. Luc a convaincu la famille que cela nous aiderait à établir la provenance.

Olivier releva la tête.

— Luc ? Quel Luc ?

— M. Thébault. Le notaire.

— Ah ! Lui ! Mais vous êtes sûre que ces radotages de vieille femme présentent un quelconque intérêt culturel ?

— Des radotages de vieille femme ? D'abord, elle n'a pas toujours été vieille, vous savez. Ensuite, je vous assure que ce journal est vraiment passionnant sur le plan historique. Elle parle de Boldini ! De Zola ! De Proust !

April se tut en le voyant fouiller dans son sac et sortir sa tablette.

— Alors vous voulez le lire ? insista-t-elle.

— Le journal ? Pas vraiment, répondit-il avec un petit haussement d'épaules. Je n'ai pas de temps à perdre dans ce genre de détails.

— Des détails, Olivier ? Je pense que nous négligeons ici une fabuleuse source d'informations. Je comprends qu'une certaine prudence budgétaire s'impose, mais celle-ci risque de nous coûter cher, j'en suis convaincue. Ne pas donner à cette vente le relief qu'elle mérite pourrait se révéler une décision économique désastreuse en fin de compte.

Même Troy, avec toutes ses feuilles de calcul, ses modèles financiers et son obsession des rendements, oui, même son mari aurait pris le temps de consulter le journal. Chaque fois qu'il rachetait une société, Troy tenait à connaître tous ses antécédents, d'autant plus qu'il engageait ses propres fonds dans la transaction financière. Il employait le terme « audit préalable », ce qui n'était qu'une autre façon de désigner la « provenance ».

— Hum, marmonna Olivier avec un nouveau haussement d'épaules. Que cela ne vous empêche pas de lire. On pourra toujours revenir sur le sujet quand vous l'aurez terminé. Hélas, j'ai peur que vous vous donniez beaucoup de mal pour rien.

Elle n'était pas dupe. Avec sa promesse d'y « revenir », Olivier tentait juste de l'apaiser et de se débarrasser d'elle. C'était inutile d'insister pour l'instant, mais elle avait bien l'intention de revenir à la charge le plus vite possible.

— Merci beaucoup. Excusez-moi, mais je dois aller m'occuper de ce qui reste dans la salle à manger.

Les yeux brûlant de larmes (Seigneur, ce n'était vraiment pas son jour !), April retourna dans la salle à manger. Seul un petit tas d'objets de peu de valeur l'accueillit, parmi lesquels des miroirs quelconques, des chapeaux à plumes et un porte-parapluie.

Elle souleva un miroir. Il aurait pu rapporter un millier d'euros si on avait pris le soin d'établir sa satanée provenance. Elle le retourna et passa les doigts sur le dos. Elle ne vit rien qui permette de le dater. Il aurait quand même pu atteindre quelques centaines d'euros si Marthe avait eu sa propre vente. Là, il ne valait rien. Tout seul, il n'était même pas bon à boucher les trous.

Alors qu'elle l'adossait contre un mur vide, elle vit un coin blanc dépasser de l'arrière du cadre. Du bout de l'ongle, elle délogea le papier de sa cachette. Un petit carton rectangulaire. Elle cessa de respirer en lisant le nom écrit dessus.

Georges Clémenceau.

C'était la carte de visite d'un ancien premier ministre de la IIIe République !

Prise de vertige, April vérifia derrière les autres miroirs et découvrit d'autres cartes. Les noms lui étaient familiers : Marcel Proust, Robert de Montesquiou (le dandy au costume pistache) et encore une bonne demi-douzaine de cartons de Georges Clémenceau. Elle passa dans la pièce suivante et fit ainsi le tour de l'appartement en inspectant le dessous des tables et les vieux sièges qui restaient. Elle se retrouva bientôt les mains pleines.

Elle se dirigea vers la cuisine en veillant à ne pas en laisser tomber.

— Olivier ! Vous avez vu ça ? Je les ai trouvées cachées sous les meubles.

Elle étala les cartes sur son clavier.

— Ah oui, il y en avait partout. Nous en avons trouvé des centaines.

— Vous en avez trouvé ?

— Oui, quand on a déménagé, il en pleuvait des meubles même des tableaux.

— Et je n'en ai vu aucune ! Je n'arrive pas à le croire.

— Personne ne les avait remarquées. Il a fallu qu'un déménageur retourne un bureau…

— Il a *retourné* un bureau.

— Oui, il l'a mis à l'envers. Quand la première carte est tombée, Marc a aussitôt inspecté les autres meubles. En les secouant un peu et en sondant les tiroirs secrets, il en a trouvé des centaines.

— Marc les a secoués ? répéta April, soudain prise d'une nausée.

Oliver secoua gaiement la tête.

— La vieille sorcière devait être sacrément populaire !

— Vieille sorcière, je rêve ! Elle a été jeune, aussi !

protesta-t-elle, un peu retournée comme si c'était elle qu'on avait mise à l'envers et pas les bureaux et les sièges de Marthe. Qu'est-ce que vous projetez de faire avec ces cartes ?

— Les archiver, je suppose. Certes, elles sont assez amusantes à lire, mais je ne suis pas sûr de leur intérêt.

— Pourtant, vous avez vu les noms ? À commencer par celui de Georges Clémenceau.

— Oui, j'ai vu ça. Je ne m'attendais pas à ce que des cartes de visite vous intéressent autant. M. Thébault avait raison, en fin de compte, ajouta-t-il dans un gloussement.

— M. Thébault ?

— Oh, pardon, Luc, comme vous l'appelez. Quand je lui ai dit mon intention de les archiver, il a déclaré que vous ne seriez pas d'accord, que vous voudriez d'abord les voir. « Mais qu'est-ce qu'April, une experte en objets d'art, pourra bien leur trouver ? » avons-nous demandé. M. Thébault a protesté : « Elle ne sera pas d'accord. Pas d'accord du tout. Et vous allez l'entendre ! »

— Il a dit ça ?

— Oui. Les autres cartes sont là si vous voulez les voir.

Il ouvrit un carton puis referma sa tablette.

— Bon, je dois retourner au bureau. Ça ne vous ennuiera pas de fermer ?

— Pas du tout.

— Merci beaucoup, madame Vogt, à demain.

Il lui serra cérémonieusement la main : pas de bises sur les joues cette fois-ci.

Il pivota dans un tournoiement de manteau. April attendit que le bruit de ses pas diminue jusqu'à disparaître complètement. Ses bras se couvrirent de chair de poule. L'endroit résonnait encore. Dans le coin, les plumes d'une autruche empaillée ondulèrent. On entendait jouer du piano dans un autre appartement. April passa d'une pièce dans l'autre sans cesser de frissonner. L'appartement était plein de courants d'air.

— Je suis désolée, Marthe, murmura-t-elle sans bien savoir de quoi.

Elle entra d'un pas lourd dans la chambre d'amis encore intacte. Elle allait estimer une douzaine de pièces, décida-t-elle. À condition de ne pas se laisser distraire, elle devrait parvenir à rédiger la description du lot avant de repartir. Travailler plus vite, pas plus longtemps, telle était sa devise, sa carte de visite personnelle. Cependant, à Paris, ce n'était pas désagréable de s'attarder un peu.

32

— Allô ? dit April, le portable coincé contre son épaule alors qu'elle dévalait l'escalier de Marthe.

Ce n'était pas Troy, elle le savait. Ni Birdie, qui devait la rappeler incessamment pour un renseignement qu'elle lui avait demandé. (Trouve-moi deux objets similaires qui se sont vendus à des prix très différents en fonction de la qualité de leur provenance.) Non, le coup de fil ne venait pas de New York. C'était un appel local.

— April Vogt *à l'appareil.*

Était-ce quelqu'un du bureau parisien ? La société à laquelle elle louait son appartement ? Le bistro avait-il retrouvé ses lunettes de soleil ?

— Avril, répondit une voix grave de fumeur qui gomma toutes ses questions.

Elle s'arrêta sur le palier du premier étage, le cœur battant la chamade.

— Enfin, j'arrive à vous joindre !

Luc. Comment Luc avait-il obtenu son numéro ? Lui aurait-elle donné sa carte dans un moment d'égarement ? Elle ne s'en souvenait pas. Non, Olivier devait y être pour quelque chose. À moins que son assistante ait succombé au charme du notaire. Toujours est-il qu'elle ressentait cet appel comme une intrusion, même si celle-ci n'était pas désagréable.

— Bonjour, monsieur Thébault. Quelle surprise de vous entendre ! Merci encore pour le journal. Nous avons fait des découvertes intéressantes aujourd'hui à l'appartement. Du moins, de mon point de vue, ajouta-t-elle au souvenir des haussements d'épaules d'Olivier.

— Génial ! J'ai hâte d'en savoir plus. Quand pensez-vous rentrer ?

— Je viens juste d'arrêter. J'ai plus ou moins terminé ma journée.

— Déjà ? Quelle surprise ! J'ai l'impression que je viens à peine de vous abandonner dans la cour.

— Mettriez-vous en doute ma conscience professionnelle, cher maître ? D'habitude, vous trouvez que je travaille trop.

— Je ne la mets pas en doute, mais je crains que vous ne vous laissiez contaminer par la paresse parisienne. L'Avril que je connais a tendance à travailler douze heures par jour plutôt que… (April imagina Luc en train de consulter sa montre, une grosse Cartier Titanium) deux à peine. Finalement, peut-être que vous êtes plus rigolote que vos congénères.

— Non, au contraire. Enfin, je ne veux pas dire non plus que je suis moins drôle. Ni plus d'ailleurs. Je… j'ai déjà travaillé au bureau ce matin et je remporte de quoi m'occuper ce soir chez moi. M'accuseriez-vous de me tourner les pouces, monsieur Thébault ?

La légèreté de sa voix qui résonna contre les vieux murs de pierre la surprit, d'autant plus qu'elle s'était sentie écrasée par un poids toute la journée.

— *Non !* Jamais de la vie ! protesta Luc. Mais de là à rapporter du travail chez soi ! C'est bien digne d'une « blue-blooded » Américaine.

— « Red-blooded », corrigea-t-elle.

— Oh, excusez-moi. C'est vrai le sang bleu, c'est les nobles. Donc, vous êtes rouge.

Elle secoua la tête.

— Je ne suis ni l'un ni l'autre. Bon, je suis bien Américaine, mais ça n'a rien à voir avec la couleur du sang et… Enfin, peu importe ! Vous disiez que vous cherchiez à me joindre ?

— Oui. Vous êtes encore à l'appartement ?

April regarda par la fenêtre du palier comme pour s'en assurer.

— Je partais.

— Excellent. Je suis en bas. Vous êtes disponible ?

— Qu'est-ce que vous entendez exactement par « disponible » ?

— *Ah, ma chérie*, ne vous emballez pas. *Vous venez boire une coupe avec moi ?*

— Un verre ?

— Oui. Je pensais vous emmener à la Terrasse, au sommet des Galeries Lafayette. La vue est splendide.

— Je ne sais pas. J'ai une tonne de travail à faire ce soir.

— Une tonne. Faut toujours que vous exagériez, les Américains. Allez, venez, c'est à côté et ils ferment de bonne heure. Vous n'aurez pas à supporter ma présence très longtemps.

— Très bien, répondit-elle en descendant la dernière volée de marches. Je suppose que j'ai le temps de prendre un verre.

Ou deux ou trois.

À peine sortie dans la rue, elle l'aperçut, la chemise bien repassée, le col largement déboutonné, un pantalon en toile taille basse, les chaussures bien cirées. Elle ne put retenir un sourire, sans doute gagnée par l'expression ravie qu'il affichait.

— Bonjour.

Elle s'aperçut qu'elle tremblait malgré elle.

— Deux bonjours la même journée, c'est la fête !

Il la conduisit le long du trottoir où ils se frayèrent un passage entre ceux qui rentraient du travail et ceux qui ressortaient déjà promener leur animal de compagnie. Ce véritable carrousel d'employés de bureau, de promeneurs de chiens, de gens qui faisaient leurs courses ne la dérangeait pas. Il avait en outre l'avantage d'empêcher toute conversation avec Luc. April était déjà suffisamment stressée à l'idée de « bavarder » avec lui autour d'un verre. Elle n'avait pas envie de gaspiller les rares sujets de conversation sur lesquels elle pourrait se rabattre quand le terrain deviendrait trop glissant.

Elle était allée très souvent aux Galeries Lafayette. C'était avant tout un grand magasin, d'où le mépris de Chelsea quand elle lui en avait parlé. En réalité, il hébergeait d'innombrables boutiques sous son toit. Il n'avait rien à voir avec une galerie marchande de province. Les Galeries rivalisaient en splendeur avec l'Opéra situé à quelques pas.

Construit en 1893 avec beaucoup d'apparat et de dorures, ce magasin géant de dix étages était coiffé d'une coupole en vitraux dont les couleurs n'avaient jamais cessé de danser sur les clients à l'instar des lumières du lustre en cristal des Folies Bergère. Certes, les Galeries étaient un piège à touristes, comme l'avait dit Chelsea, mais cela ne leur enlevait rien de leur magnificence. Pour April, les Galeries restaient une vivante illustration de cette période extraordinaire qu'avait connue Marthe : la

Belle Époque. Construites en plein âge d'or, elles représentaient bien davantage qu'un simple endroit où l'on pouvait acheter du Louis Vuitton ou se faire snober par des vendeuses condescendantes.

Comparé aux splendeurs du bâtiment, le restaurant installé sur le toit était assez simple avec ses hautes tables métalliques et ses parasols carrés blancs. Mais la vue supplantait largement la débauche de fioritures des étages inférieurs. De leur place, April apercevait une grande partie de Paris, avec en toile de fond la tour Eiffel et le Sacré-Cœur au dôme imposant qui abritait la plus grosse cloche de France et dont le chœur s'enorgueillissait d'une gigantesque mosaïque.

— Vous êtes déjà venue ici ? demanda Luc en se penchant sur son siège. Sur le toit, je veux dire. Je me doute que vous êtes déjà venue aux Galeries.

— Oui, répondit-elle, un œil sur le menu. Je suis montée plusieurs fois sur cette terrasse panoramique quand j'habitais Paris. Je ne suis pas sûre qu'il y ait de plus belle vue sur cette planète.

Elle balaya le menu du regard une deuxième fois d'un air faussement distrait, comme par simple curiosité, alors qu'en réalité elle mourait de faim. Il était trop tard pour le déjeuner et bien trop tôt pour le dîner. Mais elle avait encore sauté un repas et ne pensait pas pouvoir tenir jusqu'à l'heure parisienne du souper.

Luc appela le serveur et commanda deux coupes de champagne. Avant qu'il s'en aille, April ajouta précipitamment des macaroni au fromage.

— Vous ne croyez pas que vous devriez….

— … attendre ? le coupa-t-elle en rougissant comme elle n'arrêtait pas de le faire en sa compagnie. Impossible, je meurs de faim. Je suis désolée si je vous choque, mais vous savez bien que nous autres Américains passons nos journées à nous empiffrer.

— Non, vous devez manger, surtout que vous n'êtes pas épaisse. En fait, je parlais de votre téléphone. Vous devriez répondre. Je crois qu'il sonne.

— Oh !

Elle saisit son sac posé sur le siège entre eux, le fouilla d'une main fébrile et en sortit son portable.

— C'est drôle que vous ayez un BlackBerry. Tout le monde a des Smartphones, non ?

— Je suis un vestige du passé, sans doute.

TV3.

Elle coupa la sonnerie de son appareil.

— Je m'en occuperai plus tard, dit-elle, la première surprise de sa réaction.

Luc haussa les épaules.

— Comme vous voulez.

Elle fit mine de prendre son verre quand elle s'aperçut que leur commande n'était pas encore arrivée. Elle ramena sa main vers elle et remarqua qu'elle tremblait.

— Alors, vous aviez quelque chose à me dire, demanda-t-elle d'une voix chevrotante.

— Oui, j'ai parlé à l'héritière de Mme Quatremer aujourd'hui. De ce que raconte le journal, de ce que contient l'appartement, de toutes vos questions. Et j'ai du nouveau.

— Du nouveau ? s'exclama-t-elle, prise d'une soudaine inquiétude. De quoi s'agit-il ? Elle veut récupérer le journal ?

— Non, je ne parlais pas du journal. Patience, madame Vogt. Une chose à la fois. Pendant que nous attendons notre champagne, vous devriez lire ceci.

33

Paris le 12 avril 1892

Je suis allée à l'atelier de Boldini, aujourd'hui. Et, oh scandale, pas à l'heure du cinq-à-sept !

Toute dame de la bonne société sait qu'elle ne doit jamais rendre visite à un homme en dehors de ces heures. Arriver à quatre heures et demie serait considéré comme un manque total de raffinement pour ne pas dire de la grossièreté. Arriver à cinq heures moins cinq, c'est vouloir se retrouver au ban de la société. Mais à cinq heures sonnantes, tout est permis. Et vous pouvez repartir impunément deux heures plus tard les cheveux en bataille et la robe froissée. Telles sont les convenances.

En toute franchise, je ne comprends pas très bien cet usage. Le crépuscule serait-il censé dissimuler les inconduites ? Quoi qu'il en soit, c'est bien pratique, car si tout le monde s'accorde pour courir la prétentaine à la même heure, personne ne se fait prendre.

Je suis donc arrivée chez Boldini à midi, bien avant l'heure prescrite. Émilie m'avait prévenue que si on me voyait, le peu de réputation que je me suis acquise partirait en fumée. Et quand je dis peu, je n'exagère pas. Certes, j'ai beaucoup progressé, mais partie d'où je suis partie, il me reste encore un long chemin à parcourir.

Elle a raison, bien sûr. Midi n'est pas une heure décente, même si Boldini n'est pas marié, même si le but de ma visite n'impliquait aucun délaçage de corset. Hélas, vu ce que j'avais trouvé chez moi en rentrant des Folies Bergère, je n'avais nulle part ailleurs où aller.

Car si je me soucie des convenances, ce n'est pas une priorité pour tout le monde. Figure-toi, cher journal, que cette tête de linotte de contorsionniste du nom de Marguerite s'est entichée d'une danseuse de cancan. La première fois que celle-ci est venue chez nous, je n'ai pas eu le temps de lui dire bonjour que les deux filles se sont lancées dans leurs ébats saphiques. Ma présence ne les dérangeait pas, mais moi, elles me gênaient beaucoup. Si tu savais ce que j'ai vu ! Le pire, c'est que je n'arrive pas à effacer ces horribles images de ma mémoire.

Aujourd'hui, je suis rentrée de mon travail plus tard que d'habitude en raison d'un duel au petit matin et de la pagaille qui en a résulté : la salle était jonchée de verre cassé et de perruches décapitées. Avec Émilie, nous avons passé une partie de la matinée à balayer les plumes et à lessiver les traces de sang. Je n'avais qu'une envie : prendre un bain et dormir. Malheureusement, Marguerite avait d'autres projets. Je venais à peine de franchir le seuil de l'appartement quand Mlle Cancan est arrivée en remuant du croupion. Je ne pouvais décemment pas la mettre dehors. Je répugne tant à peiner Marguerite. La danseuse m'a alors invitée à me joindre à leur petite fête. J'ai poliment décliné en prétextant une course à faire et j'ai pris la fuite sans savoir où aller.

Tandis que j'errais dans Pigalle, le visage bougon de Boldini a surgi à mon esprit. Je suis repassée aux Folies Bergère voir s'il y était. Émilie, qui n'a pas les mêmes horaires que moi, ne l'avait pas vu depuis quinze jours, mais elle m'a invitée à l'attendre. Comme je ne suis pas du genre patiente, j'ai pris l'audacieuse décision de me rendre directement à son atelier. Je savais où il se trouvait, car Boldini se vantait souvent d'avoir exproprié John Singer. Émilie m'a mise en garde, mais j'ai fait celle qui n'entendait pas.

Ce fut une longue marche, mais une fois la Seine traversée, pas question de rebrousser chemin. Et pour le retour, je comptais bien sur Boldini pour me faire raccompagner chez moi.

Après une promenade dans les jardins du Luxembourg, le temps se montrant clément pour une fois, je me suis présentée chez lui un grand sourire aux lèvres. Boldini m'a accueillie avec une gaieté fébrile. En fait, sa voix était joyeuse alors que son regard exprimait la peur. J'avais sans doute bien fait de ne pas surgir entre cinq et sept. Qui peut savoir dans quel imbroglio je l'aurais trouvé ?

— Marguerite avait besoin d'un peu d'intimité, lui ai-je expliqué. Alors j'ai décidé d'aller me promener et, de fil en aiguille, je suis arrivée devant chez vous.

— Vous voulez entrer ? a-t-il demandé d'une voix incrédule, comme si je lui avais demandé sa montre de gousset, un pistolet braqué sur sa poitrine.

— Figurez-vous que c'est exactement ce que l'on attend d'un ami à qui l'on rend visite. Je viens de loin et j'aurais d'ailleurs besoin que vous me fassiez raccompagner.

Avec un soupir, Boldini m'a fait entrer et m'a conduite jusqu'à son atelier.

Que dire de son atelier ? Il était aussi négligé que lui. Comme je l'ai déjà écrit, il appartenait à Sargent. Celui-ci a été obligé de le quitter à la suite du scandale de Madame

Gautreau ou *Madame X* comme on l'appelle maintenant (comme s'il suffisait de remplacer un nom par un X pour que tout le monde oublie de qui il s'agit).

Tandis que Boldini s'affairait dans sa cuisine pour préparer du thé (qu'il n'a jamais trouvé), j'en ai profité pour inspecter les lieux, à la recherche de témoignages de ce scandale. J'avais à peine onze ans quand c'était arrivé, mais je prêtais déjà une oreille intéressée aux potins mondains, au grand dam des religieuses.

Je me tenais donc dans l'espace où la belle Madame Gautreau avait laissé tomber sa bretelle, un petit geste qui devait enflammer l'Europe entière. Je m'attendais presque à voir le portrait infâmant.

L'atelier en lui-même n'était pas un endroit désagréable. On aurait pu en faire quelque chose en débarrassant les toiles, les peintures et tout le matériel artistique qui l'encombraient. La pièce était agrémentée de moulures, de belles boiseries et d'un superbe plancher en chêne. Les plafonds étaient si hauts que le moindre souffle résonnait. De l'atelier, on pouvait accéder à n'importe laquelle des trois chambres cachées derrière de lourdes tentures.

— C'est privé ! m'a arrêtée Boldini quand il m'a vue m'approcher et poser la main sur l'un des rideaux.

C'était à se demander quelles activités délictueuses cachaient ces étoffes !

Une longue tablette courait le long du mur côté nord. Elle était couverte d'une collection de poupées toutes plus effrayantes que la danseuse des Folies à l'œil de verre et aux dents jaunes. Boldini m'a dit qu'elles appartenaient à Sargent qui n'est jamais revenu les chercher après son déménagement. Il n'a pas le cœur de les jeter au cas où Sargent viendrait enfin. Quel idiot ! Ça faisait sept ans. Le délai d'attente était largement dépassé. Quoi qu'il en soit, ces poupées ne seront plus là d'ici un mois, je le promets.

Si j'ai eu des doutes sur la production de Boldini, la vue de son appartement a suffi à les dissiper. Il est littéralement envahi de toiles et ma préférée est un autoportrait à moitié terminé. Il y paraît vêtu d'une veste brune et d'une large cravate noire, la mine sinistre, fidèle à son habitude, mais le bout de ses moustaches se relève pour esquisser le sourire que refuse son visage. Le simple fait de le regarder m'a donné des palpitations. À croire que je suis plus attirée par les hommes difficiles que par les gentils.

À côté de ce tableau, j'ai trouvé deux toiles presque achevées. Une mère et sa fille, m'a précisé Boldini quand il a vu que je m'y attardais. Quelque chose dans le mot « fille » m'a pincé le cœur, à moins que ce ne soit dans le mot « mère ».

— C'est Josefina de Alvear de Errazuriz, m'a-t-il expliqué en voyant que je restais plantée devant. L'autre, c'est sa fille, Giovinetta, une enfant aussi vive qu'un écureuil.

— Jamais entendu parler.

— Tu n'as jamais entendu parler de Josefina ? La richissime expatriée chilienne.

J'ai gloussé. Une expatriée chilienne ? Peut-être connaissait-elle mon magnat du guano ?

— Désolée, le seul Sud-Américain que je connaisse s'appelle Pierre.

Était-ce mon imagination ou a-t-il tiqué à l'évocation de ce prénom ? Oui, il était jaloux. C'était une bonne chose.

— En tout cas, qui qu'elle soit, je trouve cette femme splendide et son portrait absolument magnifique.

— Merci, a-t-il marmonné en rougissant.

Je n'ai pas ajouté que Mme de Errazuriz était si belle que j'avais l'impression que ses yeux me défiaient de rivaliser avec elle. Cette Josefina me dévisageait depuis la toile, les sourcils haussés, un sourire satisfait sur les lèvres. Même encore maintenant, de retour chez moi, je revois encore clairement sa robe en épais satin or à grosses rayures vertes, ceinturée de vert à la taille. Comme elle était assise de surcroît sur un siège d'un jaune éclatant, Mme de Errazuriz était l'essence même de la luminosité. Je l'ai détestée d'emblée.

— Quelle chance ont ces gens d'avoir un si fameux portraitiste à leur disposition ! me suis-je exclamée, sûre de l'amadouer par la flatterie. Mais qu'est-ce qu'elle a sa fille ?

Aussi belle que sa mère, la petite Giovinetta avait un air outrageusement insolent, vautrée sur un canapé en velours mauve. Quelle tenue ! Je ne comprenais pas. Elle n'était guère convenable pour une fille de dix ans, ni de quelque âge que ce soit d'ailleurs. Giovinetta arborait un bonnet de bambin de quatre ans, ainsi qu'une cape qui semblait sortie de la malle d'une grand-mère, et tenait un parapluie de dandy contre sa cuisse.

Et sa cuisse, Seigneur ! Je rougis rien que d'en parler. À commencer par le bas noir qui la recouvrait et qui aurait convenu davantage à une jeune fille de dix-huit ans qu'à une enfant. Mais ce n'était pas tout. On apercevait au-dessus du bas, un morceau de chair. *Mon Dieu !* Boldini allait bien plus loin que Sargent !

— Que voulez-vous dire ? Ce portrait ne vous plaît pas ?

— Sur le plan technique, il est parfait. Mais vous avez remarqué la… la peau, ai-je murmuré le doigt pointé sur le haut de la cuisse.

— Évidemment, c'est moi qui l'ai peinte, je l'ai forcément remarquée. Pourquoi, vous désapprouvez ?

— Ce n'est pas que je désapprouve, mais je crains que vous ne déclenchiez un gros scandale… Vous pourriez même battre celui de Madame Gautreau, voilà ce qui vous attend ! Quel peintre osera reprendre l'atelier Boldini ex-atelier Sargent quand vous serez devenu un paria de la société et que vous ne pourrez plus payer le loyer ?

— Oh, Marthe, je ne vous savais pas si délicate ! Vous voyez plus de chair en un quart d'heure derrière votre bar.

— Mais là, il s'agit de celle d'une enfant de dix ans, Giovanni. C'est tout à fait différent !

Mon désarroi était sincère tout comme ma peur de le voir déclencher un scandale qui l'exilerait à tout jamais loin de Paris. Et loin de moi.

Boldini s'est contenté de rire.

Incapable de supporter une seconde de plus la vue de cette petite fille à moitié déshabillée, je me suis avancée vers les autres toiles en cours, à la recherche d'indices qui m'indiqueraient si je me trouvais dans l'appartement d'un peintre prospère ou d'un peintre qui tirait le diable par la queue. C'est le gros problème avec les artistes. On ne peut jamais savoir s'ils ont de l'argent ou non.

Plus j'inspectais l'appartement, plus Boldini semblait mal à l'aise. Il avait l'air de prendre mes critiques au sérieux et défendit plusieurs fois son travail avant d'affirmer avec insistance qu'il peindrait un jour mon portrait et que ce serait son chef-d'œuvre. Certes, cette déclaration m'enchantait, mais je savais qu'il n'en pensait pas un mot. Il ne savait tout bonnement pas quoi dire d'autre.

— Vous n'êtes pas obligé de me peindre pour me rendre heureuse, ai-je murmuré en lui prenant la main et j'ai entrecroisé mes doigts dans les siens.

Il s’est levé d’un bond.

— Je suis un gentleman, a-t-il bredouillé. Je ne suis pas sûr de…

Je lui ai coulé un regard lourd de sous-entendus. Notamment que je le considérais comme un gentleman, mais qu’il n’était pas tenu de se comporter comme tel. Je n’avais pas prévu de le séduire, mais c’était plus fort que moi.

Avant que l’un de nous reprenne ses esprits, j’ai entraîné Boldini tout tremblant dans une des chambres avec l’espoir de trouver un endroit confortable. La chance était avec nous. J’ai repéré, poussée contre un mur, la méridienne jaune de Madame de Errazuriz.

J’ai poussé Boldini renâclant et bougonnant vers ce siège. À peine assis, il s’est enflammé et, en quelques secondes, il m’a retiré ma robe et a délacé mon corset. J’ai cligné des yeux quand il a passé les doigts sur mes seins. J’ai encore battu des paupières quand il a remplacé ses doigts par sa bouche pendant que ses mains se glissaient fébrilement sous mes jupons.

Je préfère m’interrompre ici et dire simplement que le talent de Giovanni Boldini ne s’arrête pas à la peinture. Tout le monde vante le génie de ses mains, mais ce ne sont pas ses seuls attributs qui méritent des louanges. Bref, quel artiste cet homme !

34

— De la pornographie Belle Époque, soupira April en reposant le journal sur la table. On aura tout vu.

Luc tendit son verre et ils trinquèrent à Paris.

— Mon Dieu ! Si vous considérez cela comme de la pornographie, je pourrais vous faire découvrir d'autres ouvrages bien plus osés que celui-là.

— Et maintenant, vous m'assaillez sexuellement !

April but une gorgée pour cacher son sourire. Le champagne pétilla dans sa gorge.

— J'ignorais que Boldini vivait dans l'atelier de Sargent. Pourtant, j'aurais dû le savoir. Le journal, l'atelier de Sargent, cela fait tellement de coïncidences que j'ai l'impression que ces feuillets étaient destinés à être lus par moi.

Plus que jamais, elle tenait à avoir une vente aux enchères exclusive pour Marthe. Pour Marthe seule. Malgré tout le respect qu'elle avait pour les idées d'Olivier, il faisait fausse route.

— Cela va vous paraître sans doute très prétentieux et égocentrique de ma part, poursuivit-elle devant le haussement de sourcil moqueur de Luc, mais Sargent est, comment dire, un peu à moi.

— Un peu à vous ?

— Mon mar… mes amis et ma famille me disent…

obsédée par ce peintre. Enfin surtout par *Madame X*. Elle est au Met.

— Madame X ? C'est une… star du porno ?

— Au Metropolitan Museum of Art ! Vous déraillez ! protesta-t-elle, à deux doigts d'éclater de rire malgré son air scandalisé. *Madame X*, c'est le nom qui a été donné à ce tableau pour protéger l'anonymat de Madame Gautreau, expliqua-t-elle en tapotant le journal. Je viens de vous en parler. Si, j'en suis sûre ! Mais vous ne m'avez pas écoutée.

Elle lui tapa sur la main de peur de passer pour une petite punaise coincée qui tenait un compte précis des affronts et des offenses.

— April, répondit-il d'une voix grave et ferme. Je me rappelle chacune de vos paroles. Sans exception.

Il soutint son regard, le visage impassible. April rougit jusqu'aux oreilles.

— Pour parler sérieusement, reprit-elle en tripotant tous les objets à sa portée, j'ai vu *Madame X* des centaines voire un millier de fois. C'est mon tableau préféré de tout le musée. Mon mari (elle se surprit à rougir de nouveau en prononçant ce mot)… enfin Troy, ne comprend pas comment je peux passer des heures devant ce tableau semaine après semaine, mois après mois, année après année. Nous allons au Met très souvent. Sa grand-mère est un des gros bonnets du musée. Troy veut toujours voir les dernières collections : Klee, Argenterie anglaise, Tapis et rituels dans le bouddhisme tibétain, etc. À chaque fois, je commence par aller regarder *Madame X*.

— Ah, il y a donc quelque chose qui compte plus pour vous que les tables et les secrétaires ?

— Le mobilier ancien, c'est vraiment ma passion.

Mais j'avoue que lorsque j'étais à l'université, *Madame X* a failli me faire changer d'orientation. Malheureusement, je ne pouvais pas me cantonner à John Singer Sargent. Je ne me sentais pas de taille à passer une grande partie de ma carrière à regarder François Boucher, ajouta-t-elle avec une grimace. Ou Jean-Honoré Fragonard. *Beurk !*

— Quelle horreur ! Ne m'en parlez pas.

— Les anges, les cupidons, les chérubins, très peu pour moi.

— Vous êtes délicieusement romantique. Et devant votre enthousiasme délirant et celui de Madame de Florian, il va falloir que j'aille voir cette *Madame X* sur Internet.

April reposa bruyamment son verre sur la table.

— Je n'arrive pas à croire que vous ne la connaissez pas. Comment est-ce possible ?

— Que voulez-vous, on ne peut pas vivre que de peinture et d'objets d'art, remarqua-t-il avant de finir sa coupe et de faire signe au serveur de les resservir. Alors, vous voulez connaître la nouvelle ? Ou vous préférez continuer à vous émerveiller d'un tableau qui n'a même pas l'heur de représenter notre chère Madame de Florian.

— Non, bien sûr que non, nous ne sommes là que pour elle. Mais rassurez-moi. Il ne s'agit de rien de grave ?

— Détendez-vous, Avril. C'est une bonne nouvelle. Qu'est-ce que vous êtes nerveuse ! Vous me faites penser au petit écureuil de Boldini.

— À propos, je connais ces deux peintures dont parle Marthe. Boldini les a vendues directement au baron de Rothschild, qui les a revendues à un collectionneur privé il y a une vingtaine d'années, bien avant que je n'arrive dans ce milieu. Nous étudions toutes les grandes ventes en cours. La transaction a été menée par, disons, une maison concurrente. Le baron de Rothschild semblait avoir des goûts particuliers.

Luc leva les yeux au ciel.

— Fascinant ! Parlez-moi des vicissitudes des ventes aux enchères ! Mais pour en revenir à nos moutons, elle voudrait vous rencontrer.

— Qui ? Giovinetta Alvear de Errazuriz ? Je suis pratiquement sûre qu'elle est morte.

— Non, pas la petite rongeuse. Agnès Vannier. L'héritière de Mme Quatremer.

Avril retint son souffle. L'héritière. Il avait enfin nommé celle à qui revenait le patrimoine de Lisette Quatremer !

— Luc ! lâcha-t-elle, le souffle court.

Ce nom d'Agnès Vannier ne lui disait rien, mais elle regarda Luc bouche bée, comme s'il venait de lui faire un cadeau extravaguant, un peu comme elle avait regardé Troy quand il avait déposé la petite boîte enrubannée entre ses mains.

Elle avait été touchée que Troy lui offre un bijou, un cadeau d'autant plus inattendu qu'ils ne sortaient ensemble que depuis deux mois à peine, mais elle s'était dit que, le connaissant, elle ne devait pas s'étonner. Jusqu'au moment où elle avait ouvert la boîte et découvert une paire de boucles d'oreilles en perles et en diamants qui avait été présentée récemment lors d'une vente aux enchères « Property of a Lady ». Sotheby avait mené la vente et April avait donc vu le catalogue. Celui-ci comprenait toute une série de bijoux voyants incrustés de diamants et de rubis, mais Troy avait pris exactement celui qu'elle aurait choisi. Les boucles d'oreilles étaient jolies mais sobres, du moins comparées aux autres pièces. Et d'un grand prix. April n'avait pas voulu chercher à quel montant elles avaient été adjugées, mais elles avaient dû coûter plus que ce qu'elle gagnait en un an ou deux si ce n'est davantage.

Sur le moment, elle s'était retrouvée sans voix et s'était sentie indigne d'un tel cadeau. Elle aurait exigé qu'il les rapporte si cela avait été possible mais, se voyant forcée de les accepter, elle n'avait pas arrêté de dire qu'elle les lui rendrait un jour, qu'il devrait les garder pour ses filles le jour de leur mariage.

C'était de l'histoire ancienne et depuis April avait appris l'art de recevoir les cadeaux : il fallait tout simplement dire merci sans se demander combien ils avaient coûté. Cependant, si cela pouvait s'appliquer aux diamants et aux perles, le cadeau de Luc représentait tellement plus à ses yeux qu'elle se trouvait dépassée. Elle réussit juste à articuler un petit merci tout en prenant discrètement la serviette en papier placée sous son assiette de burger au fromage.

— Vous pleurez ? s'inquiéta-t-il.

— Bien sûr que non ! protesta-t-elle d'une voix éraillée et aiguë. Ce serait stupide. Je suis juste un peu surprise. Je croyais que Mme Vannier n'appréciait guère les commissaires-priseurs.

— Elle a changé d'avis. Je l'ai assurée en outre que vous n'étiez pas n'importe quel commissaire-priseur.

— Qui est-ce, cette Agnès Vannier ? demanda-t-elle en se tamponnant le coin des yeux. La fille de Lisette ?

— Non, Mme Quatremer n'a jamais eu d'enfant.

— Alors sa sœur ?

Son sac vibra. Elle ne prit même pas la peine de regarder qui l'appelait. Troy pouvait aller se faire voir. Enfin, façon de parler, corrigea-t-elle mentalement en pensant à Willow.

— Une cousine alors ? Quoi ?

— Ce n'est pas à moi de vous l'expliquer. Elle veut vous le dire elle-même. N'est-ce pas mieux de prendre ses informations directement à la source ? ajouta-t-il avec un clin d'œil.

— Oui, bien sûr. Je lui demanderai tout ce dont j'ai besoin quand je la verrai.

— *Si* vous la rencontrez, je tiens à préciser. Car il y a un « si ». Rien n'est garanti.

— Comment ça, rien n'est garanti ? Vous avez dit qu'elle voulait bien.

— Avril…

— *C'est merdique*, Luc, lâcha-t-elle avant de finir son verre d'une traite. *Super merdique* même. À quoi vous jouez, Luc ? Ou elle veut me rencontrer ou elle ne veut pas. Je ne vois pas l'intérêt d'une telle annonce si c'est pour la démentir deux secondes après. C'est oui ou c'est non, Thébault. Le choix est simple. C'est blanc ou c'est noir.

— Rien n'est jamais tout blanc ni tout noir. Elle veut vous voir, oui, mais ça ne dépend pas de sa volonté. Bien que j'apprécie la richesse de votre vocabulaire, je tiens à vous préciser que si Mme Vannier est plus jeune que ne l'était Mme Quatremer à sa mort, elle est quand même très âgée. Elle n'est pas en bonne santé et son état vient de s'aggraver.

— Je suis désolée de l'apprendre.

Luc haussa les épaules.

— C'est la vie. On est jeune, puis on vieillit, on s'affaiblit et on meurt.

— Quand on a de la chance, marmonna-t-elle.

— Mme Vannier a été hospitalisée hier soir, poursuivit Luc en versant la moitié de son champagne dans le verre d'April. Quand elle rentrera chez elle, si elle rentre…

— Vous êtes dur…

— Autant regarder la vérité en face. Donc, si elle rentre chez elle, disais-je, Mme Vannier sera ravie de vous recevoir. Une fois qu'elle aura repris des forces, bien sûr. Mais pas avant.

— Pourquoi n'avez-vous pas commencé par là ? Évidemment que nous pouvons attendre qu'elle aille mieux. Je ne demande rien d'autre. Je n'ai aucune envie de mettre les pieds dans un hôpital. J'ai donné. J'y suis allée un nombre incalculable de fois. En attendant, murmura-t-elle en prenant un morceau de pain, je vais terminer mes recherches dans le journal. Nous avons un plan, mon assistante et moi. Et plutôt génial, si vous voulez mon avis. Basé sur ce qu'on appelle en finance un comparatif de vente. Je ne vois aucune raison de ne pas le faire avec les biens de Marthe, surtout vu les informations privilégiées que nous détenons grâce au journal.

— Justement. Le journal…

Luc remua sur son siège et fit une grimace comme s'il souffrait. C'était la première fois qu'April le voyait mal à l'aise. La première fois que la situation semblait lui échapper.

— Oh, mon Dieu ! s'exclama-t-elle. Qu'y a-t-il ?

— Eh bien… euh… il faudrait qu'on en parle. Je n'ai pas que de bonnes nouvelles. Vous savez que je fais tout ce que je peux pour vous obtenir ce que voulez, mais là, je dois…

— Non ! glapit-elle. Je sais ce que vous allez dire et la réponse est non.

Il n'avait pas le droit de lui faire ça. L'héritière voulait récupérer le journal. Il ne pouvait pas échanger un cadeau contre un autre ! April était sûre qu'Agnès Vannier était une femme charmante, mais elle ne voulait pas de ce marché.

— *Je suis sincèrement désolé, Avril.*

— Non, ce n'est pas possible.

— Ma douce Avril, ma chérie. Cette démarche m'est déjà assez pénible. Comme vous l'avez deviné, Mme Vannier voudrait qu'on lui rende le journal. Je dois donc le récupérer. J'espère seulement que vous me le pardonnerez un jour.

35

Cette annonce lui fit l'effet d'une gifle, mais elle sentait venir de nouveaux coups. Qu'elle lui pardonne ? Qu'il n'y compte pas !

— *Avril ? Ça va ?* Vous n'allez pas vous remettre à pleurer ?

Il y avait certainement une solution. Il ne pouvait en être autrement. Il lui venait déjà des fragments d'idées.

Elle s'éclaircit la gorge.

— D'accord. Je vais vous le rendre.

— C'est vrai ? Aussi facilement ? Cela m'étonne de vous.

— J'en ai toujours eu l'intention, voyons. Mme Vannier l'aura dans quelques jours. Ne vous inquiétez pas. Je lis vite.

Luc secoua tristement la tête.

— Je suis sûr que vous êtes rapide comme l'éclair. Hélas, Mme Vannier est à la dernière extrémité. Elle veut les voir avant de disparaître.

— Bien sûr, nous pouvons tous être renversés par une moto demain. Mais soyez honnête avec moi, Mme Vannier va vraiment si mal que ça ? Elle doit bien avoir encore quelque temps à vivre. Les médecins devraient pouvoir vous donner une estimation.

— Quelque temps à vivre ? Une estimation ? *Mon Dieu, madame Vogt !*

— Ce n'est pas ce que je voulais dire.

— Si, vous avez dit exactement ce que vous pensiez.

— Allez, Luc. Laissez-moi le journal encore un peu. *S'il vous plaît ?*

— Mme Vannier est ma cliente. Je suis payé pour gérer ses intérêts au mieux, jolie commissaire-priseur ou pas.

Encore un soufflet. Elle venait de comprendre que Luc se faisait dédommager pour la supporter. Il était payé pour être ici, comme Marthe avec Pierre, sauf que la personne dans le pétrin jusqu'au cou dans le cas présent, c'était elle.

— Luc…

— Avril.

— Très bien. On ne pourrait pas au moins le photocopier ? Vous ne pouvez pas me refuser ça !

— Je vois que le bien-être de Mme Vannier vous préoccupe au plus haut point. Bon sang ! Il s'agit du souhait d'une mourante.

— Désolée, s'excusa April, certes un peu honteuse, mais toujours aussi déterminée.

Elle soupira et fixa son regard sur le ciel violet qui entourait la tour Eiffel. Que dire pour paraître moins insensible ? Pour qu'il croie que la vie humaine comptait davantage pour elle que celle des meubles ou que le journal d'un fantôme ?

— Je peux vous paraître dure, admit-elle. Et je vous présente mes excuses les plus sincères. Je suis très triste d'apprendre que votre cliente va si mal.

— Menteuse, répondit-il avec un sourire. Vous n'êtes pas triste du tout. En tout cas, pas pour sa santé.

Oui, elle allait photocopier le journal. C'était sa seule

façon d'accéder aux désirs de la mourante. L'agence parisienne possédait tout l'équipement nécessaire pour scanner de vieux documents. Il ne lui restait plus qu'à trouver comment convaincre Luc.

— Peut-être que si vous me laissiez l'après-midi.

— Assez, soupira-t-il. Vous êtes insatiable. C'est bon, je vous laisse le journal encore trois jours. Il vous manque la fin et je vous la ferai parvenir avant ce soir. Je viendrai récupérer l'ensemble dans soixante-douze heures. Et, ajouta-t-il avec un coup d'œil à sa montre, il est entendu que si l'état de Mme Vannier devenait vraiment critique, je pourrais vous les réclamer plus tôt.

April hocha la tête en retenant son souffle.

— Entre-temps, vous pouvez les copier ou les lire, faites-en ce que vous voulez.

— Merci. Je vous demande pardon de ma réaction un peu brutale.

— Oh, ce n'est pas la première fois, répondit-il en lui pressant le genou. Je commence à m'y habituer. Mais je dois dire que vous avez raté votre vocation, vous étiez faite pour l'accompagnement des personnes en deuil. Je me demande ce que vous fabriquez dans les meubles.

— Très drôle, rétorqua-t-elle en essayant de sourire, piquée à vif par le mot « meubles ».

Elle se représenta l'appartement nu, dépouillé de la présence de Marthe.

Luc lui pressa de nouveau le genou.

— Ça va ?

— Oui, ça va, mentit-elle. Je pensais à l'appartement. Vous ne le reconnaîtriez pas. Il est pratiquement vide. Ils ont même entrepris de peler les murs. Tout va vite, trop vite. Bientôt, je serai de retour à New York, tout sera vendu et nous passerons à autre chose.

Cependant, rien ne pourrait jamais égaler cette vente. Quoi que lui réserve l'avenir, elle ne vivrait jamais plus une telle expérience.

— Je ne comprends pas. Votre métier ne consiste-t-il pas à disperser des patrimoines contre des espèces sonnantes et trébuchantes ? Vous ne cesserez jamais de m'étonner.

— Oui, bien sûr, c'est l'argent qui intéresse le vendeur et la maison de ventes, mais l'art entre aussi en ligne de compte et il occupe une place importante. Il a existé bien avant l'argent. Il y en avait déjà sur les murs des cavernes. L'art perdure. Mais les biens de Marthe… Nous les expédions à une vitesse… comme s'il s'agissait de vulgaires bibelots. Excusez-moi si ma réaction vous semble un peu exagérée, murmura-t-elle d'une voix enrouée, mais ces pièces sont tellement importantes.

Luc hocha la tête.

— Je vois ça. Mais dites-moi, reprit-il alors que le serveur déposait devant eux deux nouvelles coupes de champagne sans que Luc les ait réclamées cette fois-ci, pourquoi tenez-vous tant à ce que Marthe ait une vente particulière ? Pourquoi tenez-vous tant à ses affaires ?

Avant de répondre, April but trois grandes gorgées. Son cerveau bourdonnait déjà. Elle était déçue de voir qu'elle ne tenait pas mieux l'alcool malgré l'entraînement intensif de ces derniers jours.

— Eh bien, commença-t-elle avec de plus en plus de mal à articuler, nous avons ici l'occasion de faire quelque chose de fabuleux. D'habitude, ce sont les tableaux et les bijoux qui rapportent le plus. Pour des raisons qui m'échappent, ce n'est rien en comparaison de l'art contemporain. Quoi qu'il en soit, mon service n'est pas très rentable, comme on dit. Les commissions de vente et les primes d'acheteur sur les vieux meubles et les bibelots suffisent à peine à payer le salaire des assistants, mes déplacements et les catalogues. Mais là, ça pourrait changer. Vu le passé de Marthe de Florian, ces pièces pourraient atteindre des records.

— Bien que vous soyez commissaire-priseur, je ne vois pas pourquoi vous vous souciez tant des commissions.

— Vous me posez cette question parce que je suis mariée avec Troy ? Permettez-moi de vous préciser un détail. J'ai mon propre compte en banque et notre contrat de mariage n'est pas avantageux pour moi.

Ce contrat lui avait semblé une bonne idée, à l'époque, une façon de s'engager. Une déclaration faite seulement devant le notaire et divers membres de la famille qu'elle n'avait pas revus depuis son mariage, mais un engagement néanmoins. April avait remis un bilan de ses biens, lors du dîner de veille des noces, et signé une déclaration selon laquelle, en cas de dissolution du mariage, elle ne prendrait que ce qui était sur ce bilan plus ce qu'elle aurait réussi à accumuler sur le compte bancaire numéro 99844201 ou sur le compte investissement numéro 560144324. Une décision stupide avec le recul mais, au moins, la troisième Mme Vogt ne pourrait pas prétendre qu'April avait dépouillé Troy de son argent.

— Qui vous parle du *grand monsieur* ? protesta Luc. Je ne m'intéresse pas du tout à lui. Pas plus qu'à votre statut financier, vos commissions sur les ventes ou le coût des catalogues. Non, là n'était pas la question. Je voulais juste savoir pourquoi ces meubles comptaient tellement pour vous.

Il lui décocha un regard tellement acéré qu'elle se sentit mise à nu et se tortilla sur sa chaise. D'un côté, elle avait envie de prendre la fuite et, de l'autre, elle mourait d'envie qu'il la touche à nouveau.

Elle se racla la gorge.

— Pour moi ?

— Pour vous, répéta-t-il sans ciller.

Elle réfléchit un instant. Il y avait trente-six manières différentes de lui répondre, mais cela pouvait se résumer à quelques mots. Que dire sans se trahir ?

— Je pense que la véritable question (elle étouffa un renvoi), ce n'est pas pourquoi je tiens tant à ces affaires mais plutôt pourquoi Lisette Quatremer y tenait si peu ? Pourquoi Mme Vannier n'y tient pas. Il s'agit de son héritage, des témoignages d'une vie. Il est inconcevable que Lisette les ait gardés enfermés et que Mme Vannier veuille tout vendre sans même y jeter un œil. Je ne veux pas critiquer votre cliente, je suis sûre qu'elle a ses raisons. Mais j'ai du mal à en trouver une seule valable.

— Peut-être que ces dames n'ont jamais été attachées au passé. Peut-être qu'elles n'ont aucun besoin de ces témoignages. Vous n'avez jamais entendu l'expression « vivre dans le présent » ?

— N'importe quoi ! Tout le monde s'intéresse au passé. Tout le monde. Vous prenez un autre verre ? Quelle heure est-il ? Ils vont bientôt fermer ? On ne ferait pas mieux de commander tout de suite au cas où ?

— Vous feriez peut-être mieux d'arrêter là. Certes, vous êtes mince, mais vous êtes quand même grande et je ne suis pas sûr de pouvoir vous porter jusque chez vous.

Il lui décocha un autre de ses regards en coin. Elle se sentit de nouveau rougir.

Il était affreusement séduisant, cet homme, très mince comme le sont certains Européens, mais séduisant néanmoins. D'accord, il était un peu envahissant et la façon dont le col de sa chemise déboutonnée laissait voir une certaine quantité de poils témoignait probablement d'un besoin d'afficher sa virilité. Il souffrait également d'une désagréable addiction au tabac que trahissaient ses ongles légèrement tachés de nicotine et sans doute des poumons noirs comme du charbon.

Je ne comprends pas pourquoi il m'attire, songea April. Son visage émacié était de ceux qu'on voit sur les publicités de parfum, de préservatifs ou d'alcool. En tout cas, Luc n'était pas son type. Elle préférait les hommes forts, blonds et Américains. Avec des ongles propres, des dents droites et des cheveux raides.

Mais si elle n'avait aucun faible pour les Français à l'allure négligée, pourquoi son cœur s'emballait-il chaque fois qu'elle le voyait ? Pourquoi se retrouvait-elle à boire du champagne (trop de champagne) avec ce quasi étranger sur les toits de Paris, à deux doigts de lui confier des choses qu'elle n'aurait avouées qu'à Troy ?

— Vous avez peur que je ne tienne pas l'alcool ? demanda-t-elle en réfrénant un nouveau hoquet. Je pourrais vous surprendre.

— C'est déjà fait, répondit-il en versant de nouveau un peu de son verre dans le sien. Alors, qu'avez-vous hérité de vos ancêtres, madame Vogt ? Des pièces remplies d'objets précieux transmis de génération en génération ?

— Pratiquement rien. Mon père s'est débarrassé de tout quand ma mère est tombée malade.

— Malade de quoi ?

— Excusez-moi, mais je préfère parler d'autre chose. Et ça n'a pas d'importance, vraiment. (Mon Dieu, quel mensonge ! Bien sûr que c'était important. De mille et une façons, certaines fugaces, d'autres omniprésentes.)

Elle est partie du jour au lendemain à l'hôpital. Et après son départ, il n'est rien resté. Ça s'est fait comme ça.

— Que sont devenues ses affaires ?

April haussa les épaules.

— Mon père les a vendues. Pour payer les frais médicaux ou se débarrasser des souvenirs, les deux probablement. J'aurais aimé garder quelque chose. Mais tout a disparu avant que j'aie pu demander.

— Vous n'avez donc aucun meuble de famille.

— Pas de meuble, pas de bibelot, pas même un bijou fantaisie. D'une certaine manière, mon père a disparu lui aussi. Sans vouloir donner dans le mélodrame, je me suis sentie orpheline du jour au lendemain. À l'instar de Marthe de Florian, je me suis retrouvée gamine à regarder les autres familles en me demandant comment je pourrais faire pour en avoir une, moi aussi.

— Je suis désolé, Avril, murmura-t-il d'un air navré qui semblait sincère pour une fois. Cela a dû être très difficile pour vous.

— C'était totalement *merdique*, lâcha-t-elle et elle se couvrit la bouche, soudain confuse. Oh, pardonnez mon langage.

— *Ça ne fait rien.* Vous avez déjà laissé échapper plusieurs expressions assez vertes ce soir.

— Si vous le dites, répondit-elle en plantant sa fourchette dans ses derniers macaroni refroidis et gluants, mais elle devait absolument manger. C'est juste que… quand il a fait ça, quand il a tout bazardé ou tout vendu à droite et à gauche, il ne m'est rien resté de tangible après. Rien de matériel que j'aurais pu mettre chez moi, que j'aurais regardé en pensant que cela avait appartenu à maman. Un meuble est un meuble, certes, mais il est chargé de mémoire. Comprenez-moi bien. J'ai un appartement, un bel appartement rempli de très beaux meubles. Troy a été très généreux.

— *A été ?*

— Est très généreux. Si quelque chose me plaît dans une vente, il ne dit jamais non. La plupart des choses que nous avons sont magnifiques. Outrageusement chères. Mais pour la plupart fabriquées dans les cinq dernières années et achetées par mon mari. Sélectionnées par quelqu'un que je ne connais même pas.

— C'est l'impression qu'il vous donne ? Que vous ne le connaissez pas ?

— Ce n'est pas ce que je voulais dire, rétorqua-t-elle d'un ton sec. Non, je parlais du décorateur d'intérieur que nous avons engagé. C'était plus facile pour nous de faire notre choix parmi ce qu'il sélectionnait. Mon domaine d'expertise n'est pas le plus approprié à notre appartement ou à nos goûts combinés. C'était un nouveau mariage pour Troy et une nouvelle vie pour moi après avoir quitté Paris. Nous sommes repartis tous les deux de zéro.

— Pour en revenir aux objets de votre enfance, à l'héritage de votre mère, je me demande si ses affaires auraient jamais pu vous suffire. Elles ne l'auraient pas remplacée.

— Bien sûr que non. Mais cela aurait été mieux que rien. Je les aurais prises sans hésiter une seconde.

April gratta les dernières bribes de fromage collées aux bords du ramequin, toujours affamée, le ventre creux. Comme chaque fois qu'elle pensait à sa mère, son estomac se transformait en un puits sans fond impossible à combler.

— Votre père est toujours de ce monde ?

— Vous voulez dire en vie ? Oui, oui. De ce monde, c'est moins sûr.

— Après cette tragédie, vous ne vous êtes pas rapprochés ?

— On ne peut pas dire que la tragédie soit derrière nous. Mais nous communiquons souvent. Mon père est le champion des mails, même s'il me tient à distance depuis vingt ans. En plus, ils sont en Californie et moi à New York. J'essaie d'y aller tous les deux mois, mais c'est mon frère qui s'occupe de tout. Et je culpabilise. Pourtant, personne ne pourrait s'y prendre mieux que lui. Pas moi en tout cas. C'est une chance que ce soit lui qui soit resté là-bas et pas moi.

— Vous avez un frère ?

— Oui, Brian, un type génial. Il a quatre ans de moins que moi. Il vit à San Francisco et il est marié à une infirmière.

— Lui aussi est dans les meubles ?

— Ah, non ! Il est programmeur chez Google, gloussa-t-elle en faisant semblant de pianoter un clavier. Il s'occupe d'un des rares aspects sympas de l'informatique. Vous savez quand vous cherchez un truc tout à fait banal et que le moteur de recherche vous sort un truc incongru. Imaginons que vous vouliez en savoir plus sur les dinosaures. Vous avez à peine fini de taper le mot « dinosaures » que Google vous propose « Les dinosaures sont les poneys de Jésus ».

Luc plissa le nez.

— Les dinosaures sont les poneys de Jésus. Je ne comprends pas. Qu'est-ce que ça veut dire ?

— Rien. Laissez tomber. C'est une anecdote intraduisible. Je voulais juste vous expliquer en quoi consistait le boulot de Brian. Du moins en partie. On lui demande d'inventer des phrases bizarres pour faire rire les gens quand ils font des recherches sur Internet.

— Il est drôle ? C'est un humoriste ?

— Oui, très drôle. Et un peu bizarre aussi.

— Comme vous, déclara Luc avec un sourire.

— Je ne suis pas drôle du tout.

— Je pensais plutôt au côté bizarre.

— C'est tellement faux que je ne peux même pas m'en offenser. Je ne connais pas beaucoup de gens moins bizarres que moi. Je suis sans doute la personne la plus normale que vous ayez jamais rencontrée.

— Vous voyez bien que vous êtes drôle ! déclara-t-il en se penchant pour lui tapoter le dessus de la main. Je l'ai toujours su.

April sourit et secoua la tête. L'instant était passé. Elle lui avait parlé de sa mère plus qu'elle n'aurait voulu par la faute du champagne, mais sans en souffrir moralement. À présent qu'ils parlaient des poneys de Jésus et de sa drôlerie, elle se sentait de nouveau en terrain sûr. Luc avait juste entendu la version courte, il ne pouvait imaginer la profondeur de la fêlure.

— Bon, on demande l'addition ? proposa-t-elle en prenant son sac.

— Une fois de plus, je suis vraiment désolé pour votre mère. Cela a dû être très dur.

— Ça l'est toujours.

Luc se renfonça dans son siège, héla le serveur et demanda un expresso et la note. April s'aperçut alors qu'ils étaient les deux derniers clients du restaurant.

— Merci de m'avoir parlé d'elle. De votre maman. Vous êtes très intéressante quand vous ne vous défilez pas devant mes questions.

— Je me défile ? Je ne sais pas trop ce qui vous permet de dire ça ni ce que j'ai de très intéressant. Je suis comme tout le monde, je ne ressemble pas du tout à Marthe de Florian.

À sa place, Marthe aurait tout raconté jusqu'au dernier détail sordide, sans oublier quelques apartés passionnants sur les lavements et les contorsionnistes.

— C'est rare d'avoir autant d'audace, ajouta-t-elle.

— Il suffit de se lancer, répondit Luc en récupérant sa carte de crédit des mains du serveur.

— À propos, vous n'aviez pas dit que ce serait moi qui paierais cette fois-ci ?

— La prochaine fois. On y va ? L'heure de la fermeture est passée.

— Allons-y. Merci pour les macaroni. Sans oublier le champagne. Les deux étaient délicieux.

April se leva d'un bond, mit son sac en bandoulière et dégagea ses cheveux coincés sous la lanière. Ils étaient trop longs, ils lui arrivaient à la poitrine. Ils poussaient toujours plus vite en France.

— Puis-je vous raccompagner à votre appartement. Le quartier est sûr, mais ce serait indigne d'un gentleman de vous laissez rentrer seule.

— En fait, j'avais l'intention de faire un tour aux Galeries. Je cherche des cadeaux pour mes belles-filles…

Certes, Chelsea lui avait pratiquement interdit d'acheter son sac aux Galeries, mais April se sentait soudain pressée de quitter Luc, d'échapper à son regard indiscret. Le champagne la rendait d'une franchise excessive, les mots lui sortaient du cœur. Comment Troy disait-il en termes de négociation d'affaires ? Ah oui ! Elle se dévoilait trop ; elle baissait trop sa garde.

En outre, elle sentait son cerveau et son bon sens la lâcher. Une petite voix intérieure lui demanda si Luc n'avait pas une idée derrière la tête en proposant de la raccompagner. Ce qui éveilla au fond d'elle le petit espoir que ses motivations ne soient pas totalement honnêtes.

Luc haussa les épaules.

— Je peux attendre que vous ayez fini vos courses.

— Non, non, ce n'est pas la peine. Ça peut prendre un certain temps. En tout cas, c'est très gentil. Merci.

— Comme vous voulez.

Luc se pencha pour l'embrasser sur les deux joues, à la parisienne, sans chichis.

— Au revoir, Luc, dit-elle en se mordant l'intérieur de la lèvre de peur de laisser échapper des mots qu'elle pourrait regretter. Bye bye.

Elle tourna les talons, les joues irritées par le bref frottement de sa barbe et disparut avant même qu'il ait eu le temps de dire au revoir.

36

Paris, 20 juillet 1892

Quelle chaleur l'été à Paris ! J'en arrive à regretter l'humidité du couvent, même si j'en garde une petite toux sèche une grande partie de l'année. Au moins l'été, il y faisait frais.

Bien que les rues se soient vidées avec le départ des grands de ce monde pour les demeures de leurs ancêtres, Les Folies ne désemplissent pas, ce dont je suis la première à me féliciter. J'ai besoin de gagner ma vie. Pierre est toujours en Amérique du Sud. Il m'envoie des sommes de moins en moins substantielles et me menace de rentrer. Oui, il s'agit bien de menaces. On lui aurait dit (Merci, Émilie !) que Robert de Montesquiou passait la plupart des soirées sur mon tabouret. Pierre n'est pas content. En plus, c'est la vérité.

Ah, le comte de Montesquiou ! Le plus dandy des dandys avec ses gloussements de fille et ses accessoires fleuris. Le petit homme se prétend poète, mais sa véritable occupation c'est d'étaler sa richesse. Il est vrai qu'il passe beaucoup de temps devant mon bar, mais ce n'est pas pour mon charme. Je ne suis que la caisse de résonance sur laquelle il expérimente ses rodomontades. Ce n'est pas mon ébahissement qui le retient, au contraire plus je m'extasie, plus vite il me quitte pour aller éblouir les autres.

À la vérité, il m'arrive de l'envisager comme amant. Il claque un argent fou. Les pièces d'or lui tombent littéralement des poches. Mais si Robert peut offrir à une dame les plus belles parures et les plus beaux appartements, il n'est absolument pas sélectif et cela me déprime. Il est capable de coucher avec absolument n'importe qui et ne s'en prive pas.

C'est drôle que Pierre soit si sourcilleux en ce qui concerne Robert de Montesquiou et qu'il ne fasse jamais aucune allusion à Boldini, le seul homme dont il devrait s'inquiéter. Si j'étais sûre que Boldini fasse fortune, je me débarrasserais de M. Guano vite fait bien fait. Quoique Boldini ne me fera peut-être pas une vie si facile. Son caractère est tout aussi imprévisible que sa prospérité.

Quel homme ombrageux ! À certains moments, il déchaîne de vraies tempêtes, à d'autres, il est le calme qui la précède. Il me rend nerveuse. Il ne cesse de me dérouter. Il est impossible. J'ai déjà plusieurs fois juré de ne plus le voir tellement il me met hors de moi. Mais dès que nous sommes séparés, je ne pense qu'à le revoir et à la prochaine fois où nous dînerons ensemble.

Nous adorons aller chez Tortoni, le lieu de rassemblement des intellectuels et des dandys. Nous y retrouvons souvent Émile Zola. Parfois Dumas se joint à nous. Tous les bons *boulevardiers* y viennent aussi, toujours prêts à lancer un trait d'esprit, à faire un bon mot.

Tout en sirotant de la bière, de l'absinthe ou du cassis avec de l'eau pétillante, nous parlons politique et littérature. Nous nous moquons des divers représentants de la République, sauf s'ils sont avec nous, auquel cas nous louons leurs efforts. Je repars après ces dîners avec l'impression d'être cultivée et très différente de la jeune fille arrivée de son couvent il y a à peine dix-huit mois. Chaque fois que je broie du noir, en trouvant que je n'avance pas, je m'arrête pour penser à la femme-enfant qui regardait le cortège nuptial de Jeanne Hugo. Quel chemin j'ai parcouru ! Hélas, pour un repas grandiose et enrichissant avec Boldini, je dois en supporter trois après lesquels je jure de ne plus jamais le revoir !

Il y a deux jours, je suis arrivée sans prévenir à son atelier. Je ne sais jamais dans quel état je vais le trouver. Il m'a ouvert la porte en chemise de nuit, ses cheveux fins et raides barbouillés de sept couleurs différentes de peinture.

— Bonjour, Giovanni, ai-je lancé, mais quand j'ai voulu entrer il m'a bloqué le passage, sans ciller, en me dévisageant comme s'il me voyait pour la première fois de sa vie.

— Vas-tu me laisser passer ? ai-je insisté. J'ai fait tout le chemin à pied.

— Tu ne peux pas entrer, m'a-t-il répondu d'un ton bourru.

Je me suis dit que j'étais peut-être arrivée à l'heure du cinq-à-sept. Qu'il avait une autre femme dans son atelier. Je ne lui connaissais pas d'autre maîtresse et j'avais fini par me convaincre que j'étais la seule à pouvoir supporter ses humeurs. Hélas, c'est un homme et les hommes ont leurs besoins, dont le besoin de variété n'est pas le moindre.

— Oh, ai-je répondu en me mordant la langue pour ne pas fondre en larmes. Je suppose que tu es occupé. Eh bien, salue-la de ma part qui qu'elle soit.

— C'est la fin du monde ! s'est-il lamenté alors que je m'éloignais en reniflant. Je suis un imposteur !

— Comment ça, un imposteur ? ai-je demandé sans me retourner.

Avait-il une épouse, une famille ? Une écurie de jeunes gens. Mon Dieu, quelles pensées ne m'ont pas assaillie en cet instant ! Pourtant, je le connaissais, j'aurais dû savoir que ça ne pouvait concerner que sa personne.

— Comment peut-on encore me payer pour peindre un portrait ? Je suis un amateur, un barbouilleur, un peintre du dimanche. Je ne mérite pas de travailler dans le sanctuaire de Sargent ! Je n'en peux plus ! N'y aurait-il pas un poste de serveur vacant aux Folies ? Il faut que tu me trouves un emploi !

Je me suis retournée vers lui en soupirant.

— Qu'est-ce qui t'arrive encore ?

— *Le comte*. Le comte veut de nouveau que je fasse son portrait. Je n'y arrive pas. Je n'obtiens rien de bon. Rien de ce que je fais ne lui plaît.

— *Le comte ?* Montesquiou ? Seigneur, Boldini, cet homme ne trouvera jamais aucun portrait aussi beau que la vision qu'il a de lui-même !

— Non, le problème ne vient pas de lui mais de moi, a-t-il gémi, refusant comme toujours d'écouter la voix de la raison. C'est fini, cette folie de peinture. Je vais devenir un mauvais poète ! Un ivrogne. Les deux peut-être !

— Dans ce cas, préviens-moi si tu veux te débarrasser de tes tableaux. Et de tes toiles vierges aussi, car j'aimerais me mettre au portrait, ai-je rétorqué, refusant comme toujours de rentrer dans son jeu quand il s'apitoie sur son sort. Ça n'a pas l'air très difficile comme passe-temps,

Boldini a émis un grondement sourd, il a attrapé son manteau et son chapeau et m'a annoncé qu'il allait à la morgue se remettre les idées en place. C'est le seul endroit qui arrive à lui remonter le moral. J'ai failli lui rappeler qu'il était en chemise de nuit, mais je me suis dit que les cadavres s'en moqueraient. À propos, il y a eu beaucoup de morts sinistres, ces derniers temps. La queue à l'entrée de la morgue s'étend parfois sur trois pâtés de maison. À tel point que je me demande si cet endroit ne finira pas par faire pas plus d'entrées que les Folies.

Giovanni Boldini. Quelle folie ! Le simple fait d'écrire son nom me donne envie de le revoir pour ne pas rester sur la mauvaise impression de notre dernière rencontre. Peut-être passera-t-il aux Folies ce soir. Peut-être viendra-t-il gaiement s'asseoir à mon bar, revigoré par la vue des cadavres, et m'annoncera-t-il une petite réunion chez Tortoni. Rien de tel que quelques macchabées et un soupçon d'absinthe pour requinquer ce petit homme dément.

37

April remontait la rue de Clichy en titubant. Non seulement elle avait trop bu, mais elle marchait le nez plongé dans le journal de Marthe. Normalement, elle ne procédait à ses recherches sur la provenance que dans un bureau ou un autre local professionnel, mais elle était vraiment accro à cette histoire. Et elle se trouvait à Paris, là où chaque pas vous faisait fouler le passé et rassembler des indices. En plus, elle était pompette.

Ce fut un miracle qu'elle entende son téléphone sonner, tellement son esprit embrumé était focalisé sur Marthe. Pour une fois, elle regarda qui l'appelait.

— Troy ? lâcha-t-elle à voix haute, en regardant bêtement l'écran.

Elle avait complètement oublié et qu'il était censé l'appeler et qu'il ne l'avait pas fait. « Retrouve-moi à Paris. » lui avait-elle proposé. Il n'avait pas répondu. Sa rancœur et son chagrin remontèrent d'un coup.

— Troy Edward Vogt troisième du nom ! beugla-t-elle dans l'appareil. Quelle surprise de t'entendre !

— Allô, je voudrais parler à April Vogt.

April n'aurait su dire s'il voulait plaisanter ou s'il parlait sérieusement, quoiqu'il ne soit guère réputé pour son humour ou pour ses blagues. Sa belle-mère prétendait qu'il était passé directement de l'adolescence à l'âge mûr.

— Hilarant ! Mon mari est hilarant ! Car vous êtes bien mon mari, dites-moi ? Je n'en suis pas sûre.

April tourna le coin d'une rue et zigzagua entre quelques couples qui avaient l'air de ne jamais avoir eu à se battre de leur vie. Peut-être n'en avaient-ils pas eu l'occasion ? Ou alors, s'accordaient-ils toute liberté entre cinq et sept, mais pas en dehors de ces heures-là ? Si tout le monde se conduisait mal en même temps, personne n'en souffrait.

— April, c'est toi ?

La voix de son mari semblait vraiment inquiète, pas du tout taquine, ce qui déconcerta April jusqu'au moment où elle se rappela qu'elle avait Troy au bout du fil, pas Luc.

— Pourquoi ? Tu t'attendais à une autre de tes femmes ? demanda-t-elle avec un accent anglais toujours aussi mal imité.

— Qu'est-ce qui t'arrive ? Je t'ai appelé sept fois au cours des cinq dernières heures. Tu as l'air excédée, mais c'est toi qui devais me rappeler.

— Eh bien, j'étais occupée, vois-tu.

Elle rentra dans un réverbère, le contourna et se cogna dans le suivant. Elle entendit s'esclaffer derrière elle des passants qu'elle venait de croiser.

— Occupée à quoi ?

— Oh, je suis désolée, mon travail ne compte vraiment pas pour *le grand monsieur*.

— Parle anglais, je t'en prie.

— Eh bien, j'étais à la morgue. À regarder des cadavres. Il y a des gens que ça détend.

— Des cadavres ?

— Oui, c'est un passe-temps assez apprécié à Paris. Tu sais, il y a eu beaucoup de morts sinistres ces derniers temps, déclara-t-elle, citant mot pour mot les paroles de

Marthe. Et la contemplation des cadavres est plus populaire que jamais.

— Tu as bu ?

— Non ! cria-t-elle en s'apercevant qu'elle avait dépassé son immeuble et elle fit aussitôt demi-tour.

— Veux-tu que je rappelle plus tard ? Quand tu auras dormi et que tu auras les idées plus claires. Parce que tu racontes n'importe quoi.

— *Mais que tu es bête !* s'esclaffa-t-elle en se glissant dans l'entrée de son immeuble alors qu'un groupe de jeunes d'une vingtaine d'années en sortait. Il n'est pas question que je dorme. Dis-moi, qu'est-ce que tu as fait de beau par cette magnifique journée ? Tu as travaillé dur ? Tu n'as pas fait de bêtises ?

— Je ne pense pas, j'ai passé la journée dans une décharge ! J'ai travaillé dur même si je n'ai pas l'habitude de ce genre d'endroit…

— Je vois ce qui te fait rire ! (April ne parvenait pas à introduire sa clé dans la serrure. Était-ce bien son appartement ? Elle vérifia le numéro et essaya une quatrième fois.) Rien de tel qu'une visite dans un lieu fait vraiment pour vous. Ah, les banquiers, les avocats… Willow, tous à la décharge ! Non, c'est juste trop beau. Tu me fais marcher.

— Je ne vois pas pourquoi j'inventerais une histoire pareille, mais puisque le sujet semble te passionner, sache que notre dernière acquisition tire ses revenus de la réhabilitation des sites de décharges, et nous devions donc nous rendre compte sur place.

— Je suis sûre que tu as tout bien vérifié. (April réussit enfin à enfoncer la clé et la tourna avec une telle force qu'elle crut qu'elle allait se casser.) À propos, j'ai entendu parler de la grande fête au club Beauchamp. C'était avant ou après votre petite escapade à la décharge ? Je me demande comment tu arrives à tout faire. Vraiment, tu m'épates, Troy Vogt !

— Euh… c'était avant, en fait. Mais qui t'a parlé de la soirée ?

— Une de mes sources.

— Laisse-moi deviner. Birdie, je parie !

— Tu as toujours eu une dent contre elle.

April poussa la porte de l'épaule et s'étala de tout son long dans l'entrée.

— Tu viens de tomber ou quoi ? s'inquiéta Troy.

— Non, j'ai juste renversé une antiquité du XXe siècle, répliqua-t-elle en se relevant et en frottant l'arrière de sa jupe. Mais je sais pourquoi tu n'aimes pas Birdie. Elle voit clair dans ton jeu.

— Elle ne voit rien du tout. Ce n'est pas que je ne l'aime pas. En vérité, elle m'est totalement indifférente. En tout cas, c'est un peu décourageant de savoir que tu accordes davantage de confiance aux paroles de ton assistante qu'aux miennes.

— Ouais, c'est vrai.

— Je peux savoir ce qu'elle t'a dit précisément ?

— Qu'il y a eu une fête, qu'elle a duré toute la nuit… et que tu y étais.

— Un point pour l'oiseau guetteur ! En effet, il y a eu une soirée et j'y étais. Et j'ai maintenant un costume Brioni irrécupérable tellement il empeste !

— Comme c'est contrariant ! À propos, une petite question : Willow y était ?

— C'est bizarre. Tu m'as demandé de ne plus prononcer son nom et tu n'arrêtes pas d'en parler…

— Réponds à la question, Vogt.

— Ouais. Elle était là. Ainsi qu'au dîner de clôture

juste avant. Elle était aussi sur le même vol que moi. Tu veux connaître l'itinéraire en détail ?

— Pourquoi ? Pourquoi y a-t-elle assisté ? Tu as toujours dit qu'elle ne s'occupait que des vérifications préalables. Elles ont lieu avant la signature du contrat.

— La signature d'un contrat c'est un pour cent de travail et quatre-vingt-dix-neuf pour cent de festivités, tu le sais. Tous ceux qui ont participé à son élaboration doivent y assister ainsi que tous les actionnaires. C'est incontournable. Les avocats, les banquiers, tout le monde y était. Pourquoi ai-je l'impression de me faire cuisiner alors que je n'ai rien fait ?

— En fin de compte, c'était juste pour un dîner ce voyage à Londres ?

— Oui, en majeure partie.

— Et une soirée.

— C'est ça.

— Et ensuite tu as passé la journée à la décharge ? Toute la journée ?

— Oui, nous étions plusieurs. Willow n'était qu'une des nombreuses personnes qui m'accompagnaient.

— Je t'en prie, arrête de prononcer ce satané prénom.

— Ma collègue, corrigea-t-il en soupirant.

— Je ne suis pas sûre que ce soit mieux.

— Vraiment ? « Collègue » ça te pose aussi un problème ? Pourtant, tu dois en avoir des collègues, toi aussi. Marc, Olivier…

— Et Luc, mon Dieu ! Il ne faut pas l'oublier, Luc !

— D'où il sort celui-là ?

— Ça, c'est mon problème. Enfin, puisqu'il faut te mettre les points sur les i, tu as passé la nuit à faire la fête, tu as passé la journée dans une décharge, mais tu n'as pas trouvé six heures pour venir me voir à Paris. Ni cinq minutes pour m'expliquer pourquoi ce n'était pas possible.

— Excuse-moi, mais tu n'aurais pas des problèmes d'audition ? Je viens de te dire que cela faisait partie de la signature du contrat. Ma présence était obligatoire.

— Excuse-moi, mais ne suis-je pas ta femme ?

— Je pourrais te retourner la question, April. Pourquoi n'as-tu pas pris six heures sur le mois entier que tu passes à Paris pour venir me retrouver à Londres ?

— Parce que je travaille.

— Exactement comme moi.

April se dirigea d'un pas lourd vers son lit. Elle avait foncé tête baissée dans une impasse et ne pouvait plus s'en sortir. Il venait de marquer un point. Avant, elle en avait marqué plusieurs. Tous ces points qu'ils accumulaient ! À moins de jouer à Wimbledon, ça ne servait pas à grand-chose et c'était éreintant.

— Tu prends la fuite comme chaque fois que tu te retrouves face à un problème, poursuivit-il. Tu as fui à New York pour échapper à ta famille. Tu as fui à Paris quand New York est devenu trop éprouvant. Et tu es revenue te réfugier à New York quand ça n'a pas marché à Paris.

Elle s'arrêta devant son lit.

— J'ai perdu mon boulot. Mon musée a fermé. Je serais restée si j'avais pu, tu peux me croire. Mais les types de l'immigration ne sont pas drôles. Ils n'aiment pas qu'on dépasse la durée de séjour autorisée.

— Ça ne peut plus continuer comme ça, April. Il faut que tu te décides si tu me pardonnes ou non. Je pense que tu ne pourras pas. Tu n'es pas quelqu'un de très indulgent.

— Qu'est-ce que tu insinues ?

— Pense à ton père.

— J'ai pardonné à mon père. Il n'a jamais voulu sciemment me faire du mal.

— Contrairement à moi, ajouta Troy avec un petit rire amer. Tu sais ce qui me tue dans ta relation avec lui ?

— Tu crois que c'est le moment d'en parler, du problème de mon père ?

— D'un côté, tu ne digères pas la façon lamentable dont il a géré la maladie de ta mère, du moins de ton point de vue, et, en même temps, tu attends de moi que je respecte les normes impossibles qu'il a fixées. Cette adoration pour ta mère ! Qui peut rivaliser avec lui sur le plan fidélité ?

— Je ne t'en demande pas tant. Chelsea et Chloé doivent toujours passer en premier, avant moi, affirma-t-elle et elle le pensait. La question ne s'est jamais posée, alors je ne comprends pas pourquoi tu imagines…

— Tu ne penses qu'à ça, je le vois dans tes yeux chaque fois que tu me regardes, la coupa-t-il une fois de plus, écrasant tel un bulldozer les phrases qu'elle s'apprêtait à dire. Je l'entends aussi dans ta voix. Je ne serai jamais parfait, je ne ferai pas toujours ce qu'il faut parce que je ne suis pas un être parfait. J'en suis désolé, mais au moins n'ai-je jamais prétendu l'être. Il faut que tu le comprennes.

— Je ne te l'ai jamais demandé. Je voulais juste que tu te conduises décemment.

Il avait raison d'une certaine manière, elle ne lui avait toujours pas pardonné. Pourtant, comme elle aurait aimé pouvoir le faire ! Elle aimait Troy, ses deux filles et leur vie agréable à New York. Mais Troy Edward Vogt III avait une conception de la franchise bien à lui. « Je t'ai trompée, je ne suis pas parfait, passons à autre chose. » Cela demandait un certain courage, d'accord, mais April attendait de lui davantage que « C'est à prendre ou à laisser. » Elle aurait voulu de grands gestes et de grandes promesses de sa part, même s'il n'était pas certain à cent pour cent de les tenir.

— Je peux te poser une question ? reprit-elle.

C'était une interrogation qu'elle refoulait depuis dix ans et qui la torturait depuis trois mois. Mais la soirée qu'elle venait de passer, grâce à Marthe, au champagne et aussi à Luc, lui donna le courage de se lancer :

— Tu as trompé Susannah ?

Un long silence. Une seconde, deux, trois…

— J'attends, soupira-t-elle.

— Ça m'étonne que tu me le demandes maintenant, dit-il lentement, d'une voix égale. On aurait pu régler ce point dès le début, quand on s'est connus.

— Oui, j'aurais dû faire un audit préalable… Tu as raison. Honte à moi ! Réponds quand même.

— La cause de la fin de notre mariage n'a pas changé depuis la première fois que nous en avons parlé. Susannah a eu une liaison avec mon meilleur ami et aucun des deux ne semblait désireux d'arrêter. Elle m'a même défié de l'empêcher de continuer.

— Je ne t'ai pas demandé ce qui a sonné le glas de votre mariage, je le savais déjà. Je t'ai juste demandé si tu l'avais trompée.

— Oui, répondit-il enfin. Je l'ai trompée.

April émit un sanglot étranglé et se laissa glisser par terre. Elle resta ainsi prostrée sur ce vieux plancher parisien, incapable de parler, secouée de spasmes. C'était une réaction extrême pour une trahison qui n'avait concerné que Susannah mais, d'une certaine manière, elle avait l'impression que son mariage s'en trouvait affecté, lui aussi.

— Tu te fiches de moi ou quoi ? C'est pour Susannah que tu pleures ? Je te rappelle qu'elle me trompait, elle aussi.

— Tu le savais à ce moment-là ?

Non pas que cela soit une excuse. Tromper l'autre pour se venger n'est guère reluisant et n'arrange rien. Mais autant que les deux se soient mal conduits et pas seulement l'homme qu'elle essayait de croire.

— Je la soupçonnais sans en être certain. Notre couple battait de l'aile. Je n'aurais pas dû le faire, mais je ne veux pas te mentir. Cela n'a aucun rapport avec nous. Les circonstances étaient différentes. Ce mariage était différent dès le départ. J'ai su qu'il ne tiendrait pas à l'instant où elle est entrée dans l'église. J'étais immature et stupide et j'ai tout fait pour le saboter.

— C'était peut-être différent, mais comment veux-tu que je te fasse confiance vu que tu as recommencé alors que notre couple allait bien, apparemment. Tout est une question de sémantique. C'est vrai quoi, que tu attaques une banque ou que tu détournes des fonds, ça n'a aucune espèce d'importance, tu es un criminel et tu dois aller en prison.

— Waouh ! C'est nouveau ça ! Je ne savais pas que les incartades conjugales étaient passibles d'emprisonnement ! s'esclaffa-t-il d'un rire sec avant d'exhaler un long soupir épuisé. Ce que j'ai fait était affreux, mais tu n'es pas juste. Tu as le choix. À toi de choisir si tu peux laisser cet écueil derrière toi. La décision t'appartient. Alors que décides-tu ?

April ferma les yeux et se releva en se tenant au bois du lit. Elle venait de comprendre que Troy ne lui donnerait pas ce qu'elle attendait. Il ne lui offrirait ni les paroles ni les grands gestes ni les grands engagements qui auraient tout arrangé et l'auraient absous de ses crimes passés.

Non, April devait trouver la force de lui pardonner en elle et en elle seule. Troy avait raison. Elle en était sans doute incapable.

— April ? demanda Troy d'une voix rauque. Tu es toujours là ?

— Je ne sais pas quoi te répondre, Troy. Vraiment pas. Et je dois y aller.

Son téléphone heurta le matelas une seconde avant qu'elle s'y écroule. Le visage enfoui dans les draps, April agita les pieds au-dessus du tapis bleu et blanc pour se déchausser, mais sa chaussure gauche resta suspendue à son orteil.

Avant de sombrer dans le sommeil, elle entendit résonner le bruit sourd du cuir tombant sur le parquet et cet instant de lâcher-prise sembla résonner dans l'appartement et jusque dans Paris. Toutes les filles savaient qu'au moment où elles retiraient leur dernière chaussure, leur journée était bel et bien terminée. Cela devait finir par arriver à un moment ou à un autre. Tout avait une fin. Si vous ne la voyiez pas venir, c'est que vous ne regardiez pas assez bien.

38

Paris, le 1er juillet 1893

C'est fini ! Tortoni a disparu exactement comme tout le monde le prédisait. La fête est finie, comme on dit.

Je n'arrive pas à y croire, même si les journaux annonçaient sa fermeture depuis des mois. Quand je me suis retournée dans mon lit ce matin, j'ai vu Giovanni à côté de moi qui dessinait le comte de Montesquiou. Avec un perroquet, cette fois-ci. Je lui ai dit bonjour et il m'a répondu : « Tortoni a fermé ».

— Tu n'es qu'un affreux menteur !

Je me suis assise et j'ai descendu ma chemise de nuit qui était remontée sur mes hanches.

Il a tendu le menton vers le pied du lit.

— Tu n'as qu'à vérifier dans le journal. C'est écrit noir sur blanc.

Pour une fois, Giovanni disait la vérité. « Tortoni a disparu de Paris aujourd'hui, » titrait le *Paris Herald* de la veille. « Le café du coin du boulevard des Italiens et de la rue Taitbout, connu pendant plus d'un siècle comme l'un des lieux de rendez-vous favoris des grands noms de la littérature, des arts et de l'aristocratie, sera remplacé par le café Brébant. Ainsi en est-il de toute chose sur terre. Dès samedi, débuteront les travaux de démolition qui, une fois de plus, feront disparaître un lieu emblématique du vieux Paris. »

« Ainsi en est-il de toute chose sur terre. » J'ai déchiré ce passage pour y réfléchir. Il me semblait chargé de menaces. Toute ma bonne humeur s'est envolée.

— Ce n'était qu'un café, n'arrêtait pas de répéter Giovanni. Et tu as Maxim's. Ce n'est pas une grosse perte, si tu veux mon avis.

Non, Tortoni n'était pas n'importe quel café. J'avais l'impression d'avoir été lancée dans cet établissement, d'y avoir fait mes débuts parisiens. Même si ça ne s'est pas produit en une seule fois, même si à la même époque la belle Otero dansait autour de notre table, les jambes en sueur, un sein débordant de son corsage. Il arrivait qu'on y reçoive un coup d'épée ou un coup de bâton mais, quoi qu'il en soit, c'était un endroit magnifique… et il m'appartenait ! Oh, Tortoni, comme tu vas me manquer !

Maintenant, tout le monde va se battre pour devenir le nouveau Tortoni. Les cafés surgissent un peu partout dans Paris, tous avides d'attirer les plus célèbres *boulevardiers*. L'un des plus réputés est celui de Maxime Gaillard, le Maxim's, c'est d'ailleurs le seul à avoir réussi. Cela grâce à un stratagème publicitaire. Le restaurant possède quatre vitrines sur la rue. Et Maxime a installé une beauté dans chacune d'entre elles. Quelle idée de génie ! D'autant plus que c'est moi qui la lui ai soufflée au cours de ses longues stations à mon bar.

Oh ! t'ai-je précisé, cher journal, que j'étais une de ces beautés ?

C'est rapidement devenu un poste très couru. Plusieurs de nos célèbres danseuses de cancan ont manifesté le désir d'y paraître mais, de toutes les filles des Folies, c'est moi que Maxime a choisie pour être perchée comme un oiseau (bien emplumé, dois-je dire). C'est mon visage qui incite les clients à franchir les portes, ma silhouette cambrée qui jette de longues ombres dehors sur le trottoir. Bien sûr, j'ai beaucoup de mal à rester sur mon perchoir. Les coqs m'assaillent de toutes parts.

— Vos cheveux ! s'émerveillent-ils. Ils sont d'une couleur unique. Votre peau ! Elle est plus douce et plus blanche que les fesses d'un bébé.

Merci pour ces compliments. Je dois ces résultats au henné et à ma crème éclaircissante. Non pas que j'en aie besoin, évidemment. Ces produits ne servent qu'à rehausser les atouts que Dieu m'a accordés. Finalement, mes parents m'ont laissé un bel héritage. Ma mère n'a pas vécu longtemps, mais sa beauté était légendaire.

Cependant, je dois veiller à ne pas rester trop longtemps exposée aux regards des boulevardiers. Parfois, l'usage intensif de ma précieuse crème me donne un teint jaunâtre. Il doit certainement exister un autre onguent capable de pallier cette ignominie. Ce qu'il ne faut pas faire pour rester belle ! Ce n'est que ruse et fourberie, grommelle Boldini, pourtant, un peu de crème et de henné ne lui feraient pas de mal.

Maxim's n'est pas ma seule source de revenus, même si j'y suis payée deux fois plus qu'aux Folies. Disons plutôt que Gaillard me donne deux fois ce qu'il croit être leur tarif, mais ce n'est pas loin du triple. Alors que Gérard m'impose des règles strictes concernant ma tenue, je suis libre de m'attifer comme bon me semble chez Maxim's, du moment que je suis ravissante et que je pousse au moins trois hommes à la ruine chaque semaine. C'est incroyable la vitesse à laquelle ces soi-disant gentlemen vident leurs poches pour m'offrir à manger et me couvrir de cadeaux ! Une belle bande de *paniers percés* !

La plupart du temps, je m'affiche dans la vitrine de Maxim's vêtue d'un manteau en chinchilla et je me nourris de caviar et de champagne et de tout ce que les hommes tiennent à m'offrir. Je porte souvent une *aigrette* sur la tête. C'est un ornement magnifique mais guère pratique. Cette maudite plume blanche menace constamment de s'enflammer à la lampe. Mais peu importe, ce qui compte, c'est qu'elle attire les regards.

Jusqu'à présent, Maxim's est une authentique réussite (tout le plaisir est pour moi, M. Gaillard !) Il finira sans doute par remplacer Tortoni, car la « grande dame » entre toutes fréquente en effet l'établissement. Oui, c'est bien de Jeanne Hugo Daudet que je veux parler. Elle ferait mieux d'y passer un peu moins de temps, d'ailleurs. Presque tous les soirs, elle s'abrutit d'alcool. L'autre jour elle a même sauté sur l'estrade pour diriger l'orchestre avec une asperge.

Proust m'a dit que c'est parce qu'elle et son mari sont voués à divorcer. Aussi délectable que soit cette rumeur, j'ai du mal à la croire. Tout le monde sait que Proust est une langue de vipère. Un divorce ? Dans cette famille ? Après un tel mariage et tant de cadeaux ? Ce n'est pas possible. Ce serait stupide de gâcher tout cela pour une ou deux fâcheries. Nous n'arrêtons pas de nous chamailler avec Boldini. *C'est la vie !*

J'ai tenté à plusieurs reprises d'approcher Jeanne. Étant donné l'application qu'elle déploie pour éviter ma vitrine, elle se souvient de moi, ainsi que je l'ai toujours pensé. Parfois, je la surprends à me regarder, comme si elle m'invitait à l'aborder. Je vérifie alors où se trouve Maxime (il déteste que je quitte mon poste) et, s'il est occupé, je me dirige vers elle. Mais à chaque fois, quelque chose s'interpose entre nous au dernier moment.

Un soir, je venais enfin de réussir à lui dire bonjour quand les Russes ont fait irruption avec leur extravagance habituelle. Jeanne, toujours grivoise, a sauté sur le bar en criant : « Voilà les Cosaques ! » Très Jeanne Hugo Daudet. Quelle vulgarité ! Quel manque de classe ! Son nom lui permet tout mais elle ne l'honore guère.

Ce soir-là, tandis que Jeanne se pavanait sur le bar, je me suis repliée dans mon coin pour regarder les Russes prendre Maxim's d'assaut et jeter des pièces d'or à la cantonade. Je pourrais abandonner les hommes et Maxim's si j'arrivais à récupérer une bonne quantité des *louis d'or* que ces barbares balancent chaque fois qu'ils débarquent quelque part. Quand personne ne me regarde, je ne me gêne pas pour ramasser quelques pièces, je crains d'en avoir besoin un jour.

Car vois-tu, cher journal, tandis que Tortoni fermait pour laisser la place à quelque chose d'encore plus grand, mon bail avec Pierre a expiré lui aussi. Il y a une semaine, j'ai reçu un télégramme dans lequel Pierre m'annonçait que je ne recevrais pas de fonds ce mois-ci. Je ne sais pas si c'est parce qu'il n'a plus d'argent ou s'il ne veut plus m'en donner tout simplement. J'en étais arrivée à compter sur cette rente d'Amérique du Sud. Même si je savais que sa patience touchait à sa fin, je n'imaginais pas que ses largesses aussi.

Ne te méprends pas, cher journal. Maxime et même Gérard me paient largement et je ne me plains pas de mon salaire. Mais si l'on ne peut se passer d'un manteau et d'une chambre bien chauffée, porter du chinchilla et des plumes peut s'avérer tout aussi indispensable.

J'ai donc fait un dernier effort pour préserver mon chèque mensuel. Ce matin, après une longue nuit chez Maxim's puis chez Giovanni, je suis rentrée chez moi prendre mon plus beau papier à lettres toilé rose pour encenser Pierre et son sens aigu des affaires. Puis j'ai trempé mon sein gauche dans de la poudre éclaircissante et je l'ai pressé sur le bas de ma lettre. J'espère seulement que ce rappel de la douceur de ma peau survivra à la traversée de l'océan et me fera gagner quelque répit.

39

L'appartement lui parut encore plus vide que la veille.

April était sûre d'être partie la dernière. Pourtant, entre le moment où elle était allée à la Terrasse et ce matin, quelqu'un avait déplacé au moins une douzaine d'objets dont ce pauvre Mickey qui trônait à présent sur un carton de vieux livres, une étiquette « retour au propriétaire » collée à la hâte sur son visage.

April enjamba quelques piles et se pencha pour ramasser la peluche.

— Oh, mon pauvre Mickey, tu es expulsé, dit-elle en le serrant contre elle.

Elle prit le foulard noué à l'anse de son sac et frotta doucement le dessus de sa tête. Des petites particules de fourrure noire restèrent collées à la soie marine et or.

— Zut, je suis désolée, mon grand. Tu es déjà bien assez amoché comme ça.

Elle l'approcha de son nez. Il sentait le moisi, la poussière, mais derrière elle perçut autre chose, une petite note sucrée, florale. Le parfum de Marthe, peut-être. Ou celui de Lisette Quatremer. Cela la conforta dans l'idée que, même après la disparition des gens, on pouvait encore saisir des traces de leur passage. À condition, bien sûr, qu'on leur ait laissé un endroit où s'attarder.

April posa la peluche sur la console Napoléon III qu'elle avait commencé à expertiser la veille.

— Il faut que tu voies ce qui arrive à ta maison, Mickey, dit-elle en sortant son calepin.

Elle se mit à écrire.

Miroir et table console Napoléon III en bois doré et laqué noir. N° 2 *écrit au dos.*
*Troisième quart du XIX*e *siècle ?*
Miroir rocaille à volutes en C et à fleurs.
Croissant de lune, trois étoiles flanquées de deux colombes.
Dessus marbre serpentine rouge royal, pieds de biche.

April vérifia l'étiquette au dos qui portait comme inscription : *De la grande antichambre/Kiosque de Gezira/ console or et ébène*. Elle sourit, surprise. Il n'y avait que Marthe de Florian pour posséder un meuble venu d'un palace du Caire.

Elle écrivit *Grande antichambre, palais de Gezira* qu'elle souligna deux fois. Pas vraiment à sa place dans le lot 379 de la vente « Vieilleries dépareillées ».

Soudain, April entendit un bruit de clé dans la serrure. Elle passa derrière la console pour attraper une épée décorative. Celle-ci n'était pas aiguisée, mais elle pourrait faire mal abattue avec force sur le crâne d'un intrus.

— Bonjour ? cria-t-elle avant même que la porte ne s'ouvre.

Luc apparut dans l'entrée.

— Avril ?

— Oh, Seigneur ! soupira-t-elle en sortant de sa cachette. Vous m'avez fait peur. Une fois de plus.

— Je vous présente mes regrets éternels, répondit-il en posant sa sacoche par terre. Je ne m'attendais pas à trouver qui que ce soit ici un samedi. Qu'est-ce que vous faites là ?

— Je rattrape mon retard.

Et je m'occupe l'esprit pour ne pas penser à l'homme de l'autre côté de la Manche ni à la femme qui l'accompagne.

— Quoi ? C'est tout ce que vous trouvez à faire un week-end à Paris. Vous êtes sinistre !

— Et vous alors ? Vous êtes là aussi, rétorqua-t-elle en contournant une desserte noire. Nous sommes donc aussi sinistres l'un que l'autre.

— Sauf que je suis juste venu chercher un tableau à la demande de Mme Vannier. Ensuite, j'attaquerai mon week-end et je ne penserai plus au boulot jusqu'à lundi.

— Si vous venez chercher un tableau, vous n'avez pas de chance. Toutes les œuvres d'art ont été emportées. Olivier et Marc pourront vous donner accès à notre local lundi. Je doute qu'ils s'y trouvent aujourd'hui. Désolée, mais vous vous êtes déplacé pour rien.

Luc haussa les épaules.

— Pas du tout, protesta-t-il en s'appuyant à une commode laquée.

Il s'agissait d'une réalisation de Riesener, la reproduction d'un des plus célèbres meubles de la Couronne de France. « Reproduction » était un terme bien dévalorisant pour cette pièce qui serait vendue au moins trois cent mille dollars.

— Pourriez-vous ne pas vous appuyer sur ce meuble ? demanda April. Tenez, j'ai ce qu'il vous faut, ajouta-t-elle avec un geste vers l'angle de la pièce. Sachant que vous aimiez prendre vos aises, j'ai fait venir ces sièges pliants rien que pour vous, si ça ne vous ennuie pas.

— Ah, notre Avril ! Que ne ferait-elle pas pour protéger son cher bric-à-brac ?

D'un air de martyr, Luc attrapa une chaise et la traîna

sur le sol. Aussitôt, April frotta le plancher du bout du pied pour effacer les rayures.

— Décidément, malgré toutes vos précautions, je ne peux m'empêcher de causer des dégâts, sourit Luc. Alors elle est de Linke, cette commode ? Vous voyez, j'ai bien écouté la leçon.

— Oui, sauf que vous avez cent-cinquante ans de retard. Elle est de Jean Henri Riesener. C'était l'ébéniste officiel du roi. C'est une reproduction d'une pièce qui appartenait à la famille royale. Vous voyez là, sur le devant, c'est le monogramme de Marie-Antoinette.

Luc se laissa tomber sur la chaise, les yeux plissés, d'un air pensif si ce n'est fatigué.

— Ne vous inquiétez pas, s'empressa-t-elle de le rassurer. Je ne vais pas me lancer dans une nouvelle leçon. Mais vous avez vu ça ?

April saisit l'épée et voulut la faire tournoyer. Surprise par son poids, elle heurta malencontreusement la jambe de Luc.

— Aïe !

— Oh, je suis désolée. Je vous ai fait mal au genou ?

— Ce n'est pas pour mon genou que j'ai eu peur. Je l'ai échappé belle, Avril. Mes futurs enfants vous remercient.

— C'est une chance que je ne vous aie pas mutilé, répondit-elle en rougissant. Mais vous ne trouvez pas que cette épée est magnifique ? Vous êtes un mec. Vous devriez aimer les armes, non ?

— Je suis effectivement un mec, mais j'ai bien peur que ce ne soit pas au sens américain du terme.

— Vous avez raison, murmura-t-elle en passant le doigt sur le fil de la lame. Je ne sais pas comment nous allons évaluer cette épée ni si elle a la moindre valeur.

Peut-être que Marthe s'en est servie pour repousser des soupirants trop entreprenants. Ou voulait-elle pourfendre une rivale ?

April fit le geste de transpercer le ventre de Jeanne Hugo, mais ses intentions meurtrières ne s'arrêtaient pas à elle. Elle se demanda si personne n'avait jamais poignardé une écologiste, grande promotrice des fonds d'investissements.

— Bon, assez joué, murmura-t-elle en remettant l'épée dans son fourreau.

— Avril, pourquoi faites-vous cette tête-là ?

— Que voulez-vous dire ?

— Depuis mon arrivée, vous froncez les sourcils. Qu'est-ce qui ne va pas ? Vous avez un nouveau problème sur les bras.

— Non, pas du tout.

Elle déplia une autre chaise et la posa en face de Luc. Elle se sentait tout à coup les jambes coupées. Elle n'avait plus vingt-cinq ans. Elle ne pouvait pas travailler dans le stress permanent et brandir des épées sans finir par en pâtir physiquement.

— J'ai beaucoup pensé à Marthe ce matin, déclara-t-elle, n'avouant qu'une partie de la vérité.

— Seulement ce matin ? gloussa Luc. Moi qui avais l'impression que vous pensiez à Madame de Florian vingt-quatre heures sur vingt-quatre. Je vous taquine, *ma chérie*, ajouta-t-il en lui touchant le genou, voyant qu'elle ne répondait pas. Dites-moi. À quoi avez-vous pensé exactement ?

— Au cinq-à-sept que Marthe et ses amis considèrent comme le moment convenu des infidélités.

— Ah, je vois, cela offense votre sens puritain.

— Non ! Pas du tout ! protesta-t-elle, à la recherche

des mots qui pourraient expliquer sa pensée sans la dévoiler en totalité. Cet arrangement n'a pas que du mauvais. Tout le monde est d'accord et donc personne ne le discute. Personne ne se fâche. Ça ne fait pas de scandale. C'est juste comme ça. C'est comme lorsqu'on permet à un adolescent de boire du vin le dimanche. Ça dédiabolise tout.

— Suggèreriez-vous la réhabilitation du cinq-à-sept ? Sans beaucoup m'aventurer, je peux vous affirmer que vous rencontrerez une large adhésion, en particulier du côté masculin.

— Non, ce concept ne prendra pas. C'était juste une idée en l'air. Si votre femme avait une aventure, ça vous plairait de le savoir ?

— Je n'ai jamais été marié.

— Imaginez que vous l'êtes. Ça vous plairait ?

— Une fois de plus, tout dépend de la situation. En règle générale, non, ça ne me plairait pas, pour reprendre votre expression. Il y a plus grave, bien sûr. Mais pourquoi ai-je le sentiment que vous ne posez pas cette question par hasard ?

— Mon mari… eh bien, il a…

Elle secoua la tête.

— Nous avons eu une discussion, tous les deux, se reprit-elle précipitamment. Une de nos amies, enfin le mari d'une de nos amies a eu une aventure d'un soir.

Luc hocha la tête d'un air entendu.

— Une de vos amies.

Elle baissa les yeux. Beaucoup de choses échappaient à Luc, mais pas cette subtilité, évidemment.

— Oui, répondit-elle sans le regarder, préférant ne pas lui confirmer sa maîtrise croissante de la langue américaine. Et son mari lui a tout avoué. En précisant clairement qu'il ne s'agissait pas d'une aventure, mais d'une erreur de jugement.

April aurait pu lui fournir davantage de détails sur la triste situation de son amie. Elle aurait pu dire que le mari se trouvait à Singapour en déplacement professionnel, pour la signature d'un gros contrat. Qu'il y avait eu un dîner et qu'il avait abusé d'une certaine liqueur dont il n'avait pas l'habitude. Et, pour finir, il y avait une consultante. Les deux s'étaient retrouvés dans la chambre du mari à l'hôtel. Il avait appelé sa femme dix minutes après pour tout lui avouer. Trois mois plus tard, la conversation tournait encore en boucle dans la tête d'April.

— Était-ce une faute très grave de leur point de vue ? demanda Luc. En fait, j'ai l'impression que le débat se situe entre votre mari et vous. Vous ne trouvez pas un peu scabreux de discuter des problèmes de couple des autres ?

Il haussa les sourcils d'un air de défi.

— Oh, mon amie s'en moque, marmonna-t-elle. Là où nous ne sommes pas d'accord, mon mari et moi, c'est que moi, je pense que son mari n'aurait jamais dû lui dire alors que Troy trouve sa franchise admirable.

— Et qu'en pense votre amie ?

— Elle aurait préféré ne jamais le savoir.

April se posait la question depuis que c'était arrivé, mais elle venait d'y répondre clairement pour la première fois. Bien qu'elle ne soit pas fière de cet aveu, cela la soulageait de l'avoir formulé à voix haute au lieu de le penser dans l'abstrait. Luc n'était pas la première personne à qui elle parlait de son amie fictive. Elle se racontait aussi ce mensonge à elle-même.

— Pourquoi ? Pourquoi aurait-elle préféré l'ignorer ?

— Parce que cela la met dans une mauvaise posture.

Si ça ne devait plus se reproduire, pourquoi son mari lui a-t-il dit ? Pour ne plus avoir cela sur sa conscience et que ce soit elle qui porte ce fardeau ? À qui cet aveu a-t-il fait du bien, à part lui ?

— C'est vrai, c'est surtout lui que cela a soulagé. Mais ne l'a-t-elle pas épousé parce qu'elle savait pouvoir compter sur son honnêteté ?

— Absolument. Sauf que maintenant, elle n'arrête pas de s'inquiéter. En plus, son mari est presque fier de sa franchise. Il considère normal qu'elle lui pardonne, que c'est la moindre des choses. C'est comme s'il disait : « Pardon, je suis désolé d'avoir fait ça, mais je ne suis pas parfait alors… c'est à toi de voir. »

— Elle a peur qu'il recommence.

— Oui et c'est ça le pire. Elle devrait peut-être tout simplement prendre exemple sur le cinq-à-sept de Marthe. Le considérer comme une de ces règles tacites qui régissent notre société. On tient la porte aux vieilles dames, on sort sa poubelle, on se permet à l'occasion une petite aventure du moment que cela ne bouscule pas l'emploi du temps. Personne n'est surpris. Personne n'est ridiculisé.

— Vous n'y croyez pas vraiment.

— Ah bon ?

— Personnellement, je pense que c'est une idée fantastique. Si vous voulez la vérité…

Luc s'interrompit en entendant son téléphone sonner. Il regarda l'identificateur de numéro et fit une grimace.

— Merde ! Il faut que j'y aille. Nous pourrons poursuivre cette conversation plus tard ?

— Non… enfin… si vous voulez. Mais je ne suis pas sûre que ce soit nécessaire.

— Permettez-moi très sincèrement de ne pas partager cet avis.

Il se leva et ses genoux craquèrent.

— Je suis désolé de partir si vite, mais il le faut absolument. Ça ne vous ennuie pas que je vous laisse seule ?

— Bien sûr que non, j'étais seule avant votre arrivée.

Luc rangea sa chaise pliante dans le coin en faisant bien attention à ne pas rayer le sol une seconde fois. Puis il revint vers elle, avec le petit sourire qui précédait l'au revoir qu'elle entendait presque dans son sommeil.

— Faites attention à vous, dit-il.

April sourit à demi sans bouger de son siège. Elle en était incapable. Ses jambes (son corps, son esprit) ne pouvaient plus fournir le moindre effort. Alors qu'elle rêvait de cette étreinte physique, elle n'en trouvait pas la force.

— Au revoir, Luc, répondit-elle d'une voix éteinte digne de Chelsea, de Chloé ou de n'importe quelle adolescente américaine. À plus tard.

— On ne va pas se quitter comme ça. Allez, *debout*, ordonna-t-il en lui tendant la main.

— Non, allez-y, Luc, vous voulez bien ? Je suis épuisée. Vous avez autre chose à faire que…

Sans prévenir, Luc la tira par les deux bras et la mit debout. Elle se retrouva contre lui, le cerveau embrumé, et cligna des yeux.

— Prenez soin de vous… commença-t-il en l'embrassant doucement mais fermement sur une joue. Douce Avril, ajouta-t-il avant de l'embrasser sur l'autre.

Sur ces mots, il tourna les talons et disparut de l'appartement. April resta pétrifiée quelques instants, stupéfaite de voir qu'elle tenait debout finalement.

Troisième partie

40

April essayait d'ignorer les jours qui filaient tandis que le mobilier de l'appartement de Marthe se réduisait de plus en plus. Mais chaque pièce qui restait demandait plus de travail que la précédente. April découvrait des particularités. Elle devait faire des recherches. Le temps lui manquait.

À filets de buis bordure bois noirci, la commode demi-lune possède un dessus en marbre rouge griotte surmontant un bandeau à frise. Elle ouvre à un tiroir en ceinture, deux tiroirs sans traverse à décor de pêche et vase fleuri (repeint ?)*, deux vantaux (dissimulant deux tiroirs) décorés de feuilles de laurier et une tablette centrale à décor de fleurs de lys. Elle repose sur quatre pieds enrichis d'acanthe* (restaurés ?) *qui se terminent en pattes de lion.*

Les questions s'accumulaient comme autant d'excuses pour s'attarder à Paris. Peut-être pourrait-elle prolonger son séjour de quelques jours ? L'avantage des recherches, c'est qu'on pouvait les poursuivre éternellement. Et comme April le clamait à Peter, à Olivier et à qui voulait l'entendre, elle attendait une entrevue avec Mme Agnès Vannier, une femme qui pouvait se révéler être une fabuleuse source de renseignements. Et qui, Dieu merci, était encore en vie.

En ce mercredi après-midi, assise sur une chaise pliante, April inspectait un bronze de Jules Dalou. Elle avait déjà vu ses sculptures dans des musées et au jardin du Luxembourg, mais elle n'en avait jamais tenu dans sa main. Il s'était surtout consacré à des réalisations monumentales. De qui Marthe avait-elle obtenu ce bibelot ? De Boldini, de Montesquiou, du magnat du guano ? À moins que ce ne fut un cadeau de Dalou en personne. Marthe devait être la seule femme pour laquelle chacune de ces hypothèses était plausible.

Cette statue, comme nombre d'œuvres de Dalou, représentait un nu, une femme aux formes arrondies assise sur un rocher, les genoux remontés contre la poitrine, qui contemplait le torrent à ses pieds, le menton posé sur l'épaule. April se sentait un peu comme elle, recroquevillée sur elle-même et complètement exposée sans laisser rien voir toutefois, à quelques minutes du plongeon inexorable dans l'eau tourbillonnante et glacée.

April prit une photo de la statue avec son téléphone. D'habitude, elle utilisait un appareil plus performant, mais le portable lui permettrait d'expédier ce cliché à Troy et de mentionner en passant que le bronze serait superbe dans leur appartement. N'hésite pas à l'acheter lors de la vente aux enchères ! Non, je plaisante ! (Pas tant que ça.)

April se souvint alors qu'elle ne pouvait pas lui envoyer un tel message. Enfin, c'était possible, mais Troy se demanderait pourquoi elle s'intéressait à la décoration de leur foyer si elle n'était pas sûre d'y rester.

Ils ne s'étaient pas parlé de vive voix depuis quatre jours, ils avaient seulement correspondu par mails et par textos, invoquant leur travail et le décalage horaire comme excuses pour ne pas se téléphoner.

Je vais tomber dans les vapes tellement je suis fatiguée, avait-elle écrit. Mais personne n'était dupe et April se demandait pourquoi ils prenaient encore la peine de sauver les apparences.

— Zut ! Pas de Dalou pour moi, dit-elle à son BlackBerry.

Au même moment, l'appareil vibra dans sa main tel un serpent à sonnettes. Elle le jeta par terre comme s'il allait la mordre avant de courir le ramasser.

— Oh, bonjour, Birdie.

Était-elle soulagée ? Déçue ? Son aisance à détailler les meubles n'avait d'égale que sa difficulté à décrire ses sentiments.

— Tu as reçu le dossier que je t'ai envoyé hier soir ? demanda-t-elle.

— Oui, merci. Il est sur le bureau de Peter. À propos, il commence vraiment à s'impatienter. Il n'arrête pas de demander quand tu penses revenir.

— Je lui manque. Comme c'est gentil ! Hélas, mon vol de retour n'est que le 11 juillet.

— Je sais, je lui ai déjà dit trente-six fois, mais il oublie au bout de dix minutes. Il m'a même demandé si tu ne pourrais pas rentrer plus tôt.

— Plus tôt ? aboya-t-elle et elle pensa à Mme Vannier, à Troy. Mais c'est impossible !

— Ouais, je sais et j'essaie de le calmer comme je peux, mais ce n'est pas facile. Elle est toujours vivante, l'héritière ?

— Oui. Toujours. Pour l'instant.

— Tant mieux. J'ai établi les comparaisons dont on avait parlé. Des biens proposés dans une vente exclusive comparés à des biens similaires vendus dans une vente générale. Je n'en ai pas déniché des masses, mais c'est déjà un début. De toute façon, je t'envoie ce que j'ai trouvé.

— Merci.

April ponctua sa réponse d'un énorme soupir.

— Haut les cœurs ! Peter est totalement avec nous.

— C'est génial, mais il n'a pas beaucoup de pouvoir de ce côté de l'Atlantique.

— Quand cette dame injoignable sera joignable peut-être pourra-t-elle convaincre le bureau parisien, poursuivit Birdie.

— Je l'espère, mais il ne faut pas trop y compter. Elle est malade, à l'hôpital, et nous n'avons plus beaucoup de temps devant nous.

— Et si tu ne parviens pas à lui parler avant ton départ ? Tu ne peux pas lui téléphoner, au moins ?

— Oh, j'y parviendrai. Quitte à rester une semaine ou deux de plus. Même un mois, s'il le faut. Quitte à veiller à son chevet jusqu'à son dernier soupir.

Cette déclaration la surprit la première. Alors que la date de son retour se profilait (le 11 juillet, dans quinze jours), elle se réveillait chaque matin de plus en plus nauséeuse, de plus en plus inquiète.

Elle avait choisi cette date de façon à être de retour chez elle pour son anniversaire. Certes, si elle restait à Paris, elle le passerait seule, mais elle courait le même risque à New York. Et Dieu sait si elle préférait être seule à Paris que chez elle. Oui, elle allait prolonger son séjour. Peter lui avait bien dit de prendre le temps qu'il fallait. N'avait-elle pas des tas de bonnes raisons pour rester ?

— Quoi ? Tu veux reporter ton retour ? s'esclaffa Birdie. Tu me fais marcher. Peter va péter les plombs.

— Ce ne sera pas la première fois.

— Pourquoi ai-je l'impression que tu ne vas jamais revenir ? Que tu vas finir par travailler pour le bureau de Paris ?

— Cela me plairait beaucoup, mais mon boulot et ma vie sont à New York, protesta-t-elle bien qu'elle soit terrifiée à la simple idée de reprendre son train-train quotidien.

— Du moment que tu en es consciente. Parce qu'il le faudra bien, ajouta Birdie d'une voix grave comme si elle lui apprenait une mauvaise nouvelle. C'est ici chez toi.

— Je sais. Eh bien, nous verrons comment j'ai avancé dans une semaine. Rappelle à Peter que je dois voir l'héritière.

Elle sentit Birdie hésiter, comme si elle se retenait de dire « bien sûr », sentant sans doute qu'April avait besoin d'une pause. Ou peut-être venait-elle simplement d'avaler de travers un morceau de brioche, comme cela lui arrivait souvent.

Quoi qu'il en soit, Birdie marqua un moment de silence assez long pour qu'April glisse sans réfléchir plus longtemps :

— Tu sais quoi ? Tant pis pour Peter. Reporte mon vol de retour de quinze jours… déjà, pour commencer.

41

Paris, le 30 novembre 1893

Il y a des mois que je n'ai pas ouvert ce journal. J'ai tant de choses à raconter et si peu à dire !

C'est fait ! Hier, j'ai reçu la lettre de rupture de Pierre. Mon gentleman du guano a appris mes exploits et m'a annoncé qu'il refusait de les financer plus longtemps. À quels exploits se réfère-t-il en particulier, je l'ignore. Il m'a interdit de lui répondre, de le supplier, de plaider ma cause ou de lui envoyer d'autres empreintes de ma tendre chair. Nous deux, c'est fini. Il a payé l'appartement jusqu'à la fin de l'année et, là, il me faudra trouver un autre logement. Il va falloir que je déménage dans un mois. Je n'en ai pas les moyens. Où est passé mon argent ? Dans des robes, des chaussures et du champagne, je suppose. Je pensais ne jamais en manquer.

Je suis allée chez Boldini. Il allait me sauver, je le savais. Notre relation a pris un tour plus sentimental que je ne l'envisageais au début. Elle est basée davantage sur nos affinités que sur le plan matériel. En fait, il ne m'a jamais rien offert et il m'arrive plus qu'à mon tour de payer l'addition chez Maxim's.

Pendant tous ces mois, j'ai montré ma bonne volonté. Je lui ai coûté bien moins cher que toutes les maîtresses qu'il a entretenues au cours de son existence. Il ne devait donc avoir aucun mal à m'aider à traverser cette mauvaise passe. Aussi étais-je toute joyeuse en me rendant chez lui, tandis que les chiffres dansaient dans ma tête. Giovanni allait me secourir, j'en étais persuadée !

Quand je me suis glissée dans son atelier, il rentrait tout fringant de la morgue. J'étais ravie. La vue des cadavres le met toujours dans d'excellentes dispositions et je ne pouvais donc pas mieux tomber. J'étais même aux anges que Pierre ait rompu avec moi. Je n'avais plus le moindre fil à la patte. Je pouvais me consacrer à Boldini sans aucune arrière-pensée. Non pas que la culpabilité m'ait jamais beaucoup gênée, mais il m'arrivait, inopinément, d'éprouver des remords.

— J'ai une grande nouvelle, ai-je annoncé d'un ton triomphal en franchissant sa porte et j'ai tourbillonné sur moi-même pour faire gonfler mes jupons. Je t'aime et j'ai décidé de mettre fin à ma relation avec Pierre afin que nous n'ayons plus rien à nous reprocher ni à craindre les commérages des uns et des autres.

— Tu m'aimes ?

Il a froncé le visage comme s'il venait de goûter un des plats infects de Marguerite. La pauvre enfant espère devenir chef dans un grand restaurant quand elle quittera les Folies. Mais je crains qu'elle n'empoisonne ses convives et finisse en prison. Sans compter qu'à force de goûter ses concoctions, elle sera bientôt trop grasse pour continuer à se contorsionner.

— Tu m'aimes ? a répété Boldini, le visage toujours pincé.

— Oui, ai-je crié en me jetant à son cou. Nous pouvons vivre ensemble ! À tout jamais ! Pierre ne se dresse plus entre nous.

Il m'a dévisagée froidement et a plissé le nez.

— Marthe, je t'adore, mais je ne suis pas assez riche pour t'aimer.

— Comment peux-tu dire une chose pareille ? me suis-je écriée, le cœur transpercé. Tu ne peux pas refuser mon amour. Je veux qu'on se marie !

— Non, tu dis ça parce que tu t'ennuies.

— Je t'aime, Boldini, espèce d'idiot ! De tout mon cœur !

J'ai mis une main sur mon front et j'ai fait celle qui s'évanouissait.

Il m'a retenue brutalement.

— J'ai beaucoup de travail, alors va jouer ta comédie ailleurs. Je passerai te voir plus tard.

— Tu n'as pas de temps pour l'amour ?

— J'ai le temps, mais pas les moyens, je viens de te le dire. Et je n'ai surtout pas le temps de supporter tes caprices. Je t'en prie. Va-t'en. Je te verrai plus tard.

Que pouvais-je dire ? La honte au front, j'ai quitté son atelier. Malgré ce que m'avait appris sœur Marie autrefois, à peine dans la rue, j'ai fondu en larmes sans me soucier d'étaler mon chagrin au grand jour.

Il ne me restait plus qu'une solution, aller chez Marguerite, dans son nouvel appartement. Qu'elle ait pu s'offrir ce logement alors que je passe mon temps à courir après l'argent m'échappe totalement. Certes, elle a eu des aventures, beaucoup d'aventures même, mais seulement avec des femmes ! Au début, j'ai cru que c'était une ruse pour séduire un certain type de mâles. Mais ses goûts n'ont pas varié. Les hommes ne l'attirent pas, prétend-elle.

Qui peut gober une telle ânerie ? Compter sur des femmes pour vous entretenir ? Honnêtement ! Autant croire aux baguettes magiques et aux animaux parlants. Voilà bien le genre de chimères dans lesquelles elle se complaît et qui lui font espérer gagner un jour sa vie en régalant les grands noms des arts et de la littérature.

Quand je suis arrivée à son appartement si mystérieusement acquis, Marguerite est venue m'ouvrir contorsionnée en 8, cul par-dessus tête. On aurait dit une dinde à la recherche d'un mâle. Oubliant aussitôt mes problèmes, je lui ai demandé pourquoi elle ne pouvait pas accueillir ses visiteurs normalement. Puis je suis passée devant elle et me suis engouffrée dans son salon d'une splendeur étonnante. Elle m'a suivie en se dandinant.

— Qu'est-ce qui ne va pas ? a-t-elle demandé d'une voix gutturale.

— Ma vie est finie ! ai-je gémi en me laissant tomber sur un divan et, contrairement à Boldini, elle ne m'a pas retenue.

Tout en sanglotant de mon mieux, j'ai effleuré le dessus du siège. Il était recouvert d'un velours d'une douceur incroyable. Je me suis redressée d'un bond pour le caresser.

— Où as-tu trouvé ce tissu ? me suis-je exclamée malgré moi. Il est extraordinaire.

— Je l'ai acheté. Dis-moi, Marthe, tu as besoin d'argent, c'est pour ça que tu es là ?

— Qu'est-ce qui te fait croire une chose pareille ? me suis-je offusquée.

— Parce que les seules choses qui te fassent pleurer, ce sont les francs et les louis.

— Bon, tu as raison. J'ai des problèmes financiers. Pierre a rompu.

— Ce qui m'étonne encore plus, c'est qu'il ait tenu si longtemps. Qu'est-ce que tu as fait de ton salaire ?

— Envolé ! Les nécessités de la vie coûtent cher. Et apparemment, je ne gagne pas autant que celles qui montent sur scène.

— Pas autant ! Tu parles ! a grommelé Marguerite en se remettant debout. J'ai toujours dit que les Folies devraient verser directement ta paie à Maxime pour gagner du temps !

— Je t'en prie, Marguerite, aie pitié de ta plus vieille amie.

— Très bien, a-t-elle soupiré. Je n'ai pas grand-chose, enfin je vais te donner ce que je peux.

— Oh, merci, ai-je répondu avec un sourire forcé. Je te suis très obligée.

— Mais je t'en supplie, ne t'en sers que pour l'indispensable, pas pour t'acheter des chinchillas ou des produits de beauté douteux.

— Douteux ?

— Marthe…

— Très bien. Comme tu voudras.

Après avoir pris possession des fonds et avoir admiré sa dernière contorsion, j'ai pris congé de mon amie. Une fois dans la rue, sous le ciel gonflé de gros nuages noirs, j'ai compté son argent et l'angoisse m'a serré la gorge. J'avais à peine de quoi tenir un mois ou deux.

Comme j'avais peur de rentrer chez moi et de tomber sur le propriétaire qui devait déjà être au courant de mes déboires, je suis passée chez Maxim's prendre un petit remontant. Hélas, comme cela arrive souvent, le premier cocktail en a entraîné un deuxième, puis un troisième et ainsi de suite. Il ne m'a pas fallu longtemps pour danser entre les tables avec la belle Otero, tandis que son troupeau de lapins roses batifolait sous les chaises. J'en ai au moins écrasé un.

La soirée fut splendide, du moins au début. Puis, alors que je nouais un châle autour de ma tête puis entre mes jambes selon les instructions de la Belle, j'ai levé les yeux et j'ai vu Jeanne Hugo, assise sur le piano, les jambes croisées, sa robe drapée de façon stratégique, qui me dévisageait ouvertement. C'était le moment ou jamais de me confronter à elle.

J'ai écarté la belle Otero de mon passage, j'ai traversé le restaurant en direction de Jeanne au pain sec qui, il faut le dire, n'a rien d'un vieux croûton, hélas.

D'après Maxime, j'ai bousculé non pas un mais deux serveurs sur mon chemin. Arrivée devant Jeanne, j'ai posé une main de chaque côté de ses hanches, et je me suis penchée jusqu'à ce que nos nez se touchent. Elle avait bu du champagne. Je l'ai senti à son haleine.

— Quel effet ça fait de trôner sur le piano d'un pauvre bougre sans avoir le moindre souci pour le lendemain ? ai-je demandé, les larmes aux yeux. Surtout sachant ce que vous savez, sachant ce que vous avez pris à d'autres ?

— Qu'est-ce qui vous fait croire que je ne me soucie pas du lendemain ? a-t-elle rétorqué avant de boire du champagne directement au goulot de la bouteille. Peut-être que j'ai beaucoup de soucis. Peut-être plus que vous.

— Vous n'avez pas à vous inquiéter de ce que vous allez manger, non ? Ni de l'endroit où vous allez vivre ? Ni de trouver de l'argent pour acheter votre prochain manteau ? Vous avez tout !

— Parfois ça ne suffit pas.

Comment ça ? Bien sûr que cela suffisait ! Ça représentait tout pour moi. Tout ce dont je rêvais.

Jeanne n'avait jamais eu à se donner à un homme qui la répugnait et qui empestait la crotte de chauve-souris.

Elle n'avait jamais eu à rôtir dans une vitrine, le dos cassé, pour payer une ou deux couturières, ni à sourire à des centaines de types à côté desquels le roi du guano avait l'air d'un prince. Elle n'avait jamais travaillé derrière un bar, ni jeté des regards envieux vers la scène en se demandant comment elle pourrait arriver sous les feux de la rampe. Elle n'avait jamais eu à emprunter de l'argent à l'amie qu'elle aurait tant voulu protéger ni à supplier l'homme qu'elle aimait de payer le loyer, alors que seul son amour l'intéressait. Et pourtant, je pouvais considérer en toute légitimité que j'avais fait du chemin. *Mon Dieu !* Comment osait-elle !

— Ça ne suffit pas ? ai-je répété, prise d'une frénésie qui me faisait oublier toute retenue.

Le mariage, les cadeaux, les quatre maisons ? Ça ne lui suffisait pas ! Tout cela sur un coup de chance aidé d'une touche de rouerie.

— Je ne sais pas comment vous osez dire une chose pareille sachant qui vous êtes. Et sachant qui je suis !

— Vous ? Mais vous n'êtes qu'une folle ! Et vous n'avez jamais été rien d'autre !

Aveuglée par la rage, j'ai arraché la bouteille de champagne de ses mains pour la fracasser contre un mur. Le silence s'est abattu sur la salle. Le pianiste s'est arrêté. Ma respiration aussi.

— Voilà les Cosaques ! a crié une voix.

Tous les regards se sont tournés vers la porte alors que les Russes envahissaient la salle telles des poules s'échappant de leur poulailler.

— Sauve qui peut, voilà les Cosaques ! ont repris les convives à l'unisson.

Un cri qui remontait à Waterloo, mais un cri qui signifiait la fin de toutes les batailles. Il était temps de passer à autre chose et de ramasser les pièces d'or qui roulaient sur le sol.

Le pianiste s'est remis à jouer fort opportunément, aussitôt acclamé par l'assistance. Entraînée je ne sais comment par la cohue vers la porte, je me suis retrouvée dehors où j'ai atterri sur le trottoir, la robe et le moral en lambeaux. Tout le monde m'avait oubliée, ce qui était à la fois un soulagement et la pire humiliation du monde.

Je descendais en titubant la rue Royale, mes sanglots couverts par les cris de liesse des fêtards de chez Maxim's, quand j'ai aperçu mon vieil ami Pujol, le pétomane chéri des Parisiens. Je n'aurais jamais imaginé un péteur sous un aspect aussi romantique, mais c'était bien lui cet élégant dandy qui s'avançait vers moi en sifflotant.

Je me suis précipitée vers lui.

— Joseph ! Mon monde s'écroule. Je suis finie !

Il m'a caressé les cheveux tendrement.

— Ma chérie, qu'est-ce qui t'arrive ?

La voix entrecoupée de hoquets, je lui ai tout raconté. Il m'a écoutée sans cesser de hocher la tête, les yeux baissés, seul être à compatir à mes malheurs.

— Oh, ma douce Marthe, je suis désolé de te voir dans un tel désarroi. Ils ne te paient donc pas assez aux Folies ?

— Au contraire, ils sont plus que généreux, mais je me retrouve dans une situation impossible.

J'ai levé vers lui mes yeux noyés de larmes dans l'espoir qu'il me trouverait encore belle, que ma crème éclaircissante et mes cheveux teints auraient sur lui l'effet désiré.

— Eh bien, je vais t'aider.

— C'est vrai ? J'ai écarquillé les yeux pour les rendre encore plus attendrissants que ceux de Marguerite. Oh, que je te suis reconnaissante. Tu peux me demander ce que tu veux, je te promets…

Il a reculé d'un pas.

— Je t'en prie, tu n'as rien à me promettre. Je suis heureux de te rendre service, même si je suis un peu fauché en ce moment, moi aussi. Mais je vais trouver une solution. Cela va me demander un peu de créativité, mais tu peux compter sur moi.

Je l'ai serré dans mes bras en pleurant de reconnaissance. Il ne me proposait ni argent ni la moindre garantie, juste un soutien qui me semblait aussi précieux que l'or des Cosaques. C'était tout ce qu'il me fallait : l'assurance d'une aide, indéfinie et sans limite dans le temps.

43

— April ?

April sursauta en reconnaissant la voix excédée à l'autre bout du fil. Comme plus d'une semaine s'était écoulée depuis qu'elle avait reporté son retour et qu'elle n'avait eu aucune nouvelle de New York, elle croyait la question réglée. D'habitude, Peter réagissait sans attendre, sous le coup de la fureur, mais là, c'était pire. Sa colère avait eu le temps de mûrir.

— Peter ! répondit-elle d'une voix prudente. Comment allez-vous ?

— C'est inadmissible !

Le téléphone collé contre son oreille, elle s'approcha de la fenêtre. La température était remontée et il faisait une chaleur étouffante à midi dans l'appartement poussiéreux de Marthe.

— Je ne sais pas quelle est la cause de votre contrariété, commença-t-elle hypocritement, mais je suis sûre que ce n'est pas si grave que ça.

— Ne faites pas l'innocente, Vogt. Il s'agit du mail annonçant votre changement de programme que Birdie a collé sur mon bureau.

— Nous l'avons décidé il y a une semaine.

— *Nous* l'avons décidé ! Elle est bien bonne ! Je ne

me souviens pas qu'on m'ait demandé mon avis. Quel est ce « nous » auquel vous faites allusion ?

— Pardon, j'ai décidé et Birdie a suivi mes instructions. Néanmoins, cela remonte bien à huit ou dix jours. Et c'est maintenant que vous vous mettez en colère ?

— Il m'a fallu tout ce temps pour me calmer ! J'aurais dû vous virer sur le champ. En fait, je crois que je vais le faire.

Il fallait s'y attendre. Tout de suite les grands mots ! Il menaçait de la renvoyer au moins une fois par mois alors qu'il se montrait toujours dithyrambique dans l'évaluation de ses performances.

— Vous étiez censée revenir au bureau lundi, continua-t-il d'une voix qui grimpait dans les aigus. Qu'est-ce que vous croyez ? Que nous restons le cul sur notre chaise à nous demander ce que nous concocte la douce April ? Nous croulons sous le travail. Il y a d'autres ventes. J'ai dû me rendre en personne pour une estimation à Long Island.

— Comme c'est triste ! Je suis vraiment désolée de ne pas être là pour vous aider. Mais je n'aurais jamais reporté mon retour si cela n'avait été absolument indispensable. Vous l'aviez vous-même suggéré, rappelez-vous. Quand vous m'avez envoyée. Vous m'avez dit de rester aussi longtemps que nécessaire. Et il me faut vraiment davantage de temps.

Peter poussa un soupir, désarmé.

— Birdie m'a dit que vous nous souteniez totalement, poursuivit-elle. Que vous étiez cent pour cent d'accord avec ce que nous faisions. Allez, Pete, vous savez que j'ai raison.

Il poussa un nouveau soupir, encore plus bruyant, pour être sûr qu'elle l'entende.

— Ne m'appelez pas Pete.

— Allez, patron, vous savez bien que je dois rester.

— Vous savez ce que ça nous coûte ? En plus, la saison des ventes approche à grands pas. J'ai besoin de vous à New York. Même ma femme réclame votre retour. Il paraît que je suis insupportable quand vous n'êtes pas là. Je n'arrête pas de l'appeler pour lui parler boulot et Karen déteste ça. Vous nous rendez malheureux tous les deux. Vous allez briser notre ménage !

— Transmettez-lui mes excuses les plus sincères, répondit-elle en se retenant de rire, car il avait vraiment l'air affligé. Je regrette de ne pas être là pour vous soutenir moralement. Mais le temps supplémentaire que je passe à Paris sera payant, je vous l'assure. Mieux j'aurai établi la provenance, plus la vente rapportera, meilleures seront nos commissions. C'est vous qui m'avez appris cela, Peter. C'est exactement ce que vous auriez fait à ma place. Du moins, au bon vieux temps, quand vous aviez encore les dents longues, ajouta-t-elle en rentrant la tête dans les épaules, prête à parer sa réaction.

— Je vous prierais de respecter mon grand âge, se contenta-t-il de répondre. Et je vous laisse deux semaines de plus.

— Ouiii ! jubila-t-elle. Mais pour qu'il ne subsiste aucune ambiguïté entre nous, vous voulez dire deux semaines à partir d'aujourd'hui. Parce que…

— Oui, deux semaines à partir d'aujourd'hui.

Elle poussa un nouveau cri de joie.

— Et pas un jour de plus !

— Génial ! C'est parfait.

— Je ne sais pas pourquoi je me laisse entraîner dans vos manigances.

— Ce sera payant, je vous le promets ! affirma-t-elle de nouveau. Bon, eh bien, il vaut mieux que je me remette au travail si je veux finir à temps.

— Vous avez intérêt.

Il raccrocha.

Le souffle accéléré par l'excitation de la victoire, April fit le tour de l'appartement pour ramasser ses dossiers et ses notes. On était vendredi et Olivier et Marc étaient partis la veille au soir dans leurs maisons de campagne. April ne voyait aucune raison de rester enfermée à respirer la poussière. Elle allait finir son travail au soleil, place des Vosges.

Pour atteindre la place depuis le 9e arrondissement, il fallait traverser le 3e et le 4e ce qui lui faisait une bonne trotte, surtout qu'elle était chargée d'un ordinateur et qu'elle mourait de chaud, la température ayant triplé en quelques jours, mais c'était un des endroits de Paris qu'elle préférait. À l'époque où elle travaillait dans son musée qui se trouvait dans le même quartier, elle allait flâner sous ses arcades ou dans les allées du jardin pratiquement tous les jours.

De nombreuses années s'étaient écoulées depuis la dernière fois qu'elle avait vu la place, mais elle n'avait pas oublié ses immeubles de brique rouge et de pierre blanche, aux toits pentus couverts d'ardoises bleues ni les fontaines à deux vasques avec leurs têtes de lion qui recrachaient l'eau. À présent, les immeubles abritaient des magasins, des restaurants et des appartements Renaissance de grand standing mais, autrefois, et pendant plusieurs siècles, l'endroit avait été surtout réputé pour les duels. April se demanda si des soupirants de Marthe ne s'y seraient pas affrontés bien qu'elle ait du mal à s'imaginer des hommes brandissant des épées ou des pistolets sur les pelouses où se prélassaient aujourd'hui amoureux, promeneurs et jeunes enfants.

April trouva une table à un café sous les arcades. Elle sortit son ordinateur et se mit au travail. Il arrivait toujours plus de monde dans le jardin déjà bondé. De jeunes mères élégantes qui cherchaient des tas de sable à l'ombre pour leurs bambins ; des couples bien habillés qui se promenaient, main dans la main, certains lancés dans de grandes conversations, d'autres ne disant rien ; des touristes et des routards allongés sur l'herbe.

April aurait aimé s'étendre sur un coin de verdure. Certes, Peter la tannait, mais qu'avait-elle de si pressé à faire dans l'immédiat ? On était presque le week-end. Tout bon Parisien qui se respectait profitait déjà de ce répit. Alors que ces pensées lui venaient à l'esprit, elle crut percevoir la rage de Peter depuis l'autre côté de l'Atlantique. La réponse était simple : elle devait tout finir et le plus vite possible.

Après avoir jeté un regard d'envie à un groupe de routards, elle prit son téléphone. Birdie avait promis de lui envoyer des photos qui leur permettraient de réaliser leur plan. Elle ne trouva aucun mail de son assistante, mais un autre message l'attendait, s'aperçut-elle, le cœur battant. C'était un texto de Luc, qui datait d'à peine quelques minutes.

J'ai des nouvelles concernant Marthe. Où pourrais-je vous retrouver ? Vous êtes encore en ville ?

Oui, s'empressa-t-elle de répondre. *Je suis chez Carette, place des Vosges, à la terrasse, pour encore une heure ou deux.*

Elle le croyait parti passer la fin de la semaine dans une vieille propriété comme Olivier et Marc. Qu'il soit resté à Paris et qu'il pense à Marthe (et, d'accord, peut-être aussi à elle), la fit sourire plus qu'il n'était convenable pour une femme seule à une terrasse.

Heureusement, elle ne le resterait pas très longtemps. Luc n'allait pas tarder et tout rentrerait dans l'ordre.

43

Luc s'assit en face d'elle et lui sourit de toutes ses dents.

— Bonjour, Avril, je suis venu aussi vite que j'ai pu.

Avril remarqua qu'il ne s'était pas rasé depuis deux, voire trois jours. Et cette barbe naissante qui ne faisait qu'accroître son allure décontractée le rendait encore plus séduisant. Même ses deux voisines en rose, qui l'avaient superbement ignorée jusque -là, ne cessaient de couler des regards vers sa table.

— Il n'y avait rien d'urgent, répondit-elle, néanmoins ravie de son empressement.

Il haussa les épaules et plongea la main dans sa poche pour en extraire un paquet de cigarettes. D'un geste propre aux fumeurs, il en tapota le fond pour en sortir une cigarette qu'il alluma.

— Ça ne m'a pas dérangé. Et merci de vous rendre toujours aussi facile à retrouver.

Tandis qu'April essayait de ne pas s'attarder sur ce dernier commentaire, Luc pencha la tête pour regarder ses pieds. Puis lentement, ses yeux remontèrent le long de ses jambes et April se rappela brusquement qu'elle portait une robe tout juste bonne pour la plage. Mais il faisait une chaleur accablante, elle n'était pas au bureau, et elle ne pensait vraiment pas que quelqu'un s'offusquerait de voir ses jambes ou se permettrait le moindre commentaire.

— Elle est mignonne, cette robe, remarqua-t-il. Elle me plaît.

— Ça ne m'étonne pas, marmonna-t-elle. Je suis désolée, mais il fait chaud. L'appartement de Marthe n'a pas de climatisation, le mien non plus, et je n'imaginais pas rencontrer des connaissances.

— Tout de suite sur la défensive, *ma chérie* ! Luc souffla la fumée de sa cigarette par-dessus son épaule. Pourtant « mignonne », c'est un compliment, non ?

— Ça dépend. Alors, me cherchiez-vous pour connaître ma tenue ou aviez-vous une autre raison de vouloir me voir ?

— Votre tenue serait une excuse amplement suffisante, mais ce n'est pas pour ça ! s'esclaffa-t-il gaiement, les yeux aussi scintillants que la fourche du diable. J'ai une grande nouvelle. L'hôpital a laissé Mme Vannier rentrer chez elle. Elle va beaucoup mieux.

April sauta sur sa chaise.

— C'est vrai ? Mais c'est fantastique une telle amélioration en si peu de temps !

— Elle est sans doute due à vos ardentes prières de ces dernières semaines. Vous étiez tellement inquiète ! Évidemment, je lui transmettrai vos vœux de prompt rétablissement.

— Je vous en prie. Et contrairement à vous, je ne plaisante pas. Alors dites-moi, quand pourrons-nous la voir ?

— Vous ne plaisantez pas ?

— Que diriez-vous de demain ? On pourrait aller chez elle demain ? Ça tomberait à pic, Olivier est parti pour le week-end…

— Demain ? Vous croyez qu'on doit attendre aussi

longtemps, April ? Nous devrions y aller tout de suite ! Et même arriver avant elle à son domicile ! ironisa-t-il avant d'écraser sa cigarette et de lui faire un clin d'œil. Vous imaginez, un notaire et un commissaire-priseur, quel accueil chaleureux ! Il y aurait de quoi la renvoyer direct à l'hôpital.

Elle leva les yeux au ciel.

— C'est bon, c'est bon, j'ai compris. Pourtant, pour info, je ne pense pas qu'aller la voir ce week-end soit si déraisonnable, mais je m'en remets à votre jugement.

— Ah, mon Américaine chérie. Un vrai bourreau de travail, comme toujours.

— Alors dites-moi, monsieur Thébault, quand pourrons-nous rencontrer votre cliente, d'après vous ? Ce n'est pas pour vous presser, mais il faut que j'organise mon emploi du temps.

— Dans quelques semaines peut-être ?

Elle écarquilla les yeux.

— Quelques semaines ?

— Deux, peut-être trois. Je pars un certain temps…

— Luc, trois semaines ce n'est pas possible. Je dois rentrer à New York dans quinze jours grand maximum. Si je tente encore de prolonger mon séjour, je vais me faire virer, c'est sûr.

— Vous partez ? s'étonna-t-il, et, sa nouvelle cigarette figée en l'air, il cligna plusieurs fois des yeux. Dans quinze jours ?

Le risque de renvoi d'April ne semblait pas l'émouvoir, en revanche, l'annonce de son prochain départ semblait fortement troubler cet homme qu'elle croyait pourtant imperturbable.

— Oui, je n'ai pas le choix. Je suis sûre que vous attendiez mon départ avec impatience. Vous allez être enfin débarrassé de cette ennuyeuse Américaine qui ne cesse de vous harceler à propos de journaux, de lettres ou de vieilles dames hospitalisées.

— Oui, c'est une chance pour moi, ironisa-t-il.

Il s'éclaircit la voix et écrasa la cigarette sans l'avoir fumée.

— Eh bien, dans ce cas, il va falloir nous presser.

— J'apprécierais beaucoup, répondit-elle d'une voix douce, en se demandant si elle ne rêvait pas, s'il n'était pas réellement attristé par son prochain départ.

Il se leva brusquement. Elle ne l'avait jamais vu aussi nerveux et ému. Elle se leva à son tour et lissa sa robe qui lui parut au moins cinq centimètres plus courte que lorsqu'elle l'avait enfilée.

— Bon, il est temps que j'y aille, annonça-t-elle d'un ton enjoué, sans cesser de tirer sur son ourlet.

— Où ça ?

Il fit quelques pas vers elle et elle sentit son pantalon effleurer son genou.

— M'allonger sur l'herbe, répondit-elle avec un mouvement de tête en direction de la pelouse. Je vais chercher un endroit tranquille pour lire quelques pages du journal et essayer de me détendre. Ce n'est pas mon fort, la détente, mais le jour me paraît tout indiqué et il ne me reste plus beaucoup de temps pour profiter du soleil parisien.

Luc passa les deux mains dans ses cheveux puis ajusta son pantalon.

— C'est le moins qu'on puisse dire. Dans ce cas, permettez-moi de vous escorter jusqu'au jardin.

— Merci.

— Venez, mon amie, allons profiter de la lumière.

Il la prit par la taille et l'entraîna sous les arcades. La

première réaction d'April aurait dû être de se raidir et de le repousser. Il lui suffisait de faire deux pas sur la droite pour être hors de sa portée, mais quelque chose la retint.

— Vous venez souvent par ici ? demanda-t-elle, et elle s'en voulut aussitôt d'avoir posé une question tellement bateau qu'il pourrait s'imaginer qu'elle le draguait.

— À l'occasion, répondit-il et elle le sentit sourire et lutter contre l'envie de prendre avantage de sa maladresse verbale. Et vous ?

— J'y venais constamment quand je travaillais au musée. C'était mon refuge.

— C'est un endroit charmant, remarqua-t-il alors qu'ils tournaient à gauche et débouchaient en plein soleil. Les fenêtres de Victor Hugo donnaient sur ce jardin, comme vous devez déjà le savoir.

Elle se tourna vers lui avec un sourire émerveillé.

— C'est vrai ? Non, je ne le savais pas ! *Le* Victor Hugo ? Le grand-père de Jeanne, l'ennemie jurée de Marthe ?

Luc éclata de rire et lui tapota la tête.

— Eh bien, on le définit plus souvent comme l'un des plus grands écrivains et humanistes de tous les temps. Mais le titre de grand-père de l'ennemie jurée de Marthe le présente sous un jour très intéressant. Oui, il vivait là-bas, en face, ajouta-t-il en montrant un immeuble de l'autre côté du jardin. Son appartement abrite à présent un musée dédié à sa mémoire.

— Il y a un musée Victor Hugo ?

— Vous avez votre Monticello, non ? C'est à peu près la même chose.

— Waouh ! Je suis venue ici au moins cinq cents fois. Et je n'en ai jamais rien su !

April s'arrêta sur un bout de pelouse proche de l'ombrage des arbres au cas où le soleil se ferait trop ardent. Avec Luc debout à côté d'elle, elle avait déjà presque trop chaud.

— Bon, cet endroit n'a pas l'air mal, qu'en pensez-vous ? demanda-t-elle.

— Vous avez là sans conteste la meilleure exposition de Paris.

Elle sortit un châle de son sac et l'étendit sur l'herbe. Puis elle s'assit de la façon la plus pudique possible.

— Vous pouvez vous joindre à moi, dit-elle sans réfléchir. Enfin… si vous avez besoin de vous reposer, s'empressa-t-elle de préciser.

— Si j'en ai besoin ? Que oui ! Hélas, j'ai un rendez-vous.

— Ah, il faut bien qu'il y en ait qui travaillent. En tout cas, merci de m'avoir aidée à trouver l'endroit idéal.

— Ce fut un grand plaisir, madame Vogt. Au revoir. À la prochaine.

Il s'inclina brièvement et tourna les talons. Elle le regarda s'éloigner de son pas guilleret. Il devait être préoccupé. Il ne partait jamais sans l'embrasser sur les deux joues. April se toucha le visage en se demandant ce qu'elle avait pu faire pour le perturber.

— Avril ?

Elle sursauta. Il avait surpris son regard et revenait vers elle. Quelle tête faisait-elle ? Avait-elle la bouche ouverte ? Le regard voilé ? Ressemblait-elle à une adolescente raide amoureuse ? Ou à une tueuse en série ?

— Ça va ? s'inquiéta-t-il.

— Oui, oui, j'ai la banane.

Que lui arrivait-il ? *J'ai la banane ?* Où était-elle allée pêcher une expression aussi vulgaire et ambiguë. Elle ne pouvait pas dire tout simplement qu'elle allait bien ?

Il éclata de rire.

— Super ! On devrait toujours l'avoir ! Mais je voulais vous demander. Vous avez des projets pour le 14 juillet ?

— Vous voulez dire le jour même ou la veille ?

Certes, April savait que le 14 était férié et que la plupart des festivités avaient lieu le 13 au soir, mais elle se demanda pourquoi elle lui réclamait cette précision vu qu'elle n'avait absolument rien de prévu ces deux jours-là ni le reste de la semaine. Ni la semaine avant ni la semaine après, d'ailleurs. Ses projets pour le mois de juillet se limitaient à prendre un avion pour rentrer chez elle à une date encore indéterminée.

Luc haussa les épaules.

— Les deux.

— Le 13 c'est mon anniversaire, laissa-t-elle échapper. Non, attendez, ce…ce n'est pas ce que je voulais dire, bégaya-t-elle, le visage écarlate.

— Je ne comprends pas. C'est votre anniversaire ou non ?

Elle relâcha sa respiration.

— Bon, c'est mon anniversaire. Je vais avoir trente-cinq ans, j'arrive à la moitié de ma vie, d'où mes réticences à l'avouer.

— Ça tombe à pic. Rien de tel qu'une fête aussi typiquement française pour célébrer votre entrée dans l'âge mûr ! *Un bal des pompiers*, ça vous dirait ? demanda-t-il le regard de nouveau pétillant.

— Le bal des pompiers ? Je ne sais pas, Luc.

April avait vécu plusieurs années à Paris et donc connu plusieurs 14 juillet sans jamais aller à un bal des pompiers. Elle avait prévu d'y assister la dernière année mais, après la fermeture de son musée, elle n'avait eu qu'une idée : fuir tout ce qui pouvait lui rappeler son échec. Elle pensait revenir quelques semaines plus tard, après avoir retrouvé du travail, quand elle pourrait reparaître la tête haute. Elle avait alors rencontré Troy qui ne s'était pas contenté de bouleverser ses projets, mais sa vie entière.

— Qu'est-ce qui vous préoccupe ? insista Luc. Ce serait la façon idéale de fêter votre anniversaire.

April s'apprêtait à repousser sa proposition quand elle se ravisa. S'il y avait une chose dont elle avait bien besoin, c'était de rire et de danser… et de boire du champagne, évidemment !

— Vous savez quoi ? J'adorerais. *Oh, le bal des pompiers, ce sera le pied* !

— *Le pied ?*

— *Le pied.* Mais vous aurez intérêt à faire attention que je ne boive pas trop de champagne. Sinon, je risque de déclencher la révolution ou d'entonner une de mes chansons favorites. Je vous recommande mon interprétation de *Lovely Ladies.*

— *Lovely Ladies ?*

— Vous savez, la chanson des *Misérables* ? De Victor Hugo ? ajouta-t-elle le doigt pointé sur l'immeuble dans lequel le grand-père de Jeanne avait vécu. Voulez-vous que je vous chante un couplet pour vous donner une idée ?

— J'ignorais que vous possédiez des dons d'actrice. J'ai beaucoup de mal à vous imaginer sur une scène.

— On n'a pas besoin de jouer la comédie pour interpréter une chanson.

— Okey-doke !

Il secoua la tête et s'accroupit pour lui prendre la main. Elle baissa les yeux et remarqua combien sa peau semblait lisse, presque juvénile à côté de la sienne.

— C'est donc décidé, charmante dame. Vous irez au

bal des pompiers avec votre notaire. C'est… comment dites-vous… réservé ?

Il lui baisa la main et la reposa sur le sol.

— Oui, réservé, murmura-t-elle, étonnée de parvenir à sortir un son de sa bouche.

Il hocha la tête, son éternel petit sourire railleur aux lèvres. Une mèche de cheveux noirs lui tomba sur les yeux.

— Parfait, dit-il en s'écartant et il effleura son bras du bout des doigts. J'ai hâte d'y être. *Au revoir*, *ma chérie.* À très bientôt.

44

Paris le 10 mai 1894

Même après tant de mois, j'ai du mal à franchir le seuil de chez Maxim's sans avoir peur de croiser Joseph Pujol. Comme notre amitié s'est vite dégradée ! Comme sa chute a été rapide ! Le plus célèbre péteur du monde, jusqu'alors premier numéro du Moulin Rouge, est devenu un paria. Il m'en tient responsable alors que c'est de lui qu'est venue l'idée fatale.

Je lui avais juste réclamé de l'aide sans préciser sous quelle forme. Je ne lui ai jamais demandé de donner une représentation impromptue de ses dons de pétomane avec le cachet le plus élevé qu'il ait jamais réclamé. Quand il m'a parlé de son plan, il n'a jamais précisé qu'il violerait ainsi son contrat d'exclusivité avec le Moulin Rouge. Ni qu'il risquait de finir avec un procès aux fesses !

M. Pujol se trouve à présent dans une situation désespérée. Le Moulin Rouge a fait saisir tout ce qu'il pouvait et ses avocats ont emporté le reste. J'ai rendu ce qui restait des bénéfices de son spectacle, mais je ne pouvais pas réclamer à mon ancien propriétaire les loyers en retard que je venais de lui payer. Peu lui importe que l'argent provienne du salaire d'une serveuse, d'un bordel ou d'une représentation clandestine de pétomane. Il a pris l'argent et il le gardera. Je ne suis même plus sa locataire !

J'ai tenté de redresser la situation. Jour après jour, je supplie Gérard de donner un numéro à Pujol aux Folies. Il y a déjà travaillé. Mais qui voudrait d'un artiste qui a trahi son employeur ? D'un homme qui a déjà quitté votre établissement pour gagner plus ailleurs ? Et qui reçoit l'un des plus gros cachets qui soient. C'est un désastre. J'en arrive à craindre que Pujol ne fasse son numéro au coin des rues. Quelle déchéance ce serait !

Pour ne rien arranger, Boldini s'est lassé de mes charmes. Il ne me dit même plus bonjour ! J'ai frappé à sa porte. Pas de réponse. Je lui ai laissé des mots demandant qu'il passe me voir chez moi ou aux Folies. Pas de réaction. Et quand je l'ai attendu dans l'allée derrière son atelier, il a ameuté les *gendarmes* !

— Cette femme a essayé de me voler ! C'est une opiomane et une chapardeuse, il faut la mettre sous les verrous.

Devinez qui a raté son service aux Folies parce qu'elle croupissait au fond d'une cellule parisienne ? Heureusement, quelqu'un (j'espère que c'est Boldini) a prévenu Montesquiou de mes malheurs. Le comte adore les jeunes femmes en détresse, ou les jeunes gens, qu'importe, et il était ravi de venir à mon secours. Il ne m'aurait pas trouvée plus séduisante si je m'étais trempée dans un bain d'or et parée de diamants jusqu'au bout des ongles. Le dandy préféré des Parisiens a payé avec joie ma libération, toujours paré de son gilet pistache, *bien sûr*.

Il est temps de regarder la vérité en face. C'est fini entre Giovanni et moi. Adieu Boldini. Adieu les matinées nonchalantes dans son atelier. Adieu les promenades nocturnes en sa compagnie dans les jardins du Luxembourg. Seule et amère consolation, je n'aurai plus à souffrir l'odeur de ses peintures ni ses caprices d'artiste. L'amour que nous avions construit au fil des mois s'est dissipé comme s'il n'avait jamais existé. Marguerite dit que je dramatise énormément, que tout finira par s'arranger. Mais que peut-on espérer d'un amant qui fait jeter sa maîtresse derrière les barreaux ?

Sa compagnie me manque déjà. Ses drôleries et ses bougonnements aussi. Je me sens dépouillée d'une relation qui comptait beaucoup pour moi. Boldini m'a tout pris. Je devrais appeler les gendarmes ! Il ne m'a jamais laissée entendre qu'il en avait assez de moi, qu'il avait envie qu'on se sépare. Au moins, Pierre a eu la délicatesse de me prévenir. J'ai demandé à Boldini s'il m'en voulait de la débâcle avec Pujol ou si cela avait un rapport avec Montesquiou. Il a refusé de me répondre, disant que je ne devrais même pas poser la question. Il semble totalement ignorer qu'il aurait pu m'épargner l'une ou l'autre de ces infamies si ce n'est les deux.

Comme il ne m'a pas offert le luxe d'une explication, je ne vois que Montesquiou comme raison valable, car l'affaire Pujol est moins personnelle et moins compromettante (en dehors de sa représentation clandestine). Boldini a toujours été jaloux de notre amitié avec le comte sans que je sache pourquoi. Ce stupide petit portraitiste n'a pas voulu m'épouser ! Après ses refus et l'affaire Pujol, quel choix me restait-il ? Il s'agit surtout d'une communauté d'intérêts et, de toute façon, une femme pourrait trouver pire que le comte comme protecteur. Ce n'est pas ma faute si Boldini n'a jamais réussi à terminer aucun de ses portraits.

— Je croyais que tu avais des principes, m'a jeté

Boldini quand il a appris ma liaison avec M. de Montesquiou. Aurais-tu oublié les heures que nous avons passées à le calomnier ?

— Le calomnier ? Nous n'avons jamais eu cette cruauté. Certes, nous avons souvent ri de cet homme prêt à tout pour faire parler de lui. C'est vrai que Robert peut être parfois stupide et qu'il n'aimera jamais personne autant que lui-même. Mais il le sait et il serait le premier à rire de ces plaisanteries sans méchanceté.

Oui, quel mal y a-t-il à aller dans son lit, même si je me suis moquée de lui auparavant ? C'est de ma survie dont il est question. J'aurais aimé que Giovanni le comprenne.

45

Paris, le 2 juin 1894

Le comte n'est pas si mauvais que ça.

Boldini prétend que je ne le répéterais pas sans cesse si c'était vrai. Oui, Giovanni me parle de nouveau, même si ce n'est que pour critiquer toutes mes décisions sans me proposer d'autre choix.

Nous sommes tous d'accord : Montesquiou n'a pas franchement de conversation. Il se targue de ses dons en littérature et dans d'autres domaines artistiques mais, jusqu'à présent, ses contributions se limitent à ce que les critiques ont appelé « un volume ennuyeux de poèmes incompréhensibles ». Dieu merci, il a d'autres atouts. Il sait comment ravir une femme, ce qui n'est pas surprenant avec son expérience, sans compter qu'il est un ornement des plus exquis autour d'une table ou dans les salons des hommes de lettres ou des grands de ce monde. Il est infiniment plus présentable que Giovanni, même si cela ne m'importe pas vraiment.

Montesquiou est donc un spécimen d'une beauté irréfutable. Il est mince et gracieux avec des cheveux ondulés noirs et une moustache parfaite (qui ne gratte pas contrairement à celle de Boldini !) Giovanni peut aussi lui envier son nez. Robert est un pinson alors que Boldini est un perroquet. D'un autre côté, les dents de Robert évoquent aussi les oiseaux ou plutôt leurs graines tellement elles sont petites et noires. Voilà pourquoi il sourit seulement des lèvres.

C'est avec ce sourire parfait que le comte a signé les papiers de mon nouvel appartement dans le 9e. Il comporte cinq pièces toutes plus belles les unes que les autres.

J'ai maintenant à la fois une antichambre et un salon. Parfois, je trouve que c'est trop grand. Mais on n'a jamais assez d'espace. Et je vais me faire un plaisir de le remplir !

Nous avons déjà commencé. Chaque jour voit arriver de nouvelles robes et de nouveaux bijoux. Montesquiou me fait livrer œuvres d'art, vases et boîtes chinoises d'un raffinement extrême en provenance des meilleures boutiques ou même, parfois, de contrebande. J'ai essayé de donner plusieurs de ces objets à Pujol pour le dédommager, mais il ne veut accepter aucune aumône de ma part.

Selon certaines rumeurs, quand Boldini a entendu parler de mon appartement et de mon bienfaiteur, il serait allé empaler sur les statues de l'Opéra tous ses portraits du comte. Je crois pouvoir dire que la destruction de ces toiles a dû lui apporter plus de plaisir qu'il n'en a jamais eu à peindre Montesquiou. Oh, quelle pensée abjecte ! Pardonne-moi, Robert ! Mais tu es tellement pénible quand tu penses qu'on ne rend pas assez hommage à ta beauté.

C'est amusant, les choses magnifiques que le beau Montesquiou m'envoie alors qu'à trente-neuf ans, il loge encore chez ses parents, dans un minable appartement au dernier étage de leur hôtel particulier du quai d'Orsay. Bien que l'hôtel ait de la prestance, son appartement est atroce. Rien que pour y accéder, il faut emprunter un escalier des plus traîtres et suivre un tunnel tendu de tapisseries égyptiennes. Et ce n'est qu'un début ! À chaque tournant, on subit une agression des cinq sens, et même des six si l'on inclut le bon sens.

Le comte a entre autres une pièce rouge, une orange et envisage d'en faire une violette. Quand il est de mauvaise *humeur* (pas aussi souvent que Boldini, Dieu merci !) il s'enferme dans la chambre grise, s'assied sur ses meubles gris et sent ses roses grises, cultivées spécialement pour lui à la campagne.

Il y a des peaux d'ours au sol et un traîneau russe, (Voilà les Cosaques !) sans oublier sa tortue, une tortue vivante, à la carapace incrustée de pierres précieuses, qui rampe sur les tapis persans et défèque n'importe où !

Si une femme relativement séduisante vient chez lui, le comte l'emmène découvrir ses *nuances les plus tendres*, ainsi qu'il appelle sa collection de cravates, et régale son invitée d'une histoire pour chacune. Saviez-vous que les cravates pouvaient avoir des histoires ? En tout cas, celles qui appartiennent à Montesquiou ont beaucoup de choses à raconter. Cependant, elles ne valent pas sa collection de photographies. Elle se compose de cent quatre-vingt-dix-neuf clichés tous sur le même sujet : le comte.

Parfois, j'ai peur que le goût exquis de mon appartement ne lui fasse prendre conscience qu'il vit dans un taudis. Je n'ai aucune envie de cohabiter avec qui que ce soit et je ne souhaite pas héberger le comte toutes les nuits ! Heureusement, son appartement est le parfait reflet de sa personnalité et il n'est pas près de m'envahir.

Surtout que, du point de vue pratique, avoir ses propres quartiers lui permet de recevoir d'autres femmes que moi. Je n'en ai aucune preuve, mais je sais qu'il ne s'en prive pas. Des héritières américaines, des actrices des Folies, cette antiquité de Sarah Bernhardt et, à l'occasion, un ou deux jeunes gens lui rendent visite, mais nous n'en parlons jamais, comme un couple marié ! En tout cas, c'est bon de savoir que d'autres partagent avec moi la tâche de l'amuser.

Même si Robert peut se montrer inconsistant, nous passons ensemble de bons moments et nous avons beaucoup d'intérêts en commun. Par exemple, nous adorons tous les deux parader à travers la ville dans ma nouvelle voiture ! Une vraie beauté : un landau à huit ressorts capitonné de satin bleu et tiré par quatre chevaux noirs. Un modèle de luxe. C'est aussi le nom que l'on donne aux femmes de mon espèce et ce véhicule me paraît donc des plus appropriés. Je n'en voudrais pas d'autre !

Le vendredi, nous emmenons un ou deux amis dans notre voiture parader devant les cafés, moi vêtue d'un manteau doublé de jaguar et coiffée d'un chapeau fleuri de roses et orné de plumes et Montesquiou en costume de soie accordé à son humeur.

Bien que j'aime toujours Maxim's (même après le scandale Pujol, et même si je risque ou *parce que* je risque d'y croiser Boldini), Robert préfère Paillard, le restaurant favori du prince de Galles. Ce prétendu prince est d'un tel ennui que je l'évite autant que faire se peut.

— Tout le monde me reconnaît et personne ne me connaît, se plaint-il sans arrêt.

C'est vrai. Personne n'a envie de vous connaître tellement vous êtes barbant ! À côté de vous, Montesquiou passe pour un intellectuel.

Je préfère la rive droite à la rive gauche. Les Folies, Maxim's, le Moulin Rouge… Qu'irais-je faire dans le

5e, le 6e ou le 7e arrondissements quand j'ai tout dans le 9e ? En tout cas, c'est ce que je répète à Montesquiou.

Cependant, parfois, je me vois contrainte de m'aventurer plus bas, car le comte est un grand amateur du café Procope. Bien que je n'apprécie guère ce genre d'endroit (la clientèle est aussi sèche que le *petit poulet en cocotte fermière* de Marguerite), au moins il a une histoire, il a été fréquenté par des personnages illustres. Voltaire faisait partie des habitués il y a cent cinquante ans. Il y buvait jusqu'à quarante tasses de café par jour tout en conspuant l'Église catholique. Victor Hugo en personne y a passé de longs moments. Quand j'y vais, j'aime l'imaginer assis non loin de moi.

Une fois que nous nous sommes acquittés de nos obligations sociales au café Procope et chez ses voisins moins illustres, nous revenons en voiture par la rue Notre-Dame-des-Champs. Ce n'est pas le chemin le plus direct et, en toute sincérité, nous n'avons aucune raison de nous imposer un tel détour. J'imagine que Robert le fait pour mon bénéfice, mais sans doute aussi pour le sien.

Peu importe, aussi débauchée et convaincue d'avoir monté dans l'échelle sociale que je sois, quand la voiture tourne dans la rue de Boldini et que j'aperçois son grand immeuble blanc et les grilles noires en fer qui luisent sous les réverbères, je regarde toujours si son atelier est allumé. Je garde la tête orientée vers Notre-Dame-des-Champs tandis que nous tournons dans le boulevard Raspail et que nous traversons le Pont Royal pour revenir dans le 9e. Jamais Montesquiou ne dit un mot ou ne fait la moindre réflexion sur ma distraction.

Parfois, je me réveille le lendemain, sonnée, les idées brouillées, incapable de penser à autre chose qu'à mon portraitiste grincheux. Je veux le voir. Je veux rire avec lui du dernier scandale survenu chez Maxim's la veille. Impossible d'en parler avec Robert, il ne remarque jamais rien tellement il est occupé à se regarder dans un miroir ou à se peigner la barbe.

Cependant, je dois reconnaître qu'il sait me rendre ma bonne humeur si jamais je me fâche de son inattention. Il lui suffit d'ouvrir *Le Figaro* et de chercher mon nom qui, miraculeusement, figure presque toujours dans les pages du carnet mondain. Il y a trois ans, j'arpentais encore la ville dans de pauvres frusques trois fois trop grandes pour moi et désormais les Parisiennes se battent pour connaître mes tenues. Elles copient mes robes ! Ma coiffure ! Et aucune ne saurait désormais se passer de ces plumes que j'ai été la première à porter.

D'après Montesquiou, je suis plus populaire que Jeanne Hugo. Que ce soit vrai ou faux, il est adroit d'entretenir mon animosité envers cette femme. Quoique je le soupçonne surtout de vouloir alimenter mon courroux. En effet, les journaux parlent davantage de mes robes, de mes cheveux et de mes bijoux que des siens. Mais cela vient sans doute de ce que son divorce monopolise l'attention. Pourquoi perdraient-ils leur temps à parler de ses fanfreluches alors qu'il y a tant à dire sur sa vie privée ?

Oui, ça y est, Jeanne s'est enfin décidée à quitter son voyou de mari, Léon Daudet, joueur, buveur et coureur invétéré. Pourtant, aussi méprisable soit-il, je n'aurais jamais imaginé que leur union se terminerait ainsi.

Quand on se souvient de la beauté et de l'opulence du jour de leur mariage, on a du mal à croire qu'il s'est achevé au fond des allées sombres, dans des lits d'hôtels sordides, de la manière la plus vile et la plus horrible qui soit.

Une petite partie de moi-même éprouve de la sympathie pour Jeanne. Mais jamais très longtemps, bien sûr.

À propos d'allées sombres, Robert est allé à un de ses clubs ce soir. Je vais passer la soirée avec Marguerite. Je suis sur le point de quitter mon poste aux Folies Bergère grâce à la générosité de Montesquiou. Et cette chère Marguerite ferait bien de suivre mon exemple. Hélas, cette idiote se débrouille toujours pour tomber amoureuse d'une actrice, malgré tous mes efforts pour la convaincre de se tourner vers les hommes. Ce n'est pas une question de sexe, lui dis-je. Pas du tout.

Toutefois, Marguerite s'en sort bien. La notoriété de son numéro de contorsionniste ne fait que grandir. Elle a même reçu une offre fort alléchante du Moulin Rouge ! Elle a réussi à se forger un nom dans un domaine très particulier. Je reconnais bien là son tempérament : ne jamais rien faire comme les autres. Quitte à choquer ses amies et les gens bien-pensants. Si elle ne veut pas porter de corset, elle n'en porte pas. Et quand elle fait du pigeon poché, elle essaie de le faire passer pour du faisan.

Mon cocher est devant la porte, les chevaux tapent du sabot sur les pavés, sous ma fenêtre. Il est temps que je repose ma plume pour aller mal dîner chez Marguerite. Je me sens triste ce soir, pas vraiment d'humeur à parler de danseuses de cancan et d'acrobates. Je devrais adopter le point de vue de Robert. Il n'envisage jamais un dîner sans déclarer : « La place d'honneur sera celle où je suis. » Comme il est sa compagnie préférée, il est partout le plus heureux des hommes. Aussi ridicule que cela puisse paraître, nous devrions tous tirer une leçon de son exemple.

46

La table de la cuisine disparaissait sous les papiers qui attendaient d'être retranscrits dans le catalogue de vente. April se leva et jeta un regard furtif au téléphone. Il était à peine 18 heures. Seulement quinze minutes s'étaient écoulées depuis la dernière fois qu'elle avait regardé si elle n'avait pas un message de Troy pour son anniversaire.

Elle aurait dû avoir déjà pris sa douche et s'être préparée pour sortir avec Luc. Au lieu de quoi, elle contemplait le travail étalé devant elle et le téléphone muet, sans voir la moindre raison d'aller faire la fête avec un homme, aussi mal rasé et séduisant soit-il. Elle était à Paris pour travailler, pas pour assister à un bal des pompiers avec un notaire. Sa trente-sixième année commençait à peine qu'elle la trouvait mal partie.

Elle composa le numéro de Luc.

— Bonsoir !

— Bonsoir, c'est moi, April.

— Bonsoir, « moi Avril ». Vous inquiétez-vous pour la célébration de la fête nationale ce soir ?

— C'est la raison de mon appel. Écoutez, j'apprécie beaucoup votre généreuse proposition. Malheureusement, je dois la décliner.

— La décliner ? Mais c'est absurde.

— Je suis désolée. Je sais que c'est impoli d'annuler à la dernière minute, mais je ne me sens vraiment pas d'attaque ce soir.

Un grand silence lui répondit. Elle entendit des coups de klaxon suivis d'un rugissement de motos, mais pas un mot de Luc.

— Luc ? Vous êtes toujours là ?

— Vous ne vous sentez pas d'attaque. Qu'est-ce que ça veut dire ?

— Ça veut dire que je n'ai pas l'énergie nécessaire. D'ailleurs, à m'entendre, on croirait que j'ai bien plus que trente-cinq ans, j'en suis consciente. Que je suis vieille, même.

— Vous n'avez pas d'énergie maintenant ? Ça n'a pas de sens. Si vous restez sur votre derrière toute la soirée, vous finirez par en manquer, c'est sûr. Vous n'en aurez même plus du tout.

— Vous marquez un point. D'accord, c'est plus une question d'humeur que d'énergie défaillante. Franchement, je me sens un peu cafardeuse.

— Et vous avez l'intention de soigner votre cafard toute seule ? Chez vous ? Le jour de votre trente-cinquième anniversaire ?

Pourquoi sa logique à lui semblait-elle toujours plus raisonnable que la sienne ?

— J'ai une pile de travail à terminer, répondit-elle, ce qui n'était pas faux. Ensuite, je prendrai peut-être un ou deux verres de vin avec un morceau de fromage et au lit. Tout sera plus rose demain matin, même les commissaires-priseurs de trente-cinq ans.

— Vous allez travailler le soir de votre anniversaire ? Avril, vous pouvez travailler quand vous voulez, mais votre anniversaire et le 14 juillet c'est maintenant. Vous n'avez pas envie de vous amuser aujourd'hui, de ne plus vous soucier d'hier ni de demain pour changer ?

— Sérieusement, Luc, je ne m'en sens pas le courage, répondit-elle de sa voix la plus ferme.

— Sérieusement ? Vous êtes toujours trop sérieuse. Non, vous ne pouvez pas refuser car, comme tout bon homme de loi, je sais ce qui convient le mieux à chacun. À l'évidence, les festivités doivent commencer tout de suite. Il s'agit d'une urgence. Nous ne pouvons pas attendre le bal. Nous devons ouvrir la voie de ce joyeux anniversaire par quelques cocktails préparatoires.

— Des cocktails préparatoires ? Je ne suis pas sûre que ce soit une bonne idée alors que je suis déjà un peu déprimée et que je croule sous le boulot.

— Je ne vous laisse pas le choix. Dès que nous aurons raccroché, je vous enverrai mon adresse par texto. Venez et nous prendrons l'apéritif avant d'aller où que ce soit.

— Luc…

— Ne vous inquiétez pas, madame, je n'ai aucune intention de vous séquestrer chez moi. Nous irons au café en bas de mon immeuble. Pour faire la fête en public. Je ne vous assaillirai pas, c'est promis.

April soupira. Elle n'avait pas envie de sortir. Cela lui semblait beaucoup d'efforts pour une soirée qui connaîtrait forcément des moments très embarrassants et ne pourrait qu'engendrer des regrets le lendemain.

Cependant, attendre que Troy daigne lui souhaiter un bon anniversaire lui paraissait encore pire. Elle avait déjà regardé bien trop souvent son téléphone. L'idée de se morfondre devant un bon côtes-du-rhône était peut-être très romantique en théorie, mais elle redoutait de rester seule alors que dehors retentiraient les échos de la fête.

— Très bien. Vous m'avez convaincue. Je vous souhaite bonne chance. J'attends beaucoup de vous.

— Excellent ! J'ai l'intention de dépasser toutes vos espérances.

April rit malgré elle.

— À quelle heure voulez-vous que je vienne ? 21 heures ? 21 h 30 ?

— Vous venez tout de suite, voyons !

April contempla son pantalon de yoga et sa poitrine de trente-cinq ans sans soutien-gorge. Elle était loin d'être prête pour une sortie parisienne.

— Disons entre 18 h 30 et 19 heures, dit-elle en repartant vers sa chambre. Je ne suis pas tout à fait présentable.

— J'attendrai le temps qu'il faudra. À bientôt, *ma petite*.

— *Ma petite ?* Je suis un peu vieille pour être votre *petite*. *Au revoir*, Luc.

April éteignit son portable et le jeta sur son lit. Puis elle plongea dans ses tiroirs en se demandant si elle avait le temps de faire un saut aux Galeries Lafayette pour dénicher quelque chose de plus festif que ses vêtements achetés dans les centres commerciaux américains. Un bal des pompiers n'était rien d'autre qu'une fête de quartier, mais c'était une fête de quartier parisien.

En fin de compte, elle enfila une jupe embellie de paillettes (le comte aurait été fier) qu'elle tempéra d'un t-shirt noir. Puis elle attrapa son sac et quitta son appartement, décidée à se rendre chez Luc à pied. Ce serait plus rapide qu'en métro ou en taxi. Et elle voulait voir un endroit au passage.

47

Elle traversa le 8e arrondissement d'un bon pas en direction de la Seine et de la rue Royale, une artère courte située entre la place de la Madeleine et la place de la Concorde, pas très loin de l'endroit où étaient vendus les nouveaux sacs hors de prix dont Chelsea s'était entichée. Plus elle approchait, plus elle se pressait, un grand sourire aux lèvres.

Elle tourna dans la rue Royale et s'arrêta une minute plus tard devant chez Maxim's. Elle enveloppa d'un regard l'auvent rouge, la façade en bois et le nom écrit en lettres d'or. Elle imagina Marthe perchée dans la vitrine. Les Cosaques qui débarquaient et qui s'éparpillaient. Puis elle vit Marthe sortir en titubant dans la rue et se jeter dans les bras de Pujol.

— Je vous aurais donné de l'argent, murmura-t-elle.

Un jeune Parisien branché la dévisagea d'un air interrogateur. Elle rougit et secoua la tête d'un geste d'excuse.

S'arrachant à grand-peine à cet endroit omniprésent dans le journal de Marthe, elle tourna au coin de la rue pour traverser la place de la Concorde, la plus grande place de Paris. Une tribune temporaire couverte d'auvents bleu, blanc et rouge avait été dressée en son centre en prévision des festivités du 14 juillet. Les environs étaient pour le moment déserts, presque désolés, et April avait du mal à imaginer l'animation qui les submergerait le lendemain. Il y aurait des tanks, des camions d'incendie, des hélicoptères, des avions et des défilés militaires tandis que des cris de liesse et des feux d'artifice retentiraient dans toute la ville.

April suivit ensuite la Seine et contempla les péniches avec leurs drapeaux qui flottaient mollement dans la brise. Elle ralentit devant les étalages des bouquinistes pour regarder des romans et des gravures qu'elle n'avait aucune intention d'acheter. Peu à peu, le temps et ses préoccupations s'effaçaient.

Tandis qu'elle jouait les badauds, Luc ne cessait de lui envoyer des textos pour savoir quand elle arriverait. Il y avait au moins une personne qui essayait de la contacter le jour de son anniversaire, songea-t-elle avec un petit ricanement (comme il savait si bien les faire). Elle ignora ses messages. Il pouvait attendre.

Tout en feuilletant une série de gravures sur l'Arc de Triomphe devant un étal, April réfléchit à la façon dont elle pourrait le gronder de son impatience. Après lui avoir reproché de prendre la vie trop au sérieux, voilà qu'il semblait lui en vouloir de lambiner. Elle préparait une liste de réponses percutantes quand ses doigts délogèrent une aquarelle de quinze sur quinze glissée entre des gravures de vingt sur vingt-cinq. Elle la tira, s'attendant à une autre vue de Paris, et découvrit la ligne de gratte-ciel de New York. Elle sursauta. L'aquarelle tomba par terre.

— *Qu'est-ce que vous faites ?* aboya le vendeur, les veines du cou saillantes.

— C'est là que j'habite, murmura-t-elle en la ramassant.

L'homme lâcha un juron.

— C'est là que j'habite, répéta-t-elle pour elle-même.

Elle avait l'impression de rêver : la ville qu'elle aimait et son foyer lui semblaient si loin.

Après lui avoir donné vingt euros, un prix excessif mais elle n'était pas d'humeur à marchander, elle roula la gravure et la glissa dans son sac à main, puis elle repartit vers l'appartement de Luc, la représentation de New York frottant contre sa hanche.

L'immeuble de Luc fut facile à trouver. Vu le métier qu'il exerçait et la localisation de son appartement dans le 16e arrondissement, elle s'attendait à ce luxueux immeuble haussmannien. Quand Luc lui fit visiter son appartement décoré avec goût dans un style minimaliste, elle n'eut guère de surprises à part quelques meubles des années cinquante qu'elle repéra tout de suite de son œil expert.

— Vous êtes prête ? demanda Luc alors qu'elle photographiait sa table basse à la dérobée. Ou vous avez l'intention de vous enfuir avec mes meubles.

— Si jamais vous décidez d'abandonner votre appartement, j'espère que vous penserez à moi comme héritière potentielle. Ou, au pire, que vous laisserez des instructions précises à vos héritiers légitimes pour qu'ils contactent Sotheby.

— Vos commissaires-priseurs sont des vautours, répondit-il en riant. Allons-y !

Elle le regarda attraper son téléphone en résistant à l'envie de vérifier le sien. Après avoir dit adieu à la table basse, elle suivit Luc dans l'escalier.

Ils s'installèrent à la terrasse du café situé au bas de son immeuble. Une petite barrière la séparait de la rue. Ils commandèrent aussitôt une bouteille de champagne et un assortiment de fromages.

Une douzaine de morceaux de fromage et deux verres

de champagne plus tard, les millions de petites angoisses larvées qui lui minaient le cerveau commencèrent à se dissiper. Elle écouta Luc lui parler de son enfance à Dijon, de sa pension à Lausanne, du temps qu'il avait passé en Amérique à Georgetown où il avait préparé le second de ses trois diplômes de droit. La conversation dévia ensuite sur lequel des deux était le plus surdiplômé et April s'aperçut qu'elle n'avait pas pensé à consulter son téléphone une seule fois depuis quatre-vingt-dix minutes.

Tandis que Luc réglait la note, elle plongea la main dans son sac, persuadée que Troy l'avait appelée avant l'heure du déjeuner à New York. Hélas, elle ne trouva rien en attente sur son portable : ni texto, ni mail, ni message vocal.

— Je suis désolé, mais vous ne venez pas de prononcer le mot « salaud » ? demanda Luc, les sourcils haussés.

— Non, non, bien sûr que non. Je n'ai rien dit.

April enfonça plus profondément la main dans son sac et ses doigts effleurèrent l'aquarelle de Manhattan. Elle la retira vivement comme si elle avait touché un fil électrique.

— Vous avez un serpent dans votre sac ? pouffa Luc.

— Ne m'en parlez pas.

Elle leva les yeux au ciel et sortit la gravure.

— J'ai trouvé cette vue de New York chez un bouquiniste. Je la déteste. Je ne sais même pas pourquoi je l'ai achetée.

— Vous avez acheté une gravure qui ne vous plaît pas ?

— Ça paraît bizarre, je sais.

— Oui, un peu.

— Je me suis sentie forcée. Comme si le vendeur la

gardait spécialement pour moi. Alors que ses présentoirs étaient remplis de vues typiques de Paris, je suis tombée sur celle-ci en moins de deux secondes.

Luc haussa les épaules.

— Drôle de coïncidence.

— Je ne sais pas pourquoi, de tous les étalages, j'ai choisi le sien. Ses peintures n'étaient pas plus attirantes que celles des autres. En plus, vu mon métier, je suis plutôt difficile question œuvres d'art. J'ai eu soudain l'impression que New York s'accrochait à moi.

— C'est vrai, et pas que sous la forme d'une mauvaise gravure !

Il ramassa son reçu et l'enroula autour de sa carte de crédit.

— Vous auriez dû me laisser payer, protesta-t-elle. Vous n'arrêtez pas de dire « la prochaine fois ».

— Pas question. C'est votre anniversaire. Et je ferai passer ça en frais professionnels de toute façon.

— En frais professionnels, répéta-t-elle en essayant de ne pas montrer sa déception. Oh, très bien.

Elle repoussa sa chaise en rotin et se leva en chancelant. Elle dut poser la main sur le chauffage pour se stabiliser et Luc, à qui rien n'échappait, lui décocha un clin d'œil. Elle lui fit discrètement un doigt d'honneur.

— Ce geste se passe de traduction, dit-il en lui tapotant le dos. Êtes-vous prête, mademoiselle ?

— Oui, à mon corps défendant, mais je suis prête.

— Ah, Avril, que vous me faites rire !

Il enjamba sans mal la barrière et se retrouva sur le trottoir. Sans laisser à April le temps de négocier cet obstacle (ce qui l'aurait sans doute beaucoup amusé), il se pencha, passa un bras autour de sa taille avec une fermeté de fer, glissa l'autre sous ses genoux et la souleva au-dessus de la barrière. Elle n'eut même pas le temps de protester.

— Vous êtes plus fort que je ne l'aurais cru, dit-elle alors qu'il la reposait sur ses pieds.

— Et vous, ma chère, vous êtes plus légère que je ne le pensais, répondit-il sa main toujours posée au creux de son dos. Beaucoup plus légère.

— C'est incroyable que vous ne soyez pas marié, murmura-t-elle en évitant de s'attarder trop longtemps sur ses yeux qui ne se trouvaient qu'à quelques centimètres des siens. Vous savez comment parler aux filles.

— Merci beaucoup. En tout cas, j'essaie.

Il tendit la main et pinça doucement sa joue rosie par le champagne et elle ne put s'empêcher de sourire. Luc retira son bras et montra d'un mouvement de tête le passage piéton voisin.

— On y va ?

48

Une foule joyeuse commençait déjà à envahir les rues. Les passants s'interpellaient et se bousculaient, mais toujours dans une ambiance bon enfant. Ils traversaient au milieu des voitures tandis que les vélomoteurs escaladaient les trottoirs avec, à l'arrière, des filles dont les tenues légères flottaient au vent tels des drapeaux. Sans même réfléchir, April attrapa le bras de Luc qui marchait devant elle. Il se retourna et ses yeux se plissèrent de plaisir.

Ils arrivèrent à la caserne choisie par Luc peu après 22 heures. Dehors, des pompiers accueillaient leurs invités, leur lanterne allumée en rouge derrière eux, leurs camions étincelants rangés le long du trottoir, illuminés eux aussi.

Dans la première cour tendue de guirlandes clignotantes et de banderoles, la musique tonitruante d'une fanfare brésilienne faisait trembler le sol. Des stands de restauration avaient été installés le long des murs. Il y avait déjà beaucoup de monde. Des couples dansaient. Des femmes seules s'attardaient devant les stands en essayant d'engager la conversation avec les pompiers quand ils n'étaient pas trop occupés à servir.

— Waouh ! s'exclama April alors que le sang battait dans ses veines au rythme de la musique. On se croirait à une soirée étudiante. Il ne manque plus que la bière. Où est la buvette ?

— Il doit y avoir du champagne au bar à l'intérieur.

Il y avait tant de bruit qu'il devait se pencher vers elle pour se faire entendre. En sentant son souffle, elle eut les bras couverts de chair de poule.

— Du champagne ! s'écria-t-elle. C'est encore mieux que de la bière !

Elle reprit son bras et se laissa entraîner vers une grande salle transformée en bar discothèque dont le cadre ne rappelait en rien les salles municipales qu'elle avait vues jusque-là. Que pouvait-on attendre d'autre d'un bâtiment construit quatre siècles plus tôt, dans la plus belle ville du monde ? songea-t-elle impressionnée par la majesté des lieux malgré la présence des pompiers dans leurs chemises moulantes.

Une coupe à la main, Luc lui fit signe de le suivre vers le grand barbecue sur lequel rissolaient des rangées et des rangées de saucisses. Elle aurait trouvé le même genre de nourriture dans n'importe quel stade des États-Unis, mais ce bâtiment, le champagne qui coulait à flot et tout ce qui l'entourait étaient à tomber.

— Des saucisses ! s'exclama-t-elle. Rien ne pouvait me faire plus plaisir.

Luc se retourna, les sourcils haussés.

— Qu'est-ce que vous venez de dire ?

— Oh, rien. Juste que ces merguez avaient l'air fort appétissantes.

— Allons-y, répondit-il en l'attrapant par la main.

Ils se faufilèrent jusqu'au barbecue. April fit signe au jeune homme musclé qui retournait consciencieusement les saucisses.

— *Une comme ça, s'il vous plaît*, demanda-t-elle espérant cacher sous ces dehors polis la vieille harpie affamée qu'elle était.

— Bien sûr.

Il jeta une merguez sur une assiette en polystyrène et la lui tendit.

— Je pourrais en avoir une autre ? ajouta-t-elle précipitamment.

— Comment dit-on aux États-Unis que vous avez les yeux plus gros que le ventre ? demanda Luc.

Elle s'apprêtait à protester quand elle s'aperçut qu'il en avait pris deux lui aussi.

— *J'ai faim.* Ça doit être tout ce champagne que j'ai bu, plus la marche à pied.

— Oui, c'est le champagne, bien sûr. Allons de ce côté. Je crois qu'il y a de quoi s'asseoir dans l'autre cour.

Elle hocha la tête. Son verre coincé au creux de son bras, l'assiette dans la main droite, elle suivit Luc tout en pensant qu'il n'y avait pas de meilleure combinaison gastronomique que ce qu'elle tenait dans ses mains.

La seconde cour, quatre fois plus grande que la première, était prise entre quatre majestueux immeubles de pierre. Des drapeaux bleu, blanc, rouge encadraient une scène. Le plancher de danse ondulait comme le dos d'un serpent. Au micro, une femme vêtue d'une robe à plumes blanches massacrait une chanson pop américaine.

Ils trouvèrent de quoi s'asseoir sur un banc métallique dans le fond. À la seconde où elle posa son sac sur la table, celui-ci se mit à vibrer et elle se demanda si c'était la musique ou son téléphone.

Au cas où (elle ne grandirait donc jamais ?), elle sortit son BlackBerry au risque de renverser son verre et son assiette. En effet, son téléphone sonnait. April resta à regarder l'écran tandis que la chanteuse annonçait une courte pause de l'orchestre.

Luc la regarda en fronçant les sourcils.

— Ça va ?

— Oui, répondit-elle sans quitter l'appareil des yeux. C'est juste mon père qui m'appelle pour me souhaiter mon anniversaire. Enfin ! Je commençais à m'inquiéter.

Elle regarda le téléphone sonner. Son répondeur se déclencha. Elle fit dérouler le menu et vit qu'elle avait raté un autre appel, de Troy cette fois.

— Il était temps, marmonna-t-elle.

— Vous ne répondez pas ? demanda Luc.

— Non, il y a trop de bruit ici.

En fait, dès l'arrêt de l'orchestre, la plupart des danseurs étaient partis voir ce qui se passait dans les autres cours et, bien que quelqu'un ait branché un iPod sur les haut-parleurs, il régnait un calme relatif.

— Comme vous voulez, mais ne vous gênez pas pour moi, insista Luc.

— Je les rappellerai plus tard, dit-elle en éteignant son appareil. Je ne veux rien rater ici. *À votre santé !*

— À la vôtre !

Ils entrechoquèrent leurs verres en plastique et burent une gorgée.

Elle coupa un bon morceau de saucisse avec sa fourchette et mordit à belles dents dans la peau grillée pour atteindre la chair juteuse.

— Oh, mon Dieu, c'est délicieux, délicieux ! s'exclama-t-elle sans vergogne, la bouche pleine.

— Oui, c'est bon, approuva Luc.

Il continua à manger à petites bouchées raisonnables tandis qu'elle engloutissait ses deux merguez en se demandant si elle n'allait pas en chercher une troisième.

— Alors, Avril ? Quel effet ça fait d'avoir trente-cinq ans ? demanda-t-il alors qu'il entamait à peine la seconde.

Elle la lorgna tout en regrettant de ne pas être mariée avec lui pour la lui piquer.

— C'est génial jusqu'à présent, chantonna-t-elle, un peu indécise, bien que la vie lui paraisse incroyablement plus rose que quelques heures auparavant. Mais j'ai l'impression que je viens de franchir un cap. Beaucoup plus que pour mes trente ans.

— C'est parce que les Américains font tout un plat des trente-cinq ans, répondit-il avant de s'essuyer délicatement la bouche avec sa serviette.

Elle regarda distraitement la sienne qu'elle n'avait pas touchée.

— Comment ça, ils en font tout un plat ? Mais de quels Américains parlez-vous ?

— Des médecins, de la télévision, des journaux.

— Je ne vous suis pas.

— N'est-ce pas à partir de trente-cinq ans qu'ils demandent aux femmes de ne plus procréer ?

April éclata de rire.

— Ils ne leur demandent rien. La preuve, il y a des Américaines qui ont des enfants passé quarante et même cinquante ans.

— Mais ils ne vous inondent pas de documentaires affreux sur les malformations encourues ? Du moins, c'est ce que j'ai entendu dire. Ils ne prétendent pas que les grossesses après trente-cinq ans ne peuvent arriver à terme que grâce à de fortes doses de médicaments qui font grossir et vous rendent folles ?

— C'est la grossesse qui fait grossir et qui rend folle, grommela April. Et je vous trouve un sacré toupet de me traiter de vieille alors que vous avez quoi, cinq ans, sept ans de plus que moi ?

Non pas que l'âge de Luc ait une quelconque importance, comme pour tous les hommes. Il avait raison. Trente-cinq ans était un tournant pour une femme. Alors que, pour un homme, cela ne représentait qu'un an de plus que trente-quatre et un de moins que trente-six.

— Loin de moi une telle pensée, s'écria-t-il en coupant un autre morceau de saucisse. Je trouve nul d'effrayer les femmes de la sorte. Plus d'enfants ! Vous êtes trop vieille ! Ma sœur a eu des enfants à plus de quarante ans passés et personne ne lui a jamais rien dit.

— Il y a des raisons scientifiques derrière tout ça. La fertilité plonge après trente-cinq ans alors que le risque de malformations à la naissance augmente en proportion. C'est un fait.

— Du moins, c'est ce qu'ils prétendent.

— J'ai tendance à croire les professionnels. Mais je suis peut-être naïve. De toute façon, ce n'est pas un problème pour moi. D'accord, j'ai trente-cinq ans, mais je n'ai aucune envie d'avoir des enfants.

— Pourquoi ?

— C'est une question un peu indiscrète, non ?

Il haussa les épaules.

— C'est juste de la curiosité. Pourquoi ne voulez-vous pas d'enfant ?

— Ce n'est pas que je n'en veux pas…

— C'est à cause de votre mère ? poursuivit Luc et ses paroles transpercèrent April en plein cœur. Parce que vous l'avez perdue toute jeune ?

— Waouh, vous savez vraiment comment étourdir une fille le jour de son anniversaire. (Elle inspira profondément pendant qu'il baissait les yeux, comme s'il était embarrassé.) Si c'est parce qu'elle nous a quittés très tôt ? (Il n'y avait pas eu de moment précis où elle était partie. C'était plus compliqué.) Non, je ne pense pas. Sans doute y a-t-il cependant un lien avec sa maladie. Mais je préfère dire que les enfants, ça n'a jamais été mon truc pour commencer, ajouta-t-elle en écrasant sa serviette dans son poing. Bon, l'orchestre revient. Si on allait sur la piste ? Je me sens d'humeur à danser.

Elle détestait danser, mais elle était prête à tout pour interrompre cette conversation.

— Vous êtes sûre ? demanda Luc à moitié penché sur le banc comme s'il n'était pas certain de devoir se lever.

— Si je suis sûre ? Vous plaisantez ? Vous ne sentez pas que j'ai le rythme dans la peau ? ajouta-t-elle avec un rire forcé.

Elle tenta de chasser d'un sourire les larmes qui lui montaient aux yeux. Mon Dieu, sa mère lui manquait tellement ! Sandra Potter était une femme stupéfiante, même si elle avait été une mère tout à fait classique et banale. Dans sa ville natale de la côte californienne, c'étaient les parents babas cool qui avaient la cote, ceux à qui il arrivait d'oublier des brownies au cannabis sur le comptoir de la cuisine. Pourtant, April avait toujours préféré le côté terre à terre de sa mère.

— Je suis désolée, s'excusa-t-elle en se tamponnant les yeux avec sa serviette roulée en boule. Je suis toujours un peu émotive au moment de mon anniversaire. Je pense à la façon dont je l'ai abandonnée, à ce que j'aurais dû faire si j'avais été une bonne fille. Mon Dieu, tout ce que je pourrais faire encore même si elle n'en saura jamais rien.

— Nous pouvons partir, proposa Luc. Aller ailleurs.

Dans un endroit où il y aura moins de monde. On pourra parler. Je… je suis… (il se passa les doigts dans les cheveux et se gratta la tête) ah… je ne suis pas un grand bavard, mais nous pouvons essayer un autre endroit. Nous ne sommes pas forcés de rester.

— Non, rétorqua April et elle tapa du pied pour faire bonne mesure. Je veux danser et profiter de mon anniversaire comme vous me l'aviez promis, monsieur Thébault. Car vous me l'aviez promis, n'est-ce pas ?

— C'est vrai.

Luc lui prit la main et la serra fermement dans la sienne. Tandis qu'il la conduisait vers la piste, décidée à s'en remettre à Luc totalement, April entreprit de chasser de ses pensées sa mère, son anniversaire, les enfants et Troy.

49

La soirée passa dans un tourbillon.

Ils dansèrent, ils burent, ils reprirent des merguez et du champagne, l'appétit d'April battit de loin celui de Luc, mais tous deux eurent la délicatesse de ne pas le mentionner.

Luc ignora héroïquement les femmes qui lui faisaient les yeux doux. Chaque fois qu'il laissait April seule, pour aller chercher à boire ou à manger, des hommes s'empressaient de l'aborder et il revenait en courant leur dire de laisser *sa femme* tranquille. Cette façon de la défendre l'émut peut-être plus qu'il n'était raisonnable.

Ils parlèrent de Marthe. Luc s'était plus intéressé à son journal qu'April ne l'aurait cru. Lui qui l'accusait en riant de trop penser à la demi-mondaine, semblait y avoir consacré beaucoup de temps, lui aussi.

April lui dit ce qu'elle lisait entre les mots de Marthe, sans prétexter davantage la recherche de la provenance. Ils soulevèrent des tas de questions sur Jeanne Hugo et sur Marguerite. Ils plaisantèrent sur Montesquiou et ses extravagances et essayèrent de repérer des danseurs qui lui ressemblaient. Ils en trouvèrent en effet quelques uns qui évoquaient vaguement le comte, mais aucun qui corresponde le moins du monde à Boldini.

À la fin de soirée, April se demanda comment elle

avait pu ingurgiter tant de champagne sans se sentir plus pompette qu'à son arrivée. Contrairement à ce qu'elle craignait, elle n'éprouva aucun moment de gêne, jamais le moindre embarras. C'était le meilleur anniversaire qu'elle ait jamais eu, déclara-t-elle à l'instar d'une fillette de sept ans. Et elle se sentait aussi insouciante et jeune qu'une gamine.

Quand la fête fut terminée, les pompiers firent évacuer doucement mais fermement la piste de danse et les cours. Luc et April se retrouvèrent dans la rue sous un ciel bleu cobalt qui annonçait le lever du jour. Il était presque 5 heures. April n'était pas habituée à veiller si tard, et encore moins à rentrer au petit matin.

— C'était… c'était… (Elle s'arrêta, incapable de trouver les mots qui rendent justice à cette nuit magnifique.) C'était stupéfiant ! Le plus bel anniversaire de ma vie ! répéta-t-elle quelques pas plus loin. Merci de m'avoir forcée à venir.

— Je suis heureux que vous reconnaissiez vous être bien amusée, répondit-il, son pas accordé à la perfection au sien après une nuit passée à danser ensemble. Et de tous les bals du 14 juillet que j'ai connus, je peux vous assurer que ce fut le plus réussi pour moi aussi.

April hocha la tête, tandis que son cœur se mettait à palpiter d'une façon inquiétante, le corps soudain alangui, à la fois de fatigue et d'euphorie. Le front encore moite, elle frissonna dans l'air frais du petit matin parisien. Ils remontèrent quelques pâtés de maisons dans un silence agréable et arrivèrent à l'endroit où leurs chemins se séparaient.

Elle s'éclaircit la voix.

— Très bien. C'est là que je vous quitte. Bonne nuit et encore merci. J'ai vraiment passé une soirée fantastique.

— *Non*, je vous raccompagne.

— C'est idiot ! Votre appartement se trouve dans la direction opposée.

— Non, répéta-t-il, cette fois d'un ton qui ne tolérait pas d'objection. Aucun gentleman digne de ce nom ne laisse sa cavalière rentrer seule la nuit.

— Mais le jour se lève. Il ne va plus faire sombre très longtemps. Franchement, Luc, sans vouloir vous fâcher, je peux rentrer seule. Paris est une grande ville, mais je la connais bien. J'y suis sans doute plus en sécurité qu'à New York. C'est drôle, non ? continua-t-elle en se balançant d'un pied sur l'autre, comme si elle ne savait pas ce qu'elle voulait. À New York, je suis chez moi, et pourtant, c'est ici, à Paris, que je me sens bien.

— Je le comprends, répondit Luc en la prenant par la main. Ce qui ne m'empêchera pas de vous raccompagner.

April sourit, vaincue.

— Merci.

Le retour lui parut à la fois interminable et trop rapide. Elle sentait tous les os de la main de Luc qui serrait la sienne. Son pouls battait contre sa peau. Tour à tour, elle appréciait cette nouvelle sensation de quelqu'un qui la tenait par la main, elle s'inquiétait de ce que cela signifiait ou, pire encore, elle se torturait à l'idée que cela n'avait pas la moindre signification.

Elle était tellement perturbée par toutes ces interrogations qu'elle sursauta quand Luc s'arrêta brusquement au milieu de la chaussée.

— Nous y sommes !

Elle plissa les yeux d'étonnement en reconnaissant son immeuble.

— Ah oui, nous y sommes.

Il lui lâcha la main, glissa ses deux pouces dans les

passants de la ceinture de son jean moulant, se campa devant elle et lui fit un clin d'œil, sans se départir de son petit sourire en coin.

— Eh bien, madame Vogt, cette soirée en votre compagnie fut un réel plaisir.

— En effet, répondit-elle les yeux soudain brûlants. Merci, Luc. Je ne suis pas une grande fan des anniversaires, mais celui-ci n'était pas raté.

Il sourit de plus belle.

— Voilà une fameuse déclaration. Mais je préférais « le meilleur anniversaire de ma vie », même si « pas raté » me plaît beaucoup. Puis-je le rajouter sur mon CV ?

April laissa passer trente secondes, une minute.

— C'est tout ?

— Quoi ? C'est tout ? demanda-t-il, déconcerté.

— Allons, Thébault ! Vous pouvez faire mieux que ça. Vous ne trouvez aucun commentaire scabreux à ajouter ?

— J'avais cru comprendre qu'ils vous lassaient.

Elle n'aurait su dire s'il plaisantait. Mais en toute franchise, elle n'avait jamais trouvé ses commentaires ennuyeux.

— Parfois, peut-être, mentit-elle. Mais ils font tellement partie de votre personnalité que la conversation se retrouve nue quand elle en est privée.

— Nue ? répéta-t-il.

— Oui, complètement déshabillée. *À poil !*

Elle monta sur le trottoir pour mettre son visage à la hauteur du sien, nez à nez. Sans réfléchir, elle se pencha et posa doucement ses lèvres sur les siennes qu'elle effleura à peine une demi-seconde avant de reculer.

À cet instant, elle comprit. Elle comprit comment c'était si facile pour Marthe de papillonner d'un client à un autre, de se compromettre dans des badinages sans fin, de vendre son corps pour de l'argent et, en même temps, de savoir reconnaître le véritable amour quand elle le croisait. Boldini n'avait pas été une aventure pour elle, ni un simple flirt.

Cette demi-seconde suffit à April pour éprouver cette sensation d'amour et de protection qui lui manquait depuis si longtemps et pour en reconnaître l'authenticité. C'était ce que Marthe avait cherché toute sa vie et qu'elle avait attendu de Boldini quand elle l'avait rencontré. Voilà qu'April le trouvait elle aussi ici, à Paris.

Du coup, elle embrassa Luc de nouveau. Et ce fut lui qui recula cette fois-ci.

— Vous n'auriez pas bu trop de champagne ? demanda-t-il en essayant de sourire, mais il avait l'air à la fois un peu affligé et confus et il vacilla en s'écartant d'elle.

— Non, je me sens même les idées très claires. Plus claires que ces derniers mois.

Il laissa échapper un *humph*... et fit un pas en arrière, non pas parce qu'il voulait s'éloigner mais parce que c'était de son devoir de le faire.

— Vous devriez m'accompagner jusqu'en haut, continua-t-elle. Allez savoir quel vagabond ou quel bon à rien pourraient rôder dans mon escalier.

— Avril, murmura-t-il d'une voix rauque, je ne veux pas vous mettre dans une situation délicate…

— Oh, croyez-moi. Je ne les aime pas non plus. Il n'existe personne de plus prudent qu'April Vogt. Mais ça y est, j'ai pigé. Je comprends Marthe.

Il plissa les yeux.

— C'est à cause de Marthe ?

— Oui et non. C'est juste que je comprends pourquoi elle n'a jamais pu aimer aucun des hommes sur lesquels elle a dû compter. Pendant toutes ces années où elle s'est fait entretenir, elle cherchait l'amour de Boldini. Elle n'en voulait pas à son argent, elle ne voulait que son affection. Luc, je…

Elle ne se reconnaissait plus. Elle n'avait jamais été aussi franche, aussi libérée, quasi prête à coller l'empreinte de son sein sur du papier toilé. Elle se sentait revivre. Parfois, ça faisait du bien de se mettre dans la peau d'une autre.

— April, l'interrompit Luc de nouveau et, pour la première fois, il prononça son prénom sans le déformer.

Il s'avança si près qu'elle sentit son odeur et, quand il referma ses mains sur les siennes, elle fut surprise de les découvrir moites et tremblantes.

— April, je crois que vous perdez la tête. Ou alors vous avez réussi à vendre le cinq-à-sept aux Américains finalement ? Certes, nous ne sommes pas loin de 5 heures, mais 5 heures du matin, et je doute que vous soyez parvenue à révolutionner à ce point la société en si peu de temps, finit-il, soudain à court de ces plaisanteries qui lui venaient si facilement aux lèvres d'habitude.

— Nous n'avons pas besoin du cinq-à-sept, répliqua-t-elle. C'est pour les gens qu'on surveille, pas pour ceux qui sont libres de faire ce qu'ils veulent.

Elle retira ses mains des siennes pour lui enlacer la taille. Ils avaient été proches l'un de l'autre toute la nuit, mais jamais à ce point. Elle n'en revenait pas. Elle s'attendait à moitié à ce qu'il saute en arrière, de surprise tout au moins. Mais au contraire, il l'attira contre lui.

— Je croyais que vous étiez mariée, murmura-t-il, son petit sourire en coin envolé. Et le *grand monsieur* alors ?

— Oubliez le *grand monsieur*. Il n'y en a plus.

50

Paris le 3 mai 1896

Je suis allée au Bazar de la Charité pour la première fois aujourd'hui.

C'est l'événement le plus couru du mois, si ce n'est du printemps ! J'espère seulement qu'on parlera de moi dans les journaux demain. J'ai beaucoup travaillé sur ma robe et mes colifichets… et je me suis suffisamment attardée auprès des échotiers du *Figaro*.

J'entends parler du Bazar de la Charité depuis ma jeunesse au couvent. C'est une vente de bienfaisance organisée par l'aristocratie parisienne catholique. Toutes les jeunes filles et les femmes dans les couvents étant catholiques et dans le besoin, il n'est pas étonnant que cela nous ait fascinées !

Sœur Marie m'emmenait souvent voir l'énorme structure de toile et de bois dressée sur les Champs-Élysées. Il lui arrivait même de faire partie des religieuses choisies pour participer à cette manifestation. Quand nous venions assister à la bénédiction de la fête, nous restions ébahies devant tant de grandeur et d'apparat, fascinées par les bannières rouge et blanc qui claquaient au vent. Assises pendant des heures sur un banc, nous regardions les gens passer en inventant des histoires pour chacun.

À cette époque, je m'étais promis d'entrer un jour sous les tentes, non pas en pauvre nécessiteuse mais en qualité de dame charitable désireuse d'accorder son temps et son argent aux plus démunis. Sœur Marie me disait de ne pas viser trop haut. « Contentez-vous de votre état. Contentez-vous d'avoir un lit chaud (hum, hum) et des repas réguliers. N'enviez pas la vie des autres. » Sœur Marie espérait que je suivrais ses traces, mais je n'ai jamais envisagé de rentrer dans les ordres. Je voulais les tentes, je voulais les salons, je voulais Paris.

Pour beaucoup, le Bazar de la Charité n'est qu'une date de plus sur le calendrier mondain comme Noël et le jour de l'An. Peut-être le considérerais-je un jour de cette manière. Mais après onze ans à l'admirer de l'extérieur, et même vingt-deux ans à bien y réfléchir, aujourd'hui, j'ai enfin pu découvrir l'intérieur. J'ai franchi le tourniquet. Je suis restée bouche bée devant les centaines de visiteurs et la horde de dames charitables debout derrière les tables qui vendaient les nouveautés à la criée, tout cela au profit de petites filles dont j'avais fait partie autrefois.

— J'en ai déjà assez, a soupiré Montesquiou à peine entré, sans me laisser le temps de reprendre mon souffle ni celui de me repérer. Essayons de trouver le Palais des Glaces que je perfectionne ma technique.

Sa technique ! Mon Dieu, parlons-en ! Le Bazar ne propose pas seulement des marchandises à acheter, mais aussi des spectacles comme peuvent en monter des dames qui ne sauraient se produire aux Folies ni même au Moulin Rouge. C'est aussi une occasion pour les membres des classes sociales supérieures d'exhiber leurs talents de comédien sans encourir la désapprobation de leurs pairs. Ce serait tout à fait incorrect qu'un baron ou une comtesse jouent sur scène, mais dès qu'il est question de bienfaisance, *c'est autre chose* !

Robert n'avait pas l'intention de se contorsionner ni de lever la jambe, bien qu'on puisse s'attendre à tout de sa part. Il avait juste prévu de régaler les visiteurs d'une de ses fameuses séances de mime. Depuis sa dernière intervention, les journaux ne manquaient jamais de mentionner « le comte, homme de lettres et parfois mime » chaque fois qu'ils parlaient de lui. Il s'agissait d'un spectacle horrible mais assez innocent à côté des abominations dont il était capable pour faire parler de lui. Son orchestre des odeurs, il y a deux ans, était bien pire, ses flatulences n'ayant pas la grâce de celles du Pétomane.

En fin de compte, Robert s'est assez bien tenu, mais uniquement parce qu'il souhaitait impressionner Proust, son nouveau protégé. Ce petit cancanier de Proust, qui se prétend écrivain, suit Robert à la trace comme les prostituées suivaient Georges Hugo. Il imite le comte en toutes choses : ses expressions, ses manières, ses grands gestes, même sa façon de rire comme une fille. Il est né avec les mauvais organes génitaux !

Je ne peux pas écrire « organes génitaux » sans parler de Boldini. Certes, la transition est de mauvais goût, je l'avoue, mais si une femme ne peut pas évoquer ces sujets dans son journal, où le peut-elle ? Quoi qu'il en soit, tandis que je me promenais dans le Bazar, je scrutais la foule dans l'espoir d'apercevoir Boldini même si c'était le genre d'endroit qu'il fuyait. Ce n'est pas que j'avais envie de le croiser, quoique je n'aurais pas été fâchée qu'il me voie dans cette tenue exquise, mais j'avais un compte à régler. Après des années de torture et avoir tenté cent fois de faire le portrait du comte, Boldini y était enfin parvenu. Comme par hasard, maintenant que je vivais avec Montesquiou, Boldini trouvait soudain facile de le peindre. Il n'avait pas dû empaler toutes ses toiles sur les pointes de l'Opéra…

Les journaux parisiens ont baptisé ce tableau *L'homme à la canne*. D'après Montesquiou, Boldini aurait insisté pour que sa canne adorée à pommeau de porcelaine turquoise figure sur son portrait. Il a demandé à Robert de la tenir près de sa bouche et de la contempler avec tendresse, un peu comme une ancienne maîtresse que l'on revoit avec plaisir.

— Admets-le, a ricané Marguerite. Il tient sa canne de sa main gantée de blanc exactement de la façon dont il doit tenir son membre dans le boudoir !

— Comment veux-tu que je le sache ? ai-je rétorqué. Avec moi, il n'a pas besoin de le tenir !

Marguerite n'était pas la seule à en plaisanter. Loin de là ! Ce maudit portrait a déclenché tant de moqueries que je me demande si on cessera d'en rire un jour. « Où voulez-vous mettre cette canne, monsieur de Montesquiou ? » *Et cœtera*.

Alors que cette affaire m'a rendue folle furieuse, Robert s'est contenté d'en rire.

— Mieux vaut être détesté qu'ignoré !

Je ne partage pas du tout son avis. Nous devons maintenir un semblant de dignité car, sans une solide réputation, qui sommes-nous ?

Bien que Robert soit persuadé que Boldini ne lui voulait aucun mal, je suis sûre que ce maudit peintre tenait à le montrer sous son plus mauvais jour. Et l'explosion soudaine de la popularité de Boldini n'a rien arrangé. À en croire la sagesse populaire, tout ce qu'il crée tient du génie et ne transcrit que la réalité. Conclusion : si le sujet donne l'impression de vouloir se mettre sa canne dans le derrière, c'est forcément le cas !

Aussi humiliante que soit cette situation, Robert n'a aucune intention de se cacher. Au contraire, il continue à me traîner chez Maxim's, à l'Opéra et même là où je travaillais avant. Un concert de ricanements accompagne chacun de nos déplacements. Le comte doit sentir que je mérite une récompense en dédommagement d'une telle mortification. Jamais il ne m'a autant couverte de somptueux cadeaux. Mon appartement ne me paraît plus aussi grand qu'avant !

Les cadeaux mis à part, au bout d'une heure sous les tentes à subir les mimiques de Montesquiou avec sa maudite canne, j'avais hâte de trouver Boldini pour déverser mon courroux. J'avais tenté de rejeter la faute de cette débâcle sur Robert, car il fallait vraiment être stupide pour laisser Boldini choisir ses accessoires, mais il s'en moquait.

Tandis que nous sillonnions le Bazar, je n'arrêtais pas de demander où était Boldini à tous ceux qui le connaissaient. J'ai interrogé Gauguin, Bourget, même le nain. Ils m'ont tous répondu qu'il devait être là sans que personne n'en soit certain. J'étais tellement obnubilée par mes recherches que lorsqu'une femme affolée m'a bousculée, je n'ai même pas regardé son visage. Du moins pas tout de suite.

— Faites attention où vous allez ! ai-je protesté alors qu'elle m'écrasait les pieds. Avec cette foule, ce n'est pas raisonnable de courir comme s'il y avait le feu.

Je croyais qu'il s'agissait d'une de ces pauvres vieilles filles sans le sou qui venaient aider à servir ou à tenir la caisse, mais quand mes yeux sont remontés le long de son visage, j'ai reconnu Jeanne Hugo Daudet en personne, debout devant moi avec d'abominables marmots pendus à ses jupes comme des singes.

— Faites attention vous-même ! m'a-t-elle rétorqué.

— Oh, madame Daudet ! Bonjour. Je ne vous avais pas vue, me suis-je exclamée d'une voix suave alors qu'un frisson me parcourait l'échine. Décidément, je vous croise partout où je vais ! Quelle coïncidence incroyable, vous ne trouvez pas, madame Daudet ?

Je m'appliquais à employer son ancien patronyme pour souligner son statut de femme mariée deux fois. Marguerite m'avait raconté qu'elle avait réapparu aux Folies après son second mariage et s'était installée à l'ancienne table de son frère, libre depuis que Georges s'était enfui en Italie avec la femme de son cousin. Après avoir avalé deux Pernod, Jeanne avait passé la soirée à sangloter dans son mouchoir, désolée d'avoir dû porter pour son second mariage un costume marron au lieu d'une robe blanche.

Hélas, je dois lui reconnaître ceci : son nouveau mari, Jean-Baptiste Charcot a l'air d'un homme bien. Pour le meilleur ou pour le pire, il semble plus intéressé à courir l'aventure sur les hauts sommets que dans les bordels. Je l'ai entendu parler quand je travaillais encore aux Folies : il n'avait guère de sujet de conversation en dehors de sa prochaine ascension ou de son intérêt pour les objets défiant la gravité qu'il essayait de faire voler.

— Je ne sais pas pourquoi vous tenez tant à m'appeler du nom de mon ex-mari, a craché Jeanne, dressée sur ses ergots, tandis que les badauds continuaient à se bousculer autour de nous. Je ne sais pas non plus pourquoi vous vous adressez à moi. Nous n'avons jamais été présentées que je sache, sinon, vous connaîtriez mon nom. Hélas, je ne puis garder en mémoire celui de toutes les pauvres femmes que j'ai généreusement secourues.

— Que vous êtes amusante ! ai-je gloussé, malgré la rage qui me dévorait. Cependant, vous devriez vous méfier. On raconte que vous vous êtes remariée. Je dis aux gens que c'est impossible, que vous venez à peine de rompre les liens qui vous unissaient à Léon. Je me demande qui peut répandre de telles monstruosités. Vous devriez en chercher la source pour les faire taire immédiatement.

Jeanne Hugo Daudet a ricané et haussé les sourcils.

— En effet, je viens d'épouser l'homme le plus séduisant de Paris, que dis-je, de l'Europe ! Mais vous le savez, bien sûr. Le dandy qui vous entretient s'est tellement démené pour être convié à la fête. Malheureusement, nous ne pouvions inviter que des personnalités, a-t-elle ajouté avec un claquement de langue.

Je me suis hâtée de lui faire remarquer qu'après avoir prétendu ne pas me connaître, elle venait d'avouer qu'elle savait très bien qui nous étions, le comte et moi.

Cependant je n'eus guère le temps de savourer cette victoire. Au même moment, Robert est revenu vers moi à grands pas. J'en ai profité pour « sursauter » et renverser « malencontreusement » mon nouveau parfum sur le devant de la robe de Jeanne. Elle a poussé un cri d'horreur et s'est effondrée sur le sol, une main sur les yeux, alors que pas une goutte du liquide n'avait touché son visage.

— Oh, Comte, vous m'avez fait peur ! Je suis tellement émotive ! Pauvre Mme Hugo-Daudet !

— *Mme Charcot !* a-t-elle craché entre ses dents.

Montesquiou a voulu l'aider à se redresser, mais elle l'a repoussé.

— Je suis tellement navrée d'avoir taché votre robe.

— Vous êtes une méchante femme !

— Il est vrai que vous vous y connaissez dans ce domaine !

— Je n'ai pas de temps à perdre avec les gens de votre espèce. Je ne comprends pas comment Montesquiou a pu se laisser avoir. Je le savais stupide, mais à ce point !

Sur ces mots, Jeanne a relevé ses jupons et tourné les talons, suivie par son abominable marmaille. J'ai pivoté vers Robert, prête à inventer une excuse. Mais il était bien trop occupé à considérer ses ongles fraîchement manucurés pour s'attarder sur mes frasques.

Nous avons passé le reste de l'après-midi les pieds dans la paille à regarder ces dames vendre leurs colifichets. Nous avons regagné mon appartement à la tombée de la nuit. Pendant que Robert me servait un verre, j'ai retiré mes chaussures et ma robe. Je me sentais soudain vidée, épuisée, sur les nerfs.

J'ai regardé Robert verser un liquide doré dans un verre en cristal tout en fredonnant et j'ai songé qu'il était bien étrange que nous soyons en couple depuis deux ans. Il avait fallu le même temps à Jeanne pour passer de Daudet à Charcot. C'est long deux ans avec la même personne, du moins dans mon milieu, et même si je connais bien le comte, somme toute, je ne le connais pas du tout. Telles étaient les pensées qui m'assaillaient tandis que je le regardais me servir à boire. Cela m'a un peu perturbée. Et je n'en suis toujours pas remise.

Pour la première fois depuis mon arrivée à Paris, ma position, mon avenir me semblent incertains, hasardeux. J'ai l'appartement à présent. Les robes. Les meubles et les œuvres d'art. Je ne suis pas mariée à Montesquiou, mais suis-je destinée à rester avec lui pour toujours ?

— On boit ou on fait l'amour avant ? a-t-il demandé en remuant la glace avec son petit doigt.

Une nausée m'a soulevé l'estomac.

Je ne l'ai jamais repoussé. Il est vrai cependant que je ne suis pas toujours prête à répondre à ses avances et que je dois un peu me forcer parfois pour me montrer d'humeur amoureuse. Mais à ce moment précis, la simple pensée de sa peau pressée contre la mienne m'a soulevé le cœur. C'était stupide, ai-je tenté de me raisonner, juste le contrecoup de notre après-midi au Bazar. Notre environnement affecte notre humeur et nos désirs beaucoup plus qu'on ne veut l'admettre. En vérité, cette visite m'avait chamboulée. C'est drôle comme un endroit dont on a rêvé toute sa vie peut se révéler différent de nos attentes.

Quatrième partie

51

Paris, le 9 mai 1897

Que dit-on ? Que le monde peut basculer en un instant ? C'est ce qui m'est arrivé. Comme une étincelle sur de l'amadou, tout s'est embrasé d'un coup et a brûlé en ne laissant plus que les poutres de la structure, vague idée de ce qu'étaient les choses auparavant. C'est à la fois une métaphore et la stricte réalité.

Il y a cinq jours, Paris tenait son Bazar de la Charité annuel. Avant de quitter mon appartement, j'ai éprouvé une impression de déjà-vu. Ne venions-nous pas de nous y rendre ? En réalité, une année s'était écoulée et bien peu de choses avaient changé. Cette pensée m'a presque paralysée. Et Montesquiou a mis trois quarts d'heure à me convaincre de sortir. Pour bien des raisons, nous aurions mieux fait de rester chez moi. D'un autre côté, je n'aurais pas assisté à ces événements. Et il me fallait vivre ce drame pour en arriver là où j'en suis à présent.

Cette année, le Bazar de la Charité ne se tenait pas sur les Champs-Élysées, mais dans la rue Jean Goujon. Alors que nous marchions, Robert et moi, vers la structure en carton-pâte et bois blanc recouverte d'un velum, j'ai senti mon estomac se nouer. Bien sûr, c'est facile à dire après coup, mais j'étais si mal que Montesquiou s'est inquiété de ma santé. Le comte qui s'occupe d'une autre personne que lui, c'était une première ! Sachant qu'il valait mieux ne pas se montrer trop franche avec lui, je lui ai répondu que tout allait bien.

Toujours nauséeuse, j'ai franchi le tourniquet derrière lui et nous nous sommes avancés sur un plancher en pin norvégien, nettement plus agréable que la couche de paille des autres années. La décoration était différente, elle aussi. Pour accéder à l'espace principal, il fallait traverser un labyrinthe de décors mal peints : des collines trop vertes, des vaches qui ressemblaient à des hippopotames noir et blanc, des fleurs dans des couleurs qu'on ne trouvait que dans les jardins particuliers du comte. On ne pouvait pas éviter ce dédale, on était obligé de l'emprunter pour entrer comme pour sortir. Le but était de divertir la foule tout en contrôlant ses mouvements. Je l'ai trouvé très malcommode et ce n'était qu'un début.

Une fois cet obstacle franchi, les visiteurs étaient poussés comme des porcs à l'abattoir dans différentes allées qui les conduisaient par des portes basses et étroites dans le grand hall d'exposition. Enfin, on respirait ! Une trentaine de comptoirs s'alignaient de part et d'autre. Bien que l'assistance soit aussi nombreuse que les années précédentes, l'endroit était moins congestionné car une grande partie des visiteurs s'était agglutinée devant la grande attraction de la fête, le cinématographe des frères Lumière.

Comme il fallait s'y attendre, le comte s'est joint aux curieux, pressé de voir cette invention de près. Tout ce qui est nouveau ou original l'attire comme un aimant. Je suis restée en arrière pour regarder les bijoux que vendait une gitane. Le film m'intéressait, mais l'éther utilisé pour faire fonctionner la machine me donnait des vertiges. Ce qui expliquait sans doute pourquoi beaucoup de gens s'attroupaient à l'entrée.

Robert est alors venu m'annoncer qu'il s'ennuyait. Il voulait aller chez Maxim's. J'étais occupée à négocier l'achat d'un bijou en perles noires avec ma vieille gitane moustachue et je lui ai donc dit de partir devant. Je l'ai regardé s'éloigner et disparaître dans le labyrinthe. Je l'ai vu de mes yeux vu ! Mais personne ne me croit. N'est-ce pas toujours ainsi ? Les gens accordent davantage de crédit au mensonge.

Au bout de dix minutes de marchandage, la vieille sorcière refusait toujours de baisser son prix. C'est alors que la machine du cinématographe a émis un crépitement assourdissant. Le collier enroulé autour de ma main et de mon poignet, je me suis tournée vers l'endroit où le projecteur continuait à bourdonner.

— Voilà pourquoi le cinématographe ne prendra jamais, ai-je dit à la vieille femme. Comment voulez-vous vous concentrer sur les images avec un tel vacarme?

Soudain, une étincelle a jailli de la machine et la lanterne à lumière oxyéthérique a volé en éclats. Avant que qui que ce soit comprenne ce qui se passait, une tenture s'est enflammée et a mis le feu au velum. Je n'ai pensé à rien. Sans réfléchir, je me suis mise à courir à toutes jambes pour m'éloigner de l'incendie.

J'avais déjà franchi la moitié du labyrinthe quand la fumée m'a rattrapée. Derrière moi, la foule hurlait. Des hommes jeunes écrasaient les vieilles dames. Des gens se bousculaient dans l'étroit passage, suffoquant à moitié, luttant pour sauver leur peau. Je me suis accrochée au manteau d'un inconnu et nous nous sommes bientôt retrouvés dans la rue. Tout le monde hurlait. Tout le monde courait comme des Apaches. Du moins, ceux qui avaient pu sortir.

Au total, cent quarante personnes ont péri, dont beaucoup appartenaient aux plus grandes familles de Paris, comme la duchesse d'Alençon. Il y avait plusieurs personnes que je connaissais parmi les victimes, mais aucun ami. Pourtant, j'ai l'impression d'avoir perdu quelque chose. Une partie de moi-même peut-être.

Quand j'ai retrouvé Montesquiou chez Maxim's un peu plus tard, j'avais le visage noir de suie et sillonné de larmes. Il s'est moqué de mon allure et m'a demandé si je m'étais déguisée en Arabe. J'ai eu beau lui raconter ce qui venait de se passer, il a continué à plaisanter. Furieuse, je l'ai laissé pour rentrer chez moi, où j'ai passé le reste de la soirée à pleurer dans mon oreiller.

Le vieil homme avec des béquilles avait-il réussi à se sauver ? Et les deux jolies filles en bonnets bleus et châles en soie ? La gitane n'avait pas dû en réchapper. Elle avait couru vers les flammes au lieu de s'en éloigner. Quand je me suis réveillée le lendemain matin, la tête lourde d'avoir pleuré, ses perles étaient toujours enroulées autour de mon poignet.

Malheureusement pour Robert, l'affaire de la canne le poursuit et prend même un tour très inquiétant. Les journaux se déchaînent contre les individus qui se sont mal conduits pendant que l'incendie faisait rage et révèle chaque jour de nouvelles tragédies. C'était chacun pour soi. Des hommes ont piétiné femmes et enfants. Mais personne n'a été davantage calomnié que le comte. On raconte qu'il était dans la tente quand le feu s'est déclaré et qu'il s'est frayé un chemin à coups de canne jusqu'à la sortie. Jean Lorrain, un journaliste connu pour ses chroniques au vitriol, propage cette rumeur, mortellement vexé d'avoir été baptisé « le Montesquiou des pauvres » à plusieurs reprises dans la presse. Il surnomme Montesquiou « Grotesquiou » en public comme dans ses articles, au cas où on aurait des doutes sur sa jalousie.

J'ai essayé de défendre le comte, mais j'ai eu beau clamer qu'il ne se trouvait plus au Bazar de la Charité, qu'il était parti depuis longtemps et qu'il n'avait même pas emporté sa canne ce jour-là, personne n'a pris mes protestations au sérieux.

Hélas, ce fou n'a pas arrangé son cas en allant au Palais de l'Industrie voir les corps carbonisés dont la plupart étaient méconnaissables. Il a circulé entre les cadavres et soulevé (avec sa canne) les draps qui les recouvraient pour voir leurs visages.

Et si j'étais morte dans l'incendie ? Je me rends compte que je viens de passer les trois dernières années de ma vie avec un dandy qui se moque que tout Paris le croie capable de taper sur les infirmes et les enfants pour sauver sa peau. Le pire c'est que je comprends pourquoi les gens accordent foi à cette rumeur. Elle semble tellement plausible. Il ne l'a pas fait, mais il en aurait bien été capable.

Trois années avec le comte ! Trois années avec un homme que les journaux ont surnommé « le plus laborieux des diseurs de rien ». Certes, il est incroyablement généreux. Il m'a offert un appartement et assez de bijoux pour orner toutes les femmes de l'aristocratie française. Grâce à lui, j'ai pu quitter mon emploi aux Folies Bergère. Néanmoins, j'ai l'impression que Giovanni m'a donné bien davantage, même s'il ne m'a jamais rien donné.

Certains ont dit que cet incendie était mérité, que la fureur divine avait puni les riches. Un célèbre prêtre a même déclaré dans son sermon que cet incendie était dû au courroux de Dieu contre les nouvelles idées sociales et scientifiques. Il a ajouté que le feu était « un ange exterminateur » avant d'affirmer à ses fidèles que les victimes étaient mortes en expiation des péchés de la nation.

Je ne souscris pas à ces idées. Les enfants n'avaient aucun crime à expier, cependant l'idée du feu purificateur m'a marquée.

Quand Montesquiou est venu me voir ce matin, je lui ai annoncé mon intention de me désengager de notre contrat tacite. Fini les dîners chez Maxim's et les nuits dans mon lit. C'était une déclaration dangereuse. Tout ce que je possédais venait de lui.

— Je comprends, m'a-t-il dit. Je suis étonné qu'on ait tenu si longtemps.

— Je ne veux pas déménager, ai-je poursuivi d'une voix tremblante.

Je ne voulais pas demander ce qui allait advenir de l'appartement. Ni ce qui allait advenir de moi.

Il a haussé les épaules.

— Dans ce cas, ne déménage pas.

— J'essaierai de payer le loyer et…

— Chut ! (Il a placé un doigt sur mes lèvres. Il avait un drôle de goût, qui rappelait le sel brûlé. J'espère seulement que les rumeurs étaient vraies, qu'il a touché les cadavres seulement avec sa canne.) Tu peux rester. Je n'ai pas besoin de cet appartement. Nous trouverons un arrangement satisfaisant pour tous les deux.

— Mais j'ai dit que je ne voulais plus…

— Je ne parle pas de ce genre d'arrangement.

— Je vais essayer de reprendre mon travail aux Folies. Peut-être qu'ils me laisseront monter sur scène maintenant que je me suis construit une réputation. Les gens devraient être prêts à payer pour me voir soulever mes jupes.

— Ne le fais que si tu en as envie, a-t-il insisté. Ne t'inquiète pas pour l'appartement.

— Il faut bien…

— Ma chérie, a-t-il dit en m'embrassant sur le nez. Cesse de te tracasser. Ce n'est que de l'argent et il y en aura toujours.

Là-dessus, il a attrapé sa canne, en a frappé deux fois le sol et a quitté mon appartement. Si je m'attendais à des reproches ou à une dispute, j'en étais pour mes frais. Il est ainsi. À moins que les rumeurs disent vrai : il paraît qu'une héritière américaine voudrait l'épouser. Je leur souhaite bonne chance à tous les deux.

Après son départ, sans me laisser le temps de réfléchir, j'ai fermé mon appartement pour courir chez Boldini, sans même savoir pourquoi. J'ignorais ce que je lui dirais. Je savais seulement qu'il me fallait y aller. Tant qu'il ne serait pas avec une autre femme, je trouverais les mots qu'il fallait.

Je me suis arrêtée devant la porte de son atelier, j'ai inspiré profondément, j'ai levé le poing et frappé trois coups. J'ai entendu approcher son pas vif, irrité, et mon cœur s'est envolé.

Boldini a ouvert la porte.

— Giovanni ! ai-je crié. Je t'en prie, laisse-moi rentrer. Je ne supporte plus de vivre sans toi. Je ne sais pas ce qui a tout gâché entre nous, si c'est à cause de Montesquiou ou de Pujol. Pour Pujol, ce qui est fait est fait, je ne peux pas faire disparaître sa malencontreuse représentation, mais concernant Montesquiou c'est terminé. J'arrive sans doute avec trois ans de retard. Mais sache que si j'ai passé ces mille jours à me complaire dans les diamants et les fourrures, c'était pour ne plus penser à toi !

Boldini n'a pas répondu. Je me suis jetée à ses pieds et j'ai passé mes bras autour de ses jambes en sanglotant sur son pantalon. Il a tenté de se dégager, je me suis accrochée encore plus fort. Finalement, il m'a appuyé sur la tête et s'est libéré. Il a fait demi-tour et a disparu dans son atelier.

Mais il a laissé sa porte ouverte.

Sonnée, j'ai levé les yeux. Il est retourné à sa toile, muré dans son silence. Il a repris son pinceau sans desserrer les lèvres, sans m'offrir un mot de consolation ni la moindre assurance.

Je me suis lentement relevée et avancée de peur que cette porte ouverte soit un oubli, pas une invitation. Boldini a tendance à laisser le gaz allumé, les peintures débouchées et ses vêtements chez la blanchisseuse douze mois d'affilée.

Cependant, tandis que je m'avançais dans la pièce, il m'a regardée à la dérobée. J'ai détecté un vague hochement de tête. Je me suis assise sur un sofa, j'ai croisé les jambes et j'ai lissé ma jupe froissée. Il a continué à peindre sans rien dire. Je l'ai regardé, reconnaissante de ce nouveau départ qu'il semblait m'accorder.

52

Quand April se réveilla, Luc était parti, mais nul doute n'était possible, il avait bien passé la nuit chez elle. Il avait laissé un mot (Ma chérie, quel moment merveilleux !) et l'autre côté du lit froissé, au cas où elle aurait eu besoin d'une preuve supplémentaire.

Elle ne savait plus où elle en était. Elle avait dormi avec un autre homme que Troy. Elle qui défendait tant les vœux sacrés du mariage ! Mais que restait-il à présent de leur union en dehors d'un morceau de papier ? Un tas de papiers si on comptait le contrat de mariage. Et encore Dieu sait combien de paperasse s'ils finissaient par divorcer.

S'ils finissaient par divorcer ! Elle était surprise qu'il y ait encore un « si ». Et surtout de s'entendre employer le verbe alors que c'était le nom qui lui venait toujours à l'idée.

Quel que soit leur statut légal, Troy ne pouvait pas dire grand-chose pour cette incartade du 14 juillet. Il l'avait trompée avant, ainsi que sa première femme et sans doute toutes celles qu'il avait connues auparavant.

Mais il ne s'agissait pas pour elle uniquement de se venger ni de surenchérir sur cette trahison. Il y avait quelque chose de plus entre elle et Luc. Sans parler d'amour ni même d'un coup de cœur, elle éprouvait une attirance pour lui indépendamment de ses problèmes avec Troy. Elle n'avait pas couché avec lui parce qu'il était le seul mâle qu'elle avait sous la main. Elle était peut-être pompette, mais elle avait agi délibérément, telle Marthe se précipitant à l'atelier de Boldini après l'incendie.

April sourit. « Marthe s'est remise avec Boldini » aurait-elle voulu envoyer par texto au beau notaire qui l'avait vue nue, l'homme qui s'était montré… oh, mon Dieu… plus qu'à la hauteur ! Sauf que si elle parlait de Boldini à Luc, elle ne pourrait pas s'en tenir là. Elle ne se sentait pas prête à affronter les aléas d'une conversation. Elle décida donc de ne pas toucher à son téléphone ni à son ordinateur tant qu'elle n'aurait pas trouvé comment revenir en douceur à leur relation précédente, si ce n'était pas fichu.

Elle passa la journée au lit à lire et à travailler et surtout à dormir. Quand elle trouvait le courage de se lever, elle errait dans l'appartement nu pied, en sous-vêtements, frissonnant sous le petit courant d'air humide qui soulevait les rideaux.

La célébration du 14 juillet se poursuivait avec les défilés, les feux d'artifice et les foules de badauds qui sillonnaient Paris. Le bruit l'empêchait de se concentrer, mais il n'était pas seul responsable du ralentissement de son pauvre cerveau.

Établir des estimations de vente et rédiger des descriptions de dernière minute n'était pas évident avec Luc qui s'insinuait constamment dans ses pensées au mépris de ses meilleures intentions. April revoyait la façon dont il s'était pressé contre elle tandis qu'ils traversaient le hall puis gagnaient l'escalier d'un pas trébuchant, pris tous les deux de vertige. Il l'avait plaquée contre la porte tandis qu'elle se battait une fois de plus avec la clé dans la serrure, les mains tremblantes d'impatience.

Ils avaient rapidement perdu leurs vêtements, encore humides et collants des heures passées à danser. April ne se souvenait plus ni quand ni comment ils étaient arrivés dans le lit, juste qu'ils s'y étaient retrouvés. Elle revoyait son visage se rapprocher du sien et revivait l'extase de cette nuit.

Elle s'était réveillée, à présent elle s'en souvenait, elle avait ouvert les yeux, dans un état second, pour voir Luc se pencher sur le lit et l'embrasser doucement sur le front, les parfums de la veille encore dans son haleine.

Avec un sursaut, April se força à revenir au présent. Elle regarda les gouttes de pluie qui s'écrasaient sur la vitre. Il était temps qu'elle rentre, essaya-t-elle de se convaincre. C'était bigrement difficile d'accomplir quoi que ce soit dans cette ville. Paris offrait trop de distractions.

53

April quitta son appartement assez tard le lendemain matin. Vu l'état des trottoirs jonchés de détritus et les morceaux de drapeaux français détrempés pris dans les branches des arbres, la pluie n'avait pas découragé les Parisiens de faire la fête.

Elle se dirigea vers le café du Mogador, une petite brasserie située en face de l'extraordinaire église de la Trinité dans le 9e. Son auvent rouge annonçait « Sandwicherie », ce qui parut parfait à April dont l'estomac se remettait à peine de la fête.

Mais il fallait qu'elle mange car elle n'avait rien avalé depuis les trois pâtisseries attrapées sur un stand avant de quitter la caserne trente-six-heures auparavant. Elle s'installa à la dernière table libre (petite, ronde, en marbre) et se demandait comment poser dessus à la fois son portable et ses documents, quand le serveur se présenta. Après avoir passé une commande sans grande conviction, elle posa ses notes sur la table et une pile de papiers sur ses genoux. Elle se servirait de son ordinateur plus tard. Elle n'y avait pas touché depuis plusieurs jours, elle n'était plus à une ou deux heures près.

À présent que la provenance était établie pour le Boldini et plusieurs pièces importantes, April relisait le rapport final et procédait à quelques changements de dernière minute dans les catalogues où ces biens figureraient. Il restait une douzaine de points à régler et elle comptait sur Birdie pour le faire. C'était son boulot : boucher les trous, combler les lacunes.

Se souvenant brusquement d'un problème que son assistante avait soulevé au sujet de deux chaises terriblement difficiles à décrire, elle voulut consulter ses mails et sursauta en trouvant son téléphone coupé. Depuis combien de temps était-il éteint ? Vingt-quatre heures ? Quarante-huit heures ? Elle se souvenait l'avoir coupé en arrivant à la caserne. Était-ce possible qu'elle ne l'ait pas rallumé ?

L'appareil mit des heures à revenir à la vie, puis à passer en revue les applications qui avaient besoin d'être mises à jour avant de lui permettre d'accéder à la boîte vocale. Elle avait huit messages exactement. Troy devait être inquiet. Pire, son père devait être affolé. April se tassa en songeant au coup de fil auquel elle n'avait pas répondu l'avant-veille quand elle était sortie avec Luc.

— Désolée, papa, murmura-t-elle, tandis qu'elle tapotait l'écran pour consulter sa messagerie. J'espère que tu n'as pas déjà appelé les *gendarmes*.

Avant qu'elle ait pu écouter un seul message, son téléphone vibra. Elle regarda qui l'appelait. C'était son frère, ce qui ne l'étonna pas vu son silence radio inexplicable.

— Ah, bonjour, Brian, papa me cherche, sans doute ? Je suis vraiment désolée, je viens seulement de m'apercevoir que mon téléphone était éteint depuis deux jours. Je t'en prie, dis-lui que je ne me suis pas fait enlever et que je n'ai pas été victime d'une bombe dans le métro. Je m'en veux terriblement. Je suis la plus mauvaise fille du monde…

— April…

Il la coupa d'une voix sèche. Jamais il ne lui parlait sur ce ton. Brutalement, April comprit qu'il se passait quelque chose. Elle aurait dû s'en douter : il était presque midi à Paris, ce qui voulait dire 6 heures à New York et à peine 3 heures en Californie. Trois heures du matin, l'heure creuse, trop tard pour les couche-tard, trop tôt pour les lève-tôt. On ne pouvait annoncer que des catastrophes à une heure pareille.

— Pourquoi tu m'appelles si tôt ? demanda-t-elle alors que son sang se glaçait. Que se passe-t-il ? Tu vas bien ? Allie va bien ?

— Tu as eu papa ? Dis-moi que tu as eu papa !

— Il m'a appelé alors que j'allais fêter mon anniversaire et je devais le rappeler. Je suis désolée si je vous ai fait peur.

— Merde ! lâcha Brian. Merde, merde !

Ce n'était pas dans les habitudes de son frère de jurer. En bon surfeur, il ne s'énervait jamais, il ne s'en faisait pas, il n'était jamais stressé.

— Brian, je t'en prie, dis-moi que tout va bien.

— Ah non, ça ne va pas du tout, répondit-il avec un ricanement amer. Eh bien, ce que j'ai à t'annoncer n'est pas facile, surtout par téléphone, mais tu ne nous donnes pas vraiment le choix.

— Arrête, Brian, tu me fais peur.

Il inspira profondément et laissa échapper un petit rire triste. Puis il la mit au courant.

54

On vit parfois des moments dont on sait qu'on s'en souviendra toute sa vie : ses fiançailles, l'instant où l'on dit oui devant l'autel, la seconde où l'on apprend que l'être aimé vous trompe, ou quand votre patron vous dit « vous êtes viré ». Tous ces épisodes magnifiques ou tragiques sont gravés à jamais sur le film de votre vie jusqu'à la fin des temps.

Pourtant, April découvrit avec surprise qu'elle n'avait rien enregistré de cet instant. À peine Brian avait-il lâché ces mots qu'elle avait oublié comment il les avait prononcés. Bien sûr, elle en avait retenu le sens et ce qu'elle avait éprouvé. Mais elle ne se souviendrait que de ce qu'elle avait fait après. À la seconde où Brian avait raccroché (s'étaient-ils dit au revoir ?), elle avait composé le numéro de Luc sans chercher à comprendre pourquoi. Elle savait juste qu'elle avait besoin de quelqu'un et qu'elle ne voulait pas appeler Troy. Avec le recul, elle jugerait cette réaction déplacée, mais sur le moment, cela lui avait semblé tout naturel.

— Bonjour, Avril, la salua Luc et elle entendit un bruit sourd, puis un frottement de pieds sur le sol, et une porte qu'on fermait. Sommes-nous remise des excès de l'anniversaire ? Tu as vu les nouvelles ? Une des casernes a brûlé cette nuit. Quelle ironie, non ?

— Une caserne a brûlé ?

Elle pensa aussitôt à Marthe et à tous les gens qui avaient fui le Bazar de la Charité. Elle pouvait presque sentir la fumée et entendre leurs hurlements. Elle en oublia ce que Brian venait de lui apprendre et aussi la nuit qu'elle avait passée avec Luc.

— Il n'y a pas eu de victimes ? Tout le monde en a réchappé ?

— Oui, tout le monde s'en est sorti sain et sauf, Dieu merci. Il y a eu de gros dégâts mais aucune perte humaine.

— Ouf, je suis soulagée de l'apprendre, soupira-t-elle. Écoute, j'aurais besoin de te parler.

— Vraiment ?

— Oui, répondit-elle, sans éprouver de gêne à l'idée qu'ils avaient passé la nuit ensemble, et que, pour son plus grand plaisir, il avait caressé le moindre centimètre de son corps. Je voudrais te voir. Où pourrait-on se retrouver ?

— Avril, c'est ce qui s'est passé l'autre nuit qui te tracasse ?

— En fait, non…

— Je t'en prie, ne commence pas à te torturer pour ça. Je te connais. Prends-le pour ce que c'était. Inutile de chercher des explications ou de vouloir revenir en arrière…

— Non ! le coupa-t-elle d'une voix plus forte. Ce qui est fait est fait.

— Oh !

— Et c'était génial !

— Oui.

— Il n'est pas question de ça. En fin de compte, ça n'a aucun rapport avec toi. Je ne sais pas pourquoi je t'ai appelé. C'est juste que… en fait…

— Avril ? Que se passe-t-il ? Cette fois, tu m'inquiètes…

— Je… je ne peux pas, murmura-t-elle la voix étranglée par les sanglots qui lui serraient la gorge et l'empêchaient de respirer.

— C'est au sujet de Marthe ? De l'appartement ?

— Non, ça ne concerne que moi. Je viens d'apprendre une mauvaise nouvelle.

— Où es-tu ? Chez toi ? J'arrive tout de suite.

Elle blêmit. Chez elle ? Leur nuit ensemble était encore toute proche. Et l'idée de le voir sur le seuil de sa porte la paniqua. Elle pensa à son salon en désordre, au lit encore défait, à ses vêtements épars sur le plancher et à la centaine de petits indices qui rappelaient ce qui s'était passé entre eux. Non ! Il n'était pas question qu'il vienne chez elle aujourd'hui.

— Je… je suis dans un café. Pas chez moi. Mais ce n'est pas grave, Luc. Je n'aurais jamais dû t'appeler. C'est stupide.

— J'arrive.

— Non, l'appartement est sens dessus dessous et je…

— Alors viens chez moi. Tu as toujours mon adresse ?

— Ton adresse ? répéta-t-elle avant de songer que, oui, celle-ci devait toujours être dans son téléphone, puisqu'elle n'avait jamais effacé aucun de ses textos. Oui, je pense.

— Excellent. Où es-tu ? Pas trop loin ? Dans le 9e ?

— Oui, répondit-elle, un peu sonnée à l'idée de ce qu'elle s'apprêtait à faire. (Voulait-elle réellement aller chez lui déballer tous ses problèmes ?) Tu es sûr de vouloir que je vienne ? Je me rends compte que ce n'est pas très professionnel et je ne voudrais pas te mettre dans une situation…

— Viens, la coupa-t-il. Arrête de t'excuser. Viens tout simplement.

— Très bien, murmura-t-elle en se mordant la lèvre. J'arrive.

55

Elle glissa le téléphone dans sa poche en tremblant de tous ses membres. Comment allait-elle trouver la force de se rendre dans le 16e arrondissement ?

Après avoir jeté une poignée d'euros sur la table à la seconde exacte où le serveur lui apportait son croque-madame, elle sortit en courant du restaurant et sauta dans un taxi.

Incapable de rester à regarder défiler les rues et à laisser des idées noires lui envahir l'esprit, elle décida d'écouter sa messagerie. Aucun message ne pourrait être pire que la nouvelle qu'elle venait d'apprendre.

Elle avait raison, ce n'était que des variations crescendo de ce que Brian lui avait dit. Il y en avait huit. Les premiers assez vagues puis de plus en plus pressants. Troy ne lui avait pas souhaité son anniversaire, il avait juste laissé sur son répondeur : « Rappelle-moi tout de suite. C'est urgent ! »

April préférait l'avoir appris de la bouche de son frère. Brian était la personne parfaite pour vous annoncer une mauvaise nouvelle. Si seulement Troy était passé par son intermédiaire il y a six mois ! Mais l'incartade de son mari lui semblait de bien peu d'importance à présent, même si sa confession l'avait prise par surprise alors que l'annonce de son frère était prévisible, inévitable, et qu'elle s'y préparait depuis longtemps.

— *Madame ?*

Le chauffeur jeta un coup d'œil par-dessus son épaule.

— *Pardon ?* dit-elle en effaçant le dernier message, en larmes.

— *Nous sommes arrivés.*

Elle leva la tête.

— *Oh, c'est vrai ! Merci beaucoup.*

Elle lui tendit l'argent, descendit de la voiture et s'éloigna avec la sensation que l'homme la suivait des yeux.

La vue de l'immeuble de Luc la rasséréna et elle monta en courant à son appartement en retenant ses sanglots. Elle s'appuya au chambranle pour ne pas tomber et frappa.

— *Entre !* cria Luc. C'est ouvert.

D'une main tremblante, April se battit un instant avec le vieux bouton de porte avant d'entrer directement dans le salon et s'arrêta, le visage ruisselant de larmes qui lui coulaient jusque dans le cou, le souffle court. Tandis qu'elle tentait de reprendre sa respiration, elle s'essuya les yeux du revers de sa manche.

— Luc, tu es là ? appela-t-elle.

Il sortit de la cuisine, les mains sur les hanches, et elle se demanda s'il était conscient du nombre de fois où il prenait cette posture.

— Tu es arrivée plus vite que je ne m'y attendais, remarqua-t-il en clignant des yeux, l'air nerveux, ce qu'elle comprenait car, si cette nouvelle ne l'avait pas complètement assommée, elle aurait été tendue, elle aussi.

— Luc, que je suis contente de te voir ! s'écria-t-elle en se jetant dans ses bras. Je suis tellement désolée de te déranger, mais il faut que je te parle.

— Au revoir, Luc ! chantonna une voix dans le fond de l'appartement. À ce soir !

C'était une voix de femme. Une nausée souleva l'estomac d'April tandis qu'elle s'écartait brutalement de lui.

— Qui… qui est-ce ? bredouilla-t-elle en se retournant.

Une jeune femme qui respirait Chanel, Hermès et toute l'élégance parisienne entra d'un pas souple dans la pièce. Elle avait de longs cheveux raides et épais exactement de la couleur du caramel. Était-ce un mannequin ? Une danseuse de l'Opéra ? Elle aurait pu être les deux.

Luc s'avança vers elle et lui passa un bras autour de la taille avec un sourire un rien forcé.

— Ma belle, je te présente mon amie April Vogt.

Elle sursauta en l'entendant prononcer correctement son prénom pour la deuxième fois.

— Oh, Avril ! s'exclama la jeune femme. *It ees so play-zure to meet you !*

Il avait une petite amie. Connaissant Luc, il ne pouvait en être autrement. Il fallait même être stupide pour s'en formaliser. Et aussi naïve et inconsciente. N'empêche qu'elle en était bouleversée. Alors qu'elle croyait son cœur déjà en miettes, elle s'aperçut qu'il pouvait encore s'effriter davantage.

— Bonjour, répondit-elle sous le choc, sans pouvoir détacher les yeux de Luc bien qu'elle n'ait aucun droit sur lui. Ravie de faire votre connaissance, parvint-elle à articuler.

— Oh, *hello, hello !*

— Je te présente Delphine Vidal, une banquière extraordinaire, déclara Luc.

Delphine fit semblant de lui pincer l'oreille et éclata de rire. Elle avait des dents d'une blancheur et d'une régularité presque dérangeantes.

— *Zees man of mine ees terreeble ! So zees ees sweet Avril !* J'ai beaucoup entendu parler de vous !

— Je… je suis étonnée que Luc… bredouilla April.

— *Luc speeks about you all zee time !* Je suis si contente de vous connaître.

— C'est vraiment très gentil ! répondit April qui, non seulement ne partageait pas sa joie, mais se demandait comment massacrer l'anglais à ce point-là pouvait être aussi charmant.

Qu'était-elle allée imaginer ? Évidemment que Luc avait une petite amie. D'ailleurs, quelle importance ? Elle n'avait tout de même pas l'intention de se lancer dans une liaison avec un Français, aussi parfaite qu'ait été leur nuit ensemble. Se prenait-elle pour Marthe et lui pour Boldini ? Croyait-elle pouvoir débarquer à l'improviste chez lui et le regarder peindre jusqu'à ce qu'elle ait retrouvé ses esprits. Et pourquoi ne pas faire un saut à la morgue avec lui, juste après ?

Il avait couché avec elle par pitié, avec l'accord tacite de Delphine. La jeune femme devait être au courant pour l'autre nuit. Elle lui semblait avoir les idées larges, tout à fait capable d'une telle générosité.

— Luc m'a dit que *you are from zee… cee-tee of New York ?* poursuivit Delphine, ses yeux verts étincelant.

— Avril parle français, remarqua Luc devant ses efforts laborieux.

— *Yes, I 'ope to practice zee English !* répondit-elle avec un sourire qui lui arrivait aux oreilles, se méprenant sur le sens de son intervention.

— *C'est très bien, mon amour*, répondit-il en riant.

Alors qu'il était encore nerveux et inquiet deux minutes plus tôt, le Luc qu'April connaissait, ou du moins qu'elle croyait connaître, revenait à la surface. Il taquina Delphine sur son anglais, puis il lui pinça le bas du dos et April tourna la tête si brutalement qu'elle se fit un torticolis.

Dire qu'il avait les mains sur elle encore si peu de temps auparavant, songea-t-elle, le visage empourpré de honte et de colère.

— *I-have-to-go*, articula Delphine en détachant chaque syllabe. *Very so much play-zure to meet you !*

Elle se pencha et embrassa April sur les deux joues.

— Tout le plaisir était pour moi, coassa April.

— *Au revoir ! À bientôt !* lança Delphine par-dessus son épaule dans un tintement de bracelets en platine et en diamants.

Delphine disparut, laissant Luc et April la bouche sèche et râpeuse comme si un vent du désert venait de traverser l'appartement.

— Elle parle très mal l'anglais, commença Luc.

— Elle fait des efforts, c'est ce qui compte. C'est ta petite-amie ?

— Oui, répondit-il après une longue hésitation. Mais tu dois comprendre que tu n'es pas la seule…

— Elle vit ici ?

— Tu es venue pour connaître ma situation de famille ? Il semblait ennuyé, comme si elle n'avait aucun droit à poser cette question. Peut-être avait-il raison. Elle secoua la tête.

— Je veux le savoir, avoua-t-elle d'un ton piteux avant de se tourner vers la fenêtre. J'ai besoin de le savoir.

— Non, soupira-t-il. Elle n'habite pas ici.

— Où était-elle la veille du 14 juillet ?

— Elle réglait une transaction au Luxembourg. Avril, pourquoi es-tu venue ? Tu as dit que tu avais une mauvaise nouvelle. Si on en parlait plutôt que de ma situation, surtout que je pourrais te questionner sur la tienne, moi aussi.

— Tu as raison, reconnut-elle d'une voix maussade.

Il posa doucement la main sur son bras.

— Avril ?

— Je ne sais pas si c'est une bonne idée, Luc. Je ferais peut-être mieux de repartir. C'est une si longue histoire. Tellement pitoyable.

Elle inspira profondément et le dévisagea en se demandant si elle lui faisait encore assez confiance pour partager son chagrin avec lui. Bizarrement, sa réponse fut oui.

— Dis-moi, insista-t-il.

Elle relâcha son souffle.

— Eh bien, maintenant que je suis venue jusqu'ici… t'ennuyer en plein après-midi… que j'ai vu des choses que je n'étais pas censée voir… autant aller jusqu'au bout. Voilà. Tu te souviens l'autre soir quand mon téléphone a sonné, que tu m'as dit de répondre et que j'ai refusé.

— Oui. C'était ton père qui t'appelait pour te souhaiter ton anniversaire.

— C'était bien mon père, mais il ne m'appelait pas pour ça.

Elle ferma les yeux et respira à fond plusieurs fois, le ventre de plus en plus noué.

— Avril ?

Elle l'entendit transférer son poids d'un pied sur l'autre avant de lui effleurer délicatement le bras.

— Que s'est-il passé ? Qu'est-ce qui ne va pas ?

— C'est ma mère, murmura-t-elle en rouvrant les yeux. Elle… elle est morte. Ma mère est morte.

56

Dès que les mots jaillirent de sa bouche, Avril s'effondra sur le canapé de Luc et enfouit son visage entre ses mains.

— Que veux-tu dire ? Elle n'est pas morte quand tu étais adolescente ?

Elle releva la tête sans se soucier de son visage bouffi par les larmes.

— Non, elle est morte le soir de mon anniversaire, pendant que nous étions à la caserne. Elle… elle a eu une attaque.

Luc ne répondit pas. Il resta debout à l'autre bout de la pièce. Elle souffrait de le voir si loin.

— Je ne comprends pas. Tu m'avais dit qu'elle était décédée.

— Non, je n'ai jamais dit ça.

— Si.

— Tu as mal compris. Je sais que j'ai tendance à rester vague dès qu'on aborde ce sujet, mais je n'ai pas pu dire qu'elle était morte alors qu'elle était en vie. C'est insensé.

— Je ne comprends pas, répéta Luc en s'éloignant encore davantage.

Bientôt, il disparaîtrait dans la cuisine et elle devrait crier pour lui parler, alors qu'elle n'avait qu'une envie, qu'il vienne près d'elle, qu'il lui dise que tout allait s'arranger.

— Laisse tomber. Je suis vraiment désolée, Luc. Je n'aurais jamais dû venir. Je suis une épave, en plus il y avait Delphine, ajouta-t-elle avec un geste vers la porte, comme si l'empreinte de la « banquière extraordinaire » était encore visible. Laisse tomber.

April s'en voulait. Elle attendait trop de Luc, de leur relation alors que leur seule véritable connexion était le contrat signé entre Agnès Vannier et Sotheby, sur lequel ne figuraient même pas les noms de Vogt et de Thébault.

— Avril, il faut que tu m'expliques. Tu disais ta mère partie, disparue, alors qu'elle était toujours là ? Tu m'as menti.

— Je n'ai pas menti ! explosa-t-elle. Elle était partie bien avant mon entrée à l'université. Elle n'était là que physiquement. En tout cas, la femme que je connaissais avait disparu.

Luc fronça les sourcils. Il affichait une mine sévère, contrarié par tout ce qu'elle ne lui avait pas dit. Pourtant, en dépit de la distance qui les séparait, April voyait bien qu'il éprouvait surtout de la peine et de l'inquiétude pour elle.

— Ma mère souffre… enfin souffrait d'un Alzheimer précoce, expliqua enfin April. Tu sais ce que c'est ? Cette maladie a le même nom en français ?

— Oui, je connais, répondit-il, son expression déjà plus douce.

— Les premiers symptômes sont apparus alors qu'elle était très jeune. J'avais à peine quatorze ans quand la situation a commencé à dégénérer. Du moins, c'est à cet âge-là que je m'en suis aperçue. Maman n'avait que quarante-deux ans.

— Comment ça se traduisait ?

— Oh, de façon très banale. Elle perdait ses clés, elle oubliait de venir nous chercher à l'école, elle était désorientée au supermarché, elle ne reconnaissait plus sa voiture. Toutes sortes de petites choses qu'on ne relève pas au début.

— Jusqu'à ce que ça devienne insupportable, finit Luc d'une voix grave.

— Exactement. Jusqu'à la goutte d'eau qui fait déborder le vase et qui vous force à ouvrir les yeux.

— Qu'est-il arrivé ? redemanda Luc en se rapprochant d'elle. Qu'est-ce qui vous a soudain alerté ?

— Tu tiens vraiment à le savoir ? Parce que c'est une histoire assez triste.

— Oui, je veux l'entendre. Dis-moi absolument tout.

April hocha la tête et, pour seulement la troisième fois de sa vie, elle raconta le triste épisode du zoo.

57

C'était les dix ans de son frère. En raison des récentes amnésies de sa mère, qu'ils attribuaient au stress et au manque de sommeil, leur père avait décidé qu'il n'y aurait pas de fête à la maison. C'était trop fatigant. À la place, leur mère emmènerait les deux enfants passer la journée au zoo.

April avait quatorze ans et ce programme lui avait déplu dès le départ. C'était l'été et elle aurait préféré passer la journée avec ses amis à la plage plutôt que de se traîner dans un parc animalier qui empestait le singe et les crottes d'éléphants en compagnie d'un petit frère pénible, le tout sous un soleil écrasant.

La matinée s'était déroulée comme prévu, avec une séance interminable dans l'enclos des serpents à regarder les reptiles avaler tout rond des petits lapins blancs. Ce spectacle répugnant avait comme seul avantage de se dérouler à l'abri du soleil.

Quand Brian s'était enfin lassé de regarder cette hécatombe de pauvres petites bêtes sans défense, ils s'étaient dirigés tous les trois vers un stand de hot dogs devant lequel s'étirait une longue fille d'attente. Ils en avaient fait la moitié quand leur mère avait commencé à s'agiter.

— Où sont vos parents ? avait-elle brusquement demandé à April et à Brian. Vous êtes là tout seuls ?

— Nous sommes avec toi, avait répondu Brian, sans comprendre.

— Maman, qu'est-ce que tu racontes ? s'était inquiétée April en regardant autour d'elle pour s'assurer qu'il n'y avait personne qui les connaissait.

— Le monde est rempli de méchants ! avait poursuivi leur mère à voix basse, comme si ces méchants l'écoutaient, prêts à bondir. Venez, venez avec moi.

Sur ces mots, elle avait quitté la queue pour se précipiter vers un employé et lui demander où se trouvait la sécurité.

— Qu'est-ce que tu fais ? avait protesté April.

— J'ai faim, avait larmoyé Brian.

— Je vous emmène à la police ! avait hurlé leur mère, en les prenant par les poignets pour les entraîner à travers le parc.

Brian avait éclaté de rire et regardé sa grande sœur, en espérant qu'elle rirait elle aussi. C'est une plaisanterie, pensait-il, maman qui fait la folle.

April lui avait rendu son sourire bien qu'elle ait compris que leur vie venait de basculer, que rien ne serait plus jamais comme avant. On pouvait perdre ses clés et mettre par erreur du liquide lave-vaisselle au congélateur, mais ne pas reconnaître ses propres enfants, ça devenait très grave.

— Bonjour, madame. Que puis-je faire pour vous aider ? avait demandé le vigile quand ils étaient entrés en trombe dans son bureau.

— Quelqu'un a abandonné ces petits tout seuls dans le zoo ! avait déclaré leur mère, en poussant en avant ses enfants qui frottaient leurs poignets rougis. Il faut retrouver leurs parents. Ils ne veulent rien me dire.

— Très bien.

L'homme avait terminé son cornet de glace et sorti un carnet. Puis il avait considéré April.

— Tu me parais bien grande. Où sont tes parents ?

— Eh bien… c'est un peu difficile à expliquer, mais c'est notre mère, avait-elle répondu d'une voix hésitante tandis que Brian ne savait pas s'il devait rire ou pleurer.

— Je te demande pardon ?

— C'est notre mère. Elle perd un peu la tête de temps en temps. Elle s'appelle Sandra Potter. Elle est née le 2 décembre 1951. Nous sommes Brian et April Potter. Notre père s'appelle Richard. Il travaille à la base navale de Coronado et nous habitons là-bas.

— Oh, mon Dieu ! avait alors crié leur mère.

Tous avaient sursauté. Même le ventilateur avait tremblé sur son pied.

Enfin ! Maman reprend ses esprits, avait pensé April.

— Mon sac ! On m'a volé mon sac ! C'est vous, petits voyous, qui me l'avez volé ? avait hurlé sa mère en fondant sur elle.

— Maman !

— Je ne trouve plus mon sac !

L'agent de sécurité l'avait regardée tâter machinalement ses vêtements avant de saisir son talkie-walkie.

— Ne vous inquiétez pas, madame. Je vais passer un appel pour voir si on ne l'aurait pas retrouvé. Comment est-il ?

Elle avait posé un doigt sur son menton.

— Hum… C'est drôle, je ne m'en souviens pas.

— Il est marron, avait répondu April. En cuir. Il se ferme par un lien coulissant. Il devrait y avoir les clés d'un break Oldsmobile à l'intérieur… une tonne de petits kleenex parfumés roses… et du baume à lèvres à la cerise, finit-elle, les yeux soudain remplis de larmes après cette énumération, sans qu'elle sache pourquoi.

— Tu vois bien que c'est toi qui as volé mon sac ! avait hurlé sa mère.

— Maman, je ne t'ai rien volé, voyons. Arrête !

Les yeux rivés sur cette famille bizarre, l'agent avait parlé à mi-voix dans son appareil et demandé de l'aide en disant qu'il lui était difficile de s'expliquer.

Heureusement, un bon Samaritain avait retrouvé le sac dans la volière. Ce qui avait permis à l'employé d'identifier la mère et les deux enfants grâce aux photos de classe contenues dans le portefeuille. Le temps que leur père arrive, leur mère avait retrouvé ses esprits. Elle ne gardait aucun souvenir de cette journée au zoo, elle avait juste la vague impression d'avoir secouru des enfants en détresse.

— Ce fut le début de la fin, soupira April et pour la première fois depuis qu'elle avait commencé son récit, elle soutint le regard de Luc.

Il se frotta le menton.

— Mon Dieu ! Quelle triste histoire !

— Oui, ce fut un choc brutal pour nous !

— Je comprends.

— Quand je suis partie étudier à New York, les gens disaient que j'étais folle de quitter San Diego. La vérité, c'est que j'aurais fini par le devenir si j'y étais restée.

— Ensuite, tu es partie à Paris, ajouta-t-il avec un demi-sourire. Encore plus loin.

Elle secoua la tête.

— Je ne l'avais jamais considéré sous cet angle. Toujours est-il qu'à partir de ce jour-là, la situation à la maison n'a pas cessé de se dégrader. Mon père croyait pouvoir toujours s'occuper d'elle mais, à mon quinzième anniversaire, il a été forcé de la mettre en maison de soins. Je n'ai pas eu de fête pour mes seize ans, encore moins de voiture, et je n'ai passé mon permis que grâce à la générosité d'une voisine qui m'a prêté la sienne. Mon père était déjà presque aussi absent que ma mère à cette époque. Lui au moins, il avait le choix. Mais le jour de mes quinze ans, j'ai eu l'impression de les perdre tous les deux.

April saisit son sac et sortit son portefeuille.

— Tiens. Je vais te montrer. Une photo en dit plus qu'un long discours, n'est-ce pas ?

Elle plongea les doigts dans l'espace derrière ses cartes de crédit. Coincé derrière un carnet de chèques, trois cartes de visite et des timbres se trouvait un cliché. Elle le tendit à Luc et s'aperçut alors qu'il était assis à présent à côté d'elle sur le canapé. Elle baissa les yeux vers leurs cuisses qui se touchaient presque.

— Voilà donc tes parents.

Luc examina l'homme penché sur un lit d'hôpital et la femme qu'on apercevait en dessous de lui, le visage inexpressif, appuyée sur deux oreillers. L'homme avait les yeux clos. Ceux de son épouse étaient ouverts et vides. Ils se tenaient par la main. Ou plutôt le mari serrait tendrement la main inerte de sa femme.

April hocha la tête.

— Ce sont eux. Ne me demande pas quand elle a été prise, je n'en ai aucune idée. Il est resté dix-neuf ans dans cette position. Le pauvre homme. Que va-t-il devenir à présent ?

— *C'est incroyable.* C'est ça le véritable amour.

— C'est une façon de voir les choses, marmonna-t-elle.

— Mais c'est beau, non ? Nous aimerions tous connaître un amour pareil.

Luc tendit la main comme pour lui enlacer la taille ou lui caresser le dos puis, bizarrement, il se ravisa.

— Si peu d'entre nous ont la chance de connaître un tel amour. Tant de choses se mettent en travers : les autres, la vie de tous les jours.

— Je ne te savais pas si romantique, murmura-t-elle, bien qu'elle soit convaincue du contraire. Et même si je reconnais qu'il l'aimait comme un fou, au risque de parler comme l'adolescente que j'étais, que devenions-nous dans tout ça, mon frère et moi ? Il avait encore des enfants à élever et il nous a complètement oubliés.

— Je n'arrive pas à le croire.

— Troy, mon mari, enfin mon ex…

— Oui, je vois de qui tu parles, *le grand monsieur*, railla Luc avec un de ses petits sourires suffisants.

— ... *le grand monsieur* croit que j'attends de lui la même adoration, que mes prétendus problèmes de confiance viennent du fait que je le crois incapable d'un tel niveau de dévotion. Mais ce n'est pas ce que je lui demande. Il doit aimer Chelsea et Chloé plus que moi. Le contraire me déplairait ! C'est là que mon père avait tout faux. Les filles de Troy doivent passer avant tout, bien avant son épouse.

Luc fronça les sourcils.

— Avril, ce que tu dis m'attriste. Tu devrais occuper la première place dans son cœur. Et tu ne dois pas parler de toi en disant « son épouse ».

— Sur le second point, je dois reconnaître que tu as raison.

— Ce n'est pas ce que je voulais dire…

— Ce sont ses enfants, Luc ! Pour toujours. Je peux tomber malade ou le quitter du jour au lendemain.

— Tu peux le quitter.

Était-ce une question ? Ou une constatation ? Ou simplement l'écho de ses paroles ?

— Mon père a toujours su que ma mère ne se rétablirait jamais. Ce n'était pas comme si elle allait récupérer ou qu'ils trouveraient des solutions, ou qu'elle le reconnaîtrait le lendemain. Pourtant, il n'avait qu'une idée, passer le moindre moment de la journée avec elle, même quand son état s'est dégradé. Il a quitté son boulot. Il a tout vendu jusqu'aux voitures, aux meubles et aux objets de famille, pour payer ses soins et nous nourrir puisqu'il ne travaillait plus. Il faisait des petits boulots par-ci, par-là sur l'île, que nos voisins lui confiaient par pitié, j'en suis sûre, mais notre vie se limitait au strict minimum.

— Les objets de famille, les meubles de l'appartement de Marthe, ton métier… je comprends tout à présent.

— Ce n'est pas si simple. Je ne voulais pas tout garder. Il m'aurait manqué un appartement dans le 9e pour loger tout ça, essaya-t-elle de plaisanter, ce à quoi Luc répondit par une petite moue triste. Je voulais juste un souvenir, un objet qui lui avait appartenu, quelque chose de matériel qui serait resté même après moi.

Luc sourit de nouveau mais plus gaiement.

— Tu songes à un objet particulier, non ?

Elle hocha la tête. Comment faisait-il pour toujours deviner le fond de sa pensée ?

— Oui. Ma mère avait une commode en merisier qui lui venait de sa grand-mère. Elle était couverte d'une magnifique marqueterie. Style Queen Anne, mais pas d'époque. Tu sais, avec les poignées en bronze ?

— Pas vraiment…

— Enfin bref, pour moi ce meuble représentait ma mère. Il me suffit de clore les paupières pour revoir ce qu'il y avait dans chaque tiroir, jusqu'à son horrible collection de soutiens-gorge et de culottes couleur chair. Et sur le dessus, les napperons, les flacons de parfum orange et rose, ajouta-t-elle en fermant les yeux. Je revois ma mère se coiffer et se regarder dans le miroir terni avec, coincée dans l'angle, une photo de moi en uniforme des guides.

Elle rouvrit les paupières et fut surprise de voir Luc les yeux humides.

— J'ai passé des années à chercher la même commode. Nous en avons eu quelques unes dans nos ventes, mais aucune qui lui ressemblait. Évidemment, j'ai commencé par aller dans la salle des ventes où mon père l'avait laissée en dépôt. Elle avait été vendue à une certaine Carole pour cent vingt-cinq dollars. Tu te rends compte, cent vingt-cinq dollars ! J'ai mis une annonce dans le journal en offrant cinq fois ce prix. J'étais prête à en donner cinquante fois la valeur ! Mais l'annonce est passée un an sans la moindre réponse.

— Je suis vraiment désolé pour toi, Avril, je ne sais pas quoi dire.

— C'est ce qui m'a tellement bouleversée pour l'appartement de Marthe. Comment ses enfants et sa petite-fille, ont-ils pu abandonner tout ça ? Ils ne voulaient aucun souvenir d'elle ? Et oublions les meubles… Seigneur, s'exclama-t-elle avec un petit rire sec, je n'aurais jamais pensé dire une chose pareille ! Bref, même si ce sont les meubles qui m'ont d'abord fascinée, c'est au journal que je pense quand je rentre chez moi le soir. À la place de Lisette, je l'aurais conservé précieusement. Peut-être que ce n'était pas cette foutue commode que je voulais, c'étaient des témoignages de la vie de ma mère, des souvenirs à elle. Bien sûr, avec sa maladie, ce sont ses souvenirs qu'elle a perdus en premier.

April secoua la tête.

— Tu es une femme incroyablement forte, dit Luc en se rapprochant. Je l'ai senti dès que je t'ai vue, mais c'est seulement maintenant que je comprends à quel point.

Il se rapprocha encore tout en préservant néanmoins un mince espace entre eux. Était-ce dû à ce qu'elle venait de lui confier, à la nuit qu'ils avaient passée ensemble, à Delphine ou à un mélange des trois, April l'ignorait. Mais elle sentait son eau de Cologne, l'odeur de la cigarette sur son haleine et elle avait presque l'impression qu'il la touchait.

— Je ne suis pas si forte que ça, soupira-t-elle en laissant retomber ses épaules. La preuve : j'ai fui. Ma mère ne savait plus qui j'étais, mon père s'en moquait et j'ai décidé de recommencer ma vie ailleurs parce que j'avais tout perdu en Californie. J'allais toujours leur rendre visite, par devoir, mais j'ai tout fait pour m'en sortir. Je suis allée à l'université où j'ai accumulé les diplômes jusqu'à n'en plus finir. J'ai pensé pouvoir me faire une vie à Paris. Et pendant un temps, j'ai réussi. Tout était parfait.

— Les Américains et leur quête de la perfection ! Un jour, tu découvriras qu'elle est inaccessible. Ce n'est même pas ce que tu souhaites. Alors, *ma chérie*, je vais te poser une question. Que vas-tu faire maintenant ? Ça ne sert à rien de te lamenter sur ce que tu n'as pas fait. Comment envisages-tu l'avenir ? C'est là que tu trouveras tes réponses.

— À long terme ? Aucune idée. Mais à court terme, je retourne à San Diego. Je rentre chez moi faire mes adieux.

58

Paris, le 17 avril 1898

Au diable, les bonnes intentions ! Elles sont toujours condamnées d'avance !

Elles ont beau être nobles et pures, venir du fond du cœur, avoir été prises avec la plus ferme résolution, il arrive toujours un imprévu pour les détourner. Cela fait-il de vous une personne moins bonne pour autant ? Je ne le pense pas.

Depuis l'incendie du Bazar de la Charité, je n'ai pratiquement pas passé une nuit loin de Boldini, en dehors de ses expéditions suicidaires de plusieurs semaines à Monte-Carlo. Cet homme irritant et fuyant m'exaspère et pourtant je continue à l'adorer.

N'empêche que notre union est des plus épuisantes. Et inutile d'espérer qu'il se fasse pardonner en m'offrant meubles et bijoux. Pour le moment, j'arrive à survivre grâce à la générosité du comte, mais je m'inquiète pour l'avenir. Dieu sait que je ne peux compter sur aucune contribution de la part de Boldini. Au bout de tant d'années, je ne sais toujours pas s'il est riche, pauvre ou entre les deux.

Je ne survivrai pas à une troisième ruine. Je ne trouverai pas toujours des rois du guano, de riches pétomanes ou des comtes suffisamment entichés de moi pour me sauver. Alors j'ai fait ce que je devais. Je suis allée aux Folies Bergère demander à reprendre mon ancien poste. Ce cher Gérard m'a répondu que tant que je serais aussi belle, il aurait toujours de la place pour moi. Je ne peux rien garantir concernant ma beauté, mais que je sois damnée si je ne fais pas tout pour la conserver. Le henné et les derniers masques éclaircissants sont toujours mes meilleurs alliés !

J'ai repris mon poste aux Folies Bergère le jour où Boldini rentrait d'une expédition de six semaines à Monte-Carlo. À la minute où j'ai terminé mon service, je me suis précipitée à son atelier, pressée de le revoir après une si longue absence et impatiente de lui apprendre que Gérard m'avait reprise, même si c'était le cadet de ses soucis.

À peine arrivée dans sa rue, j'ai repéré au loin une superbe calèche à huit ressorts aux roues dorées. Et quelle femme ai-je reconnue, serrée à étouffer dans une robe en velours vert de la couleur du vomi, Jeanne Hugo en personne ! Elle était accompagnée du pauvre fils qu'elle a eu de son premier mariage qui pleurnichait à côté d'elle.

— Jeanne au pain sec ! me suis-je exclamée. En chair et en os.

Puis, je l'ai vue entrer comme chez elle dans l'immeuble de Boldini ! Ma gorge s'est nouée. Non, ce n'était pas possible ! Ce n'était pas lui qu'elle allait voir ! Je me suis approchée. Et quand le salon de Giovanni s'est éclairé, j'ai vu l'horrible coiffure vertigineuse de Jeanne Hugo se découper derrière la fenêtre.

Quelle traînée ! Quelle garce ! Il fallait vraiment être dépravée comme elle pour emmener un enfant à un rendez-vous galant ! Ma premier idée fut de débarquer sans prévenir dans l'atelier, d'exiger une explication et, pourquoi pas, d'empaler cette grue sur la pointe de mon ombrelle. Mais, après mûre réflexion, je suis repartie, tant bien que mal, dans la direction opposée.

Le mari de Jeanne se trouvait chez lui quand je suis arrivée. Ce véritable miracle a suffi à me conforter dans l'idée que j'avais pris la bonne décision. Bien que son père ait été un des plus célèbres neurologues de toute l'Europe et qu'il soit lui-même un médecin confirmé, Jean-Baptiste Charcot préfère l'univers sans limite des glaciers aux espaces restreints des salles d'opération. Depuis la mort de son père, débarrassé de tout souci matériel, il a renoncé à sa profession et acheté un navire pour sillonner les océans. On le trouve plus souvent dans les îles Shetland, en Islande ou au Groenland qu'à Paris, et j'ai vraiment considéré sa présence inespérée comme un signe du destin.

Je me suis présentée à son domestique comme la belle Otero (petite toux discrète), célèbre danseuse des Folies Bergère. Et j'ai ajouté que j'avais besoin de le voir tout de suite. Il en avait été très amoureux avant son mariage avec Jeanne et je savais qu'il la recevrait.

Le domestique a accepté mon mensonge alors qu'il avait dû croiser celle-ci au moins une douzaine de fois, ce qui m'a paru confirmer, une fois de plus, que le ciel était de mon côté. Quand Jean-Baptiste est entré dans le salon, son serviteur m'a fait un clin d'œil avant de refermer poliment la porte.

— Vous n'êtes pas la belle Otero, a tout de suite déclaré le maître des lieux avec un sourire ironique, sans paraître le moins du monde contrarié.

— En effet, mais vous gagnez au change.

J'ai répondu cela distraitement, sans cesser de regarder autour de moi, déconcertée par les murs damassés de rose et les dorures qui nous entouraient. Je devais reconnaître que Jeanne, tout horrible qu'elle était, avait un goût exquis. C'était le genre d'appartement que j'aurais dû avoir. Le mien, quoique fort joli, paraissait terne en comparaison.

— Dites-moi, vous qui n'êtes pas la belle Otero, que venez-vous faire ici ?

— Votre épouse a une liaison avec Giovanni Boldini, le peintre.

— Vous en êtes certaine ?

— Tout à fait.

— Hum… murmura-t-il, un peu déconcerté mais pas vraiment inquiet. Eh bien, il fait son portrait. Peut-être avez-vous pris par erreur une séance de pose pour un rendez-vous galant.

J'ai blêmi de surprise. Giovanni la peignait ! Il fixait son visage sur la toile ! C'était pire que s'il me trompait ! Je voulais bien qu'il lui prête son sexe, mais pas son talent !

— Non ! me suis-je écriée, les mains plaquées sur mon ventre, sûre que j'allais expulser mon déjeuner. Ce n'est pas possible !

— Si, Jeanne veut un portrait d'elle avec son fils. Dites-moi, Charles se trouvait sur les lieux au moment de ces prétendus ébats ?

— Bien sûr que non ! ai-je menti.

Je n'arrivais pas à croire que Boldini m'ait trahie de la sorte. Il peignait Jeanne Hugo Daudet Charcot, en attendant qu'elle ajoute encore je ne sais quel nom à cette litanie ! C'était pire que si je les avais surpris en flagrant délit sur le plancher de l'atelier. Pire que si elle s'était retrouvée cent fois grosse de lui. Cherchait-il à me blesser ? Sur le moment, je ne voyais que cette explication.

— Je crois qu'ils sont très amoureux, ai-je ajouté pour faire bonne mesure.

J'avais le crâne en feu. Aussi merveilleux qu'ils soient, mes masques blanchissants ne laissent pas ma peau respirer. Elle se déshydrate et j'ai peur de finir par peler, surtout à la racine des cheveux. Hélas, la préservation de ma beauté mérite quelque inconfort.

Jean-Baptiste a hoché la tête d'un air pensif.

— Une liaison. Dites-moi, vous qui n'êtes pas la belle…

— Je m'appelle Marthe. Marthe de Florian.

Il n'a pas tressailli en entendant mon nom, ni montré le moindre signe de reconnaissance. J'ai cru que mon visage allait se craqueler de dépit.

— Dites-moi, madame de Florian, vous seriez-vous donné comme devoir de dénoncer les excès de la société parisienne ?

— Non, ai-je répondu les lèvres pincées, mais comme vous êtes nouvellement marié et que votre épouse est une des plus jolies femmes de France (oh, combien ces mots m'ont coûté !), j'ai pensé que vous préféreriez le savoir.

Il m'a souri et s'est avancé vers moi.

— Eh bien, elle est ravissante, mais je trouve que sa beauté est loin d'égaler la vôtre.

Cette phrase m'a condamnée ! Humiliée que Boldini peigne le portrait de Jeanne, outrée de découvrir que mon nom ne signifiait rien pour Jean-Baptiste, j'étais prête à accepter ce qu'il voulait bien me donner. Notamment l'ampleur de sa virilité.

Nous sommes passés à l'acte aussitôt, sur le tapis du salon, moi les yeux plus souvent fixés sur les miroirs du plafond que sur son visage. Cette expérience n'a pas été désagréable et il y a même eu une minute et demie assez plaisante entre ses grognements. C'était une façon parfaite de me venger, ai-je décrété. De Boldini, de Jeanne et de tous ceux qui auraient mis en doute ma capacité d'améliorer ma position sociale. Moi, Marthe de Florian, je faisais l'amour dans le salon de la plus célèbre femme de France ! Et avec son mari, par-dessus le marché !

La vengeance. Tant de gens la souhaitent. Tant de gens la réclament. Et personne ne vous dit combien elle est vaine. Moi qui croyais me sentir mieux après avoir pris une telle revanche sur Jeanne ! Comment puis-je me sentir encore plus mal ?

59

Paris le 7 mai 1898

Il existe des façons plus ou moins délicates de dire les choses. Ceci étant mon journal, je choisis d'être crue.

Je suis enceinte.

Alors même que j'écris ces mots (je les ai écrits cent fois cette nuit pour m'en convaincre), ils me semblent étrangers. Je n'ai jamais souhaité que cela m'arrive. Je n'ai jamais voulu d'enfant. Il est vrai aussi que je n'ai jamais pris le temps d'y réfléchir.

Hélas, c'est arrivé. Depuis mes quinze ans, j'ai toujours été réglée comme du papier à musique. Quand je me suis réveillée mardi matin et que je n'ai rien vu venir, j'ai cru m'être trompée dans les dates. Mais comme il n'y avait toujours rien le lendemain ni le surlendemain, j'ai compris que quelque chose clochait. Je suis allée chez le médecin. Son examen a révélé que j'attendais un enfant.

Bien sûr, j'ai aussitôt entamé une cure d'emménagogues pour stimuler mon cycle paresseux. Les filles des Folies connaissaient mille façons de soigner les règles irrégulières, mais les miennes ne voulaient pas revenir. J'ai même consulté un soi-disant médecin qui tenait une boutique d'apothicaire à Montmartre. Il m'a expliqué la façon dont il encourageait le retour du flux menstruel et m'a montré ses instruments.

— Avez-vous l'intention de me faire un lavement ? ai-je hurlé. Parce que ça y ressemble beaucoup.

— Cela nécessite le même équipement, m'a-t-il expliqué. Mais vous ne vous sentez pas bien ? s'est-il inquiété en voyant mon visage blême.

— Non, vraiment pas.

— Que pensez-vous faire ?

— Garder cet enfant.

C'était décidé. Mon destin était scellé.

Dieu du ciel, un petit être va vivre avec moi ! Un petit être sans défense qui réclamera en permanence mon attention ! Partager la vie d'un enfant criard ne devrait guère me changer de ce que j'ai connu avec Marguerite, sauf qu'il n'y a aucun espoir qu'il devienne contorsionniste ni qu'il aille habiter dans son propre appartement !

Marguerite était tellement heureuse de cette nouvelle qu'elle m'a promis de m'aider par tous les moyens. Franchement, je pense qu'elle veut juste avoir un compagnon de jeux. À l'entendre, nous n'aurons qu'à travailler à des horaires différents et il y aura toujours quelqu'un pour s'occuper du bébé. Sans compter qu'il y a aussi son père. Les hommes font de terribles nounous, mais d'après Marguerite, Boldini pourra toujours nous dépanner.

Ce que Marguerite ignore c'est que je n'ai pas fait l'amour avec Boldini depuis que j'ai appris qu'il peignait Jeanne : j'attendais qu'il me l'avoue. Quelle idée d'exercer un tel chantage sexuel ! Si seulement il ne s'était pas autant éternisé à Monte-Carlo, juste avant ! Ce soir, je dois redresser la situation. Je dois l'attirer dans mon lit. Même s'il n'est pas le père de cet enfant, j'aimerais au moins qu'il puisse le croire.

C'est bien ma veine ! Moi qui, depuis des années, utilise toujours des capotes anglaises, même contre l'avis de mes partenaires me voilà engrossée la seule fois où je n'ai pas pris cette précaution !

Mais à quoi bon se lamenter ? Ce qui est fait est fait ! Il est temps de se montrer pratique, à commencer par quelques ébats avec Boldini. Je ne sais pas ce que je lui dirai ultérieurement sur l'origine de cet enfant. Peut-être finirai-je par lui avouer la vérité et lui expliquer comment c'est arrivé. Il connaît mon mépris pour Jeanne. Il sait qu'il m'a fait des cachotteries ! Et il est parti si longtemps. Et moi, pendant son interminable absence, je n'ai couché qu'avec un seul homme et une seule fois. Franchement, c'est assez héroïque de ma part, non ?

Cependant, je ne veux pas risquer de me faire rejeter par Giovanni. Vu la façon dont il a pris ma liaison avec le comte, je n'ose imaginer sa colère lorsqu'il saura que j'attends un enfant. Voilà pourquoi je dois coucher avec lui ce soir. Je pourrai lui dire la vérité… ou pas. Je veux juste avoir le choix. Tout dépendra de la façon dont se présenteront les choses. Alors qu'une femme doit avoir de l'argent avant tout, en seconde priorité, elle doit toujours disposer d'un éventail de possibilités. Oui, une dame doit toujours pouvoir se retourner.

60

April ne ferma pas l'œil des deux étapes du vol bien que Troy ait insisté pour qu'elle traverse l'Atlantique en première classe, dans ces sièges transformables en lit, véritables cocons de silence. Alors que tous les passagers autour d'elle dormaient d'un sommeil de plomb, elle passa la nuit à boire du vin tout en lisant le journal de Marthe ou à regarder fixement par le hublot sans rien voir. Quand elle descendit du dernier avion à San Diego, le steward lui toucha le bras et lui promit que tout se passerait bien.

Elle se dirigea à pas lourds vers le contrôle de sécurité en se demandant qui pouvait bien l'attendre de l'autre côté. Ce ne serait pas Troy : « J'essaierai de sauter dans un avion pour arriver à temps à l'enterrement, mais j'ai un gros contrat à conclure. » Ce ne serait pas son père : « Tu sais que je déteste conduire, ma puce. » Elle songea aux nombreuses fois où, à ses retours de l'université, puis de New York et de Paris, elle avait dû faire la queue aux taxis comme n'importe quel touriste.

Près des escalators, la clameur s'intensifiait. April s'arrêta pour regarder par-dessus la balustrade. Les gens agglutinés autour du tapis à bagages s'embrassaient et riaient, certains pleuraient, heureux d'avoir regagné le plancher des vaches et de retrouver les gens qu'ils aimaient.

Elle s'engagea dans l'escalator en soupirant quand elle aperçut, à l'écart, près du tapis numéro 2, un homme seul en t-shirt et en bermuda, un petit sourire aux lèvres.

— Brian !

Il la salua de la main. Les yeux soudain remplis de larmes, April dégringola l'escalier roulant pour courir se jeter dans les bras de son frère. Il n'était pas très grand, mais elle le trouva plus solide, plus fort que dans son souvenir. Il sentait bon l'océan.

— Waouh ! En voilà des retrouvailles, s'exclama-t-il en la serrant très fort. Ou tu es folle de joie de me revoir ou ça va vraiment mal.

Elle s'écarta de lui avec un petit sourire.

— Si ça va mal ?

C'était rien de le dire ! Elle montra les taches de mascara sur le t-shirt de Brian.

— Te voilà marqué. Désolée.

— C'est super ! Les larmes d'April Potter. Je ne savais pas que ça existait.

— Oh, elles n'ont jamais été très loin pourtant.

Elle se frotta le nez avec le coin de son châle en cachemire. Face à son frère en short effrangé et en tongs, elle se sentit ridiculement habillée. Quelle idée d'arriver en bottes à hauts talons et couverte d'accessoires au pays du bikini et des chemises de surfeurs !

— Tu es superbe, remarqua-t-elle. *Très Californien.*

C'était vrai. Il n'avait pas changé : il était toujours aussi mince et bronzé, les tempes grisées par le sel de l'océan.

— Merci, sœurette. Et toi, tu es filiforme.

— Merci.

— Ce n'était pas un compliment.

— Oh, eh bien, merci quand même. Faut pas s'inquiéter, je dévore. Je mange même plus que je ne devrais, ajouta-t-elle au souvenir de tout ce qu'elle avait avalé au bal des pompiers.

— Tu es trop maigre, insista Brian. Squelettique même. Tu as déjà des traits anguleux et là, tu parais encore plus grande et plus sévère.

— Merci. Dis carrément que je ressemble à une vieille bique ! Tu sais que pour les Parisiens, je serais presque grosse ?

— J'ai bien fait de ne jamais aller les voir. Ils n'auraient pas su apprécier mon corps musclé, plaisanta-t-il en faisant saillir ses biceps.

— Tu adorerais Paris. Mais le surf te manquerait. On y va ?

— Et tes bagages ? demanda-t-il avec un geste vers le tapis où un employé tentait de déloger un bambin de trois ans qui allait se faire engloutir par les valises.

— Tout est là, répondit-elle en tapotant le sac Louis Vuitton qu'elle portait en bandoulière. J'ai appris à voyager léger.

Il haussa un sourcil.

— Dois-je en déduire que tu n'as pas l'intention de rester très longtemps ?

— Je ne peux pas. Je dois repartir à Paris faire mes paquets. Mais je reviendrai après, c'est promis.

— Si tu le dis. Bon, eh bien, si vous voulez me suivre, Louis Vuitton, enchaîna-t-il en lui prenant son sac. Il est temps de rentrer à la maison.

61

April suivit Brian à travers les portes automatiques de l'aéroport et se retrouva sous le soleil californien dont l'éclat lui brûla les yeux.

— Seigneur ! marmonna-t-elle en cherchant ses lunettes noires dans son sac. J'avais oublié ce soleil de malheur.

— Tu devrais travailler pour la Chambre de commerce, s'esclaffa son frère. Quel bon slogan ! Venez à San Diego profiter de notre soleil de malheur.

— Je ne plaisante pas. Il a quelque chose d'immoral et de diabolique.

— Ainsi parla la femme qui revenait de Paris.

Paris ! April pensa aussitôt à Luc. Ou peut-être était-ce la vue des fumeurs regroupés autour d'un cendrier. Malgré ce qu'on disait des dangers encourus par les fumeurs passifs, elle inhala profondément en passant devant eux. Cette odeur familière lui manquait.

— Bon sang, qu'est-ce qu'il fait chaud ! gémit-elle alors qu'ils avançaient dans le parking sous le soleil accablant. La voiture est encore loin ?

— Non, plus très loin, petite nature.

— Hé, je porte des bottes. Et tu as vu l'épaisseur de mes cheveux ? Ça me fait carrément une couverture sur les épaules. Je suis sûre que je prends déjà un coup de soleil. On approche ? Je ne vois pas la voiture de Betty. Tu es venu avec la « Betmobile » ?

Son père avait eu une grande chance dans son malheur : il avait de bons voisins. Depuis vingt ans, ils le payaient pour réparer des choses qui n'en avaient sans doute pas besoin. Ils lui prêtaient leurs tondeuses et leurs taille-haies et sans doute aussi de l'argent, craignait April. Le jour de son entrée à l'université, elle avait trouvé sur son lit un sac de vêtements qu'elle devait à la gentillesse de Betty Wedbush, la plus généreuse des donatrices.

Mme Wedbush (April avait encore beaucoup de mal à l'appeler Betty) vivait en face de chez eux. Non seulement elle avait veillé à ce qu'April soit vêtue d'une façon sympa pour la fac, mais elle lui avait aussi généreusement prêté sa vieille Cadillac or et rouille qui était toujours garée dans son allée. C'était la voiture avec laquelle elle avait passé le permis. Et celle qui l'avait déposée à l'aéroport quand elle était partie à l'université, quand elle avait presque fait ses adieux. Mme Wedbush avait sans doute adoré jouer les mères de remplacement. C'était vraiment triste qu'elle n'ait jamais eu d'enfant.

— Non, ne t'inquiète pas, princesse, tu n'auras pas à subir la Betmobile. Nous sommes venus en voiture. J'espère que tu trouveras ma Subaru assez bonne pour te transporter.

Elle aurait dû s'en douter. La route était longue depuis le nord de la Californie, mais elle passait par de magnifiques spots de surf. Elle sourit quand elle aperçut sa voiture : c'était la seule qui avait une planche sur le toit.

— Mais où est Allie ? demanda-t-elle en montant dans le break.

La chaleur du siège en vinyle lui brûla la main. Brian

jeta son sac sur une combinaison néoprène. April espéra qu'elle n'était pas mouillée.

— À la maison avec papa.

— Il n'a pas voulu venir ?

Brian démarra.

— Tu sais bien qu'il n'a jamais aimé les aéroports.

Ils franchirent les barrières du parking et longèrent le port. L'eau brillait sous le soleil. April repéra au loin un navire de croisière, un porte-avion et plusieurs petits bateaux de pêche. Elle qui avait grandi à quelques pâtés de maisons de l'océan, elle n'en revenait pas de pouvoir passer des mois sans voir la mer. Brian n'aurait jamais pu le supporter.

Tandis qu'ils traversaient le pont qui menait à Coronado, April contempla les bateaux en dessous puis la côte et les petites rues étroites de l'île aux maisons serrées les unes contre les autres. La maison de son enfance devait toujours être la même : rose, carrée entourée d'une pelouse miteuse et jaunie. Un anachronisme parmi les mastodontes de plusieurs millions de dollars qui poussaient tout autour comme des champignons. La demeure des Potter n'avait pas changé depuis trente ans. Certes, c'était peu à côté des soixante-dix ans de l'appartement de Marthe, mais la compétition n'était pas terminée.

La voiture quitta le pont et s'enfonça dans l'île. L'endroit semblait toujours aussi idyllique : les jolies maisons, les rues pittoresques, bien différentes des quartiers urbains qui leur faisaient face de l'autre côté de la baie.

— Comment va Allie ? demanda April alors qu'ils s'arrêtaient à un feu sur Orange Avenue.

— Bien, bien. Elle a beaucoup de travail, mais elle adore ça.

— Je me suis souvent demandé si tu ne trouvais pas

étonnant d'avoir épousé une infirmière après tout ce que maman a traversé ?

— Non, répondit-il d'une voix brusque. Pourquoi ? Toi, tu es surprise d'avoir épousé un homme riche ?

— Quel rapport ?

— Tu as choisi quelqu'un qui pouvait prendre soin de toi. Quelqu'un d'assez riche pour que tu ne risques pas de te retrouver sans rien une seconde fois.

— Cet argent est à lui, pas à moi, grommela-t-elle.

— Pour moi, c'est du pareil au même. Pour en revenir à Allie, poursuivit-il en se tournant vers elle pour la regarder, elle est enceinte de quatre mois.

Le visage d'April s'illumina. L'espace d'un instant, son chagrin s'envola.

— C'est vrai ? Enfin, une bonne nouvelle ! Mon petit frère va être papa !

Elle se pencha pour le serrer dans ses bras malgré le levier de vitesse qui s'enfonça dans ses côtes.

— Oui, c'est fou, murmura-t-il avec un sourire radieux.

— Complètement fou.

Elle recula pour le dévisager. Il allait être père !

— Mais c'est génial ! Tu seras un père fantastique. Et Allie sera fabuleuse, comme toujours. Elle a de la chance. Le bébé aussi. Je suis tellement contente pour vous !

— Oui, on est ravis, acquiesça-t-il en tournant dans l'Avenue J, la rue où ils avaient passé leur enfance.

April retint sa respiration. Certes, à chacune de ses visites, elle trouvait son quartier un peu différent. Une maison disparaissait, une autre la remplaçait. Mais bon an mal an, les vieux palmiers et les magnolias résistaient à l'ambition des promoteurs et maintenaient l'aspect général des lieux.

— Tu as de la chance, tu sais, murmura-t-elle d'une voix chevrotante. Tu fais partie de ceux que les statistiques épargnent.

— April…

— Non, sérieusement, tu méritais vraiment d'échapper à ce fléau. Tu avais une chance sur deux, non ? Eh bien, tu ne finiras pas cloué sur un lit dans vingt ans sans savoir le nom des choses et des êtres qui t'entourent. Et tu ne le transmettras pas à tes enfants.

Brian n'aurait jamais Alzheimer comme leur mère. Dieu merci, pas Brian qui serait bientôt père et un jour grand-père. Et aucun de ses enfants n'en hériterait. Peut-être l'univers savait-il ce qu'il faisait, en fin de compte.

— Tu as beau avoir passé l'examen il y a une éternité, chaque fois que j'y pense, c'est un soulagement. Comme si on m'apprenait de nouveau la bonne nouvelle. Tu es officiellement hors de danger.

La voiture s'arrêta. Ils étaient arrivés chez eux.

— Pense à ton soulagement si tu te savais hors de danger, répliqua-t-il.

Il la dévisagea avec attention. La maison semblait la toiser, elle aussi.

— Oui, bien sûr, marmonna-t-elle, sans oser regarder autre chose que ses pieds. Sauf que, dans le cas contraire, je serais totalement anéantie. Ça pourrait être aussi bien l'un que l'autre.

— Il faut prendre ton courage à deux mains et passer ce fichu test. Et que tu arrêtes de vivre avec cette épée de Damoclès suspendue au-dessus de ta tête.

— Au-dessus de ma tête, répéta-t-elle et elle croisa son regard tout en sentant la maison derrière elle qui continuait à la jauger d'un air menaçant. Tu parles, on a cinquante pour cent de risque d'avoir hérité ce foutu gène. Comme tu ne l'as pas, j'ai cent pour cent de chances de l'avoir.

— D'accord, tu n'as jamais eu la bosse des maths, mais quand on jette une pièce en l'air, elle peut très bien retomber deux fois de suite du même côté, tu sais.

— Pourquoi prendre ce risque ? Je n'ai jamais voulu d'enfants, alors je n'ai pas besoin de le savoir. Et puis, à quoi bon savoir à l'avance que je vais avoir cette horrible maladie pour laquelle il n'y a aucun remède ?

— Peut-être que tu changeras d'avis pour les enfants. Tu es encore jeune. Enfin, c'est encore possible.

— Oh, très drôle ! Non, je n'en aurai jamais. Hors de question.

Même si elle prenait le risque, avec qui réaliserait-elle cette opération ? Pas avec Troy. Ni avec un certain homme à l'accent français prononcé, elle n'était pas ridicule au point d'envisager une telle possibilité.

— Allez, mes enfants auront besoin de cousins. Je croyais que vous aviez gardé cette option ouverte.

— Elle est fermée à présent. Je n'ai pas besoin d'un diagnostic médical pour le savoir.

— April, que s'est-il passé entre Troy et toi ? Désolé d'être indiscret, mais j'ai besoin de savoir. Qu'est-ce qui ne va pas entre vous ?

— Quelle question étrange ! (Elle n'avait rien dit à son frère ni à son père. Pas un mot.) Pourquoi ça n'irait pas avec Troy ?

— D'abord, parce qu'il a appelé souvent et qu'il nous a demandé de tes nouvelles. Ce n'est pas son genre.

April tripota la fermeture Éclair de son sac sans rien dire. Brian se redressa sur son siège. Ses clés tintèrent tandis qu'il les glissait dans sa poche.

— Il m'a trompée, lâcha-t-elle enfin. Je ne sais pas pourquoi je te le dis, d'ailleurs, se reprit-elle aussitôt.

— Merde ! Tu parles sérieusement ?

— Oui, ce n'est pas le genre de chose sur lequel j'ai envie de plaisanter, c'est la triste vérité.

— Merde ! Tu en es sûre ?

— Oui, il ne s'agit pas d'un simple soupçon de ma part. Troy me l'a avoué. Il a dit que c'était juste une aventure d'un soir, *et cætera*.

— Punaise ! Je suis vraiment désolé, Avril. Je tombe des nues.

— Il y a de quoi. Même s'il avait l'air complètement navré, j'aurais préféré qu'il le garde pour lui… Ça a tout gâché. S'il n'avait pas l'intention de recommencer, pourquoi me le dire ? Il n'a pensé qu'à lui. Du coup, je suis devenue parano, je m'attends au pire. J'ai l'impression d'avoir passé ma vie à attendre le pire.

— Comme pour maman. Comme une maladie génétique incurable.

— Exactement. Un truc merdique de plus à ajouter au reste.

— Je suis désolé. C'est vraiment nul. Tu veux que j'aille lui casser la gueule ?

— Tu es trop drôle. Et adorable. Mais non, ce n'est pas la peine. Merci, en tout cas. C'est l'intention qui compte.

— Enfin, n'hésite pas si tu changes d'avis.

Brian réfléchit quelques instants en tirant sur le bas effrangé de son short.

— Je voulais te demander… C'est vrai que tu n'as jamais voulu d'enfants ? Ou tu as peur d'en vouloir ?

April haussa les épaules.

— Quelle importance ? Je préfère ne pas en vouloir plutôt que faire un test qui me dise que je ne peux pas en avoir sans leur transmettre des gènes pourris. Et, indépendamment de la question des enfants, je ne pourrais pas vivre en sachant que je vais finir gâteuse et clouée au lit.

— Mais…

— Je sais, tu étais dans le même cas que moi. Mais toi, en surfeur super zen, tu prends la vie du bon côté. Je n'ai pas besoin de faire un test pour savoir que je n'ai pas hérité de ce gène positif. Je ne peux pas. Je suis incapable de vivre avec cette peur, constamment à guetter les signes avant-coureurs.

Brian poussa un grognement et secoua la tête.

— Excuse-moi, mais tu vis déjà comme ça, lâcha-t-il en ouvrant sa portière avec son pied,

Il attrapa son sac et descendit. April resta à sa place, les yeux rivés sur les grains de sable coincés autour du levier de vitesse, à se demander si elle aurait la force d'entrer.

Enfin, elle se tourna vers la maison d'un rose délavé par le soleil et le sel. Vingt ans d'émotions refoulées la submergèrent. April se demanda si elle était en train de mourir, car sa vie se mit à défiler à toute allure devant ses yeux.

Sa mère s'occupant des camélias des plates-bandes (depuis longtemps disparues).

Son frère bébé titubant dans la cour (un terrain vague à présent) avec juste une couche et un coup de soleil.

Son père entrant par la porte grande ouverte (maintenant sécurisée par une chaîne), sa pipe à la bouche, le *San Diego Tribune* coincé sous le bras.

Elle alignant ses figurines dans l'allée (aujourd'hui toute fendillée) pour une grande reprise de la comédie musicale *Grease*.

Tout se trouvait encore là. Non seulement la maison, mais aussi la vie qu'elle y avait menée autrefois. Les meubles et les objets avaient beau avoir disparu, il lui restait les souvenirs, tel un journal gravé dans son esprit qu'elle pouvait relire à volonté. Même s'il ne parlait ni de pétomane ni de lustres décorés de seins, il n'était pas moins original pour autant.

Avec un sourire à peine perceptible, elle se dirigea vers la porte et entra.

62

Le lendemain matin, April trouva son père dans la cuisine qui feuilletait le journal. Il avait toujours été lève-tôt, il devait être debout depuis trois ou quatre heures. Tandis qu'il l'attendait, il avait sans doute mémorisé le journal d'un bout à l'autre et enregistré les moindres actions du jeu des Padres, qu'il ressortirait plus tard en guise de conversation. Quelle tristesse ! À présent que leur mère n'était plus là, il n'avait plus rien à faire.

Elle s'approcha et embrassa le dessus de son crâne presque chauve et couvert de taches de rousseur.

— Bonjour, papa. Alors, comment se sont comportés les Padres, hier ?

— Ils n'ont pas joué, c'était leur jour de repos, donc un bon jour pour leurs fans.

April se força à sourire. Elle avait été choquée par la faiblesse de son père quand elle avait franchi la porte. Certes, il n'était plus tout jeune et il venait juste de perdre sa femme, pourtant, April ne s'attendait pas à le trouver aussi desséché, aussi voûté, aussi sombre. Elle se le représentait toujours en officier de marine grand et fort tel qu'il était dans son enfance. Aujourd'hui, sur bien des plans, c'était un vieil homme, comme ceux que l'on aide à monter un escalier. À soixante-trois ans, il en paraissait quatre-vingt-dix.

Il se leva en chancelant.

— Alors, ma chérie, veux-tu du café ?

Elle en aurait bien eu besoin mais, en fait de café, le breuvage maison se résumait à du décaféiné additionné de lait en poudre sans doute laissé par Betty Wedbush et qui traînait dans le placard depuis une bonne dizaine d'années. Rien à voir avec le café parisien. Même avant d'aller vivre à Paris, April n'avait jamais pu le boire.

— Non merci, ça va, papa. Et je t'en prie, assieds-toi, je peux me servir toute seule.

Les sourcils froncés, il se rassit sur sa chaise en métal tendue de fil plastique donnée par un voisin en 1978.

— Mais où est Brian ? demanda-t-elle en s'appuyant au comptoir recouvert de carrelage orange. Attends, laisse-moi deviner. Il est allé surfer.

— Évidemment. Où veux-tu qu'il aille ?

— Et Allie ?

— Elle est allée le regarder.

April éclata de rire. Elle s'imagina allant regarder Troy jouer au golf ou au racquet-ball. Ça ne lui était jamais venu à l'idée, même à l'époque où il avait déboursé cent mille dollars lors d'une fête de bienfaisance pour jouer une partie contre Tiger Woods.

Elle secoua la tête.

— Douce Allie ! Ils sont mignons tous les deux.

Elle se tourna pour chercher une tasse dans les placards. Elle ne trouva qu'un verre Dairy Queen des années 80. Elle se souvint qu'elle ingurgitait des quantités considérables de lait et de sirop Hershey quand elle était petite. Ils avaient eu plusieurs verres comme celui-là, au moins une demi-douzaine, c'était le seul à avoir survécu.

— On peut boire l'eau du robinet ?

— Bien sûr, pourquoi en serait-il autrement ? Désolé, mais nous n'avons pas d'eau minérale dans cette maison.

— Je posais juste la question…

Elle ouvrit le robinet, s'attendant presque à voir couler de l'eau teintée de rouille.

— Alors, combien de temps restes-tu ?

— Oh… euh…

Elle but trois grandes gorgées. L'eau avait un arrière-goût métallique, mais elle avait la bouche tellement sèche qu'elle en but trois de plus.

— … eh bien, je pense repartir après l'enterrement.

Son père ne dit rien. Il plissa seulement le front. Peut-être était-ce son expression habituelle. Elle ne s'en souvenait pas.

— Je reviendrai bientôt, s'empressa-t-elle d'ajouter. Une fois que j'aurai terminé ma mission à Paris et que je serai rentrée aux États-Unis.

— Fais pour le mieux. Ne te sens pas obligée de venir.

Elle hocha la tête sans bien savoir ce qu'elle devait répondre, ce qui arrivait souvent lors de ses conversations avec lui. Elle ne savait pas ce qui la mettait la plus mal à l'aise, le silence ou cette conversation guindée. Ils avaient beau se parler souvent, ils ne se connaissaient pas du tout.

— Ce doit être dur pour toi, murmura-t-elle.

Elle avait toujours été douée pour énoncer des évidences.

— J'aimais beaucoup ta mère, répondit-il, ses yeux bleus veinés de rouge soudain voilés. J'espère que tu le sais.

— Mon Dieu, papa, bien sûr que je le sais. Tous les gens qui t'ont croisé le savent. Tu l'aimais plus que tout au monde.

— Oui, elle et mes enfants.

April sentit la moutarde lui monter au nez.

— Maman a eu de la chance de t'avoir, réussit-elle à répondre sans s'emporter. Elle ne l'a peut-être pas su, mais elle le sentait, j'en suis sûre.

— Je ne t'ai pas dit qu'il lui arrivait de me reconnaître ?

April cligna des yeux. Sa mère le reconnaissait ? Elle ignorait totalement qu'il lui était arrivé de retrouver ses esprits au cours de ces vingt longues années. Si elle l'avait su, l'aurait-elle traitée différemment ? Lui aurait-elle parlé autrement ?

— C'est vrai ? Je ne le savais pas.

— Oui, hélas pas souvent, mais ça lui arrivait. J'entrais et elle prononçait mon nom avec un sourire éclatant qui creusait ses fossettes. Évidemment, je l'espérais à chaque fois.

— Comme cela devait être dur ! murmura-t-elle.

Elle s'assit en face de lui et posa ses deux mains sur les siennes. Il avait les doigts froids, maigres, desséchés.

— Je ne voulais pas y croire, poursuivit-il, les yeux remplis de larmes. Je croyais que c'était passager, l'état de ta mère. Jusqu'à la dernière seconde, j'ai espéré. Attends, comment peut-elle être morte ? On aurait dû la guérir !

— Voyons, papa, tu savais bien qu'il n'existait aucun remède !

C'était presque risible. La guérir ? Guérir Alzheimer ? April se mordit l'intérieur de la joue tandis que des enfants passaient devant leur clôture, leur planche en bandoulière.

— Oui, je le savais et ça paraît insensé mais, jusqu'à la fin, j'ai cru qu'on pourrait la soigner. Que quelqu'un pourrait faire quelque chose. Les médecins. La science. N'importe qui. Regarde le sida. Quand ta mère est tombée malade, le sida équivalait à une sentence de mort et plus maintenant.

— Oui, mais elle n'avait pas le sida. C'était son cerveau qui était atteint, papa...

— J'ai compris, la coupa-t-il en retirant ses mains, puis il se reprit et fit mine de lui tapoter les siennes, mais sans les toucher. J'ai compris, d'accord ? À la dernière minute, bien trop tard pour tout le monde, mais j'ai compris. J'ai vécu dans le déni concernant tant de choses. Maintenant qu'elle est partie, que tu es partie et Brian aussi, je m'aperçois que toutes ces années m'ont filé entre les doigts comme du sable. J'ai voulu croire que tout s'arrangerait le lendemain. Mais le temps avance sans pitié. Et les lendemains ne m'ont rien apporté de bon.

April caressa le bord de son verre du bout du doigt.

— Oui, le temps passe trop vite.

— Je suis désolé, April. Tellement désolé de ne pas avoir été là pour toi. C'est incroyable comme vous vous en êtes bien sortis tous les deux tout seuls.

— Je n'étais pas toute seule. Et arrête de t'excuser. Ce que tu as fait pour maman était fantastique. Peu de gens en auraient été capables. Vous avez vécu une véritable histoire d'amour, ajouta-t-elle au souvenir des paroles de Luc. Ce n'est malheureusement pas donné à tout le monde.

— Ce que j'ai fait pour ta mère ? répéta-t-il, le nez plissé. Non, April. Tu te trompes. Tout ce que j'ai fait, c'était pour toi et pour ton frère. Je l'ai fait pour vous deux.

April ne sut que répondre. Elle aurait pu lui faire

remarquer que négliger à ce point ses enfants ne lui semblait guère une preuve d'amour paternel. Ou que, dès l'instant où sa mère avait été hospitalisée, elle n'avait plus eu l'impression une seule seconde que quelqu'un l'aimait ou s'intéressait à elle ou qu'elle comptait. Mais elle n'en dirait rien car il était et resterait toujours son père.

— Merci, papa, réussit-elle à articuler. Je sais que nous passions avant tout.

Il secoua la tête.

— Tu n'en penses pas un mot. Je t'en prie, ne me mens pas. Tu ne le penses pas et je comprends que tu aies pris tes distances.

— Je n'ai pas pris mes distances. Je suis revenue aussi souvent que possible. Je t'appelais plusieurs fois par semaine. Je parlais même à maman au téléphone, ce qui était le truc le plus…

— April…

— … ce qui était le truc le plus dur au monde.

— D'accord, tu as fait tout ça, April. Mais ça n'a rien changé à la distance. Qu'est-ce qui te rend heureuse, April ? Qu'est-ce qui t'attriste ? Ce sont ces questions qui me tiennent éveillé la nuit.

— Bon sang, papa ! Pourquoi tu t'inquiètes pour moi maintenant ? Je vais bien.

— Ça, c'est certain. Tu t'es mise dans un gentil petit cocon où tout est pour le mieux. Tu poses des milliers de questions mais, toi, tu ne réponds à aucune. Tu ne fais que ça toute la journée à ton boulot, non, poser des questions pour connaître la providence des choses ? Mais jamais tu ne t'intéresses à la tienne ?

— La provenance, papa, corrigea-t-elle. Je suis désolée, sincèrement, si j'ai donné l'impression que…

— Ne t'excuse pas. C'est moi qui m'excuse. Je comprends pourquoi tu as agi ainsi. C'est ma faute. Avec le recul, j'ai raté tant de choses.

— Personne n'est parfait. Ni toi, ni Brian, et moi encore moins. Nous sommes des êtres humains. Et nous nous plantons régulièrement.

— Je pensais pourtant bien faire, renifla-t-il.

— Oh, papa, ne pleure pas. Je ne le supporterais pas.

— Il n'y a rien de pire pour des enfants que de perdre leur mère, non ? Elle s'occupait de vous tous les jours. Vous l'adoriez. J'ai cru que si je l'aimais assez, si j'attendais, elle finirait par revenir. Pendant qu'elle était à l'hôpital, ils ont cloné un foutu mouton. Mais personne n'a trouvé comment soigner Alzheimer !

— Ah, mais grâce aux prouesses technologiques, nos téléphones sont minuscules maintenant !

Son père sourit. Une rareté. En tout cas, son premier sourire depuis qu'April avait franchi sa vieille porte en aluminium.

— Je voulais attendre. Et je voulais vous faire comprendre à ton frère et à toi qu'on serait toujours tous les quatre, quoi qu'il arrive. Qu'elle était toujours ma femme et que nous étions une famille. C'était le message que j'essayais de transmettre en attendant que les médecins opèrent leur magie.

April essaya de ne pas sourire. Attendre que les médecins opèrent leur magie ! C'était toute la stratégie de Roger Potter. Une telle naïveté semblait inconcevable pour un esprit du XXIe siècle, mais son père appartenait à cette génération qui croyait les médecins infaillibles. Ce n'était plus le cas des contemporains d'April avec toutes ces mères qui remettaient en cause les vaccinations ou ces femmes atteintes de cancer du sein qui préféraient aller chercher des traitements naturels au Mexique plutôt que de se faire irradier à l'hôpital.

— Oh, papa ! soupira-t-elle et elle sentit le poids des dix-neuf dernières années glisser de ses épaules. Pendant tout ce temps, j'avais l'impression que…

Elle s'arrêta. Comment s'était-elle sentie exactement ? Abandonnée ? Oui, seule et abandonnée. Mais cela n'avait plus d'importance.

— Quelle impression avais-tu, April ?

— J'avais l'impression que tu faisais de ton mieux. Oui, tu faisais de ton mieux pour ta famille.

April ne l'avait pas cru jusqu'à cette seconde, mais elle commençait à le penser. Elle le répéta une seconde fois, plus pour elle qu'à l'intention de son père. *Souviens-toi de cet instant, April. Souviens-toi de ce que tu ressens*. Elle n'était pas sûre d'avoir balayé totalement les décennies de ressentiment mais, pour la première fois, elle entrevoyait une issue. Elle comprenait pourquoi son père avait agi ainsi. Elle regrettait seulement de ne pas l'avoir saisi plus tôt.

— Je comprends, papa, murmura-t-elle en lui reprenant les mains. À cent pour cent. Tu étais là pour maman, ce qui voulait dire que tu étais là pour nous. Tu continuais à l'aimer comme personne d'autre ne pouvait le faire. Je suis heureuse qu'elle ait eu un mari comme toi.

Son père sourit de nouveau. Il semblait euphorique, du moins autant qu'il pouvait l'être. April avait hâte de le raconter à Brian. Et aussi à Troy, en fin de compte. Il n'en reviendrait pas, de cette conversation, des sourires de son père, de tout ce qu'ils avaient échangé.

Elle tira sa chaise plus près de son père et le serra dans ses bras. Elle le trouva frêle et amaigri, mais il avait toujours la même odeur. Mille souvenirs la submergèrent d'un coup, certains heureux, d'autres tristes, mais ils lui rappelaient globalement qu'elle était là chez elle. Elle pouvait vivre à New York ou à Paris, elle n'oublierait jamais que c'était de là qu'elle venait.

— Je t'aime, lui dit-elle quand elle trouva enfin la force de s'écarter. Et merci. Pour ça, ajouta-t-elle avec un geste qui englobait la cuisine bien qu'elle ne parle pas de la maison. Pour tout.

Son père rougit, submergé d'émotion. Il sortit un vieux mouchoir jaune de la poche de sa chemise et le lui tendit.

— Oui. Bon… Eh bien, comme l'heure est à la franchise, peut-être accepteras-tu de répondre à une question. Ma chérie, qu'est-ce que tu reproches à mon café ?

— Quoi ? s'esclaffa-t-elle. Oh, rien, c'est juste…

— April !

— Bon, d'accord. Tu sais quoi ? Ce n'est pas du café. Franchement, papa, du déca ? Même le café de l'aéroport est meilleur.

— Eh bien, ma chochotte de fille, nous avons à présent un Starbucks à deux pas d'ici. Veux-tu qu'on y aille ? Cela suffira-t-il à mon élégante Parisienne ?

— Bon sang, gloussa-t-elle. On croirait entendre Brian.

— Il en a de la chance de me ressembler ! Allez, viens.

— Laisse-moi le temps de prendre de l'argent.

Elle attrapa son sac posé sur le four qui n'avait pas servi depuis vingt ans. Alors qu'elle s'apprêtait à retirer le dossier de Marthe pour trouver son porte-monnaie, elle se ravisa et retourna s'asseoir à côté de son père avec les papiers.

— En fait, papa, avant, je voudrais te montrer ce sur quoi je travaille en ce moment. Enfin, si ça t'intéresse, bien sûr.

— Évidemment que ça m'intéresse ! Tu parles rarement de ton boulot alors que c'est un des métiers les plus fascinants que je connaisse. Je suis tellement fier de toi, April. Tellement fier.

— Merci. Mais, tu sais, c'est un travail comme les autres. Sauf que cette vente à Paris n'a rien à voir. L'histoire m'a complètement fascinée. La femme qui possédait ces objets ressemblait un peu à maman. Je préfère cependant te prévenir, elle était un peu olé olé, mais je suis sûre que tu vas l'adorer, toi aussi, ajouta-t-elle avec un sourire rayonnant.

63

Paris le 31 décembre 1898

Me voilà au terme d'une année très difficile qui se termine bien finalement.

Quand j'ai informé Boldini qu'il allait être père, il a explosé. Il m'a accusée de l'avoir piégé. J'ai gardé le sourire, retenant mes larmes pendant qu'il menaçait de détruire mon portrait qu'il venait de terminer. Naturellement, quand je lui ai dit que j'approuvais la tenue qu'il m'avait choisie (cette maudite robe que je déteste), il a aussitôt décidé de l'exposer.

Hélas, je ne pouvais pas recevoir cette volée d'insultes sans riposter. Je lui ai donc parlé de Jeanne. Je lui ai dit que je savais qu'il m'avait trahie en peignant ma plus mortelle ennemie. Non seulement il ne m'avait jamais demandé ma permission, mais il me l'avait caché.

Boldini ne s'est guère ému de mes remontrances ni de mes pleurs. Au lieu de se précipiter vers moi pour implorer mon pardon, il a reniflé d'un air hautain et passé une main sur ses cheveux raides et hirsutes.

— Qui ai-je peint hier ? m'a-t-il froidement demandé.

— Comment veux-tu que je le sache ? ai-je répondu, avant de plaquer mes deux mains sur mon estomac comme si je me sentais mal, pour l'impressionner.

— Qui vais-je peindre aujourd'hui. Qui peindrai-je demain ?

— Je ne suis pas ta secrétaire ! Franchement, Boldini, tu pourrais faire des efforts d'organisation, ça te simplifierait la vie…

— Est-ce que je t'informe de toutes les commandes qu'on me passe ? Sais-tu qui dans cette ville ou à Londres paie mes factures ?

— Euh… non…

— Alors pourquoi t'aurais-je dit que je peignais Jeanne Hugo ? Ce n'était qu'une commande parmi tant d'autres. Ni plus ni moins.

— Pas du tout ! ai-je hurlé. Et tu le sais. Jeanne Hugo Daudet Charcot ne saurait être une simple commande. C'est une tout autre histoire.

— Marthe, des histoires tu en as tellement que tu es incapable de les retenir, a-t-il rétorqué avant de se tourner vers son chevalet.

Sans réfléchir, j'ai saisi un crayon et je le lui ai jeté à la tête.

— Je t'en prie, va-t'en, m'a-t-il ordonné sans se retourner. Il me faut réfléchir après ce que tu viens de m'annoncer. J'ai besoin d'être seul.

Humiliée, au bord des larmes, je me suis dirigée d'un pas traînant vers la porte. Je devrais lui parler de Jean-Baptiste, ai-je soudain songé. Sa réaction ne pourra pas être pire. Je me suis retournée sur le seuil, décidée à tout lui jeter à la figure.

— Boldini, ai-je commencé, la bouche et la gorge soudain sèches. Au sujet du bébé…

— Va-t'en, m'a-t-il coupée d'une voix lasse. Je ne veux plus entendre un mot de toi.

Je suis donc partie. En fin de compte, il valait mieux.

Depuis, je suis rentrée dans ses bonnes grâces, du moins pour l'instant, car cela ne dure jamais très longtemps. Le plus important, c'est qu'il semble déterminé à se conduire en père respectable pour ma petite fille, notre délicieuse Béatrice.

Oh, ma Béa… par où commencer ? La mettre au monde m'a traumatisée. À tel point que je ne pensais pas pouvoir en parler dans mon journal ou sous quelque forme que ce soit. Et pourtant, me voilà partie sur ce sujet. C'est bien parce que mon bébé est un adorable bout de chou. Elle est si parfaite et si gentille que j'en oublie les affres de sa naissance.

C'est la nuit de Noël, il y a juste une semaine, que Béa a fait une entrée des plus fracassantes en ce monde. C'est vraiment un miracle qu'elle soit avec nous aujourd'hui. Moi qui avais cherché par tous les moyens à me débarrasser de cette petite graine à peine germée, quand on m'a annoncé que je risquais de perdre mon bébé à l'accouchement, j'ai cru mourir, moi aussi.

Les contractions ont commencé deux jours avant Noël. On m'avait dit qu'elles deviendraient progressivement douloureuses, mais ce ne fut pas le cas. J'ai tout de suite souffert le martyre. Elles m'ont assaillies à la vitesse d'un train et ont irradié de mon ventre à mon dos, chacune plus douloureuse que la précédente.

Marguerite a dit que j'étais douillette. Elle a assisté de nombreuses naissances ces dernières années jusqu'à se retrouver promue au rang de sage-femme par les filles des Folies. À l'en croire, elle n'avait jamais entendu de tels cris ni de telles grossièretés dans la bouche d'une dame. Je pense que c'est parce qu'elle n'a jamais accouché une femme qui souffrait autant.

Le travail a duré presque deux jours et, pendant tout

ce temps, Boldini n'a pas arrêté de tourner autour de moi comme un lion en cage, jusqu'à ce que Marguerite finisse par le jeter dehors.

Quand le Dr Pozzi est arrivé le deuxième jour, j'avais déjà perdu toute notion du temps. Dès qu'il a vu la position de l'enfant, son visage s'est crispé d'inquiétude. Le bébé se présentait par le siège, nous a-t-il annoncé. Ce qui expliquait mes douleurs et ma difficulté à le mettre au monde.

Comme je souffrais de plus en plus, ils m'ont administré de la morphine pour me calmer. D'après Marguerite, je me suis aussitôt détendue, pourtant je n'ai pas senti de différence. Les contractions étaient toujours aussi atroces.

Quand le moment est enfin venu, je n'avais plus de force. Marguerite et Boldini m'encourageaient, debout derrière moi, mais j'étais très affaiblie, presque inconsciente. Le Dr Pozzi m'a ordonné de pousser. J'ai essayé, mais mes muscles refusaient de m'obéir. Je ne sentais plus rien.

— Je vais devoir extraire ce bébé, a-t-il annoncé. La mère est épuisée. Elle a perdu trop de sang.

— Faites ce que vous avez à faire, a dit Boldini.

J'ai aussitôt promis de redoubler d'efforts. Marguerite m'a redonné de la morphine. La douleur m'a enfin quittée. J'avais juste l'impression qu'on m'arrachait les entrailles. Ma tête tournait tellement que je pensais qu'elle allait se détacher de mon cou. À un moment, Marguerite a emporté des draps sales dans la pièce à côté et je n'en suis pas revenue de les voir trempés de sang.

J'ai alors entendu la voix du Dr Pozzi dans un brouillard.

— C'est la mère ou l'enfant. Nous ne pouvons pas sauver les deux.

— Sauvez la mère ! a crié Boldini.

— Oui, a acquiescé Marguerite. Bien sûr qu'il faut sauver la mère. Quelle question ? Des bébés, y en aura d'autres.

J'ai poussé un hurlement.

— Non, sauvez le bébé ! Sauvez-le !

Pozzi a posé un linge imbibé d'éther sur mon visage pendant que je me débattais.

— Il faut l'endormir, expliqua-t-il. Je ne veux prendre aucun risque.

J'ai aussitôt perdu connaissance pour ne me réveiller que lorsque Pozzi a sorti une petite fille toute bleue de mon ventre. J'ai cru qu'elle était morte. J'ai poussé un cri d'horreur.

— Non, pas ma petite fille ! Je vous en supplie, pas ma petite fille !

Elle a alors remué imperceptiblement pour nous signifier que tout n'était pas perdu. Tout le monde s'est bousculé. Pozzi, Boldini et Marguerite se sont mis à parler en même temps. J'ai entendu des cris, puis le contact d'une peau sur la mienne. Quelqu'un venait de déposer le bébé sur ma poitrine. Un bébé en vie. Une petite fille qui a cligné des yeux vers moi.

Oh, mes yeux se remplissent de larmes à ce seul souvenir.

Ma petite Béatrice avait survécu. C'était un miracle dans lequel le bon médecin avait joué un rôle primordial. S'il ne l'avait pas tapotée pour qu'elle respire, Béa ne serait plus là. Je lui suis infiniment reconnaissante de nous avoir sauvées toutes les deux.

Nous avons mis plusieurs jours à nous rétablir, même Boldini ! Il a passé de longues heures à la morgue à inspecter les cadavres pour se remonter le moral. Je me demande ce qui serait arrivé si Béa n'avait pas survécu. Boldini aurait-il apprécié ce passe-temps plus longtemps ? J'ose imaginer que non.

Béa est tellement adorable. C'est un bébé de rêve. Elle ne pleure jamais et elle a juste assez d'appétit pour ne pas épuiser ma poitrine. La petite fille me connaît. Elle sait que je suis sa maman. Elle adore me regarder et plonger ses grands yeux bruns intenses dans les miens. C'est drôle. On dit que tous les bébés naissent avec les yeux bleus. Eh bien, pas ma fille, pas ma Béa.

Je n'arrive pas à croire que j'ai eu si peur de devenir mère, de faire ce grand saut. Maintenant qu'elle est là, tout est différent. Je l'aime, Boldini l'aime et nous nous adorons tous les deux. Ce qui a commencé par un épouvantable fiasco s'est transformé en un grand bonheur. À l'orée de cette nouvelle année, la dernière de ce siècle, je me sens optimiste pour la première fois depuis très, très longtemps. J'ai tout à apprendre sur les enfants. Inutile de le préciser, Boldini aussi. Mais je suis sûre que nous allons très bien nous en tirer.

64

Paris, le 1er juillet 1900

On dit que Jean-Baptiste Charcot, après un an dans l'océan Indien, devrait être de retour d'un jour à l'autre. Si c'est vrai, j'ose avancer qu'il ne reconnaîtra pas cette ville. Paris est bouleversé par l'Exposition universelle. J'ai moi-même du mal à le reconnaître.

Naturellement, en bons Parisiens que nous sommes, nous avons voulu dépasser la magnificence de l'Exposition de 1889 à laquelle nous devons la tour Eiffel, cette hideuse dame de fer. Nous sommes en 1900, à l'aube d'un nouveau siècle ! Il n'y a pas de meilleur endroit pour présenter tous les derniers progrès de la technologie. Et je dis bien tous. S'il y a une découverte ou une invention que vous voulez voir, elle y figure. Il y a des machines à rayons X et un télégraphe sans fil et même des films sonores (sans bombes à l'éther, cette fois) ainsi que des automobiles en veux-tu en voilà.

Naturellement, pour chaque invention indispensable qui va changer le monde, on en trouve cinq de totalement stupides. Parmi les centaines qui seront présentées, la moitié aurait mieux fait de ne jamais sortir du cerveau de leurs créateurs. En tout cas, l'Exposition des Noirs d'Amérique aurait pu rester à l'état de projet. Et ces machines volantes, franchement !

Paris ressemble à une vieille dame trop maquillée. Les pouvoirs en place ne pouvaient pas laisser nos magnifiques bâtiments tels quels. Pauvre Haussmann ! À quoi bon un tel génie architectural si c'était pour reconstituer le vieux Paris le long de la Seine ? Nous ressemblons à une Venise obèse et surfaite. Le comte m'y a emmenée deux fois et, sincèrement, je ne vois pas ce qu'on peut trouver à cette ville.

Le comité a mis des mois à décider du clou de l'Exposition, un bâtiment capable de rivaliser avec la tour Eiffel ! Certains voulaient même la refaire carrément ! Une faction a suggéré de la transformer en une femme de trois cent vingt-cinq mètres de haut avec des phares en guise d'yeux. Le temps de l'Exposition, ces phares auraient balayé les foules. Heureusement, le comité est revenu à la raison. Il s'est contenté de la faire repeindre d'une couche dorée et a entrepris de construire des bâtiments, des ponts et des palais.

Aujourd'hui, Béa et moi avons assisté aux festivités en compagnie de mon cher Léon Blum. Boldini a refusé de venir. Il ne s'intéresse qu'aux jeux Olympiques. C'est sans doute préférable à la vision des cadavres, mais pas de beaucoup. Il dit que les femmes auront le droit de concourir cette année. Qui a jamais entendu pareille ineptie ? Ce sont des activités sportives !

Connaissant l'aversion de Boldini pour l'Exposition, Léon Blum a proposé de nous escorter Béa et moi. Bien que ravie d'être accompagnée par un homme aussi savant et érudit, aller où que ce soit avec lui équivaut à un engagement. Il est juif, socialiste et le plus dreyfusard qui soit. Non pas que je critique ce point de vue. J'ai été vraiment émue par la lettre de Zola au Président. Pauvre M. Dreyfus ! Emprisonné injustement parce qu'il était juif ! Ils ont la réputation de mentir, mais dans son cas, cette réputation semblait injustifiée.

Ce n'est pas que j'aie peur d'être prise pour une dreyfusarde, mais je ne voudrais pas être cataloguée. Dans mon métier, il faut se méfier de toute prise de position politique. Je ne peux pas me mettre mes clients à dos. Quoi qu'il en soit, Léon Blum est un homme charmant. Il a proposé de m'emmener là où Boldini refusait d'aller et je ne lui en demandais pas plus !

Bien que Béa ait à présent dix-huit mois, elle ne sait toujours pas marcher. Cela reflète parfaitement son charmant naturel ! Elle se contente de rester assise à sa place et de contempler les gens autour d'elle. Je suis heureuse de la contempler à mon tour. Elle est si belle. Si sage ! Nous avons de la chance d'avoir une enfant qui ne pleure jamais. Boldini s'inquiète de ce qu'elle ne parle toujours pas. Je lui réponds qu'elle a de qui tenir ! Il peut passer quinze jours sans dire un mot. Ils se ressemblent tellement que j'en oublie qu'il n'est pas son père.

Donc, mon bras passé sous celui de Léon Blum avec Mademoiselle Béa dans son landau, j'ai franchi les tourniquets de l'entrée principale pour aller voir ce que Paris avait à nous montrer. Les journaux n'ont pas exagéré la foule, le chaos et la grandeur du spectacle.

Toute une partie de la ville est consacrée à la mise en scène des œuvres de Victor Hugo. Mais ce qui attire le plus les badauds, c'est le Zoo humain. Quel besoin a-t-on d'exhiber ainsi des nègres, cela me dépasse. Ce spectacle a aussi révolté Léon Blum, évidemment. Cet homme au cœur sensible a crié au scandale en hurlant qu'on maltraitait ces animaux. J'ai jeté des regards piteux autour de moi, ne sachant pas s'il valait mieux le soutenir ou prendre la fuite.

C'est à ce moment-là que j'ai aperçu Jeanne Hugo Daudet Charcot. Son dernier nom me donne la chair de poule. J'ai regardé Béa puis Jeanne.

— Je reviens tout de suite, ai-je dit à Léon qui ne m'écoutait pas et j'ai foncé sur Jeanne avec mon landau.

— Ah, madame Charcot ! me suis-je exclamée en cognant son pied avec une roue. Je pensais vous trouver à l'exposition Victor Hugo.

— J'ai vécu avec lui, a-t-elle rétorqué sans me regarder. J'ai lu ses livres des centaines de fois.

— Mon Dieu, quelle expérience extraordinaire ! Finalement, quelle aubaine de vous retrouver orpheline et d'être élevée par un grand-père aussi fabuleux.

— Oui, ce fut une grande chance pour moi. Très grande.

À ces mots, j'ai senti une colère incroyable m'enflammer. D'habitude, Jeanne se contentait de m'ignorer ou feignait de ne pas me reconnaître, mais là elle me provoquait. Cette garce me cherchait !

— Alors, comment va votre mari ? ai-je poursuivi. Il paraît que cela fait plus d'un an qu'il n'est pas rentré à Paris.

J'ai de nouveau cogné la roue du landau contre son pied pour la forcer à baisser les yeux.

— J'espère qu'il va bien, ai-je poursuivi. La dernière fois que je l'ai vu… c'était… laissez-moi réfléchir… ma fille est née en décembre… ce devait donc être en mars de l'an passé. Ou en avril peut-être. En tout cas, c'était à l'époque où M. Boldini peignait votre portrait. Vous étiez souvent absente de votre domicile. Mon Dieu, quel appartement ravissant ! Le salon en particulier. Vos tapis sont d'un moelleux…

Jeanne s'est tournée vers moi, des éclairs dans les yeux, les narines dilatées.

— C'est votre bébé ?

— Oui, c'est mon bébé, ai-je répondu, le cœur empli de fierté.

En cet instant, il n'a plus été question pour moi d'établir de lien entre Jeanne et moi, ni de lui dévoiler les tentacules que j'avais immiscés dans sa vie et dans sa maison. Béa est une magnifique et précieuse enfant, pas un gage. Peu m'importe qui est son père. J'ai alors pensé que je n'aurais pas dû venir. Ces derniers temps, Marguerite me reproche mon imprudence, mon étourderie, mon manque de réflexion. Je ne l'avais pas prise au sérieux jusque-là mais, tout à coup, j'ai eu des doutes.

— J'aurais dû le deviner, a ajouté Jeanne. Quel bébé !

— Vous avez raison. Ce n'est pas un bébé comme les autres. C'est le plus beau bébé de Paris.

— Je vous ai vue arriver avec Léon Blum, a-t-elle poursuivi avec un sourire méchant. Quel dommage que votre bébé ait hérité de ses traits. Ces yeux sombres, ce nez, cette laideur générale qui caractérisent les origines juives.

Je suis restée bouche bée, sans savoir quelle insulte me blessait le plus.

— Ma fille est magnifique, ai-je répété. Et elle n'est pas la fille de M. Blum, même si une femme pourrait trouver pire comme père.

— Bien sûr qu'elle est de Blum. Il suffit de la regarder ! Elle le porte sur la figure. On reconnaît toujours un juif à son visage !

Sans réfléchir, j'ai poussé Jeanne Hugo Daudet Charcot dans le marais de Madagascar, ce bassin artificiel fétide dans lequel des nègres nus, assis enchaînés à des arbres, rongeaient leur pitance.

Ce fut la panique. Jeanne a hurlé qu'on appelle la police. Dix autres personnes sont tombées dans la boue en tentant de l'en sortir pendant que je prenais la fuite.

J'ai saisi la main de Léon, et je les ai entraînés, ma fille et lui, vers la sortie tandis qu'il continuait à pontifier sur notre manque d'humanité. Ce n'est qu'une fois dehors qu'il s'est aperçu qu'il n'y avait plus personne pour l'écouter.

Alors que je reprenais mon souffle sur le trottoir, Béa a cligné des yeux et m'a souri, égayée par cette course. Léon clignait des yeux, lui aussi, mais de confusion.

— Madame de Florian, pourquoi ce départ précipité ?

— J'ai poussé Jeanne Hugo dans le Zoo humain.

Léon a éclaté de rire.

— Eh bien, vous l'avez remise à sa place. Cependant, puis-je vous demander pourquoi ?

— Je la déteste. Franchement. Elle a ruiné ma vie avant même que je vienne au monde.

Je l'ai jaugé du regard. Si quelqu'un pouvait comprendre ma détresse, c'était lui. Boldini avait entendu mon histoire, mais il ne l'avait pas crue. Quant au comte, il l'avait prise pour une plaisanterie. Marguerite était aussi au courant, mais n'avait jamais exprimé son opinion sur la question. Seules les religieuses connaissaient la vérité, évidemment, puisque c'étaient elles qui me l'avaient révélée.

— Victor Hugo était mon père.

Il a gloussé. Oui, Léon a gloussé.

— Cela vous fait rire ? me suis-je énervée en abattant la pointe de mon ombrelle sur son pied. Pourtant, c'est la vérité.

— Pardonnez-moi, madame de Florian, mais je

croyais que vous étiez orpheline et que vous aviez été élevée dans un couvent.

— Oui, orpheline comme Jeanne Hugo. La seule différence c'est que Victor Hugo n'a pu en élever qu'une et qu'il l'a choisie elle.

Je lui ai raconté mon histoire. Je lui ai parlé de ma mère, servante dans la demeure des Hugo à Guernesey. Elle était belle avec des cheveux et des yeux très bruns. À la seconde où Victor l'avait vue s'avancer sous le soleil, il était tombé amoureux d'elle. Il lui avait ensuite fallu un an pour rassembler le courage de lui parler. Lui qui était si doué pour jeter les mots sur le papier avait beaucoup plus de mal à s'exprimer en face à face.

Stimulé par son amour pour elle, Victor a enfin réussi à engager la conversation. Ma mère l'a trouvé attendrissant et ce fut le départ de leur relation. Bien que le bruit ait couru qu'il avait depuis longtemps une maîtresse, à la vérité, il avait perdu toute joie de vivre depuis la mort de sa femme, Adèle. Désormais il ne souriait plus que pour ma mère. Ils ont été de simples amis pendant très longtemps, plusieurs années, avant de devenir amants. Ce fut un moment tellement extraordinaire que ma mère a tout de suite su qu'elle était enceinte.

Malgré leur situation, tous deux furent heureux à cette nouvelle. Ils décidèrent de se marier dès que Victor aurait réglé certains problèmes. Il était dans une situation assez triste après la mort prématurée de sa femme. Sa fille adorée, une autre Adèle, était enfermée dans un asile de fous. Ses deux fils étaient décédés récemment. En conséquence, ses deux petits-enfants vivaient à présent avec lui. Il aurait été mal vu de la part du fils préféré de la France de célébrer des noces peu après tant de drames.

Il y avait aussi la question de ses petits-enfants. Il fallait leur laisser le temps de s'adapter à cette situation.

Victor est rentré à Paris régler ses problèmes de famille en nous laissant ma mère et moi là-bas. Malheureusement, plus Victor restait à Paris, plus les choses se compliquaient pour lui, et plus il devait retarder son retour sur l'île sur laquelle il s'était exilé autrefois. Sa petite-fille Jeanne, une enfant difficile et capricieuse, n'était pas le moindre de ses soucis.

Ma mère, l'amour de Victor, est alors tombée malade de la tuberculose. À la demande de Victor, on a fait venir tous les médecins de l'île. Hélas, ce n'était pas Paris et ces médecins n'étaient pas excellents. Ma mère est morte en me laissant seule au monde. Les autres serviteurs se sont occupés de moi. Victor devait venir me chercher pour m'élever comme sa fille à Paris. Mais Jeanne, qui était déjà une grande source de tracas, n'arrêtait pas de retarder son départ. Peu après, Victor a fait une attaque, accablé par le destin, usé par ce dernier fardeau trop lourd pour lui. Comme j'étais une enfant illégitime, j'étais la plus facile à écarter. Surtout que je ressemblais terriblement à ma mère et que Victor ne se remettait pas de sa disparition.

Il m'a finalement ramenée à Paris, mais au lieu de me conduire chez lui, il m'a déposée dans le couvent où ma mère avait trouvé refuge autrefois. Il l'a fait alors même qu'il critiquait publiquement l'église catholique. Sans doute que lorsqu'on est désespéré, on en revient aux principes que notre mère nous a enseignés. Je regrette seulement de ne pas avoir pu en faire autant.

Victor Hugo m'a laissée chez les religieuses avec suffisamment d'argent pour qu'elles s'occupent de moi. Il a promis de revenir quand je serais plus grande, quand cela irait mieux avec sa petite-fille. Jeanne était une enfant perfide et gâtée. À l'annonce de mon existence, elle s'était enfuie et n'avait consenti à revenir que si Victor promettait de ne jamais lui imposer ma présence. Il a promis, persuadé qu'il finirait par la convaincre de m'accepter. Hélas, Victor Hugo est mort avant.

— Voilà la triste histoire de mes origines, ai-je conclu, les joues enflammées, la voix enrouée.

Blum a sorti un carré de soie de sa poche et s'est épongé le front.

— Mon Dieu, quel récit incroyable ! J'ai toujours su que vous aviez quelque chose d'unique, Marthe. Maintenant, je comprends pourquoi.

Une folle gratitude m'a envahie.

— Oh, Léon. Merci de ces paroles !

Je me suis jetée dans ses bras. Il m'a tapoté tendrement la tête.

— Allons, allons. Allons, allons, a-t-il répété plusieurs fois.

Quand j'ai levé les yeux vers lui, Léon m'a pris la main et a doucement porté mes doigts à ses lèvres.

— Hugo aurait été fier de vous. Vous avez fait votre chemin. Vous êtes belle, moralement et physiquement.

— Oh, Léon, merci ! Cela signifie tant pour moi !

Soudain, j'ai senti un regard me brûler le visage. J'ai tourné les yeux et j'ai vu Jeanne, couverte de boue mais toujours aussi arrogante, qui se tenait deux mètres derrière lui. Ce qu'elle avait entendu, je l'ignorais. Mais une chose était sûre, elle souriait doucement, les coins de ses lèvres retroussés.

65

La cérémonie funéraire à la mémoire de Sandra Potter fut parfaite, dans la mesure où ce genre de choses peut l'être. Une petite bruine tombait sur la ville qui, pour une fois, n'était pas baignée par son « soleil de malheur ». April suivit la cérémonie en accomplissant tant bien que mal ce qui était attendu d'elle. Quand vint le moment de lire l'éloge funèbre, elle le fit sans lever les yeux de son texte.

Après le service, debout à la sortie de l'église avec son père et son frère, elle marmonna machinalement des platitudes aux gens qui défilaient devant elle et remercia les infirmières et des médecins venus présenter leurs condoléances. Alors qu'elle embrassait des étrangers ou saluait des personnes qu'elle n'avait vues qu'une fois, un sourire contraint sur les lèvres, elle songea à Marthe. Contrairement à elle, April avait eu la chance de connaître sa mère. Elle connaissait son père. Elle avait passé avec ses parents des milliers d'instants auxquels elle pourrait se raccrocher longtemps après leur disparition.

Cette Jeanne Hugo, quelle garce !

April se sentit un peu coupable. De toutes les femmes décédées qu'elle pouvait évoquer en ce jour pourquoi penser à Marthe et à Jeanne ? Mais ruminer sur leur esclandre à l'Exposition universelle l'empêchait de s'attarder sur d'autres sujets. En particulier, sur ce qui se trouvait dans le cercueil blanc devant l'autel. Le Zoo humain l'empêchait de penser aux mères. Aux filles. De se demander pourquoi la description de la naissance de Béa avait éveillé de nouvelles douleurs en elle. Et surtout, pourquoi son mari était le seul à ne pas avoir assisté à l'enterrement. C'était fini entre eux, apparemment. Elle lui en voulait depuis si longtemps qu'elle ne s'attendait pas à en souffrir autant.

La longue queue de gens bien intentionnés venus présenter leurs condoléances n'en finissait pas. Elle en avait assez qu'on lui dise que sa mère avait été une malade exemplaire et docile. Comment aurait-il pu en être autrement ! Sa maladie l'avait fait retomber en enfance. Elle avait passé la fin de sa vie couchée, incapable de s'alimenter seule ou de réclamer quoi que ce soit, aussi douce et gentille que la petite Béa de Marthe.

Alors que le flot de personnes se tarissait, la brume se leva. Brian regarda sa montre ; lui aussi en avait assez.

— Qu'est-ce qu'on fait ? demanda-t-elle quand il n'y eut presque plus personne. Papa ne veut pas aller au cimetière.

— Je n'en sais fichtrement rien. Je suppose qu'on va déjeuner. Nous avons tous besoin de manger quelque chose.

— Je n'ai vraiment pas faim.

Elle resserra son cardigan sur sa poitrine, tandis que sa peau se couvrait de chair de poule à la vue du cercueil que des croque-morts maigres et en sueur chargeaient dans le fourgon.

— La cérémonie était parfaite, mais tout cela semble tellement inutile et vain, tu ne trouves pas ?

— April…

— D'accord, je dois te paraître insensible. Je suppose que c'est moi qui me sens vaine et inutile.

— April…

— C'est comme… qu'est-ce qu'on est censés faire à présent ? Je ne parle pas de là, tout de suite. Mais nous avons vécu avec la maladie de maman en toile de fond pendant vingt ans. Qu'est-ce qu'on va faire maintenant ?

Brian fronça les sourcils et lui passa un bras autour des épaules.

— Ce n'est pas encore terminé, murmura-t-il avec un geste derrière elle. Il y a encore du monde.

Elle se retourna avec son sourire triste qu'elle avait eu le temps de perfectionner. Mais au lieu d'un médecin délégué par son patron, elle vit arriver Troy Edward Vogt III, en chair et en os, accompagné de ses deux filles. Elle n'en crut pas ses yeux et dévisagea Brian pour en avoir la confirmation. Son frère hocha la tête et sourit l'air de dire « j'ai toujours eu confiance en Troy, j'ai toujours cru en vous deux ». Brian était comme ça. Il ne voyait que le bon côté des gens.

April resta figée sur place. Brian la poussa dans le dos. Elle s'avança d'un pas titubant. Il continua à la propulser en avant jusqu'à ce que son visage éploré se retrouve contre la poitrine de Troy au point de laisser une tache humide sur son costume à deux mille dollars.

Elle se dégagea en reniflant.

— Chloé et Chelsea ! Que c'est gentil d'être venues de si loin !

Il lui semblait moins difficile de s'adresser aux filles qu'à leur père.

Troy la retint légèrement par son cardigan.

— Nous voulions être là, répondit Chelsea qui parla comme toujours au nom des deux sœurs tandis que Chloé ne l'écoutait que d'une oreille, trop occupée à regarder Brian. Nous t'aimons, April.

Chelsea l'embrassa et April sentit un objet entre elles. Elle sourit en le reconnaissant.

— J'ai déjà vu ce sac quelque part. Il te va très bien.

— Toutes les filles en crèvent de jalousie. Je ne l'ai pas quitté depuis qu'il est arrivé, s'exclama sa belle-fille avec un grand sourire avant de se rembrunir brusquement. Je ne devrais pas parler de sac à un enterrement.

— Sans blague ! marmonna Chloé.

C'était le premier mot qu'elle prononçait, cependant April l'embrassa, elle aussi.

— Merci à tous les trois d'être venus. Ça représente beaucoup pour nous.

— Alors, beau-frère, quoi de neuf ! s'écria Brian et April vit juste la main forte de Troy serrer celle de Brian. Heureux que tu aies pu venir.

— Je suis désolé, Brian, que ce soit pour une si triste occasion.

April entendit les hommes se donner l'accolade derrière elle et se taper dans le dos.

— Merci, Troy.

Brian recula et revint dans son champ de vision. Il lui jeta un regard qu'elle ne sut interpréter.

— Bon, je vais voir où sont passés Allie et mon père, enchaîna-t-il. Chelsea et Chloé, vous venez avec moi ?

Les deux filles hochèrent la tête à l'unisson, l'une à contrecœur, l'autre avec enthousiasme.

— Très bien. Troy, April, on vous retrouve plus tard au restaurant.

April resta immobile et écouta décroître l'échange houleux qui venait de s'élever entre Chelsea et Chloé tandis qu'elles s'éloignaient, la première accusant la seconde d'avoir éraflé ses chaussures préférées. Elle ferma les yeux et se concentra sur sa respiration. Inspirer, expirer. Inspirer, expirer. C'était aussi simple que ça.

— Tu veux bien établir un contact visuel ou tu préfères continuer à me tourner le dos ? demanda Troy derrière elle alors qu'elle arrivait à sa dixième inspiration. J'ai tout mon temps, tu sais.

Cela ressemblait à un défi, mais April songea à sa mère. Et aussi à son père et à tout le sable qui avait filé si vite entre ses doigts. Bien sûr, elle pouvait refuser de bouger. Mais où cela la mènerait-il exactement ?

Les yeux encore fermés, elle aspira une gigantesque bouffée d'air et pivota sur ses talons.

66

— Viens, l'entraîna Troy. Marchons.

— Euh… pardon ?

April s'attendait à un peu plus de gentillesse de sa part ou au moins à quelques condoléances.

— Allons-y.

Sans regarder si elle le suivait, Troy partit en direction de l'hôtel del Coronado dont les toits coniques rouges dépassaient des bâtiments voisins. C'était la seule construction remarquable de l'île, son point de repère, son enfant chéri, et il écrasait tout le reste de son énorme personnalité.

— Tu viens ? l'appela de nouveau Troy par-dessus son épaule.

April regarda l'église et sentit ses pieds, comme mus par leur propre volonté, se précipiter derrière son mari dans un claquement de talons.

— Alors, comment s'est passé votre vol ? demanda-t-elle en le rattrapant.

— Très bien, marmonna-t-il sans ralentir.

Ils arrivèrent à l'angle du trottoir et il appuya sur le bouton pour actionner le feu piéton. April attendit qu'il lui prenne la main. Rien.

— Pourquoi es-tu aussi distant alors que c'est toi qui…

— Oui, je sais, c'est moi qui t'ai trompée. Je te rassure, je ne suis pas près de l'oublier !

Elle s'arrêta net alors que le piéton vert se mettait à clignoter sur le panneau en face pour les inviter à traverser. Des touristes la doublèrent, leur attention attirée malgré eux par ce mari infidèle qui se disputait avec sa femme. Il avait bien la tête de l'emploi avec son costume, alors que tout le monde ici se promenait en short et en tongs.

— Troy ! s'écria-t-elle alors qu'il avait déjà traversé la moitié de la rue. Attends-moi ! Ne t'en va pas comme ça !

Elle le rattrapa seulement quand il s'arrêta au bord de la plage pour regarder les vagues grises mourir sur le sable. À leur vue, elle pensa à son frère. Elles étaient petites, cassantes, « insurfables ». Elles ne lui offriraient aucune consolation aujourd'hui.

— Pourquoi es-tu si distant avec moi ? reprit-elle. C'est toi qui as voulu venir, je ne t'ai rien demandé. Je ne pensais même pas te voir.

— Une fois de plus, la confiance que tu as en moi me ravit. Tu ne pensais pas me voir à l'enterrement de ta mère ? J'espère, quelles que soient les circonstances, que si les rôles étaient inversés, tu viendrais aux funérailles de la mienne.

— Oui, bien sûr, bredouilla-t-elle.

Il ne lui était jamais venu à l'idée que la mère de Troy pouvait mourir. Un vrai cafard. N'avait-elle pas survécu à sept maris ?

— Mais tu avais dit que tu n'étais pas sûr de pouvoir te libérer, alors j'ai pensé tout naturellement…

— J'ai besoin de l'entendre de ta bouche, April, la coupa-t-il en retirant ses mocassins Gucci qu'il déposa à quelques pas d'un clochard. J'ai besoin que toi, tu me dises que nous allons divorcer.

— J'ignorais que nous avions décidé quoi que ce soit. Mais si c'est ce que tu veux, je ne comprends pas très bien pourquoi il faut que ce soit moi qui le dise.

— Ce n'est *pas* ce que je veux, s'écria-t-il la tête levée vers le ciel. Ce n'est *vraiment* pas ce que je veux.

— J'ai l'impression que c'est moi que tu essaies de faire passer pour la méchante.

Il laissa échapper un petit rire dur et sec.

— Non, je crois que ce rôle m'est définitivement attribué. Que dois-je penser ? Je t'ai demandé de choisir. De me dire si tu voulais qu'on essaie de survivre à ce qui s'est passé. Ça fait deux semaines que tu ne m'as plus donné signe de vie.

— Oh, qu'est-ce que c'est que quinze jours ?

— Pour un couple marié, ça représente des années. Je pensais que tu me préviendrais si tu voulais mettre fin à notre mariage au lieu de me laisser m'en apercevoir tout seul par ton absence de communication et ta propension à aller te cacher à l'étranger.

Troy partit vers l'eau en s'enfonçant à chaque pas dans le sable. April jeta un coup d'œil vers ses superbes chaussures et le clochard. Elle pesta, retira ses hauts talons à coups de pied et se lança à la poursuite de son futur ex-mari.

Elle le rejoignit alors qu'il venait de s'asseoir face à la mer.

— Quelle délicatesse de ta part de me parler de divorce une heure à peine après l'enterrement de ma mère. Je te remercie. Grâce à toi cette journée sera doublement inoubliable.

— Je n'en ai parlé que parce que tu as lancé la conversation là-dessus, l'air de rien, selon ton habitude. Quant à ta mère, ne fais pas comme si sa disparition était un choc. Tu la considérais déjà comme morte quand je t'ai rencontrée. Je suis tombé des nues quand tu m'as appris qu'elle était encore en vie. Il est rare d'avoir une telle révélation lors d'un cinquième rendez-vous.

— Tu n'es pas juste, protesta-t-elle.

Au même moment, elle se souvint des reproches de Luc : « Tu m'as dit qu'elle était morte ». Peut-être que Troy avait raison. Et Luc aussi.

— J'avoue qu'à un certain niveau, je ne suis pas juste. Mais toi non plus.

Il secoua la tête tandis qu'elle restait debout à côté de lui, les cheveux balayés par le vent, les bras croisés.

— Que suis-je censée penser ? D'abord, tu me trompes. Ensuite, tu te comportes comme si tu étais un surhomme de me l'avoir avoué. Pour finir, tu vas à Londres, à deux heures de train de là où je me trouve, avec la maîtresse en question…

— Ce n'est pas ma maîtresse.

— Une partenaire sexuelle, si tu veux. Tu pars avec elle à Londres et tu refuses de venir me voir. Comment veux-tu qu'une femme raisonnable interprète ton attitude autrement ?

— Je n'ai fait aucun effort, je le reconnais. Mais que dire de toi quand tu prenais ton petit déjeuner de ton côté ? Quand tu dormais de ton côté. Alors que nous partagions le même lit ? Tu refusais de me voir à New York. Tu étais juste à côté de moi, mais tu aurais pu tout aussi bien te trouver à Paris.

— À quoi t'attendais-tu ? Après un tel aveu, je me suis demandé si je te connaissais finalement. Parce que mon mari était un homme bon et loyal et n'aurait jamais fait une chose pareille. Tu ne me l'as même pas dit en face. Tu as décroché le téléphone et tu m'as abattue à bout portant sans me laisser une chance de reprendre mon souffle.

— Tu as raison. J'aurais mieux fait de te le dire de vive voix.

— Oui. (*Ou mieux encore, de ne pas me le dire du tout*). Pour couronner le tout, tu as admis ensuite que, *aïe !* tu avais aussi trompé ta première femme ! Ce qui, je l'ai compris, n'avait aucun rapport avec moi. Sauf qu'il s'agit d'un type de comportement. Et c'est par nos comportements que nous nous caractérisons.

— Je n'aurais jamais dû te le dire pour Susannah.

— Sans blague ! marmonna-t-elle, ses mots absorbés par les vagues et le soleil.

— C'est toi qui as voulu savoir. Et tu ne peux pas comparer les deux. Mon premier mariage était condamné avant même de commencer. Je me revois debout devant l'autel, le visage en sueur, à me demander combien de temps me laisserait vivre la douteuse famille de Susannah si je me défilais. Tu sais que mon mariage a duré moins de temps que nous ne sommes sortis ensemble, toi et moi ?

— C'est vrai ? répondit April en enfonçant ses orteils dans le sable humide et froid. Non, je l'ignorais.

— Susannah et moi avons été mariés seulement le temps d'avoir deux filles à quinze mois d'intervalle. La première des quatre fois où Susannah a demandé le divorce, elle était enceinte de sept mois de Chelsea. À chaque fois, elle a annulé sa demande, mais elle l'aurait demandé une cinquième si je n'avais pas enfin trouvé le courage de le faire moi-même.

— Elle a demandé le divorce alors qu'elle était enceinte de sept mois ? De Chelsea ?

— Oui. Et de nouveau pour Chloé. Alors tu ne peux

pas parler de type de comportement. C'était différent. Avec toi, après ce qui s'est passé, je me suis senti horriblement seul. Attention, ne te méprends pas, je ne te reproche rien. Mais quand tu es revenue de cette grosse vente aux enchères au Texas, tu n'étais plus la même. Quelque chose a dû se passer avec ton père ou ta mère, je ne sais pas. Tu n'as pas voulu me le dire. Tu es rentrée la mine sinistre en prétendant que tout allait bien ! Tu étais tellement loin de moi.

— À mon retour du Texas ?

Elle réfléchit. Oui, elle était bien allée au Texas, mais il ne s'était rien passé. En était-elle revenue aussi désespérée qu'il le disait ?

— Tu es devenue de plus en plus distante. Je suppose que cela arrive dans les mariages qui durent plus de deux ans, mais comment voulais-tu que je le sache ? Attends, je ne te demande pas de t'expliquer, d'accord ? Je sais à présent que les relations traversent des cycles. Les mariages évoluent. Il y a des hauts et des bas, comme dans les marées.

— Qu'est-ce qui est le mieux, la marée haute ou la marée basse ? Parce que je peux défendre les deux.

Quand on grandit à trois pâtés de maisons du Pacifique, les journées sont rythmées par les marées. Il y a des heures pour se promener, pour surfer, pour se faire bronzer et pour regarder le soleil se coucher en sirotant une bière volée à la supérette du coin. À marée haute, la mer est plus proche, plus forte, plus majestueuse. À marée basse, elle vous laisse toute la place pour courir, marcher, explorer la plage.

— En fait, ricana Troy, je n'en ai aucune idée. Je ne sais pas pourquoi j'ai dit ça.

— Il ne s'est rien passé au Texas, poursuivit-elle. Rien

de grave. Il y avait dans la vente une vieille commode que je croyais semblable à celle de ma mère, mais pas du tout. Puis mon père m'a appelée en disant qu'il fallait que je vienne tout de suite. J'ai sauté dans l'avion pour aller le voir, comme tu dois t'en souvenir. En fait, il n'y avait aucune urgence. Donc quand je te disais que tout allait bien, je voulais juste dire que tout était comme d'habitude, qu'il n'y avait rien de neuf. C'est fou l'importance que l'on peut donner à des détails insignifiants.

Troy hocha la tête.

— Alors poursuivit-elle, si je t'ai paru distante, je te prie de m'excuser. En tout cas, je trouve ta réaction disproportionnée par rapport à ma faute.

— Absolument. J'essaie juste de t'expliquer comment j'en suis arrivé là, je ne cherche pas à m'excuser. En bref, je me sentais rejeté. C'est là que je suis parti à Singapour et que j'ai rencontré cette femme, disponible, à l'écoute.

— Elles le sont toujours.

— Et ce fut horrible. Quand je trompais Susannah, je n'éprouvais rien. Rien de rien. Mais quand je t'ai trompée, je me suis senti aussitôt le dernier des derniers.

— Bien.

— Enfin, du moment qu'on se comprend…

— J'aurais préféré que tu ne me dises rien, lâcha-t-elle.

— Pardon ?

— À quoi bon me le dire si c'était une erreur d'un soir ? Et puisque ça ne ressemblait pas à ce qui s'est passé avec Susannah et qu'on ne pouvait pas confondre les deux ?

— Parce que je crois en l'honnêteté dans le mariage. Et cela m'inquiète que ce ne soit pas ton cas.

— Cela n'a servi qu'à dissiper tes remords, ça ne m'a

pas aidée. Pas du tout. Je me suis juste demandé quand tu allais recommencer.

— Tu plaisantes !

— Pas du tout. Je t'en veux plus de me l'avoir dit que de l'avoir fait. Les époux n'ont pas à tout savoir l'un de l'autre. Ton écart ne nous affectait pas tant que tu le gardais pour toi.

— Merde ! lâcha-t-il en baissant la tête d'un air accablé. Je n'ai jamais vu les choses sous cet angle. Je crois en l'honnêteté totale dans un couple, surtout dans le nôtre, parce qu'il n'y en a pas eu entre mes parents et encore moins dans mon premier mariage. Je voulais que ce soit différent entre nous parce que nous étions différents, nous sommes différents. Bon sang, je ne suis pas tout à fait d'accord avec ce que tu dis, mais je commence à comprendre ton point de vue, je t'assure.

April avait passé des mois à se demander si elle connaissait vraiment cet homme au bout de sept ans de mariage. Là, tout à coup, elle s'apercevait que la confession immédiate de sa trahison était parfaitement en accord avec tout ce qu'elle savait de lui. Pour ce conformiste, tout était blanc ou noir. Et dès qu'il enfreignait une règle, il tentait de corriger son erreur sans penser aux dommages collatéraux.

— Et moi, je comprends pourquoi tu me l'as dit, répondit-elle. Et la façon dont tu me l'as dit. Je t'en ai voulu, mais c'est injuste. Je ne t'ai jamais dit ce que je ressentais parce que je ne le savais sans doute pas moi-même. J'avais seulement l'impression, qu'une fois le premier pas franchi, il y en aurait d'autres. J'ai tout de suite imaginé le pire.

Le plus grave, ce n'était pas que son mari l'ait trompée une fois. Elle pouvait le surmonter. Mais pourrait-elle survivre à une seconde trahison, à une troisième ou plus ? Après cette affaire d'une nuit, qu'est-ce qui empêcherait Troy d'avoir une liaison ou même une seconde famille cachée au fin fond du Connecticut ? Pour April, l'infidélité était une maladie chronique, incurable et finalement mortelle.

— Je menais une petite vie tranquille quand, brusquement, nous avons découvert que ma mère était malade et que son état ne pouvait qu'empirer. Que son esprit allait progressivement se dégrader jusqu'à ce qu'elle ne soit plus qu'un légume. À partir de ce jour-là, j'ai attendu sa fin inexorable. Je suis désolée si j'ai fait la même chose avec toi, si j'ai attendu le pire de ta part.

— Mon Dieu, April, tu ne peux pas raisonner comme ça. Tu ne peux pas passer ta vie à craindre des catastrophes. C'est horrible !

Elle haussa les épaules. Il avait raison. C'était horrible !

— Ce n'est pas tout, soupira-t-elle. Tu te souviens, il y a deux ans, juste après notre cinquième anniversaire de mariage. J'étais au téléphone avec mon frère…

— … oui, tu pleurais, finit Troy, le regard sur l'océan, les yeux plissés, perdu dans ses souvenirs. Tu étais en robe de cocktail, tu portais des diamants et tu pleurais. Tu criais même, toi qui es toujours si calme. Je ne t'avais encore jamais entendue élever la voix, surtout contre l'irréprochable Brian Potter, incapable de commettre la moindre faute.

— Je l'enguirlandais. Il venait de passer un test pour savoir s'il avait le même gène que notre mère. Sa maladie était génétique, je ne sais plus si je te l'ai dit.

— Non, jamais. Je me suis souvent posé la question. Je m'en doutais.

— Papa venait juste de nous l'apprendre. Et Brian est tout de suite allé passer ce test. Quant à moi, eh bien, je ne voulais tout simplement pas savoir si j'étais d'une provenance douteuse, comme on dit dans mon métier. Ou à quel point ma marchandise était endommagée, comme on dit dans le tien.

— Et Brian ? Sa marchandise ?

— Parfaitement intacte.

— Et toi, tu n'as jamais voulu savoir ? Attends. Je connais déjà la réponse, ajouta-t-il avec un sourire désenchanté.

— Jusqu'à présent, j'ai refusé d'en entendre parler, mais parfois, vivre dans la crainte de mauvaises nouvelles, c'est pire que de savoir à quoi s'en tenir. L'attente de la disparition de ma mère a été finalement bien plus douloureuse que sa mort en elle-même. Alors peut-être, peut-être qu'un jour je le ferai.

Il y avait autre chose qu'elle ne disait pas. Autrefois, aux temps heureux de leur union, quand elle ne doutait pas qu'elle dure toujours, April disait qu'elle avait fait un beau mariage. Troy prétendait que c'était lui. Quant à Brian, il affirmait que les meilleurs mariages sont ceux dans lesquels les deux parties sont persuadées d'avoir fait une bonne affaire, comme eux.

Ce ne serait plus le cas pour Troy si April était vouée à finir clouée au lit, sa mémoire envolée. Cependant, quelle importance ? Il y avait peu de chance qu'il soit encore à son chevet.

— Ce n'est pas moi qui te dirai ce que tu dois faire, reprit-il. Mais pour être clair, sache que je me moque éperdument que tu aies ce gène ou pas. Et encore plus de ces satanées histoires de provenance…

April sourit, surprise qu'il lise toujours si bien dans ses pensées.

— Bref, je me moque de savoir quelle maladie t'emportera.

Son sourire s'élargit encore.

— Merci, voilà une façon intéressante de voir les choses.

— Nous affronterons cela et le reste le moment venu. Et par nous, j'entends bien nous deux. Tu m'as demandé de te dire que je voulais divorcer, mais n'y compte pas, je n'en ai aucune envie.

À sa stupéfaction, elle remarqua que sa voix, qui était toujours égale et affirmée, tremblait sur la fin de la phrase. Elle ne l'avait jamais senti aussi inquiet, aussi vulnérable, même quand il lui avait parlé de Willow. En tout cas, il n'avait jamais manifesté un tel trouble dans leurs conversations antérieures. Tout cela sans toutefois se départir de sa retenue. À le voir, pas une âme sur la plage n'aurait pu imaginer la gravité de leur conversation. Mais, de sa part à lui, c'était une véritable déclaration.

— Merci, murmura April. Merci de me le dire.

Je ne veux pas divorcer non plus. Les mots lui vinrent à l'esprit, mais refusèrent de franchir ses lèvres. Le pensait-elle vraiment ou était-ce une réponse conditionnée ? Votre mari vous dit une chose, vous lui répondez sur le même ton.

Devant son silence, Troy hocha la tête et se mordit la lèvre inférieure, les yeux soudain humides.

— On y va ? demanda-t-il avec un signe de tête vers la route. Cette conversation n'est pas terminée, mais je n'ai rien à ajouter.

Elle opina, cependant elle avait encore une question à

poser. Troy respectait son point de vue quand à son aveu d'adultère. Elle devait aussi respecter le sien.

— Je voudrais te demander une chose, reprit-elle alors qu'ils se dirigeaient vers la rue. Je ne veux pas rouvrir de vieilles blessures, surtout pas, mais il faut que je sache.

— Je t'écoute. Même si je ne sais pas encore dans quel guêpier je vais me fourrer, ajouta-t-il avec un petit rire nerveux.

— Aucun, je te promets. Voilà, commença-t-elle après avoir pris une longue inspiration. Et si j'avais eu une aventure d'une nuit, moi aussi, tu voudrais le savoir ?

— Quelle question ? Bien sûr…

Il s'arrêta brutalement et inclina la tête pour la dévisager.

— Réfléchis avant de répondre, insista-t-elle en soutenant son regard.

— Bien sûr…

— Réfléchis bien.

— Évidemment, ça dépend de la situation.

— Imagine que tu reprennes l'avion ce soir…

— Il n'en est pas question.

— Imagine que tu reprennes l'avion ce soir, que je sorte boire un verre avec mon frère et que je couche avec un ancien copain de lycée ?

— Un ancien copain de lycée ? répéta-t-il, déconcerté.

— Oui, je ne sais pas, moi, Miguel Guttierez par exemple. C'était un excellent footballeur.

— Euh… qu'est-ce que je dois comprendre pour ce Miguel ?

— Oh, rien, rien du tout ! Je ne l'ai pas revu depuis quinze ans. Je ne l'ai même jamais embrassé. Je l'ai juste choisi au hasard.

— Encore un étranger.

— Oui.

— Revenons à cette aventure de ce soir. Elle aura lieu parce que tu es triste et seule et sans doute toujours en colère contre moi ? Et parce que ce Miguel est charmant, intéressant et plutôt séduisant ?

— Quelque chose comme ça.

— Dans ce cas, soupira-t-il, je suis d'accord avec ce que tu disais tout à l'heure. Je suis le premier surpris de me l'entendre dire, mais je préfèrerais ne pas le savoir. Tu pourras le garder pour toi.

April songea, sans en être certaine, que Troy comprenait toute la portée de sa question. Elle n'aborderait plus ce sujet.

— J'ai presque terminé à Paris, reprit-elle alors qu'ils récupéraient leurs chaussures qui, heureusement, n'avaient pas été dérobées par le vagabond. Je devrais rentrer à la maison d'ici une semaine.

— À la maison, répéta-t-il d'une voix rauque. Tu penses revenir chez nous ?

— Oui, affirma-t-elle d'un ton qui se voulait assuré. Pour l'instant. Enfin, si je suis la bienvenue.

Il agita la tête sans que cela exprime un oui ou un non bien défini. Ils époussetèrent ensemble le sable collé à leurs pieds. Elle rechaussa ses hauts talons et quand elle releva la tête elle s'aperçut que Troy la regardait avec une expression indéfinissable.

— C'est une décision ? Ou juste une première étape ?

— Une première étape. Je ne sais pas ce qui va se passer, mais c'est déjà un début.

— Quelles sont les probabilités, Vogt ? Donne-moi des chiffres.

— Moitié moitié, répondit-elle avec un clin d'œil.

Elle plaisantait, mais ce n'était pas si loin de la vérité.

Les probabilités étaient mauvaises, mais elle voulait tenter sa chance.

Troy lui répondit par un sourire.

— Waouh, comme à pile ou face. Tu veux me tuer !

— Bof, ça nous laisse une chance sur deux.

Un grand sourire s'étala sur le visage de Troy.

— Bon, au moins, je sais à quoi m'en tenir. Pour l'instant.

Il lui tendit la main. Elle la prit.

Les doits entrelacés, ils remontèrent sur le trottoir. April se sentait plus légère, optimiste. Une réaction d'autant plus bizarre qu'elle se trouvait à un tournant de son mariage et qu'elle venait de perdre sa mère. Mais l'avantage de se trouver au plus bas, c'est qu'on ne peut que remonter la pente.

67

April revint à Paris les nerfs à fleur de peau. Dès qu'elle mettait le pied hors de l'appartement, les odeurs et les bruits l'assaillaient. Les scooters avaient-ils toujours été aussi bruyants, l'odeur de poulet en bas de chez elle aussi prononcée ?

Son vol de retour était prévu dans trois jours et les secondes s'égrenaient bruyamment dans sa tête. Chacune la rapprochait de la fin de son séjour alors que ses efforts pour valoriser l'héritage de Marthe restaient sans résultat. Elle n'arrivait pas à se figurer le catalogue, s'il serait intitulé « collection privée » ou s'il porterait le nom de Marthe. Et qu'importait le catalogue alors qu'elle ne pouvait imaginer à quoi ressemblerait sa vie une fois de retour à New York. La ville encore si lointaine hier fonçait à présent vers elle à tombeau ouvert.

April fut surprise quand Luc l'appela le samedi. Depuis son retour de San Diego, ils s'étaient à peine salués lors des réunions ou les rares fois où ils se croisaient dans l'appartement de Marthe. Leurs conversations se limitaient strictement au plan professionnel et April ne s'attendait pas à ce qu'il la contacte en dehors de ce contexte, ce qui la laissait plus que nostalgique et mélancolique.

En dépit de l'attitude désormais irréprochable de Luc

(où étaient passées ses jeux de mots salaces ?), elle eut l'impression de trahir son mari en décrochant le téléphone. Ils avaient couché ensemble, elle ne l'avait pas dit à Troy (du moins ouvertement), et c'était mal qu'on le veuille ou non. Répondre à Luc lui semblait sournois et fourbe, comme si elle se rendait coupable même en l'absence de toute faute directe. Hélas, elle ne se faisait guère d'illusion, Luc ne voyait en elle rien de plus qu'une collègue. Cette pensée désagréable la préoccupa davantage que la façon dont elle devait lui répondre.

— Monsieur Thébault ! s'exclama-t-elle, incroyablement heureuse d'entendre sa voix, comme si elle parlait à un vieil ami très cher perdu de vue depuis longtemps.

Bien que leur amitié soit des plus récentes et un peu flageolante, il restait son ami le plus proche à Paris, celui qui l'avait aidée à découvrir Marthe et bien d'autres choses encore.

— J'aurais une plainte à formuler, annonça Luc, retrouvant sa gaieté.

— Une plainte, mon Dieu ! Eh bien, à la queue comme tout le monde.

— On ne s'amuse plus du tout depuis ton retour de Californie. Il n'est question que de boulot. J'ai l'impression que tu essaies de m'américaniser à tout prix.

April sentit son cœur s'emballer. Qu'était-elle censée lui répondre ? Devait-elle s'expliquer ? D'un côté, leurs rapports avec Troy n'avaient guère changé même s'ils se comprenaient mieux et s'ils espéraient l'un comme l'autre que tout allait s'arranger. De l'autre, il y avait aussi Delphine Vidal. Pourquoi Luc lui avait-il tourné autour alors qu'il avait cette femme dans sa vie ? April avait tant à dire à ce sujet qu'il valait mieux qu'elle se taise.

— T'américaniser ? Pas du tout. Je sais que tu tiens beaucoup trop à tes façons parisiennes.

— Hum… Je croyais t'avoir démontré le contraire, *non* ? Dis-moi, Avril, tu es déjà allée à La Guillotine ?

Elle rit nerveusement.

— Pas littéralement, non, même si j'ai l'impression de ne plus avoir ma tête à moi.

— C'est un club de jazz dans le 5e. Il y a un orchestre qui passe ce soir et j'ai décidé qu'on devait y aller.

— Tu as décidé ?

— Oui, non seulement c'est une idée excellente, mais c'est ta dernière possibilité de profiter de Paris. Tu repars lundi, *non* ?

— Tu as une bonne mémoire.

— Seulement pour certaines choses. Il faut donc qu'on y aille ce soir même. Et je t'interdis de décliner.

April but une gorgée de café le temps de réfléchir. Elle avait envie de découvrir La Guillotine, oui, mais tout ce qui n'avait pas été dit éclatait tout à coup d'un silence assourdissant. Surtout que la dernière fois que Luc l'avait pratiquement forcée à sortir, ils avaient couché ensemble. Elle devait cependant reconnaître une grande part de responsabilité dans ces écarts du 14 juillet.

— Je ne sais pas… commença-t-elle, décidée à lui mettre les points sur les i sans toutefois compromettre sa dignité. Oui, pourquoi pas, du moment que ça se limite au club…

— Bien sûr ! Il ne saurait en être autrement.

— Très bien, je me réjouis d'avance, répondit-elle.

Évidemment, pour lui, cela n'avait aucune importance. Il devait avoir des rendez-vous galants tous les soirs de la semaine. Ce qui expliquait ses airs suffisants… sans parler de ses prouesses au lit.

— Je viendrai te prendre à 22 heures. Mets des chaussures confortables.

Sur ces mots, il raccrocha.

April passa le reste de la matinée à finaliser le catalogue sans enthousiasme. Pour le déjeuner, elle fit un saut à la crèmerie voisine, acheta un énorme morceau du fromage qui empestait le plus et l'engloutit avec un verre de pouilly-fumé. Un repas de rêve, même si elle eut des renvois pendant des heures.

Luc se présenta chez elle avec un quart d'heure de retard d'après la pendule, mais une demi-heure d'avance sur sa conception personnelle de la ponctualité. En le voyant debout dans le couloir dans son jean noir, son pull décontracté et ses cheveux trop longs, elle éprouva une bouffée de nostalgie. Il lui rappelait les garçons avec qui elle sortait à la fac. Ceux qui avaient eu un grand privilège sans le savoir. Ceux qui lui avaient fait croire qu'une longue vie fantastique l'attendait, que sa pièce tombe sur pile ou face.

— Bonjour, l'accueillit-elle avec un grand sourire et, sans la moindre raison, elle éprouva une forte envie de lui tapoter la tête.

— *Tu es belle.*

— *Merci.*

Elle esquissa une révérence.

— Tu es prête ? demanda-t-il en lui offrant son bras.

Elle le prit avec entrain et, deux minutes plus tard, ils marchaient d'un bon pas en direction du 1er arrondissement. Chemin faisant, Luc l'interrogea sur l'enterrement, sur son père et sur Brian. April se surprit à lui répondre sans détour et lui avoua même que cela avait été moins pénible qu'elle le craignait. Elle en était la première étonnée.

— Tu vois, j'avais raison, conclut-il. C'était une histoire d'amour entre tes parents. Et entre tes parents et vous, leurs enfants. Tu as de la chance d'avoir une telle famille.

— Je trouve que les mots « chance » et « Alzheimer » vont plutôt mal ensemble, mais… mais nous avons vécu… nous vivons encore quelque chose de spécial. En tout cas, je suis fière de mon père et de ce qu'il a fait pour ma mère.

Elle s'arrêta soudain en apercevant la célèbre pyramide de verre éclairée pour la nuit.

— Tu te rends compte ! Je n'ai pas eu le temps d'y mettre les pieds de tout mon séjour, tu le crois, toi ?

— Mon Dieu ! Mais quelle touriste es-tu si tu ne visites pas le Louvre. Il est temps de rendre ton passeport. J'ai honte au nom de tout ton pays.

— Tu devrais avoir honte au nom de tous les diplômes d'histoire de l'art que j'ai accumulés. Je venais ici plusieurs fois par semaine quand j'habitais Paris. Ça faisait partie de ma routine. Et là, je n'y suis pas venue une seule fois.

— Reconnais que tu as été un peu débordée. Et ne dit-on pas que la meilleure chose à faire à Paris, c'est ce qu'on n'a pas encore fait ?

— Dans ce cas, tu peux considérer ce voyage comme une réussite ! Ce fut une première dans bien des domaines ! s'exclama-t-elle avant de rougir comme une tomate en songeant que, de toutes ses découvertes, Luc n'avait pas été la moindre. Quoi qu'il en soit, pas de Louvre ce soir, monsieur, enchaîna-t-elle gaiement. Allons à La Guillotine perdre la tête !

Elle agita un bras en l'air et avança à grands pas vers la Seine. Luc leva les yeux au ciel et la suivit en riant.

Au moment de mettre le pied sur le pont du Carrousel, elle se retourna pour lui parler et s'aperçut qu'il se dirigeait vers le port du Louvre.

— Luc, où vas-tu ? C'est ici qu'il faut traverser.

— Pas du tout ! répondit-il. Je connais un passage bien plus agréable.

— Non, c'est bien mieux par là, marmonna-t-elle, la plante des pieds déjà en feu alors qu'elle courait pour le rattraper. Le port du Louvre est charmant, typiquement parisien et tout ça, mais ce n'est pas le chemin le plus pratique.

— Pas le plus pratique ? Mais voyons, ma chérie, le port du Louvre va nous permettre d'atteindre un pont bien plus plaisant pour traverser la Seine : le pont des Arts. Tu le connais ?

— *Bien sûr.* Qui ne le connait pas ?

Le pont des Arts est une passerelle, dont la structure est en acier et le sol en bois, qui relie le Louvre à l'Institut de France. Il était autrefois célèbre pour sa vue magnifique sur le fleuve et son allure romantique. Il a été peint par Renoir et continue à inspirer de nombreux artistes. Dans la journée, on ne peut pas parcourir deux mètres sans trébucher sur un chevalet.

Cependant, le pont des Arts est aujourd'hui encore plus connu pour les « cadenas d'amour » qui s'accumulent sur ses flancs grillagés. Les couples d'amoureux les accrochent dans l'espoir que leur union sera éternelle. Certains sont énormes et à combinaison comme ceux des vestiaires scolaires. On en trouve qui sont peints ou sur lesquels sont écrits des vers. D'autres contiennent unc mèche de cheveux.

— Je suis content que tu connaisses déjà ce pont,

madame Vogt, déclara Luc alors qu'ils montaient dessus. Sinon, ce serait assez embarrassant. J'ai quelque chose pour toi.

Il s'arrêta et tira de sa poche un cadenas doré.

— Un cadenas d'amour !

Son cœur s'emballa. Cette fois, sa trahison dépassait largement le stade de l'aventure.

Il laissa tomber le cadenas dans sa main tremblante.

— J'ai écrit tes initiales dessus. Seulement les tiennes. Je ne suis pas un assaillant sexuel, n'oublie pas.

Elle voulut le prendre à la légère, mais le rire s'étrangla dans sa gorge.

— Tu vas rentrer à New York. Et ta relation avec *le grand monsieur* va reprendre. Tu seras heureuse. Plus heureuse que tu ne l'as jamais été.

— Je n'en suis pas si sûre, marmonna-t-elle.

— Tu es revenue de ton voyage en Californie en me disant que tu serais heureuse. Non, en fait, tu ne l'as pas formulé, mais tu l'as dit quand même. Ne sois pas triste, ma belle ! ajouta-t-il avec un sourire mélancolique, les yeux plissés de petites rides. C'est bien. Personne ne se retrouve exactement là où il voudrait vraiment être.

— Je ne suis pas malheureuse, protesta-t-elle. Je suis juste… Je ne sais pas comment l'expliquer.

— C'est inutile, je comprends. Je comprends complètement. Je t'offre ceci pour que tu t'en souviennes, ajouta-t-il en posant sa paume sur le cadenas. Même si tu rentres à New York, chez toi, il y aura toujours un peu de Paris en toi. Et un peu de toi dans Paris, finit-il en le fixant sur la balustrade.

— C'est incroyablement gentil, murmura-t-elle la voix étranglée par l'émotion. Sauf que les employés de la ville les coupent régulièrement, non ? ne put-elle s'empêcher d'ironiser. Paris gardera mon souvenir une dizaine de jours tout au plus.

Luc renversa la tête en arrière et éclata de rire.

— Toujours aussi terre à terre, madame Vogt. Mais quelle importance ? C'est la vie, éphémère et fugace. Et ce n'est pas parce qu'une chose est finie qu'elle n'a pas existé.

Elle lui sourit et le serra dans ses bras.

— Merci, Luc. Ça représente beaucoup pour moi.

— Tu comptes beaucoup pour moi.

Elle ne sut quoi répondre et resta à regarder le cadenas scintiller sous la lumière. Luc lui planta un doigt dans les côtes pour la faire repartir.

Toujours sous le choc de la surprise, April le suivit jusqu'à La Guillotine, dans le 5e, plus que jamais convaincue que rien de ce qui se passait dans cette ville ou avec Luc ne pouvait s'oublier.

68

— Nous voilà à La Guillotine, annonça Luc quand ils franchirent la porte d'entrée du club.

— Oh, c'est très pittoresque, très chaleureux.

— Oh, mais pas question de rester au niveau du sol, répondit-il avec un signe de tête vers le fond de la salle. Je t'emmène au Caveau des Oubliettes.

Ils descendirent par un escalier humide et étroit, mal éclairé et décoré de vieilles menottes et de vieilles chaînes rouillées jusqu'à une pièce qui avait tout d'une cave à part le sol. D'après Luc, on y enfermait autrefois les prisonniers avant leur exécution, d'où son nom.

La cave comportait seulement une douzaine de tables qui étaient presque toutes occupées. April s'assit pendant que Luc allait chercher deux verres de vin qu'il posa devant elle avant de rapprocher sa chaise. April pensa à son déjeuner de fromage malodorant.

— Bon, déclara-t-il alors que l'orchestre s'installait. Avant que la musique commence et nous empêche de parler, j'ai une bonne nouvelle à t'annoncer. Agnès Vannier est prête.

— Comment ça « prête » ? Qu'est-ce que tu veux dire ? demanda-t-elle d'un ton égal, bien décidée à ne pas s'emballer cette fois-ci. Prête à faire la sieste ? À mourir ? À danser ?

— Qu'est-ce que tu racontes ? Je veux dire prête à nous recevoir. On peut aller la voir quand on veut.

April éclata d'un rire presque hystérique. Mme Vannier avait attendu qu'elle ait un pied dans l'avion pour accepter de bavarder. Cette bonne nouvelle, pour reprendre l'expression de Luc, arrivait douloureusement tard. Il n'était pas question qu'elle reporte son retour d'une seule seconde. Et la vente devant se faire sous le label « collection privée », tout ce qu'Agnès Vannier pourrait lui dire sur Marthe et ses biens ne compterait pas plus que des racontars de vieille femme.

— *Ça va ?* J'ai bien cru que tu allais me faire une crise de nerfs.

— C'est bien ma veine ! Elle est prête alors que je dois partir. Et, je t'en prie, épargne-moi tes plaisanteries sur mon manque d'inquiétude quant à son état de santé. Je sais déjà que je ne suis qu'un commissaire-priseur borné et sans cœur.

— *Je ne comprends pas.* Tu n'as pas écouté ce que je viens de dire ? Nous pouvons aller la voir tous les deux. Toi et moi.

— Mais je pars dans trois jours, gémit-elle avant de lancer un coup d'œil sur sa montre. Non, deux !

— Je sais. Nous irons donc la voir avant ton départ.

— C'est possible ? Nous sommes le week-end. Je pars lundi.

— Combien de fois dois-je te répéter que c'est faisable ? Nous pouvons la voir.

— Nous pouvons la voir, répéta-t-elle, hébétée.

— Oui.

— Vraiment ?

— Oui.

— Vraiment, vraiment ?

— Oui ! Tu entends mal ou quoi ? Tu commences à m'inquiéter.

April se laissa le temps de saisir toute la portée de cette nouvelle. Ils allaient enfin voir Mme Vannier, l'héritière de Lisette, la grande dépositaire des preuves matérielles de l'existence de Marthe. April aurait enfin les réponses à ses questions. Des réponses sans importance peut-être pour Sotheby ou les enchérisseurs, mais cruciales pour elle.

— Je… je ne sais pas quoi dire, bredouilla-t-elle, prise soudain de vertige comme si elle avait bu. J'avais abandonné tout espoir. Je n'y croyais plus.

— Vu ton programme, j'ai dû la presser un peu. La façon dont tu as défendu sa cause l'a amusée.

April leva les yeux au ciel.

— Tu parles, elle doit me prendre pour une cinglée. Mais je m'en moque. Je suis parvenue à mes fins.

— On peut dire que tu as de la suite dans les idées !

— Pourtant, j'ai eu d'autres préoccupations, répondit-elle en lui rendant son sourire. Mais Mme Vannier venait en tête. Hélas, ses grandes révélations ne serviront en rien la vente. Malgré mes efforts, la maison refuse de bouger. Ça arrive trop tard. Ça ne me servira à rien de me vanter de connaître la provenance. Je ne le fais pas pour Sotheby, mais pour moi.

— Alors tu renonces à obtenir une vente particulière pour Marthe ?

April but une gorgée de vin.

— Oui. J'abandonne.

— Tu abandonnes ? Voilà qui me surprend de la part de mon Américaine préférée.

Un musicien joua quelques notes de saxophone sur la scène.

April haussa les épaules.

— J'ai essayé, mais je suis dans une impasse. Alors à quoi bon continuer à me taper la tête contre le mur ?

— Et s'il n'y avait plus de mur ? Et si quelqu'un avait déjà été droit dedans ?

— Je crois que tu mélanges deux expressions idiomatiques.

— Peu importe, j'essaie juste de te dire qu'il y a du changement pour la vente.

— Mais de quelle vente parles-tu ? Celle du mobilier, celle des peintures ou celle des immanquables objets de vertu ?

— D'aucune des trois. Je te parle de la vente unique qui aura lieu en octobre et qui regroupera tous les biens de Marthe de Florian.

— Mais qu'est-ce que tu racontes ?

— Elle aura sa vente particulière, Avril. Exactement comme tu le souhaitais.

April le dévisagea dans l'attente d'un rire, d'un clin d'œil ou d'une grimace qui lui indiquerait que c'était une blague. Car il ne pouvait s'agir que d'une blague venant de lui.

— Ce n'est pas drôle, lâcha-t-elle.

— Je ne plaisante pas.

Un instrument fit un *couac*. April secoua la tête comme pour s'éclaircir les idées.

— Il y a quelques semaines, reprit Luc, un petit oiseau m'a dit…

— Arrête d'employer des expressions américaines que tu ne maîtrises pas. Qui t'a dit quoi ?

— C'est Birdie qui m'a dit que son nom signifiait petit oiseau. Du moins c'est ce que j'ai compris.

— Birdie ! Tu as parlé à mon assistante ?

— Oui, elle m'a dit en effet qu'elle était ton assistante.

— Mais quand ça ? Pourquoi ? Que s'est-il passé ? Comment a-t-elle su que…

— Tu lui as envoyé le journal de Marthe, non ? dit-il avec une pointe de reproche. Je ne savais pas que tu l'avais fait lire à d'autres.

Elle s'éclaircit la gorge.

— Si, mais c'était juste pour nos archives et pour nos recherches. Birdie est en charge des recherches sur la provenance.

— Encore !

— Et ne t'inquiète pas, j'ai suivi les procédures qu'il fallait pour scanner le journal.

— Avril !

— Oui, j'avoue, je lui ai envoyé une copie. C'était pour nos dossiers et aussi pour satisfaire ma curiosité. Je l'ai aussi montré à mon père, à mon frère et à une de mes belles-filles et je ne le regrette pas. Désolée, mais je n'ai absolument aucun remords.

Luc but une gorgée de vin.

— Quoi qu'il en soit, c'est une bonne chose que tu aies une si grande gueule.

— Épargne-moi ton numéro de charme…

— Je suis sérieux. Tu as partagé le journal avec ton assistante et il apparaîtrait que ton assistante partage ton opinion sur cette vente.

— Bien sûr ! Elle est intelligente. Mais je ne comprends toujours pas pourquoi elle t'a contacté.

Il haussa les épaules.

— Elle m'a appelé pour me dire ce que j'avais besoin de savoir.

— Comment ça ?

— Par exemple, qu'on a beaucoup de poids dès

qu'on menace de traiter avec une autre société. Et qu'on peut ainsi obtenir exactement le type de vente qu'on désire.

— Tu as menacé de confier la vente à une autre maison ? s'esclaffa-t-elle.

— Oui, en suivant les conseils de Birdie. Elle m'a donné une estimation de la valeur des biens, et j'ai calculé l'argent que l'on perdrait si on ne faisait pas une vente particulière. Le Boldini, évidemment, m'a servi de moyen de pression. Je voulais bien laisser à Olivier ses objets de vertu, mais pas le Boldini.

— C'était sacrément risqué, mais bon sang, tu as bien joué.

April vida l'air de ses poumons avec cette impression bizarre qu'on éprouve quand on vient d'éviter une collision ou qu'on a manqué de passer sous une voiture.

— Mme Vannier t'est très reconnaissante. Surtout depuis que Birdie a expliqué que ses biens rapporteraient bien davantage s'ils étaient regroupés en une seule vente. D'autant plus que nous connaissions leur provenance grâce au journal, non ? Exactement comme tu le disais. Sans compter que grâce à toi, nous avons appris que tous ces objets appartenaient à une fille de Victor Hugo dont tout le monde ignorait l'existence.

April opina.

— C'est vrai. Pourtant, tu pensais que cette histoire de provenance n'était qu'une excuse, et je reconnais que tu n'avais pas totalement tort, mais ça compte énormément dans une vente aux enchères. Et Marthe de Florian avait la plus fascinante provenance que j'aie jamais vue.

— Sans tes efforts et ton obstination, il n'y aurait pas eu de vente particulière. En témoignage de sa reconnaissance, Mme Vannier m'a chargé de te remettre ceci, termina Luc avec un sourire.

Pendant qu'il plongeait la main dans sa sacoche, April analysait cette dernière information. Une vente particulière pour Marthe ! Marthe allait enfin obtenir l'intérêt qu'elle méritait : l'attention des foules, la presse, les expositions privées.

— Tiens, c'est pour toi, déclara Luc en posant Mickey Mouse sur la table.

April le regarda, bouche bée.

— Boldini l'avait offert à Lisette Quatremer. Mme Vannier veut que ce soit toi qui l'aies.

Sans réfléchir, April saisit la peluche et la serra contre sa poitrine. À part une odeur de poussière et de vieux, Mickey était parfait.

— Tu es sûr ? demanda-t-elle. C'est une relique, un objet de famille qui pourrait être vendu des milliers de dollars à un collectionneur passionné.

— À quoi sert un objet de famille s'il ne représente aucune valeur sentimentale aux yeux de celui qui le possède ?

April sentit ses yeux se remplir de larmes, la peluche toujours serrée contre elle. Même quand un musicien s'avança sur la scène pour saluer les spectateurs, elle ne put s'en séparer.

Alors que les premières notes montaient des instruments, Luc rapprocha sa chaise de celle d'April et posa une main sur sa cuisse. Elle entremêla ses doigts [...]x siens d'un geste amical, chargé néanmoins de tou[...] qui s'était passé entre eux. Elle se souvint brusque[...]t de la première fois qu'elle l'avait vu, choquée de l[...]r fumer dans l'appartement couvert de poussière qu'elle se demandait comment elle allait pouvoir faire le tri dans le désordre qui régnait dans ces pièces et dans sa vie.

Elle songea à leur premier repas ensemble, au café Zéphyr, quand elle avait failli basculer par-dessus la barrière. Elle revit la terrasse des Galeries Lafayette et le moment où elle avait compris que Luc n'était pas qu'un notaire moqueur et prétentieux. Avaient suivi d'autres repas, d'autres conversations et toutes ces heures passées dans l'appartement de Marthe à lui expliquer ce que chaque objet avait d'unique. Et bien sûr, il y avait eu la fête du 14 juillet, le bal des pompiers, qui s'était terminé dans sa chambre, une bêtise, sans doute, mais qu'elle n'arrivait pas à regretter.

Elle se pencha vers Luc. La musique était trop forte pour les longues phrases.

— Merci. Merci pour tout. Pour les grandes comme pour les petites choses.

— Oh, mais je n'ai rien fait. Nous nous sommes bien amusés, non ?

Elle hocha la tête en se mordillant les lèvres, le visage ruisselant de larmes.

Il lui pressa la main.

— Oh, douce Avril, ne pleure pas. Ce n'est pas fini. Ça ne finira jamais. Et demain sera encore meilleur. Demain, nous allons voir Agnès.

69

New York Times
MME CHARCOT DEMANDE LE DIVORCE
La petite-fille de Victor Hugo accuse son mari d'abandon de famille

Paris, le 15 février :

Jeanne Charcot, née Hugo, petite-fille de Victor Hugo, a demandé le divorce aux torts de son mari, le Dr Jean-Baptiste Charcot, directeur de l'Expédition française en Antarctique et fils du célèbre neurologue.

Cette requête a provoqué une forte émotion dans les cercles parisiens fréquentés par les deux époux.

Mme Charcot était déjà précédemment divorcée de Léon Daudet, fils du regretté Alphonse Daudet. Le Dr Charcot a quitté la France il y a plus d'un an afin d'atteindre le pôle Sud et l'on craint qu'il ne soit arrivé malheur à son expédition. Il serait question d'envoyer des secours à leur recherche.

70

Paris, le 4 juin 1905

Doux Jésus, comment peut-on en arriver là ? J'ai fait quelque chose d'absolument horrible aujourd'hui. Je ne sais pas si je me le pardonnerai un jour.

Tout a commencé par la mauvaise humeur de Boldini. N'est-ce pas souvent le cas ? J'ai mal au ventre à la seule idée de décrire cette scène, mais je dois le faire. Mon cerveau tourne trop vite, les mots jaillissent malgré moi, je dois les jeter sur le papier.

Comment expliquer cette mauvaise humeur ? Eh bien, vois-tu, cher journal, les Parisiens commenceraient à bouder le grand Giovanni Boldini, le peintre de la vitalité. Ils suivent comme des moutons les caprices des collectionneurs américains, ce qui me semble d'un ridicule achevé. Je me demande quel suppôt de Satan a eu le culot d'affirmer que les Américains avaient du goût. Ils n'en ont aucun. Pourtant, il a suffi que l'un d'eux se réveille un beau matin en décrétant que Boldini était complètement démodé. Auparavant, vous n'étiez personne si vous n'aviez pas été peint par Boldini. À présent, plus personne ne veut être peint par lui.

Ces crétins se sont tous entichés de Pablo Picasso, cet Espagnol cinglé qui a je ne sais comment forcé Gertrude Stein à acheter ses œuvres. Cet homme a plus de noms que Jeanne Hugo Daudet Charcot, même en incluant celui qu'elle ajoutera après avoir divorcé de Jean-Baptiste pour se remarier avec le premier venu qui franchira le seuil de son appartement ou de sa chambre.

Pour sa part, M. Pablo Picasso porte légalement le nom de Pablo Diego Jose Francisco de Paula Juan Nepomuceno Maria de los Remedios Cipriano de la Santisima Trinidad Ruiz y Picasso.

Inutile d'en dire plus pour comprendre à qui nous avons affaire ! Un fou extravagant. Non seulement il a trouvé une bienfaitrice en la personne de Mlle Stein, une chance que n'a jamais eue Boldini, qui n'a pas eu besoin d'affreux Américains pour se faire une réputation, mais M. Picasso emploie un publiciste, même s'il s'agit seulement de ce prétentieux d'Apollinaire qui se donne de grands airs d'homme riche et cultivé, avec ses cheveux bouclés et son rubis au petit doigt.

Hier soir, Boldini est venu dîner dans mon appartement. Il était trop bouleversé pour manger chez lui au milieu de ses peintures, toutes ces magnifiques toiles reléguées brutalement au rang de vieilles croûtes. Connaissant les abîmes dans lesquels son âme peut sombrer, j'ai renvoyé la cuisinière dès qu'elle a fini de préparer le repas, résignée à faire moi-même le service, ce que je déteste. Surtout que l'étrange engourdissement qui me saisit depuis peu aux poignets et aux avant-bras n'arrange rien, mais c'était le dernier de mes soucis. Je l'ai laissée partir en sachant que je n'aurais pas que la vaisselle à nettoyer ce soir.

Boldini s'est mis à table, mais il a refusé de manger,

aussi grincheux qu'un bouc grippé. Je lui ai dit d'arrêter de se lamenter, de se reprendre et de chercher une solution. Ne pouvait-il pas changer de style ? Ou aller à Londres décrocher des commandes. Seigneur, il faudrait au moins dix ans aux Anglais avant d'adopter cette mode insensée. Ce qui lui laisserait largement le temps de retrouver sa cote à Paris.

Il a continué à grommeler et à boire. Béatrice essayait de faire un puzzle sans grand succès dans la pièce voisine. Entre deux grognements et deux gémissements, Boldini ne cessait de jeter des regards dans sa direction. J'ai senti ce qui allait venir.

— Elle ne fait toujours aucun progrès, a-t-il déclaré alors qu'il finissait la dernière bouteille de vin de la maison, et on peut imaginer son ébriété quand on sait que j'en ai toujours une grande quantité en réserve.

Je me suis tapoté les lèvres avec ma serviette.

— Que veux-tu dire ?

— Tu n'arrêtes pas d'affirmer qu'elle va bientôt marcher, bientôt parler, bientôt lire. Elle a six ans et demi et elle ne fait rien de tout cela. Elle a un corps de petite fille et un comportement de bébé.

— Parle moins fort, Boldini ! Béatrice est peut-être un peu simplette, mais c'est un amour. Je bénis le ciel de nous avoir donné une telle enfant.

— Tu dis ça parce qu'elle est docile et qu'elle fait tout ce que tu veux. Elle te croit parfaite. C'est une chance en effet. Elle ne saura jamais qui tu es réellement.

— Ça suffit ! ai-je crié en jetant ma fourchette sur mon assiette, hélas, pas aussi fort que je l'aurais voulu, en raison de mes problèmes d'articulation. Je n'ai aucune envie de poursuivre cette conversation désagréable.

— Dis-moi, Marthe, pourquoi est-elle si en retard ?

— Elle a eu une naissance difficile, ai-je répondu d'une voix tremblante. Tu étais là.

— Justement, sa naissance a été laborieuse. Tu ne trouves pas ça étrange ?

— C'est parce qu'elle est arrivée par le siège. Je ne vois pas ce qui t'étonne, ai-je encore protesté bien que je sache où il voulait en venir.

— Sauf qu'elle était prématurée et qu'elle n'aurait dû avoir aucun mal à venir au monde quelle que soit sa position.

— Eh bien, je ne suis pas médecin, et toi non plus, ai-je rétorqué et, pour couper court, je me suis levée et j'ai ramassé nos assiettes.

— Le Dr Pozzi m'a quand même dit que Béatrice était terriblement grosse pour un bébé né avec deux mois d'avance.

J'ai détourné les yeux, les lèvres tremblantes.

— Elle n'est pas de moi, n'est-ce pas, Marthe ?

Sans répondre, je suis partie à grands pas vers la cuisine faire la vaisselle.

— Elle n'est pas de moi ! a beuglé Boldini.

Béa s'est mise à pleurer. Elle a couru se réfugier dans sa chambre et a claqué sa porte.

— Tu es content ? ai-je hurlé en revenant en trombe dans la salle à manger. Tu as réussi à faire pleurer la seule petite fille au monde qui ne pleure jamais.

— Dis-moi la vérité, Marthe. Je te demande seulement la vérité.

— Parfait ! Ce n'est pas toi qui m'as fécondée, mais ne t'y trompe pas, tu es son père, ai-je dit, moi-même surprise par mes paroles, car je n'avais aucune intention de me confesser.

— Plus maintenant !

Il s'est levé brutalement de table, sa chaise a basculé et il a atterri brutalement contre le mur. Il a attrapé son manteau et s'est précipité vers la porte.

J'ai voulu le retenir, mais il m'a repoussée violemment. Il a crié que tout était fini entre nous et qu'il arrêtait de nous entretenir. Il m'avait fallu des années et la naissance de Béatrice pour parvenir à lui tirer quelques francs. Heureusement, il n'était pas notre seule source de revenus. J'ai d'autres contributeurs dont Clémenceau, l'homme d'État surnommé « le Tigre », n'est pas le moindre. Cependant, cette décision de Boldini nous mettait dans une situation financière critique. Et je ne parle pas de mon chagrin. Je n'ai pas fermé l'œil de la nuit tandis que j'échafaudais un plan. Impossible d'aller trouver Jean-Baptiste et de le menacer de révéler publiquement qu'il était le père de Béatrice : le mondialement célèbre gentleman des pôles était porté disparu en mer. Et même s'il rentrait un jour, quel intérêt ? Son divorce d'avec Jeanne devait être prononcé d'un jour à l'autre. Il était tellement populaire que ses concitoyens lui pardonneraient toutes ses frasques. Et mes accusations ne le gêneraient guère.

Quand le jour s'est levé, j'étais complètement bouleversée et j'ai fait la seule chose dont j'étais capable. Seigneur, j'ai honte à cette seule pensée ! J'ai jeté dans la valise rose de Béa ses robes et ses poupées préférées, j'ai appelé un fiacre et toutes les deux nous avons quitté la ville.

Nous sommes arrivées à l'asile pour attardés mentaux vers une heure de l'après-midi. J'avais le visage ravagé par les larmes qui creusaient des rigoles dans ma poudre éclaircissante. Les sanglots m'empêchaient de parler. Béa, ma bienheureuse Béa, me regardait de ses grands yeux sombres et confiants. Elle m'a souri et m'a pressé la main.

— Ma chérie, voilà une école merveilleuse, lui ai-je dit avant de descendre de voiture. Tu vas affreusement manquer à maman, mais tu vas découvrir des choses passionnantes ! Ici on va t'apprendre à parler et peut-être même t'enseignera-t-on un métier. Et quand tu seras grande, tu pourras revenir travailler à Paris et retrouver ta maman et nous vivrons ensemble jusqu'à la fin de nos jours. Qu'est-ce que tu en penses, ma chérie ?

Elle a cligné des yeux gaiement comme toujours. Oh, mon cœur !

Nous sommes descendues du fiacre et nous sommes d'abord allées dans le bureau où le directeur m'a fait remplir des tas de paperasse. Ensuite, il m'a montré les dortoirs. Les yeux m'ont piquée à la vue des lits métalliques et des matelas tachés d'urine. Devant une telle désolation, ma résolution commençait à faiblir.

Nous avons terminé par la cour de récréation. C'était l'endroit où j'allais lâcher la main de Béa pour l'abandonner seule au monde. Alors que, pour me réconforter, je comptais sur la vision de petits enfants heureux qui jouaient en riant au soleil, j'ai failli vomir.

Les enfants escaladaient les jeux en trébuchant, le menton couvert de bave. Ils essayaient dix fois, vingt fois de faire la même chose sans jamais y parvenir, sans qu'un adulte vienne à leur aide.

— Très bien, madame de Florian, m'a dit le directeur. Il est temps de quitter votre fille et de la laisser vivre sa vie et apprendre à évoluer parmi ses semblables.

J'ai desserré ma main une demi-seconde.

Et je l'ai resserrée de toutes mes forces.

J'ai saisi Béa dans mes bras et j'ai couru jusqu'au

fiacre en abandonnant tout derrière moi, même sa valise rose. En fait, je n'aurais plus supporté sa vue. Chaque fois que je l'aurais aperçue, je me serais détestée.

Nous sommes arrivées à Paris à la nuit tombée. J'ai serré ma fille dans mes bras pendant tout le voyage à chaque chaos, à chaque virage. Je ne savais pas ce que nous allions faire et je l'ignore toujours. Tout ce que je sais c'est que j'ai besoin de Béatrice près de moi. Je résoudrai le reste le moment venu.

71

Paris, le 14 août 1914

Toute la tension accumulée au cours des derniers mois pour ne pas dire de l'année, vient de se libérer dans une explosion qui a secoué le monde entier. Curieusement, après ce boum terrifiant, on ressent dans Paris un grand soulagement.

L'Allemagne a enfin déclaré la guerre. C'est une bonne nouvelle parce que la guerre était inéluctable. Les troupes allemandes ont déjà envahi par deux fois le territoire français. Comme le disent les journaux, cette déclaration dévoile enfin leurs intentions belliqueuses qui ne seront guère appréciées de nos pays voisins ni même de l'autre côté des océans.

Mais surtout, nous espérons enfin nous venger de la guerre de 1870 ! À la minute où la nouvelle est passée sur les ondes, les Parisiens sont descendus danser dans la rue. Des démonstrations de liesse ont surgi de toutes parts, dans les cafés, sur les places. Les gens pleuraient de joie, s'embrassaient, oubliant leurs vieilles querelles. On vendait des fleurs à chaque coin de rue. C'était une fête de mariage dans laquelle toutes les femmes étaient les mariées.

Même Giovanni Boldini s'est laissé emporter par cette vague d'euphorie. Quand il n'est pas trop occupé par ses portraits, notamment ceux de la riche Italienne Donna Franca Florio qui pose pour lui beaucoup trop souvent à mon goût, il vient nous voir. Il a beau avoir renié Béatrice à de nombreuses reprises, il ne supporte pas d'en être séparé plus de quinze jours. Il a eu le temps de s'attacher à elle pendant les années où nous avons vécu presque maritalement.

Au moins reconnaît-il qu'elle lui manque. Malheureusement, cela ne s'étend pas à moi. Je suppose qu'il y a trop de griefs entre nous. Que puis-je y faire ? Même si je me suis largement excusée, je ne regrette rien.

Ma Béatrice est une jeune fille tellement adorable. Elle a récemment appris à lire et à écrire ! Un exploit incroyable ! Certes, ses centres d'intérêt correspondent davantage à ceux d'une fillette de six ans qu'à ceux d'une jeune femme qui va bientôt en avoir seize, mais franchement, je ne pensais pas qu'elle y parviendrait. Même si elle ne devient jamais une érudite, ce sera toujours ma Béatrice chérie.

J'ai encore beaucoup de choses à raconter, mais je ne trouve plus mes mots. En plus, l'état de mes mains ne fait qu'empirer et les engourdissements gagnent mon visage. Un soi-disant médecin a diagnostiqué une nécrose phosphorée de la mâchoire, une maladie qui frappe les ouvrières d'usine. Mais comme je n'ai jamais eu à m'abaisser à un tel métier, ce ne peut être qu'un charlatan.

D'après Boldini, cet engourdissement gagnerait mon cerveau. Il y a quinze jours, quand il a lacéré sa dernière série de portraits de Donna Franca Florio dans un accès de dégoût de lui-même, il a reporté la faute sur moi.

J'aurais fait irruption dans son atelier et piqué une crise en clamant qu'il s'agissait de Jeanne Hugo. Quel culot ! Comme si je pouvais confondre les deux femmes ! Elles ne se ressemblent aucunement. Ne serait-ce pas plutôt lui qui souffrirait d'une nécrose phosphorée du cerveau avec toutes les peintures qu'il utilise ?

Quoi qu'il en soit, je sens le poids des années. Je ne suis pas vieille, mais pas jeune non plus (sans rire !) Comme j'ai eu quarante ans cette année, je dois plus que jamais recourir au henné et à ma poudre éclaircissante. Il y a encore des hommes à charmer et des factures à payer. Parfois, tout cela me fatigue beaucoup, beaucoup.

72

Paris, le 10 février 1919

Le temps est froid et humide. Je n'ai pas les moyens de mettre du charbon dans mon poêle aujourd'hui pour chauffer mon appartement rempli de souvenirs. Une crampe me saisit la main alors que j'écris ces mots. J'ai peur que mes doigts restent collés au stylo.

Cette ville est morte. Comme les arbres, les animaux, même cette guerre qui semblait si prometteuse. On rapatrie encore des milliers de corps, des familles entières espèrent revoir une dernière fois leurs chers disparus même si ce ne sont plus que des cadavres. Qu'est-il arrivé au Paris que j'aimais ? Celui tout de dorures et de satin ? Paris est mort et son âme aussi s'en est allée.

Il en est de même de mon cœur, ma Béatrice, ma fille chérie. Elle est morte, elle aussi. N'est-ce pas ironique et totalement injuste que cette enfant qui a eu tant de mal à venir au monde l'ait quitté en donnant naissance à son tour ? Elle a perdu tant de sang qu'on n'a pu la sauver. Si le Dr Pozzi avait été encore en vie, peut-être que ma Béatrice, mon âme, serait toujours là. Mais elle est partie et me voilà avec un autre bébé sur les bras. Elisabetta. Béa avait décidé d'appeler l'enfant qu'elle attendait Lisette, tellement elle était sûre que ce serait une fille.

J'ai élevé ma fille et je ne suis pas prête à jouer de nouveau les mères. Je n'en ai pas les moyens et je ne peux plus les trouver. Notre monde est en ruine, mon physique aussi. Je vais devoir réduire mon train de vie ou vendre les jolies choses que m'ont offertes Clémenceau, le comte et Giovanni Boldini.

Boldini. Qu'il me coûte d'écrire le nom de cet homme que j'ai aimé une grande partie de mon existence, cet homme qui s'est réintroduit dans le monde de conte de fées que nous avions créé Béatrice et moi. Il m'a sauvé la vie une fois pour la détruire plus tard. J'ai cru quand il est revenu que c'était pour nous deux. Hélas, ce n'était pas moi qui lui manquait mais Béa, et elle lui manquait d'une façon tout à fait inappropriée. Boldini l'a mise enceinte. Il l'a tuée.

Il prétend qu'il s'agit d'une méprise. Marguerite affirme que j'ai tout inventé. Mais comment pourrait-ce être une méprise et que pourrais-je avoir inventé ? Aucune de ses explications ne convient. Il a essayé de s'excuser en m'offrant le portrait qu'il a fait de moi il y a des années (des décennies, même !). Ce fut son cadeau d'adieu. Et quand j'ai voulu aussitôt le revendre au gouvernement français, celui-ci m'en a offert une misère. Voilà toute l'importance qu'on accorde à cet artiste aujourd'hui.

En somme, ce misérable m'a laissé trois choses : un tableau inutile, une fille morte et un bébé que je ne veux ni ne peux assumer. Il me faut donc aujourd'hui prendre les mesures que je n'ai pas eu le courage de prendre autrefois. Je vais conduire cette enfant à l'asile. C'est sans doute une condamnation sévère pour ce bébé, mais je ne peux pas la garder. Ce que j'éprouve pour elle est bien pire que de l'indifférence. À l'instar de Boldini, mais sans le vouloir, elle a tué ma Béa.

Le directeur de l'asile, s'il est toujours là, était un homme bon. Ces gens donnent des métiers à leurs pupilles, ils leur apprennent à tenir leur place dans la société. C'est plus que je ne puis faire pour elle. Et si j'avais laissé Béa là-bas autrefois, elle serait encore en vie.

Pendant que je prépare ses quelques affaires pour le voyage, les larmes me montent aux yeux. Ce n'est pourtant pas le moment d'avoir des regrets. Marguerite va arriver. Elle doit m'accompagner. Elle me donnera le courage de laisser l'enfant. Cette fois, je ne fléchirai pas.

73

Ils firent la longue route jusqu'à Sarlat avec les fenêtres de la BMW M6 de Luc baissées. Les cheveux d'April doublèrent de volume sous le vent. Elle songea à plusieurs reprises que s'ils avaient dû parcourir une telle distance aux États-Unis, elle aurait insisté pour prendre l'avion. Cependant, la longueur de ce voyage n'était pas pour lui déplaire.

Elle comprenait enfin pourquoi Lisette avait déserté l'appartement. Si sa grand-mère l'avait abandonnée dans un asile d'aliénés, elle aurait fui elle aussi ses affaires et ses peintures. Cependant, April avait de la peine pour Marthe, malgré sa décision radicale. Elle aimait tellement sa fille qu'il avait fallu qu'elle soit vraiment au comble du désespoir pour abandonner Lisette. Non seulement le seul homme en qui elle avait confiance l'avait trahie de la façon la plus ignoble, mais il avait entraîné la mort de l'être qui lui était le plus cher au monde.

— Il faut que tu travailles comme une malade même en voiture, remarqua Luc alors qu'ils quittaient l'autoroute.

Ils s'engagèrent sur une route sinueuse bordée de champs violets, jaunes et verts sous un ciel turquoise. Bien qu'ils soient habitués à l'éclat de la Californie, ses yeux avaient du mal à supporter un contraste aussi violent.

— J'essaie de récapituler les questions que je veux poser, mais j'ai du mal.

— Pourquoi ne pas y aller au feeling ?

— Cette femme est malade et, vu mon insistance pour qu'elle accepte de nous recevoir, c'est la moindre des choses que je prépare notre entretien. Au début, tout ce qui m'intéressait, c'était de savoir pourquoi Mme Quatremer avait abandonné tous ces meubles, ces peintures et ces objets incroyables amassés dans l'appartement. Maintenant, ça paraît vraiment sans importance.

Elle tapota le journal posé sur ses genoux.

— C'est ce journal qui compte pour moi. La fin de l'histoire de Marthe. Bien qu'il m'ait révélé beaucoup de choses, il laisse de grandes périodes dans l'ombre. J'ai besoin de combler ces vides. J'espère que Mme Vannier pourra m'aider.

— Eh bien, comme toujours, je te souhaite d'obtenir ce que tu veux.

April ferma les yeux, s'enfonça dans son siège et laissa son esprit vagabonder. Elle se surprit à penser à sa mère. Elle se représenta son visage, ses yeux verts, son nez large et plat et ses joues couvertes de taches de rousseur disparues depuis longtemps quand elle était morte ; les néons des hôpitaux ne pouvaient guère remplacer le soleil californien.

Elle se sentit glisser dans le sommeil.

— Je peux savoir ce qui te fait sourire comme ça, demanda soudain Luc en lui tapotant le bras. Qu'y a-t-il de si drôle ?

— Oh, rien. Je dormais à moitié et je pensais à ma mère, répondit-elle d'une petite voix triste.

— Et quoi exactement ?

— À elle et aux animaux.

— Pourquoi ? Vous en aviez beaucoup chez vous quand tu étais petite ?

— Non, la famille Potter n'a jamais eu d'amis à poils ni à plumes ni même à écailles ! Brian a gagné une fois un poisson rouge à la foire et maman l'a forcé à le rapporter. Pourtant, elle adorait les animaux. Dès qu'il y avait un chat ou un chien blessé dans le voisinage, elle le soignait. Je l'ai vue panser la queue d'un chat et faire une attelle à un chien avec des règles en bois et du scotch. Elle a même essayé de faire un massage cardiaque à un oiseau qui s'était écrasé dans la fenêtre du salon.

— Et ça a marché ?

— Non, et je me revois pleurer derrière la moustiquaire.

— Pauvre petite Avril.

— J'ai écrit toutes ces anecdotes, tous ces souvenirs. J'avais oublié à quel point elle était géniale. J'avais gardé d'elle une image de femme sévère, qui ne buvait jamais d'alcool, très respectueuse du règlement, mais maintenant je me demande. Peut-être aurait-elle été hippie si elle était née un peu plus tard. Ou si elle n'avait pas épousé un officier de marine.

— Et si tu n'avais pas épousé un financier ?

— J'avais déjà ma personnalité quand je me suis mariée. Mais parlons d'autre chose ! Il n'y a pas de radio dans cette voiture ? Ou un iPod ?

Elle se pencha et tourna le premier bouton qui lui tomba sous la main.

— C'est la clim ! gloussa Luc alors qu'un courant d'air frais leur fouettait le visage.

— Rends-toi utile et mets de la musique, rétorqua

April en se renfonçant dans son siège et en fermant les yeux. J'ai besoin de réfléchir.

Quelques secondes lui suffirent pour sombrer de nouveau dans un état de semi-conscience entre rêve et réalité, là où les frontières entre les deux n'étaient plus très nettes. Elle sentait la cigarette de Luc tout en voyant sa mère et, simultanément, Marthe faisait glisser un verre d'absinthe sur son bar en direction d'un homme qui ressemblait à Troy.

Quand elle rouvrit les yeux, réveillée par Luc qui lui secouait la jambe, elle vit à l'horloge que presque une heure s'était écoulée alors qu'elle croyait avoir fait un petit somme de dix minutes à peine.

— Nous sommes à Sarlat, annonça-t-il. Au cas où tu voudrais te refaire une beauté avant notre arrivée.

Elle se redressa aussitôt, la bouche pâteuse.

— Pourquoi ? J'en ai besoin ?

Elle abaissa le pare-soleil et chercha dans son sac quelque chose qui pourrait s'apparenter à du maquillage. À moins que Marthe remonte le temps pour échanger son sac avec le sien, elle n'avait aucune chance de trouver quoi que ce soit dans ce fatras de papiers et de stylos.

— Tiens ! Un vieux brillant à lèvres d'origine inconnue, annonça-t-elle en brandissant triomphalement un tube pailleté rose tout mâchonné. Croisons les doigts pour que celle qui l'a laissé tomber là-dedans n'ait pas d'herpès.

Au même moment, elle fut frappée par la vue des premières maisons.

— Waouh ? C'est Sarlat ? Je rêve ou quoi ? s'exclama-t-elle à la vue des rues pavées et des vieilles bâtisses de grès jaune aux toits de lauze pentus.

Ce village était tellement pittoresque qu'elle avait presque l'impression qu'il s'agissait d'une reconstitution.

— Il a été reconstruit ou il a toujours été comme ça ?

— Il a toujours été comme ça.

Luc tourna à l'angle d'une rue et s'engagea dans un passage à peine convenable pour une moto. Elle s'agrippa à la portière tandis que Luc slalomait avec adresse entre les poubelles, les passants et les chèvres. Ils débouchèrent peu après sur une route de terre qui repartait dans les champs. Ils la suivirent un long moment avant d'arriver devant une grosse bâtisse en pierre. Avril laissa échapper un soupir de soulagement. Ce ne pouvait être que la maison d'Agnès Vannier car le chemin s'arrêtait là.

74

Bien qu'il fasse très chaud dehors, Agnès Vannier était assise devant la cheminée où crépitait un bon feu, une couverture de velours drapée sur ses genoux et une grosse boîte en tapisserie posée à ses pieds.

On ne pouvait douter ni de l'âge ni de la récente maladie de la vieille dame devant ses épaules frêles qui saillaient sous son cardigan, ses bras maigres et repliés comme les pattes d'une sauterelle, la peau marbrée de son crâne qui se devinait sous ses cheveux rares blond blanc. Elle avait des yeux d'un bleu de glace, presque transparents.

— *Bienvenue dans ma maison*, leur dit-elle, quand une femme, sans doute une aide-soignante, les introduisit dans le salon.

— Merci de nous recevoir, répondit April sans savoir si elle devait s'approcher ou rester à distance. C'est un plaisir d'être ici.

Mme Vannier la regarda droit dans les yeux.

— Je ne parle pas anglais.

— *Ce n'est pas un problème.*

April se rapprocha de Luc, prise du besoin éperdu de s'accrocher à sa manche, à sa ceinture, au bord de sa poche. Elle se sentait à la dérive, perdue.

— *Pouvons-nous nous asseoir ?* demanda Luc en

montrant un petit canapé blanc qui datait d'une époque où les gens étaient moins forts.

Mme Vannier inclina la tête et un petit sourire apparut aux coins de ses lèvres.

— Je vous en prie.

— Je tiens à vous redire que nous vous sommes très reconnaissants de bien vouloir nous recevoir, déclara Avril en prenant soin de détacher ses mots. Je m'appelle April Vogt et, bien sûr, vous connaissez déjà M. Thébault.

— Oui, Luc, notre beau notaire, murmura la vieille dame en touchant le petit saphir qui pendait à son cou émacié. Alors, madame Vogt, pourquoi avez-vous fait tout ce chemin ?

April s'éclaircit la voix et sortit le journal de son sac.

— Pour commencer, je voulais vous remettre ceci en personne. Merci de nous l'avoir prêté. Il nous a été infiniment précieux pour déterminer la provenance.

— Cette fameuse provenance ! Luc m'a dit combien vous y teniez.

April repoussa une mèche de cheveux de son visage.

— Oui, c'est vrai, et je vous en remercie encore.

Mme Vannier effleura ses tempes.

— Je vous en prie, vous m'avez suffisamment remerciée.

— Je… je voulais juste exprimer…

— Qu'avez-vous pensé de ce journal ?

— Je… eh bien… je l'ai adoré. Sincèrement. Je regrette qu'il ne soit pas plus complet. Madame de Florian était une femme fascinante.

Mme Vannier laissa échapper un gloussement. April frissonna et se rapprocha de la cheminée.

— Fascinante, c'est le mot. Mais il ne me reste plus beaucoup de temps sur cette terre, alors allons droit au but. Que voulez-vous savoir afin de déterminer votre précieuse provenance.

April plongea la main dans son sac à la recherche d'un stylo. Elle dut en frotter trois sur son bloc-notes avant d'en trouver un qui écrive.

— J'ai de nombreuses questions, répondit-elle et lorsqu'elle appela Luc à l'aide du regard, il se contenta de hausser les épaules, l'air de dire c'est ton numéro, moi j'ai juste acheté un billet. Pour commencer, quel rapport avez-vous avec cette histoire ?

— Madame Vogt, vous êtes venue pour moi ou pour en savoir plus sur Marthe et sur Lisette ?

— Les deux, madame. Je veux tout savoir.

— Nous reviendrons à moi plus tard. Je ne m'en sens pas le courage. Pas tout de suite.

— Très bien, répondit machinalement April pendant que son esprit galopait.

Que voulait-elle exactement savoir ? Le savait-elle elle-même ?

— Madame Vogt ?

— Oh, pardon, j'essayais de formuler ma pensée. Vous voyez, j'ai compris pas mal de choses grâce à ce journal. Et j'aimerais beaucoup combler les blancs.

Luc toussa. Elle sursauta et se tourna vers lui. La mettait-il en garde ? Ou était-ce une simple toux due à sa regrettable habitude de fumer ?

— Vous m'intriguez, murmura Mme Vannier. Que pensez-vous avoir compris ?

— Pas tout, bien sûr, mais déjà que Marthe a réellement aimé Boldini. Et pourquoi elle détestait tant Jeanne Hugo. Je vois aussi à présent pourquoi Lisette, pardon, Mme Quatremer, a abandonné son appartement.

— Et pourquoi ?

— Eh bien, malgré l'immense amour que Marthe a eu pour Béatrice, je pense que Mme Quatremer ne devait guère se sentir liée à elle, étant donné qu'elle l'a mise en adoption à un si jeune âge.

Mise en adoption, cela sonnait tellement mieux qu'abandonnée dans un asile d'enfants attardés. Surtout qu'à la fin de sa vie, Marthe avait considéré Lisette comme un membre de sa famille. Elle avait dû se sentir un devoir envers elle, sinon, elle ne lui aurait pas légué son appartement et les trésors qu'il contenait.

— Mise en adoption ? répéta Mme Vannier. Jamais de la vie !

— Pourtant, dans le journal…

April lança un nouveau coup d'œil inquiet à Luc. Il haussa une fois de plus les épaules. Elle ramena les yeux vers Mme Vannier qui continuait à la fixer de son regard magnétique.

— Marthe a écrit qu'elle emmenait l'enfant dans un orphelinat, qu'elle ne pouvait pas s'en occuper elle-même.

— Seule la seconde partie de votre phrase correspond à la réalité, ricana Mme Vannier. Marthe n'a jamais mis sa décision à exécution. Elle en avait l'intention, mais sa bonne amie l'en a dissuadée.

— Sa bonne amie ? Vous parlez de Marguerite ?

Mme Vannier hocha la tête et un grand sourire s'étala sur le visage d'April.

— Bien sûr que Marguerite n'allait pas la laisser faire ! J'ai toujours su qu'on pouvait compter sur elle.

— Je vois que vous avez su l'apprécier à sa juste valeur.

— Oui, c'était une véritable amie, non ?

— En effet et, en toute franchise, je ne sais pas comment elle a pu supporter l'illustre Madame de Florian. Heureusement pour Béa et pour Lisette, Marguerite a considéré de son devoir de toujours veiller sur elle.

— Sur qui ? Sur Lisette ou sur Béa ?

— Sur elles aussi, mais je voulais parler de Marthe.

— Comment ça ? Marthe n'avait besoin de personne. Si, évidemment, elle devait compter sur ses clients sur le plan matériel, mais Marthe s'assumait de façon remarquable, vous ne trouvez pas ? Elle est arrivée à Paris sans un centime, sans connaître personne et elle s'est taillé une place dans la société. Il suffit de voir ce que contient son appartement. C'est l'intérieur d'une femme riche. Elle a bien réussi dans la vie, vous ne trouvez pas ?

April regarda de nouveau Luc. Combien de fois devrait-elle répéter « Vous ne trouvez pas ? » pour que quelqu'un l'approuve enfin ?

— Si l'on peut juger de la vie d'une personne d'après ce qu'elle possède, vous n'avez peut-être pas tort, répondit enfin Mme Vannier. Pour ma part, je me réfère à d'autres critères. Marthe était une mère abominable, d'un égoïsme forcené.

— Pardon ? s'exclama April, les joues soudain enflammées. Vous ne trouvez pas votre jugement un peu dur ?

— Au contraire. Selon nos critères actuels, elle serait considérée comme une mère maltraitante, ou négligente pour le moins. Et que dire si on la jugeait selon vos préceptes américains !

— Vous vous trompez ! s'écria April en se levant d'un bond.

Luc tenta en vain de lui saisir le bras. Elle attrapa le journal sur la table et le brandit devant Mme Vannier.

— J'ai lu ce journal. Il n'est pas tenu au jour le jour, il manque même des années entières, mais je connais cette femme. Ça peut paraître fou, mais j'ai l'impression de très bien la connaître.

— Voyez-vous ça ! lança Mme Vannier d'une voix râpeuse comme du papier de verre et April se sentit comme une petite fille rappelée à l'ordre. Dites-moi, pourquoi n'a-t-on trouvé qu'une partie de ce journal dans l'appartement, à votre avis ? Qu'est-il arrivé au reste ?

April haussa les épaules.

— Je suppose qu'il lui est arrivé ce qui arrive à tous les documents vieux d'un siècle. Des feuillets se sont égarés ou ont été détruits ou jetés.

Un sourire démoniaque apparut sur le visage de la vieille dame.

— En effet, ils ont été détruits. Par Lisette. Après la mort de Marthe.

April faillit s'étrangler.

— Que voulez-vous dire ? Je croyais qu'elle n'avait pas remis les pieds dans l'appartement depuis soixante-dix ans ?

— C'est exact. Mais Marthe est morte en 1935 et Lisette n'a quitté Paris qu'en 1940. En cinq ans, elle a eu le temps de passer les affaires de Marthe au crible et de se débarrasser de tout ce qui la gênait. Si ces feuillets et leur contenu étaient précieux pour vous, ils représentaient tout pour Lisette. Comme vous, elle a essayé de reconstituer l'histoire et de comprendre des choses qui la dépassaient.

— Pourtant elle vivait avec sa grand-mère, avec Marguerite. Elle ne connaissait pas déjà l'histoire par cœur ?

— Oh, madame Vogt, soupira Mme Vannier et elle éclata de rire.

Le rire se transforma en une quinte de toux qui fit apparaître comme par enchantement une nuée d'aides-soignants. Quelqu'un prépara du thé au miel. April resta pétrifiée et Luc lui frotta le dos pendant que tout le monde s'affairait autour de la malade.

— Pardonnez-moi, s'excusa Mme Vannier une fois la crise passée et ses aides disparus dans les boiseries dont ils avaient surgi. J'arrive au bout de mes dernières forces. Où en étions-nous ?

— Je vous ai choquée. Si vous ne voulez pas continuer, je comprendrai.

— Oui, choquée, c'est le mot. Madame Vogt, vous n'êtes pas sans ignorer qu'une personne ne se résume pas à ce que l'on voit d'elle.

— Mais…

— Chut ! Assez. Vous êtes venue chercher les parties manquantes ? Eh bien, la partie manquante, c'est Lisette. Vous ne vous en doutiez pas ? Elle a une histoire, elle aussi.

75

Agnès Vannier, Paris avant-guerre

Elisabetta de Florian ressemblait comme deux gouttes d'eau à sa grand-mère. Toutes deux avaient le teint mat, les cheveux sombres et bouclés, les yeux noirs et le même nez long et fier que Lisette détestait.

Elle ne voulait pas être comme cette femme qui l'avait élevée, au regard fou, désespérée. Grand-mère l'effrayait, toujours imprévisible, tour à tour douce comme un chaton ou féroce comme un chat sauvage. Plus que ses humeurs, Lisette craignait le flot incessant de messieurs qui entraient et sortaient de leur appartement. Souvent éméchés, ces prétendus gentlemen se montraient parfois grossiers et violents. Chaque fois que l'un d'eux venait en l'absence de grand-mère, elle cachait sa carte derrière un tableau ou sous un meuble.

— Quelqu'un est passé en mon absence ? demandait grand-mère à son retour.

— Non, répondait Lisette. On se serait cru dans un cimetière.

Il n'y avait pas grand-chose à manger. Grand-mère dînait au restaurant avec ces messieurs, ces intrus, et ne rapportait sur elle que l'odeur du poulet à laquelle se mêlait un parfum plus acide. Au fil des années, le ventre plat de grand-mère s'était arrondi puis distendu. Elle mettait plus de temps à s'habiller le matin tandis qu'elle essayait de rentrer ses bras boudinés dans des robes démodées depuis des années.

— J'ai faim, lui disait souvent Lisette.

— Je vais voir ce que je peux faire, répondait toujours grand-mère. Mais l'argent ne rentre pas facilement ces temps-ci. Nous devons nous contenter du peu que nous avons et nous préparer au pire.

Dès que grand-mère quittait l'appartement, Lisette explorait ses affaires. Elle se demandait comment on pouvait posséder autant de bibelots, de vases, de lustres, de meubles et de tableaux et ne pas avoir les moyens de manger.

Une fois, alors que grand-mère avait disparu depuis plusieurs jours, Lisette emporta un chandelier chez le prêteur sur gages voisin à qui elle le vendit une misère. Elle savait qu'il valait au moins cinq fois le prix que le petit homme gras lui proposait, mais elle ne pensait qu'à se remplir le ventre.

Quand grand-mère revint à la maison, elle reconnut l'objet en passant devant le mont-de-piété. Comment le distingua-t-elle de la quarantaine de chandeliers similaires qui l'entouraient, Lisette ne le saurait jamais. Après avoir assailli le prêteur avec sa canne (qui avait appartenu autrefois à un premier ministre) en le traitant de voleur et de « sale juif », grand-mère avait appris que c'était sa propre petite-fille qui le lui avait vendu.

Elle fit irruption dans l'appartement en réclamant la tête de Lisette. Celle-ci savait que sa grand-mère avait du mal à se déplacer. Elle courut se barricader derrière des meubles. Cet appartement surchargé avait au moins un avantage : les cachettes ne manquaient pas.

— Notre situation ne peut que s'aggraver ! criait grand-mère. Nous devons économiser le moindre centime ! Nous devons nous préparer au pire ! Le pire est à venir !

Lisette ne comprenait pas. Sa grand-mère gardait ces objets pour les jours de vache maigre alors qu'elle mourait déjà de faim.

Les années passant, grand-mère perdait de plus en plus la tête et avait de moins en moins de cœur. Elle criait contre Lisette sans raison, lui reprochait des paroles qu'elle n'avait jamais prononcées ou l'accusait d'avoir couché avec des hommes qu'elle n'avait jamais vus. Malgré la profession de sa grand-mère, Lisette n'avait pas la moindre idée de ce qu'elle entendait par là. Elle savait seulement qu'elle ne l'avait jamais fait.

Dès que grand-mère se mettait à crier de sa voix haut perchée, Lisette courait attendre la fin de l'orage, cachée derrière une commode ou une armoire. Après avoir beuglé de longues minutes, grand-mère s'arrêtait brusquement en pleine phrase comme si on lui avait brusquement arraché les cordes vocales, une moitié de son visage paralysée, l'autre molle et pendante comme la cire d'une bougie.

À dix ans, Lisette savait qu'elle ne pouvait compter que sur deux personnes dans sa vie : le vieil ami de grand-mère, Giovanni Boldini, et son amie de toujours, Marguerite. Grand-mère refusait de parler à Boldini, la guerre faisait rage entre eux depuis des années, mais Marguerite l'emmenait le voir. Elle avait dit à Lisette que si jamais elle avait besoin d'aide, elle pourrait toujours compter sur elle, Marguerite, et sur cet homme, le peintre Boldini. Dans les années qui suivirent, chaque fois qu'elle était affamée, triste ou seule, Lisette trouvait refuge auprès de l'un des deux. Elle dormit de nombreuses nuits dans leur chambre d'amis et partagea de nombreux repas aussi copieux que joyeux à leur table.

Boldini mourut quand elle avait douze ans, mais Marguerite continua à veiller sur elle. Elle la nourrissait quand elle avait faim, elle raccommodait ses robes, elle lui avait appris à lire. Elle lui avait aussi appris à être elle-même et pas comme les autres auraient voulu qu'elle soit. C'était une leçon que grand-mère n'avait jamais comprise.

Quand grand-mère mourut en 1935, ce fut presque un soulagement. Lisette n'avait plus à supporter ses tempêtes et régnait désormais en maîtresse sur ses affaires. Sans s'y connaître en meubles, elle était parfaitement consciente de leur valeur et savait qu'ils représentaient la liberté.

Dans les mois qui suivirent la disparition de grand-mère, Lisette commença à trier son capharnaüm par valeur et facilité de transport. Marguerite lui avait parlé de Sotheby, une maison de vente aux enchères qui pourrait en obtenir un bon prix. Lisette n'avait qu'à préparer les objets qu'elle voulait vendre.

Elle commença par la plus grosse armoire de l'appartement. Elle s'y était cachée si souvent qu'elle pensait pouvoir s'en séparer plus facilement jusqu'au moment où elle l'ouvrit et trouva le journal à l'intérieur. Il se composait d'un nombre incroyable de liasses de feuillets écrits recto verso, peut-être une centaine au total, attachées par des rubans de couleur et restées intactes. Mais plus pour longtemps.

La femme qui les avait écrites ne ressemblait en rien à la grand-mère que Lisette avait connue. Elle était pleine d'entrain, surtout dans sa jeunesse, et cette vivacité la surprenait. Marthe n'était ni capricieuse ni larmoyante, ni confuse. Grand-mère savait aimer. Elle avait aimé Boldini. Elle avait aimé Marguerite. Elle avait aimé Béatrice. Elle avait même aimé Lisette.

Bouleversée par la lecture de ce journal, Lisette conservait les feuillets qui l'amusaient ou l'aidaient à comprendre et jetait les autres au feu, aussitôt réduits en cendres avec à peine quelques crépitements.

Lisette remettait le tri des affaires de Marthe toujours au lendemain. Mais le temps passa, 1940 arriva. C'était trop tard. De toute façon, à vingt et un ans, Lisette n'était pas plus prête à se débarrasser des affaires amassées par Marthe que cinq ans auparavant. Comme le reste de la nation, elle avait des soucis plus graves que les fauteuils Louis XVI.

Les nazis envahirent la France. La Blitzkrieg avait commencé en mai et Paris chuta peu après. Les journaux publièrent rapidement des photos d'Hitler posant fièrement devant la tour Eiffel comme s'il était en vacances. Le 14 juin, Lisette debout sur le trottoir avec ses concitoyens, regarda les troupes allemandes entrer dans sa ville. Certains restaient pétrifiés d'horreur, d'autres pleuraient, tous se demandaient ce qui allait advenir de leur pays, de leurs familles.

Par le plus grand des hasards, Lisette se retrouva à côté d'une femme plus âgée, vêtue d'un long manteau de vison noir. Et toujours par hasard, elle la dévisagea et sursauta en reconnaissant Jeanne Hugo. Elle avait une bonne centaine de photographies d'elle dans son appartement. Ce qui n'était qu'une image prenait brusquement vie.

— Excusez-moi, murmura Lisette que la guerre commençait déjà à enhardir. Le moment est peut-être mal choisi, mais savez-vous que nous sommes de la même famille ?

Jeanne se tourna vers elle, les yeux écarquillés, le front plissé de millions de rides.

— Je vous demande pardon ?

— Oui, eh bien, je viens juste de découvrir que mon arrière-grand-père était Victor Hugo, votre grand-père, et voilà que nous nous retrouvons côte à côte.

Lisette s'abstint de mentionner que son grand-père n'était autre que l'ancien mari de Jeanne. Elle se doutait que cette révélation ne serait pas bien accueillie.

Hélas, si elle espérait un sourire ou une phrase aimable, elle en fut pour ses frais.

— Je vous croyais morte ! hurla la femme au vison.

Plusieurs personnes se tournèrent vers elles, dont deux soldats allemands qui fumaient paisiblement sous un réverbère.

Lisette voulut battre en retraite, mais il y avait une telle foule que c'était impossible.

— Comment ça, morte ? Que voulez-vous dire ?

— Vous êtes cette grue des Folies Bergère ! Marthe de Florian. Vous avez vendu votre âme au diable pour retrouver votre jeunesse !

Contrairement à sa grand-mère qu'un rien mettait en fureur, Lisette garda un regard aussi calme que la surface d'un lac un jour d'été.

— Oh, je suis désolée, s'esclaffa-t-elle nerveusement. Non, je ne suis pas Marthe de Florian, je suis sa petite-fille. La fille de Giovanni Boldini.

Elle ne le savait que depuis trois ans et appréciait toujours la sensation de nouveauté et de fraîcheur que ce nom laissait dans sa bouche. Je crois qu'il a peint un portrait de vous avec votre fils, non ? Lui aussi, vous le connaissiez bien…

— Bien sûr que je connaissais votre grand-père. C'était

Léon Blum ! Un juif ! Un sale juif arrogant, méchant, crasseux, nuisible et incompétent !

Alors que Lisette restait figée sur place, horrifiée, Jeanne commit alors l'impensable. Elle sè précipita vers les deux Allemands qui fumaient à côté en admirant le défilé.

— Cette fille là-bas est juive ! Et elle vient de me voler ! Je suis la petite-fille de Victor Hugo. Je vous ordonne de l'arrêter immédiatement !

Bien qu'il y ait peu de risque que les deux soldats se laissent impressionner par ses liens avec Victor Hugo, dont ils avaient sans doute à peine entendu parler, ils quittèrent leur poste d'observation et s'approchèrent de Lisette, mus par un mélange de prudence et de curiosité. Lisette n'attendit pas de savoir s'ils projetaient juste de lui parler, de l'arrêter ou Dieu sait quoi encore. Les plus horribles bruits couraient sur eux. Elle plongea dans la foule jusqu'à ce qu'elle atteigne une ruelle dégagée, où elle se débarrassa de ses chaussures avant de courir comme une dératée jusque chez elle.

Elle claqua la porte derrière elle, la ferma à double-tour et resta appuyée au battant, la poitrine haletante. Vingt minutes passèrent sans que personne ne vienne frapper à sa porte et elle retrouva peu à peu son souffle. Mais jamais elle ne retrouverait sa sérénité. Elle savait que si elle restait à Paris, elle aurait constamment peur que les Allemands débarquent chez elle. Et elle ne voulait pas vivre comme grand-mère dans l'attente constante d'une catastrophe, à craindre le pire.

Lisette a glissé quelques affaires dans un sac et elle est venue directement chez moi. Ensemble, avec ma mère, nous sommes allées chez Marguerite. Depuis la mort de mon père, nous avions du mal à joindre les deux bouts.

La vie ne s'annonçait pas facile à Paris. Et comme tant de gens avant nous, nous avons décidé de fuir à la campagne.

Marguerite nous a sauvées comme elle a sauvé si souvent Marthe. Elle a réussi à nous expédier dans le sud de la France, dans son pays natal. En fait, elle n'était pas une pauvre petite paysanne comme Marthe l'avait cru à leur rencontre, le jour du mariage de Jeanne. Non, elle était simplement une jeune fille de bonne famille qui voulait vivre sa vie.

Moins d'une semaine plus tard, la France signait l'armistice avec l'Allemagne dans le même wagon qui avait vu la signature de la défaite allemande en 1918. Le pays avait mis à peine six semaines à s'effondrer. Nous avions prévu de rester dans la maison de Marguerite quelques mois, une année tout au plus. Nous ne sommes jamais reparties. Lisette n'a jamais trouvé le courage de rentrer. Elle n'a jamais eu besoin de l'héritage de Marthe finalement.

Vous avez remarqué la plaque sur la porte ? Celle sur laquelle est écrit Quatremer ? C'était le nom de famille de Marguerite. Lisette se l'est approprié. Elle disait que c'était parce qu'elle avait peur qu'on l'accuse encore d'être juive. D'après les pamphlets distribués dans Paris, elle en avait les traits caractéristiques.

Pour nous, cependant, aucun doute n'était possible. Lisette avait pris le nom de Marguerite parce que c'était la seule véritable mère qu'elle ait connue. Et surtout parce que Marguerite était la seule autre personne à savoir ce que c'était d'aimer la serveuse des Folies Bergère, la difficile, la merveilleuse grand-mère.

76

Luc et April n'avaient pas apporté de tenue pour dormir ni de brosse à dents. Ils avaient décidé de partir sans faute avant la tombée de la nuit, sans se douter que les confidences de Mme Vannier l'épuiseraient à ce point. Ni qu'elle aurait besoin d'aller se reposer avant de pouvoir répondre à d'autres questions.

April et Luc passèrent donc la nuit tout habillés sur un matelas rembourré de noyaux de pêches. April garda ses mains croisées sur la poitrine tandis que Luc ronflait à son côté. Elle compta chaque heure, chaque minute, sans cesser de vérifier son téléphone, désespérément pressée de retrouver Mme Vannier.

Elle se leva à la seconde où percèrent les premières lueurs de l'aube. Elle secoua son compagnon pour le réveiller. Dans un grognement, il lui demanda si elle avait vu l'heure. Elle lui rappela que les personnes âgées avaient l'avantage de se lever avec les poules.

Bien qu'il soit 6 heures à peine quand ils arrivèrent à la cuisine, Mme Vannier les attendait déjà devant une table ronde recouverte d'une nappe rouge.

— Bonjour, coassa April, la première étonnée d'avoir la voix si rauque pendant que Luc se frottait les yeux sur le seuil de la pièce, les cheveux en bataille.

— Comment allez-vous ce matin ? répondit Mme Vannier en mettant un sachet de thé dans sa tasse. Voulez-vous du thé ou du café ?

— Du café, ce serait parfait. Mais je peux le faire.

— Je vous l'apporte, dit une voix derrière elle.

April aperçut alors une aide de soin de Mme Vannier au garde-à-vous près de la cafetière.

— Merci, répondit-elle avant de s'asseoir.

Elle remarqua alors que la boîte, qui était au pied de Mme Vannier la veille au soir, se trouvait à présent sur la table.

— Avez-vous les réponses à toutes vos questions, maintenant que je vous ai raconté la version de Lisette ? s'enquit la vieille dame.

— Pas tout à fait.

— Je m'en doutais.

Luc glissa une chaise entre elles et s'apprêta à allumer une cigarette. April la lui prit des doigts.

— Tu ne vas pas fumer ici !

— Ça ne me gêne pas, dit Mme Vannier. Ce sont des Américaines ?

— Oui.

April donna un petit coup de pied à Luc sous la table.

— Allez-y, madame Vogt, quelles sont vos autres questions ?

Mme Vannier but une gorgée de thé qui descendit le long de sa gorge avec un petit bruit de tuyauterie.

— Je voudrais savoir dans quel état mental se trouvait Marthe au moment de sa mort.

April pensait à sa mère et à la façon dont on aurait pu se méprendre sur elle si elle avait vécu dans cet appartement parisien à cette époque et pas à San Diego beaucoup plus tard, avec un mari attentionné pour veiller sur elle.

— Lisette éprouvait des sentiments mitigés à son

égard, ce qui se comprend après son enfance tumultueuse, poursuivit-elle. Mais je m'interroge. Quand on lit son journal, Marthe semble si différente de la description que vous en faites, surtout dans sa jeunesse. Pourtant, à la fin de ses écrits, je me rends compte que Boldini avait raison. Elle perdait la tête. Et je me disais… je me demandais… si, par hasard, Marthe n'aurait pas eu Alzheimer ? Qu'en pensez-vous ?

— Alzheimer ? répéta Mme Vannier, ses traits soudain crispés.

— Ma mère l'a eu. Et quand j'ai vu le portrait de Marthe la première fois, elle m'a fait penser à ma mère. Ma mère n'a jamais eu de violentes sautes d'humeur, du moins pas devant moi, mais cette maladie peut réellement affecter l'équilibre mental d'une personne, son sens de l'orientation. Et à mon avis, Marthe avait sans doute…

— Elle n'avait pas Alzheimer, affirma Mme Vannier comme si elle était médecin ou si elle avait procédé personnellement à l'autopsie.

— C'est peut-être un peu difficile de considérer les choses sous cet angle…

Mme Vannier plongea la main dans la boîte et en sortit un petit pot blanc, comme ceux à deux cents dollars qui contiennent à peine cent millilitres de crème pour le visage. Sauf que celui-là était vieux, minuscule, les bords scellés d'une matière blanche qui ressemblait à du plâtre. Elle le tendit à April qui le tourna entre ses mains sans comprendre.

— Qu'est-ce que c'est ?

— La fameuse crème de Marthe.

April sourit.

— Ah, le fameux masque éclaircissant dont elle ne pouvait pas se passer !

— Lisez au dos.

— Pardon ?

— Regardez la composition sur le dos du pot.

April le retourna et, dès le premier ingrédient, elle n'eut pas besoin d'aller plus loin : *Plomb*.

— Marthe se mettait du plomb sur le visage ?

— Oui, quotidiennement et plusieurs fois par jour. C'est ce qui l'a tuée, en fin de compte. D'abord son visage s'est paralysé puis elle a commencé à perdre la tête. Les ouvrières d'usine s'empoisonnaient au plomb de par leurs conditions de travail. On peut dire que Marthe a fait la même chose à sa manière.

— Waouh ! April reposa le pot sur la table et s'essuya les deux mains sur son jean. Pauvre Marthe !

— Nous en avons pâti, nous aussi, soupira Mme Vannier.

Luc continuait à tirer sur sa cigarette, affalé sur sa chaise, comme s'il avait la gueule de bois. Il n'était vraiment pas du matin, songea April.

— Lisette a-t-elle repris contact avec la famille Hugo après la guerre ? poursuivit-elle.

— Eh bien, Jeanne Hugo est morte en 1941.

— Et les autres ? C'était sa famille en fin de compte. Et un patrimoine génétique important, je pense. Du moins pour Marthe.

— Quand Lisette a quitté Paris, elle a tout laissé derrière elle. Peu lui importait ce qui s'était passé soixante ans plus tôt. Et après sa brève entrevue avec Jeanne Hugo, elle n'avait guère d'espoir de se lier un jour avec le reste de sa famille.

— Comme je la comprends. On ne peut pas dire que les religieuses aient rendu service à Marthe en lui révélant ses origines : elles lui ont juste montré ce qu'elle ne pourrait jamais avoir. Et pour Marthe, c'est devenu une obsession.

— Parfois, il vaudrait presque mieux ignorer d'où nous venons, non ? Votre prétendue provenance n'est pas toujours bonne à connaître. Je suis bien placée pour le savoir.

— En ce qui concerne la famille Hugo ?

— Non, en ce qui concerne mes propres origines.

April plissa les yeux, le regard interrogateur.

— Pardon, mais je ne sais pas d'où vient le nom Vannier.

— C'était le nom de jeune fille de ma mère et c'est normal qu'il ne dise rien à la plus tenace des commissaires-priseurs, gloussa Mme Vannier. Par contre, vous n'êtes pas sans connaître son nom de femme mariée. Vous voyez la peinture que vous avez trouvée et que vous pensez si précieuse ?

— Oh, mon Dieu ! Ne me dites pas que ce n'est pas un Boldini ! s'écria April. Je ne m'en remettrais pas.

La vieille dame laissa échapper de nouveau un petit rire de hyène.

— Rassurez-vous, c'est bien un Boldini.

— Le ciel soit loué ! lâcha-t-elle dans un souffle. Vous n'imaginez pas dans quel pétrin je me serais retrouvée si vous m'aviez dit le contraire !

— Mon Dieu ! s'exclama Mme Vannier en plaquant une main sur sa poitrine, loin de moi l'intention de vous causer le moindre problème ! Ne vous inquiétez pas, ma chérie. C'est un Boldini. Je suis bien placée pour le savoir, puisque je suis une Boldini moi aussi.

77

Cette révélation provoqua une nouvelle gêne respiratoire chez la vieille dame et déclencha aussitôt une nouvelle irruption des aides-soignants, équipés cette fois de tout un matériel médical, dont une bouteille d'oxygène portative. April regarda Mme Vannier respirer dans le masque en songeant qu'elle en aurait eu bien besoin, elle aussi. Ce qu'elle venait d'entendre lui avait coupé la respiration.

Mme Vannier était la fille de Boldini, sa fille légitime ! À quatre-vingt-sept ans, le toujours susceptible petit Italien avait décidé de se poser une fois pour toutes. Il voulait se marier et fonder une famille malgré son âge avancé. À son repas de noces, il s'en était excusé par ces mots : « Ce n'est pas ma faute si je suis si vieux, cela m'est arrivé d'un coup. » Le peintre de la vivacité avait réussi à engendrer un dernier enfant avant de mourir de pneumonie dix-huit mois à peine après son mariage.

— Voulez-vous quelque chose ? demanda April une fois qu'un infirmier eut remporté le matériel d'oxygène. De l'eau ? Voulez-vous sortir un peu ?

— Non, je suis bien, répondit Mme Vannier en se renfonçant dans son siège et elle sourit de son petit air froid et détaché comme si de rien n'était. Vous savez maintenant le rôle que je joue dans cette histoire.

— Quelle ascendance incroyable ! Vous devez être très fière d'avoir un tel père.

La vieille dame haussa les épaules.

— Je ne l'ai jamais connu. J'étais bébé quand il est mort et, dans ma jeunesse, je n'étais guère intéressée par ses œuvres. Donc « fière » n'est peut-être pas le mot exact. Cependant, j'en suis venue à l'apprécier. Je dois avouer une certaine satisfaction quand un de ses tableaux se vend à un prix élevé. D'après ma mère qui adorait cet homme malgré son caractère épouvantable, Dieu bénisse son âme, il ne désirait qu'une chose dans la vie, être vénéré pour son talent.

— Il avait du cœur. Et il aurait été ravi de savoir que ses filles ont vécu sous le même toit et ont veillé l'une sur l'autre pendant toute leur vie. Son sang, sa descendance toujours unis même sans lui.

Mme Vannier sourit, mais pas de son petit air condescendant, pour une fois. Son expression était emplie de tristesse et de regrets.

— Il nous a sans doute aimées toutes les deux, mais une seule était de lui.

— Vous n'avez pas dit qu'il était votre père ?

— Si, en effet.

— Oh ! Vous… vous pensez que Lisette n'était pas sa fille ? Je croyais que vous étiez sœurs ? Du moins demi-sœurs ? Que c'était pour cela que vous étiez si proches.

Mme Vannier hocha la tête.

— Nous étions sœurs, mais pas par le sang.

Elle soupira profondément. Une larme apparut au coin de son œil.

— Pourquoi Marthe a-t-elle dit que c'était son père, alors ?

— Je ne sais pas d'où elle tenait cette idée, mais elle

s'y accrochait fermement. Même Lisette l'a cru après avoir lu le journal de grand-mère. C'est pour cela qu'elle est venue chez nous quand elle a voulu fuir Paris. J'étais beaucoup plus jeune qu'elle, voyez-vous. Lisette jugeait de son devoir de s'occuper de moi, juste comme Marthe avait jugé de son devoir de veiller sur Marguerite. Et Marguerite de veiller sur Marthe. Finalement, je suis heureuse qu'elle l'ait cru. Je suis heureuse que les divagations de Marthe nous aient réunies.

Mme Vannier tourna un regard pensif vers la fenêtre et son visage se refléta dans la vitre. April frotta machinalement une marque d'usure sur son jean. Une fois de plus, elle attendit patiemment que la vieille dame rassemble la force de continuer.

— Lisette voulait le croire, reprit-elle, le regard toujours tourné vers la fenêtre. Comme Marthe, elle voulait avoir une famille, un passé. N'avons-nous pas tous la même aspiration ? Hélas, j'ai fait faire une analyse d'ADN *post mortem*. Je n'aurais jamais dû, renifla-t-elle et de nouvelles larmes perlèrent sur ses joues. Ma mère m'avait tellement répété que ce n'était pas vrai, que mon père jurait qu'il n'avait jamais touché Béatrice.

— Alors qui était le père de sa fille si ce n'était pas Boldini ?

— Béa a été élevée aux Folies. Petite, elle jouait sous le bar. Plus grande, elle passait son temps dans les loges des danseuses à se maquiller et à se coiffer. Le père de Lisette pouvait être n'importe qui. Une jolie fille, dans un cabaret, un peu demeurée ? On imagine ce qui a dû se passer.

April baissa la tête.

— Hélas.

— Maintenant, si vous voulez bien m'excuser, déclara

brusquement Mme Vannier en se levant péniblement. Je dois aller me reposer. Tout cela m'a épuisée.

Sans faire le moindre geste d'adieu ni préciser si elle allait revenir, Mme Vannier posa sa tasse dans l'évier et disparut en boitillant dans le hall.

— Quelles révélations ! s'exclama Luc quand le bruit de ses pas s'estompa.

April l'approuva d'un grognement, l'esprit et l'estomac noués. Mme Vannier lui avait donné les renseignements qu'elle demandait, mais pas du tout ce qu'elle attendait.

— Je n'arrive pas à croire que Marthe ait fini comme ça. Elle qui avait été tellement entourée, mourir folle, dans l'obscurité la plus totale.

— Nous partons tous dans l'anonymat. Seuls. Dis-moi, Avril, que pensais-tu trouver ici ?

— Je ne le sais même pas. Une conclusion.

— Une conclusion pour toi ou pour Marthe ? *Ça ne fait rien.* Ça n'existe pas, dans un cas comme dans l'autre. La vie continue, le monde continue, les graines que nous avons semées continuent à pousser. Mais, en dépit de sa folie, Marthe de Florian a de la chance, non ? Peu d'entre nous ont de jolies connaisseuses qui s'intéressent à nos exploits cent ans plus tard. Pour ma part, je trouve qu'elle a fini mieux que la plupart des mortels. Marthe aura sa grande enchère. Son portrait sera vendu au moins un million d'euros à un riche collectionneur.

— Je t'en prie, évite de lancer des sommes à sept chiffres, marmonna-t-elle. Je ne sais pas ce que je ferai si ce tableau n'obtient pas le prix qu'il mérite.

— La provenance, ma belle. La provenance.

Ils entendirent un froissement et virent apparaître une Asiatique en kimono. Elle les informa que Mme Vannier s'était retirée pour la journée. Et qu'elle espérait qu'ils retrouveraient sans mal leur chemin jusqu'à Paris, ajouta-t-elle en insistant bien sur le « jusqu'à Paris ».

— Nous voilà proprement congédiés, chuchota April, une fois la jeune femme disparue. Partons vite avant de prendre la porte dans le derrière !

— Je ne connaissais pas cette expression ! s'esclaffa Luc. Elle me plaît. Je vais l'ajouter à ma collection.

Ils se levèrent. April jeta un dernier regard à la cuisine de Mme Vannier (la cuisine de Lisette, la cuisine de Marguerite) et sortit sur la pointe des pieds dans le couloir.

— De toute façon, il fallait qu'on rentre, reprit Luc une fois devant la lourde porte en chêne.

Il l'ouvrit et s'arrêta sur le seuil. Le soleil matinal inonda ses cheveux. Ses yeux marron virèrent au vert.

— Tu es prête à quitter Sarlat ?

— Ce n'est pas Sarlat que je dois quitter, c'est Paris, répondit-elle en jetant son sac sur son épaule. Et mon vol décolle dans douze heures.

— Ne t'inquiète pas. Tu arriveras à temps.

April descendit les marches, sourire aux lèvres. Son sac lui parut léger sans le journal qui l'avait si longtemps accompagnée. Elle avait du mal à imaginer qu'il n'était plus là. Et aussi à imaginer que son travail était terminé et que, dans vingt-quatre heures, elle aurait regagné les États-Unis.

Elle se figura sur la route, laissant la maison de Mme Vannier derrière elle. Elle se vit de retour à Paris, debout sur le trottoir, tandis que Luc lui hélait un taxi. Elle se représenta assise à l'arrière du véhicule alors que Paris s'estompait derrière elle. Elle entendit les moteurs de l'avion rugir et sentit le sol en carton-pâte trembler sous ses pieds. Elle serait assise près du hublot comme toujours et verrait les millions de lumières de Paris clignoter en dessous d'elle.

Enfin, l'avion atterrirait à New York. Cela lui parut presque irréel et pourtant c'était le but final. Elle essaya de s'imaginer quittant l'appareil et se faufilant dans la foule des voyageurs. Elle arrivait à la longue file d'attente devant la douane. Et ensuite ?

S'il tenait sa promesse, Troy l'attendrait à la sortie. Dans ce cas, il prendrait sans doute son sac (cette fois, elle le laisserait faire) et passerait un bras autour de ses épaules. Ensemble, ils trouveraient un moyen de repartir du bon pied.

Une chance sur deux, avaient-ils conclu sur la plage de Coronado. Ce n'était pas gagné, mais bien plus positif que ce qu'elle avait escompté. Surtout que lorsque deux personnes estimaient leurs avoirs, dans le mobilier comme dans la finance, ce qui pouvait paraître peu pour certains, pouvait représenter beaucoup à leurs yeux. Il ne s'agissait pas d'un coup de dés, mais de cinquante pour cent de chance gagnés laborieusement : ils représentaient un excellent départ et méritaient donc un effort.

April se souvint de son hésitation quand elle était entrée la première fois dans l'appartement de Marthe et qu'elle avait vu l'amas de meubles que la poussière recouvrait comme un linceul. Faire l'estimation de tant de pièces lui avait paru une tâche insurmontable presque au-delà de ses compétences. Cependant, elle s'était attelée à ce travail et, à force de creuser, elle avait fini par découvrir ce qu'elle cherchait. Certes, la provenance importait, le passé aussi. Mais rien ne garantissait ce qui arrivait ensuite.

Son mariage n'était pas moins impressionnant, pas moins compliqué. Cette fois, cependant, elle savait quel courage il lui faudrait, l'honnêteté que cela exigerait pour le dégager, jusqu'à en avoir les mains à vif et les doigts en sang. Après avoir affronté le chaos de Marthe, son chaos à elle ne lui paraissait plus si terrible. Il contenait des éléments de grande valeur. Et contrairement à Madame de Florian, ils n'étaient que deux à être concernés.

78

COLLECTION MARTHE DE FLORIAN
Meubles et objets anciens
Œuvres d'art

Marthe de Florian : une histoire extraordinaire

Son appartement est resté fermé soixante-dix ans, depuis la Seconde Guerre mondiale, une date à laquelle ni notre commissaire-priseur ni la plupart des enchérisseurs présents dans cette salle n'étaient nés.

Quand j'ai pénétré au printemps dernier dans l'ancien appartement de Marthe de Florian dans le 9e arrondissement, je suis restée sans voix devant la multitude et la beauté des pièces qui s'étalaient sous mes yeux. Toutes les grandes périodes de Louis XV à Louis XVI, et même après, y étaient représentées sans que soit omis un seul meuble, un seul objet d'art. Il s'agit de la plus grosse et la plus précieuse collection de famille que j'ai vue jusqu'à présent.

Plusieurs mois se sont écoulés et je me demande encore si je n'ai pas rêvé cet appartement et les pièces exquises qu'il contenait, totalement nouvelles sur le marché. Dès le premier regard, j'ai été éblouie par cet univers magique en rose et or. Mon émerveillement s'est encore accru au fur et à mesure que je découvrais son histoire captivante grâce au journal laissé par leur propriétaire dont des extraits figurent dans ce catalogue.

Son nom ne vous est sans doute pas familier, mais l'ancienne occupante des lieux et auteure de ce journal, Madame de Florian, fut une des grandes demi-mondaines parisiennes qui régnèrent sur la Belle Époque. Elle a fréquenté entre autres Georges Clemenceau, le comte Robert de Montesquiou et le peintre Giovanni Boldini, auteur d'une des plus importantes pièces de cette vente.

Madame de Florian est décédée en 1935. Elle a légué ses biens à sa petite-fille, Elisabetta Quatremer. Quand les nazis ont envahi Paris en 1940, Mme Quatremer a fermé l'appartement et fui la ville, sans jamais revenir, bien qu'elle ait continué à payer les charges de l'appartement pendant soixante-dix ans.

Mme Quatremer est décédée au début de cette année à Sarlat et c'est la femme qu'elle a élevée comme sa sœur qui a demandé à Sotheby de réaliser la vente de la collection de Madame de Florian. Nous sommes infiniment honorés de superviser cette vente. J'ai tenté par tous les moyens de capturer la magie des lots qui vous sont proposés et j'espère rendre ainsi hommage à Madame de Florian.

Parmi les objets qui m'ont le plus touchée, citons une paire d'œufs d'autruche peints, un miroir en bois doré Napoléon III, une console originaire d'un palais du Caire et une paire de commodes rococo Louis XV si bien conservées qu'on les croirait neuves alors qu'elles ont plus de deux cents ans.

Je sais que je ne devrais pas parler de ma pièce favorite, mais je ne peux m'en empêcher. Il s'agit du portrait de Madame de Florian peint par Giovanni Boldini. Tout collectionneur averti connaît la valeur de ses toiles, mais l'importance de cette œuvre dépasse l'artiste qui l'a réalisée. Non seulement c'est la première fois que ce tableau est mis sur le marché, ce qui est déjà grisant en soi, mais c'est aussi la première fois que le monde de l'art en entend parler.

D'un côté, Giovanni Boldini le plus grand portraitiste de la Belle Époque, de l'autre un tableau inconnu du public, inconnu de tous les experts en la matière.

Au delà du Boldini, la qualité de la collection défie toute description, ces objets n'ont pas été touchés depuis la Seconde Guerre mondiale. Laissez-vous ensorceler et émerveiller par le chêne, le bois doré et l'argent et surtout par Marthe de Florian. Mais que son charme ne vous fasse pas oublier le temps présent, car vous ne voudriez pas vous faire surprendre en plein rêve quand le marteau tombera.

April Vogt
Vice-présidente principale
Mobilier ancien et objets d'art européens

ÉPILOGUE

April soupesa le catalogue : trois mille articles, trois kilos de beau papier glacé, les possessions d'une seule femme. La vente aux enchères de la collection de Madame de Florian pouvait commencer.

En raison de sa taille, la vente avait été divisée en seize séances réparties sur une semaine. Dans les jours qui avaient précédé cette soirée d'ouverture, des marchands d'arts et des collectionneurs du monde entier étaient venus à Paris prendre part à l'exposition privée, aux dîners VIP et à toutes les manifestations mondaines qui entouraient inévitablement un événement de cette ampleur. Les poids lourds avaient bavardé entre eux, entourés de jolies hôtesses de la maison qui titubaient sur leurs hauts talons à semelle rouge.

La soirée d'ouverture était la plus importante, c'était elle qui donnait le ton à la suite des enchères. Elle devait faire assez de bruit pour attirer un maximum de joueurs autour de la table. Le succès de la vente des trois mille lots présentés dépendait uniquement du plus important, le Boldini. Il était estimé à un million d'euros dans le catalogue. Pour que la vente Marthe de Florian soit considérée comme un succès, il fallait qu'il atteigne au moins un million deux.

April trépignait dans une des loges VIP tout en

regardant Olivier vérifier le son. Différents employés finissaient de régler l'espacement des sièges. Les responsables des téléphones vérifiaient la tonalité et les raccordements, n'hésitant pas à se mettre à quatre pattes sous les bureaux en smoking et robe du soir pour rechercher les connexions fautives. Les portes allaient bientôt s'ouvrir pour laisser entrer un millier de personnes.

Incapable de rester assise, April faisait les cent pas devant les fenêtres et tripotait les rideaux de la loge. Peter était assis derrière elle. À côté de lui, Troy feuilletait le catalogue, les sourcils froncés devant les prix élevés. Franchement, cinquante mille euros pour un vieux fauteuil qui ne produisait aucun revenu, aucun BAIIA ! Comme si les bénéfices avant intérêts, impôts et amortissements signifiaient quoi que ce soit. Si elle avait appliqué ses critères à lui, l'appartement de Marthe n'aurait eu aucune valeur.

Deux rangées derrière se tenait Birdie avec, à côté d'elle, la personne la plus importante de toute l'assistance pour April : Agnès Vannier, accompagnée de sa couverture en velours, de ses aides de soin et d'un sourire démoniaque.

April avait hâte que les enchères commencent. À travers les vitres, elle contempla l'essaim de journalistes en dessous. Ils allaient être acheminés vers la section réservée à la presse, séparée de l'assistance par un cordon rouge. Les enchérisseurs commençaient à envahir la salle. À peine assis, ils feuilletaient le catalogue. Depuis son perchoir, elle étudia la foule, et en particulier les occupants de la première rangée, plus susceptibles de s'intéresser aux articles les plus chers. Elle savait repérer la nervosité et l'énergie qui les agitaient juste avant de lever leur plaquette. Mais beaucoup d'enchérisseurs piaffaient dans cette salle, pas seulement ceux du premier rang.

À 19 heures, Olivier monta sur le podium. Il ne pouvait pas la voir derrière le double vitrage, April leva néanmoins le pouce en l'air dans sa direction même si la suite comptait plus pour elle que pour lui.

— Bonsoir mesdames, bonsoir messieurs. Bienvenue à Sotheby et à cette vente nocturne de la Collection Marthe de Florian. Je pense que, comme nous, vous la trouverez absolument remarquable. Quelques rappels avant de commencer.

L'impatience de l'assistance monta d'un cran tandis qu'Oliver lisait le règlement et les conditions de la vente aux enchères. Enfin, après l'inévitable charabia sur les taxes et les commissions, il fit un geste vers Marthe, présentée sur un plateau tournant, baignée de lumière, éclatante de beauté dans sa robe rose. Si seulement elle avait pu voir crépiter les appareils photo, sentir la ferveur de l'assistance, entendre les cris d'admiration. Aucun spectacle des Folies Bergère n'avait jamais remporté un tel succès.

— Lot numéro un ! cria Olivier et il accompagna cette annonce d'un coup de marteau.

Les enchères étaient lancées. Tout de suite, Marthe de Florian s'envola.

— Cinq cent mille euros ? Ai-je entendu cinq cent mille euros ? Qui va enchérir pour un demi-million ?

April entendit un craquement derrière elle. Elle se retourna et vit Luc Thébault entrer discrètement pour aller se poster derrière Mme Vannier. April sourit. Elle n'était pas sûre qu'il viendrait.

— Un demi-million ici, répéta Olivier alors qu'une plaquette se levait.

April soupira de soulagement et sentit Luc hocher la tête derrière elle.

— Six cent mille euros. J'ai entendu six cent mille euros.

L'excitation monta subitement. Les plaquettes surgissaient de toutes parts. C'était de l'hystérie.

— Sept cent cinquante mille euros, c'est vu.

— Huit cent mille euros.

— Neuf cent mille.

— Un million.

Ils avaient atteint leur estimation. April ferma les yeux. Un million, cette peinture dont le gouvernement français n'avait pas voulu !

Ce soir, Marthe était la femme la plus célèbre de Paris. Les enchères continuaient à monter. Un million cent mille euros. Une plaquette s'éleva pour un million deux cent mille euros, le chiffre magique à partir duquel April considérait que la vente était un succès. La célébrité retrouvée de Marthe durerait peut-être plus qu'une soirée.

Oliver parlait de plus en plus vite.

Les plaquettes s'élevaient à un rythme accéléré. Les courtiers au téléphone ne cessaient d'intervenir, la foule grondait d'excitation.

Quand le chiffre dépassa le million et demi, April, applaudit. Elle s'aperçut alors que Troy avait bondi de sa chaise et, debout derrière elle, beuglait comme s'il assistait à un match.

Quand l'enchère atteignit un million sept cent mille euros, April poussa un cri et se tourna vers Mme Vannier qui souriait de satisfaction sur son fauteuil roulant.

— Un million sept cent mille euros ! cria Oliver. Nous nous arrêtons là ? Attention… Adjugé ! Vendu à un million sept cent mille euros au numéro trois cent trente-quatre.

April crut s'évanouir tandis que retentissait un tonnerre d'applaudissements. Toute la salle était debout et Marthe reçut cette ovation pendant deux, trois, quatre bonnes minutes. April avait assisté à un Super Bowl et jamais les acclamations n'avaient atteint un tel déchaînement. Un million sept cent mille euros, deux millions cent mille euros tous frais compris, presque trois millions de dollars !

— Tu as réussi ! s'exclama Troy en la serrant dans ses bras. Bon sang, que c'était excitant ! Tu as gagné !

April recula d'un pas.

— Non, ce n'est pas moi qui ai gagné, c'est Marthe, seulement Marthe. Et ce n'est que le début. Il y a des milliers d'autres lots. Je n'y crois pas. Je n'arrive pas à le croire.

Sur l'estrade, Olivier appela le lot numéro deux. Les jambes chancelantes, April se laissa retomber sur son siège. Troy poussa un dernier cri de joie et s'assit à côté d'elle. Il l'embrassa sur la joue.

— Beau travail, chérie. Beau travail.

Les objets suivants défilèrent au même rythme, emportés par l'exaltation grandissante qui se réverbérait d'un mur à l'autre. Les plaquettes jaillissaient au-dessus des têtes comme des feux d'artifice. Le tableau des prix clignotait. Les chiffres tombaient tandis qu'April prenait fébrilement des notes, abasourdie.

À la fin de la soirée, les cent cinquante objets avaient été vendus.

Même si les prix, comme prévu, n'atteignirent jamais celui du Boldini, ils avaient tous été stimulés par le portrait de Marthe et peut-être aussi par les extraits de son journal parsemés dans le catalogue.

Il n'y eut aucun retrait faute d'enchères suffisantes. Oui, toute la collection était partie. Jusque-là, April n'avait jamais dépassé quatre-vingt-douze pour cent des ventes, mais ce soir, elle parvint à cent pour cent.

Dès que le dernier coup de marteau retentit, April se leva d'un bond de sa chaise et tout le monde s'embrassa. Elle n'avait pas les chiffres sous les yeux, mais elle savait déjà que ce serait la vente la plus fructueuse jamais réalisée par son modeste petit service. Peut-être même que Sotheby ne le considèrerait plus aussi modeste désormais.

— Madame Vannier, s'écria-t-elle quand elle retrouva enfin son souffle et quand elle eut embrassé tout le monde. Je n'ai jamais vu des chiffres pareils !

— Quel suspense ! répondit la vieille dame. Je ne pensais pas m'amuser autant.

— Je suis vraiment ravie que vous ayez pu venir.

Deux infirmiers vinrent aider la vieille dame à se lever de son fauteuil roulant. Mme Vannier lissa le bas de sa robe bleu marine et tripota ses boucles d'oreilles en saphir et diamant qui pendaient à ses lobes. Elle sourit, son visage soudain rajeuni de presque vingt ans. Ses cheveux blancs brillaient sous le lustre.

— Je dois avouer que c'était grisant. Je comprends pourquoi votre travail vous enthousiasme tant. C'est bon de voir que les œuvres de mon père ne sont pas si démodées, qu'elles ont encore de la valeur. Je suis sûre qu'il aurait été content.

— Évidemment qu'elles ont de la valeur ! Peu d'artistes voient leurs toiles atteindre un tel prix. Votre père a battu des records. En tout cas, il a battu le record de prix pour ses œuvres, ça, je peux vous l'assurer.

Mme Vannier cligna des yeux et April les vit se remplir

de larmes. Son estomac se serra à l'idée que Mme Vannier regrettait peut-être d'avoir vendu ce tableau.

— Vous savez, bredouilla-t-elle, c'est… c'est un peu tard, certes, mais nous aurions pu faire en sorte que vous le gardiez ? Vous n'étiez pas forcée de le vendre. Il y a tant d'autres objets intéressants. J'ai peur que nous n'ayons pas été très clairs sur ce point.

Elle n'était pas censée dire ce genre de choses et si Peter avait encore été dans la pièce, il l'aurait jetée par la fenêtre.

Mme Vannier laissa échapper un gloussement.

— Je vous rassure, madame Vogt, je ne voulais pas le garder. C'est l'argent qui m'intéresse. J'en ai besoin.

April jeta un regard vers Luc, son baromètre des humeurs parisiennes, et remarqua qu'il réprimait un sourire. Certes, la vieille dame voulait de l'argent, mais jamais elle n'arriverait à dépenser ce que cette vente lui rapporterait dans le peu de temps qu'il lui restait à vivre.

— Je sais ce que vous pensez, reprit gaiement cette dernière. Que je suis trop vieille pour en profiter, non ? Que je vais bientôt mourir et que c'est du gâchis !

— Bien sûr que non ! Vous n'êtes pas vieille du tout !

— Ne dites pas de bêtises. Je suis une ancêtre. Mais je ne veux pas de cet argent pour acheter des bijoux ou des chaussures de luxe, gloussa-t-elle avec un geste vers les chaussons en soie qu'elle portait aux pieds. Ce tableau, votre Boldini, personne n'en connaissait l'existence jusque-là, non ?

— En effet et c'est ce qui a fait son succès.

— Eh bien, il existe une autre œuvre cachée de Giovanni Boldini, ma chérie. Elle appartient à un investisseur privé et n'a jamais été vendue aux enchères.

— Comme la plupart de ses œuvres.

— Oui, sauf que très peu de gens sont au courant de l'existence de celle-ci. Andreas ? appela-t-elle. Où est mon manteau ? Je suis prête à partir. Je veux mon manteau tout de suite !

— Dites-moi de quelle peinture il s'agit ? insista April. Je connais assez bien ses œuvres.

— Pas celle-ci, répondit Mme Vannier en enfilant sa veste en vison. C'est une peinture qui représente ma mère me donnant le sein.

— Une autre toile inconnue de Boldini ?

— Oui, et à présent j'ai les moyens de la racheter à son propriétaire.

April éclata de rire, surprise, émue et troublée par un sentiment qu'elle n'arrivait pas à analyser. Il y avait un autre Boldini dans la nature et Mme Vannier avait bien l'intention de se l'approprier.

— Je n'ai pas besoin de vous dire que la vente de ce soir ne va pas arranger vos négociations, continua-t-elle en riant.

— Sans doute, répondit la vieille dame, le regard pétillant. Mon tableau a lui aussi… comment dites-vous… une provenance assez fascinante.

Après avoir enroulé un foulard autour de son cou, Mme Vannier attrapa le bras d'un de ses aides et quitta la pièce à petits pas, laissant April stupéfaite alors que Luc affichait son petit sourire suffisant.

— Laisse-moi lire dans tes pensées, dit Luc, s'adressant à elle pour la première fois de la soirée. Tu espères avoir une belle prime sur cette vente.

— Qu'est-ce que tu crois, je compte aussi sur une belle commission.

Troy apparut derrière lui. Il secoua la tête en riant.

— Monsieur, comme vous connaissez bien ma femme. Vous ne trouvez pas que c'est du racket de se faire payer à la fois par l'acheteur et par le vendeur ? Troy Vogt, ajouta-t-il la main tendue vers Luc. Je ne pense pas qu'on se soit déjà rencontrés.

— Voilà donc *le grand monsieur*. C'est un plaisir. Luc Thébault.

— *Le grand monsieur*. Il faudra me dire un jour ce qui me vaut ce titre. Quoi qu'il en soit, merci d'avoir veillé sur mon épouse cet été. Je vous en suis très reconnaissant.

— Il n'y a pas de quoi. J'ai fait ce que j'ai pu. C'est dommage que vous n'ayez jamais pu venir visiter Paris.

— Eh bien, cela devrait se rattraper bientôt. Vous a-t-elle dit que nous venions nous y installer l'an prochain ?

— Quoi ? À Paris ? s'exclama Luc, une drôle d'expression sur le visage et il jeta un regard par en dessous à April. C'est une nouvelle fantastique, mais je n'étais pas au courant. Quoi qu'il en soit, bravo ! Je sais que votre femme se plaît beaucoup ici.

— C'est le but. La rendre la plus heureuse possible.

— Avril ! chantonna Luc. Quelle petite cachottière !

— C'est-à-dire que rien n'est encore vraiment décidé. Nous attendons l'accord du bureau parisien… Mais où est… je suis étonnée de te voir tout seul… je veux dire, comment se fait-il que Delphine ne soit pas là ?

April se tourna vers Troy.

— Il faudra qu'il te présente son amie. Elle travaille elle aussi dans la finance et c'est une véritable beauté.

— Oh, je serais ravi de faire sa connaissance, répondit Troy avec grand enthousiasme, visiblement rassuré de savoir que ce Français avait d'autres centres d'intérêt que sa femme.

— Hélas, soupira Luc. Il n'y a plus de Delphine, du

moins dans mon univers. C'est la vie, s'empressa-t-il d'ajouter avec un haussement d'épaules. Parfois les choses ne se déroulent pas comme on le voudrait.

Soudain le téléphone retentit. C'était Olivier qui les appelait d'un poste téléphonique en dessous. La première séance était terminée. April devait descendre. C'était sa vente et il voulait qu'elle vienne profiter de son triomphe. De plus, si son transfert à Paris était accepté, April avait besoin de connaître leurs interlocuteurs européens.

— Olivier veut que j'aille le rejoindre, annonça-t-elle, le cœur battant, le sang fouetté par l'adrénaline.

— Très bien, opina Luc. Alors à demain.

— À demain.

— Ravi d'avoir fait votre connaissance, conclut gaiement son grand Américain de mari.

— Moi aussi.

April ramassa son sac et vérifia qu'il contenait toujours un petit paquet de papiers et de lettres. Ils n'étaient pas aussi anciens que ceux de Marthe, à peine quelques décennies contre un siècle, mais ils avaient infiniment plus de valeur, du moins à ses yeux.

Ces papiers ne venaient pas de l'héritage d'un étranger mais de son père. Ses parents n'avaient pas tout jeté en fin de compte, du moins pas les lettres qu'ils avaient échangées quand il était au Vietnam. Il y avait même un journal. Pendant des années, April avait réclamé des meubles, des objets. Elle n'avait jamais pensé à demander des lettres.

Ils descendirent l'escalier. April souriait aux anges. Troy s'arrêta. Il se pencha vers elle et elle frissonna.

— Dis-moi, quand nous viendrons vivre ici, faudra-t-il que je me fasse implanter une touffe de poils sur la poitrine ? À voir les hommes qui nous entourent, j'ai l'impression que c'est une obligation.

— Si tout se passe comme prévu, le manque de poils sera le dernier de tes problèmes.

Il leva les yeux au ciel.

— Tu parles ! Je vais me retrouver coincé jusqu'au cou entre les vieux meubles et les Français.

Elle éclata de rire.

— Il pourrait t'arriver pire.

Elle le contourna et s'avança dans la salle. Aussitôt, elle se retrouva entourée de toutes parts. Tandis que tout le monde l'embrassait et la félicitait, Troy garda sa main au creux de son dos. Elle faillit se retourner pour lui demander de rester toute la soirée avec elle. Puis elle se rappela que c'était inutile. Il n'y avait aucune raison qu'il s'en aille.

Remerciements

Je n'aurais pas eu de remerciements ni d'ailleurs de livre à écrire sans les machinations incessantes et démoniaques de Barbara Poelle. Merci, Barbara, non seulement pour m'avoir envoyé l'article qui a inspiré ce livre, mais aussi pour avoir cru en ma plume, contre vents et marées, et m'avoir toujours donné l'impression d'être votre seule et unique cliente.

À Katie Gilligan, mon éditrice aussi brillante que clairvoyante, qui a compris où j'allais avec April Vogt bien avant moi. J'ai apprécié ton enthousiasme, ta perspicacité et ta faculté à me pousser au delà de mes limites. Je partagerai volontiers une (ou deux) bouteille(s) de vin avec toi (et Barbara) quand tu veux… avec tout ce qui va avec.

Toute l'équipe de Thomas Dunne Books/St.Martin's Press a travaillé inlassablement en coulisses pour respecter des délais très serrés. Merci à ceux à qui j'ai parlé comme à ceux que je n'ai pas vus, et en particulier à Sally Richardson pour son soutien dès le début et à Melanie Fried qui nous a maintenus sur les rails, moi et mon projet (et qui a répondu à toutes mes interrogations de débutante balbutiante.)

Merci à Jeb Spencer, Sig Anderman, Jonathan Corr et tout spécialement à Ed Luce pour le meilleur emploi à plein temps (voire le soir et le week-end) que l'on puisse offrir. On n'imagine pas à quel point le monde de l'entreprise peut être intéressant et stimulant.

L'inspiration est le meilleur atout d'un écrivain, et personne n'a été plus motivant pour moi que le groupe d'auteurs formé par Tammy Greenwood, Alison Winn Scotch et Amy Hatvany. Merci pour leur aide continuelle, leurs encouragements et leur soutien.

Je ne peux pas parler de soutien sans remercier également mon amie de presque trente ans, Karen Freeman Landers. Merci d'avoir été mon banc d'essai, d'avoir partagé cette aventure extraordinaire et de n'avoir raté aucun match des Chargers. J'ai tellement de chance de t'avoir dans mon camp.

Je tiens aussi à mentionner Jen McGlothlin (alias Jenny Walker), ma toute première « partenaire d'écriture » et co-auteure d'une myriade d'imitations de Sweet Valley High. Je me demande encore pourquoi ça ne s'est pas vendu. Merci aussi à Aileen Dowd Brill pour avoir lu toutes les versions successives du manuscrit.

Tant d'amis ont soutenu ce livre sur toutes les étapes de sa réalisation. Par Internet ou autrement… du club de lecture (Michelle Campbell, Denisia Chatfield, Leesa Davis, Lisa Gal, Kerri Merson, Suzanne Miller, Heather Olson, Sabrina Parr, Kat Peppers, Kerry Rooney, Jenny Scarafone, Dede Watson) à mes amis de l'université William & Merry (une ovation spéciale pour Jes Singer), aux groupes Facebook, aux fabuleux habitants de Cardiff-by-the-Sea : merci, merci, merci. J'ai toujours été réticente à partager mes écrits, mais la façon dont vous les avez accueillis m'a fait regretter de ne pas l'avoir fait plus tôt. Je vous voue une gratitude éternelle.

La chance m'a gâtée sur le plan amical et encore plus sur le plan familial. Je remercie d'abord, mon père, Tom Gable, le premier écrivain que j'ai admiré, de m'avoir transmis ses dons, de m'avoir encouragée à écrire dès mon plus jeune âge et, bien sûr, je le remercie avant tout d'être ce personnage passionnant et plein d'humour. Merci également à ma mère, Laura Gable, bien que ce simple merci semble bien insuffisant. Tu m'as apporté un soutien sans pareil. Je compte toujours sur toi autant que dans mon enfance, bien que d'une façon différente. Tu es en un mot la meilleure.

J'ai aussi la chance d'avoir un frère et une sœur plein d'esprit si doués pour mettre de l'ambiance dans nos repas familiaux. D'abord toi, mon frère, Brian Gable : je te remercie d'avoir prêté ta personnalité au Brian de mon roman. J'espère que tu le trouveras suffisamment ressemblant. Un grand merci aussi à toi ma sœur,

Lisa Gable Wheatley, pour ton ambition contagieuse et pour avoir lu mes premières histoires.

Je remercie aussi tout spécialement les membres du clan Gable élargi, de la Californie à l'Oklahoma en passant entre autres par New York. On ne s'ennuie jamais avec vous. Et un millier de remerciements à mes beaux-parents, Pat et Tony Bilski. Vous êtes les gens les plus encourageants et les plus ouverts que je connaisse, même quand mon travail concerne une prostituée. (Désolée !)

Et vous mes deux filles… où serais-je sans vous ? Paige, ma loufoque de fille aînée, à la fois adorable et si fine. Merci d'être ma fidèle lectrice et d'avoir rendu ma vie de mère si facile. Je suis désolée que tu ne puisses pas encore lire ce livre, mais je t'en écrirai un bientôt.

Merci à ma fougueuse petite pêche Georgia. Tu n'as que sept ans mais ce n'est pas la première fois que tu figures dans des remerciements. Merci d'illuminer (et d'égayer) notre vie de tous les jours par tes observations et tes commentaires amusants. Tu es une force. Ne change pas.

Le nom de mon mari figure au début de ce livre. Il ne saurait en être autrement car c'est par lui que me sont arrivées toutes les choses merveilleuses de ma vie. DB, merci de me faire rire, de prendre souvent mon relais et de ne pas lever les yeux au ciel trop souvent. Je suis désolée que les maris de mon roman soient aussi nuls. Je te promets de mettre un jour dans mon livre un beau comptable intelligent et super gentil.

Et pour finir, je remercie tous ceux qui lisent, qu'ils aient lu ce livre ou non. Merci de découvrir et de partager de nouveaux univers. Merci pour les discussions que nous avons eues et les liens que nous avons tissés. Je vous souhaite beaucoup d'autres voyages et de vite trouver le raccourci vers votre prochain livre préféré.

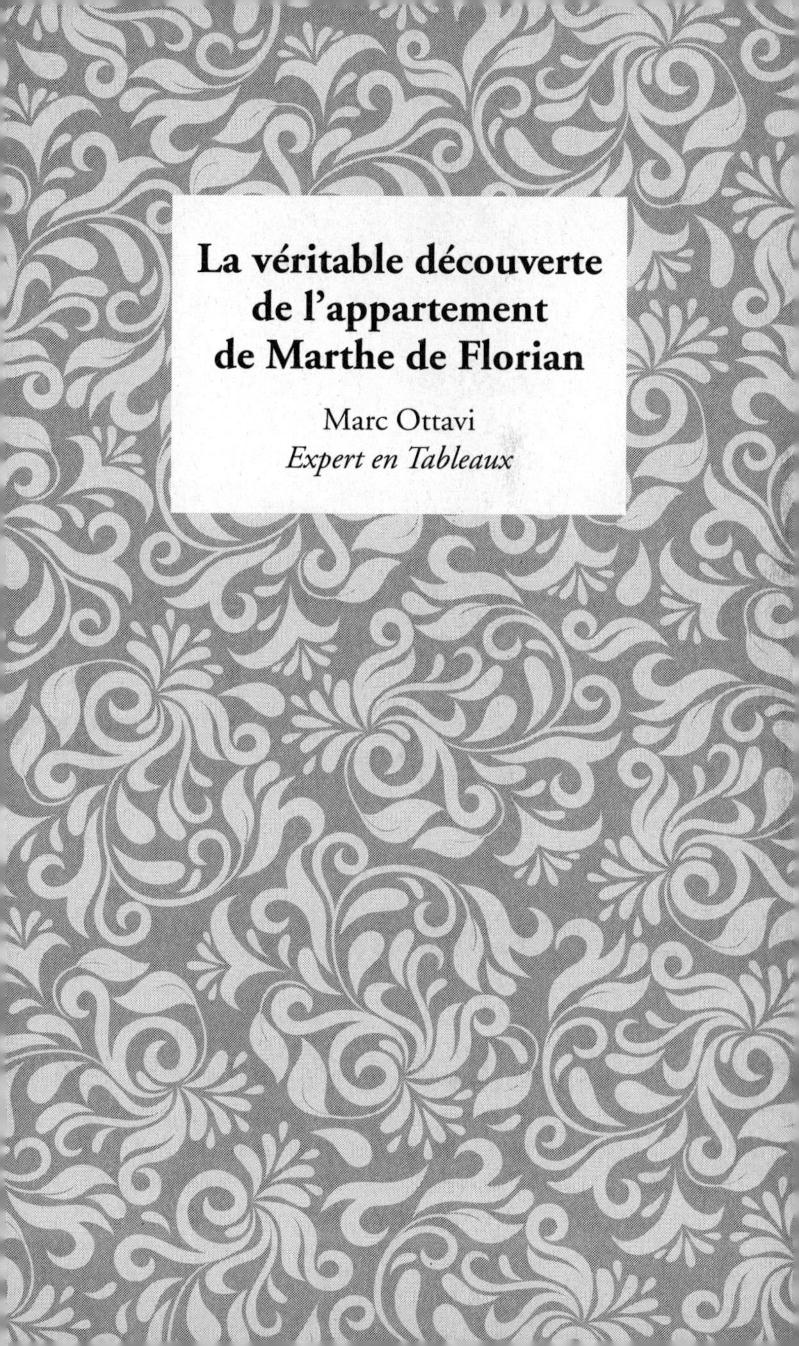
La véritable découverte
de l'appartement
de Marthe de Florian
Marc Ottavi
Expert en Tableaux

Collection particulière

Marthe de Florian de son vrai nom Mathilde Beaugiron.

G. Boldini

Presente ses compliments
a Madame M. de Florian
et a son retour il espere
41, Boulevard Berthier
avoir le plaisir de la revoir

Collection particulière

Le téléphone avait sonné en fin d'après-midi. Je reconnus la voix d'Olivier Choppin de Janvry, commissaire-priseur à Drouot, qui, après les politesses d'usage, me posa la question qui lui brûlait les lèvres : « Monsieur l'expert, connaissez-vous l'œuvre du peintre Boldini ? ».

Giovanni Boldini est un portraitiste de la fin du XIXe siècle dont les pinceaux avaient immortalisé le Tout-Paris de la Belle Époque ainsi que les femmes de l'aristocratie, comtesses ou duchesses, et les mondains. À cause de sa célébrité de nombreux faussaires l'avaient imité allant même jusqu'à signer de son nom.

Je répondis sans hésiter que l'œuvre m'était familière mais que la confirmation de l'authenticité ne pouvait se faire que « de visu ». Rendez-vous fut pris pour le milieu de la semaine suivante. Olivier Choppin de Janvry m'informa avoir été chargé par un juge des tutelles de l'inventaire des biens d'une très vieille dame qui finissait sa vie dans une maison de retraite du sud de la France.

L'homme de loi devait sauvegarder les biens de sa protégée et nous chargeait de les recenser et les évaluer.

En cet après-midi du printemps 2010, nous nous sommes retrouvés au pied d'un immeuble ancien du 9e arrondissement de Paris, dans un quartier romantique nommé « La Nouvelle Athènes » lors de sa construction en 1824.

Le commissaire-priseur était accompagné de sa charmante associée, Karine de Villanfray, et s'était adjoint un photographe, Luc Pâris, non pour immortaliser l'instant, car nous ne savions pas ce que nous allions trouver, mais parce que les photographies sont utiles pour effectuer des recherches d'authenticité.

Étonnamment, la clé de la porte d'entrée de l'immeuble

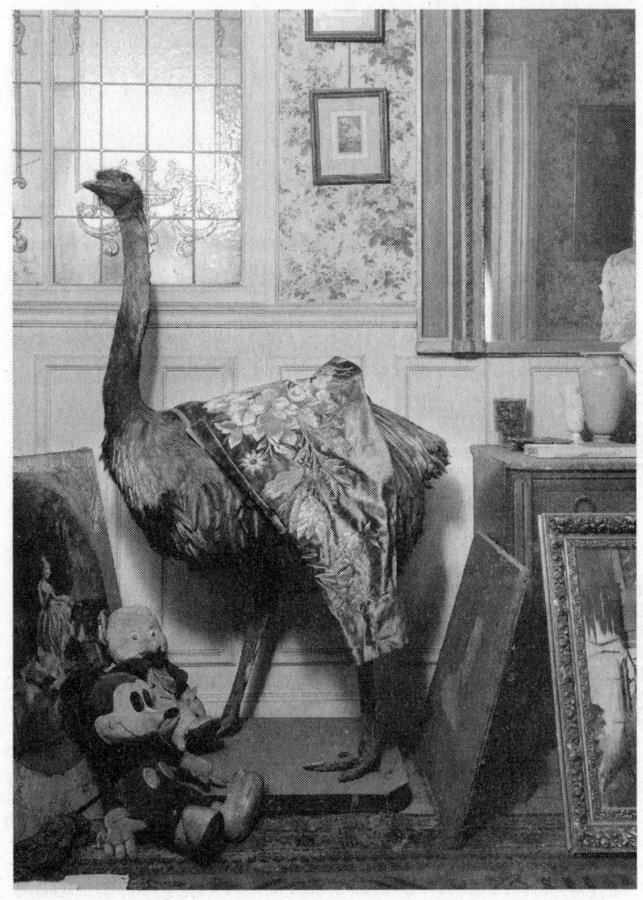

Photo : Luc Pâris, lucparis.photographies@orange.fr

Collection particulière

Solange Beaugiron, petite-fille de Marthe de Florian, le jour de son mariage.

Photo : Luc Pâris, lucparis.photographies@orange.fr

Photo : Luc Pâris, lucparis.photographies@orange.fr

— que nous avions reçu par la Poste — ne correspondait pas à la serrure, laquelle avait d'ailleurs été remplacée par un digicode. Nous avons ainsi attendu un bon moment dans la rue, tout en laissant vagabonder notre imagination sur ce que nous pourrions découvrir.

Enfin, un voisin complaisant nous permit d'entrer dans le hall de l'immeuble. Au troisième étage, les serrures, qui elles correspondaient bien aux clés, s'ouvrirent en grinçant.

Seule la porte ouverte dispensait un peu de lumière dans la pénombre du corridor où nous fûmes accueillis par une autruche empaillée.

Dans l'appartement, tout était gris : les murs, les tapis, les meubles, les lustres, la vaisselle. Les couleurs d'origine s'effaçaient devant la poussière du temps.

La disposition de l'intérieur était classique. Un couloir qui desservait une salle à manger, un salon et, enfin, une chambre. Trois pièces que je parcourus dans une demi-obscurité, les volets étant fermés et l'électricité coupée depuis longtemps.

Je commençais ma visite par la salle à manger garnie d'un mobilier classique datant du XIXe siècle, buffet avec sa desserte, sa table et ses chaises assorties, mobilier d'appoint surchargé de journaux et courriers divers.

Sur la table se trouvaient quelques bibelots décoratifs, une coupe, un compotier, un dessous de plat et c'est en soulevant l'un de ces objets que je m'aperçus qu'en fait la nappe était jaune !

Dans le salon, le commissaire-priseur avait bataillé pour ouvrir un volet. Il avait fallu déplacer les sièges et petits meubles pour accéder à la fenêtre et encore n'avions-nous qu'un demi volet de fer ouvert, l'autre moitié étant trop rouillée.

Dans ce décor, encombré de meubles et bibelots de toute sorte, m'apparut le portrait en pied de Marthe de Florian, drapé dans sa robe rose, le profil du visage délicatement ciselé.

Oliver Choppin de Janvry m'interpella, impatient : « Alors, ce tableau de Boldini est authentique ? ».

Absorbé par sa lecture, interpellé par sa beauté, je mis quelques minutes à répondre : « Un chef-d'œuvre ».

Je ne savais pas encore que la toile n'était répertoriée dans aucun ouvrage, aucune monographie, ce qui est rare au vu de sa taille — un format grandeur nature — et de l'importance du peintre.

Une grande sensibilité se dégageait du portrait de cette femme encore inconnue à la pose si singulière. L'artiste avait su restituer sa beauté en dégageant les traits parfaits de son profil. J'admirais les cheveux retenus en arrière pour dégager son cou ; ses mèches romantiques à l'anglaise sur son front ; son décolleté profond paré d'un collier de perles scintillant ; son épaule dénudée et ses mains sortant d'un frou-frou de soierie rose.

Le fond du tableau était volontairement sobre, de couleur neutre et ne visait qu'à faire ressortir la parfaite carnation des chairs, les plissés vaporeux et le soyeux de la robe. Dans sa touche de peinture, Boldini avait allongé son coup de pinceau — des traits longs pour délimiter les formes — trop longs pour n'importe quel artiste mais pas pour ce virtuose. Cette spontanéité, cette envolée gestuelle, ce lyrisme du trait étaient sa marque.

Sans le savoir encore, j'avais devant moi Marthe de Florian, une des plus belles femmes de Paris, dont l'élégance extrême avait su inspirer le peintre.

Boldini l'avait saisie dans la plénitude de sa beauté. Le talent de l'artiste l'avait transcendée et lui avait donné ce qui manque à la photographie : ce souffle de vie, qui ne se retrouve qu'en peinture sous la main d'un maître.

Olivier Choppin de Janvry et son assistante ont commencé à inventorier chaque objet, meuble ou bibelot, les décrire et leur attribuer une estimation quand de légers coups furent frappés à la porte. C'était une voisine, habitante de longue date de l'immeuble, qui s'étonnait de notre présence et nous fit savoir qu'elle n'avait jamais vu personne entrer ou sortir de cet endroit depuis plus de cinquante ans.

Dans ce décor du XIXe siècle, le temps semblait suspendu, comme si le propriétaire avait claqué la porte de son appartement le matin pour y revenir le soir mais s'était absenté à jamais.

Intrigués, nous avons regardé les documents que nous avions trouvés sans découvrir aucune correspondance ou aucun journal après 1955. La dernière occupante avait conservé non seulement le mobilier mais tout le courrier des générations précédentes depuis 1900. L'appartement et son contenu avaient traversé un siècle sans changement.

Des lettres, serrées dans les tiroirs d'un bureau, donnèrent l'identité du modèle : Mathilde Beaugiron, née dans une famille modeste à Paris en 1864. D'une grande beauté, elle avait pris le pseudonyme de Marthe de Florian, une coutume habituelle chez les mondaines. Son charme et sa grâce avaient subjugué le Tout-Paris.

Soigneusement liées entre elles par un ruban de couleur différente se trouvaient les lettres intimes, trois pour Clemenceau, ruban bleu ; cinq pour Raymond Poincaré, ruban rouge ; sept pour Paul Deschanel, ruban rose et d'autres encore… Tout le ministère de la Troisième République semblait s'être donné rendez-vous dans le salon de Marthe de Florian.

Elle avait commandé une voiture, offerte par un prétendant, dont l'intérieur avait été modifié luxueusement par la maison Rothschild. Personne ne semblait résister à cette ambitieuse dont la petite-fille était cette très vieille dame qui terminait ses jours dans le sud de la France.

Par précaution, en raison de sa grande valeur, je rapportais le portrait en mon bureau où je l'accrochais. La possession éphémère d'une telle œuvre d'art où s'allient beauté et talent — fût-elle de quelques jours ou semaines — est un des privilèges de l'expert. Pas une journée sans la regarder, s'imprégner de sa magnificence et en découvrir les secrets.

Puis un jour nous avons appris que les héritiers désiraient tout disperser aux enchères à Drouot sous le marteau d'ivoire de Maître Olivier Choppin de Janvry. La préparation de la vente fut passionnante, les publicités à la hauteur de l'événement.

Pour admirer le portrait les acheteurs étaient venus du monde entier, l'examinant minutieusement, le commentant, le critiquant *mezza voce* parfois dans le seul but de décourager les autres amateurs.

Enfin, arriva le premier jour de l'exposition à Drouot. Karine de Villanfray avait judicieusement choisi de restituer l'atmosphère de l'appartement, des cloisons mobiles reproduisaient les dimensions des pièces, salle à manger, bureau, chambre, couloir, avec la même disposition.

La foule des grands jours était venue, pour voir, pour sentir, pour s'imprégner de cette découverte laissant échapper parfois des pronostics sur l'enchère finale :

Pierre : « Un million, je l'affirme ».

Paul : « Impossible, la plus forte enchère pour Boldini est de huit cent mille euros… ».

Puis ce fut la vente. Les enchérisseurs sérieux s'étaient

présentés. Certains avaient demandé à être au téléphone ; d'autres, dans la salle, avaient requis la discrétion lors des enchères.

Chacun dans l'étude du commissaire-priseur avait son rôle : pour celui-ci, les acheteurs de bibelots et meubles ; pour celui-là les acheteurs de tapis et lustres ; pour les autres la charge des acheteurs anglais, chinois, américains ou français.

Drouot ce jour était une Tour de Babel.

Puis, nous avons présenté le tableau sur un chevalet afin de le livrer au feu des enchères. D'abord bruyant le public dans la salle s'est tu, admiratif.

Après quelques secondes de silence, j'ai lancé la mise à prix, volontairement basse, pour accroître le désir des collectionneurs dans leur envie d'acquisition.

Je souhaitais que chacun d'eux puisse porter l'enchère et ainsi devenir pendant quelques secondes le détenteur éphémère du portrait de Marthe de Florian, jusqu'à ce qu'une autre enchère l'en dépossède, enchère qui elle-même se devra d'être dépassée…

Cet effet d'entraînement anime le jeu des enchères.

Largement au-dessus d'un million d'euros, ils sont trois à rester en lice, le visage attentif, les yeux oscillants entre le tableau et le marteau du commissaire-priseur.

L'un semble tendu quand une enchère dépasse la sienne. Chargé d'espoir, il relance le jeu jusqu'à ce qu'il en soit l'adjudicateur final. Son visage s'éclaire d'un large sourire lorsque le commissaire-priseur lui adjuge le portrait dans un tonnerre d'applaudissements. Le marteau d'ivoire est tombé enlevant à tous leur rêve pour l'accorder à notre collectionneur passionné.

Marc Ottavi
Expert en Tableaux
www.expertise-ottavi.com

Je remercie Madame Michelle Gable d'avoir saisi la singularité de cette redécouverte qui rappelle que Paris est, à l'aube du XXe siècle, une des capitales culturelles du monde sachant, tel un phare, attirer et accueillir les artistes de talent. Cent ans plus tard, Paris conserve encore ses mystères et ses secrets.

M. O.

Achevé d'imprimer en janvier 2018 chez Novoprint (UE)
ISBN 9782848112992 – Dépôt légal septembre 2015